# 新譯戰國策（上冊）

溫洪隆 注譯
陳滿銘 校閱

三民書局 印行

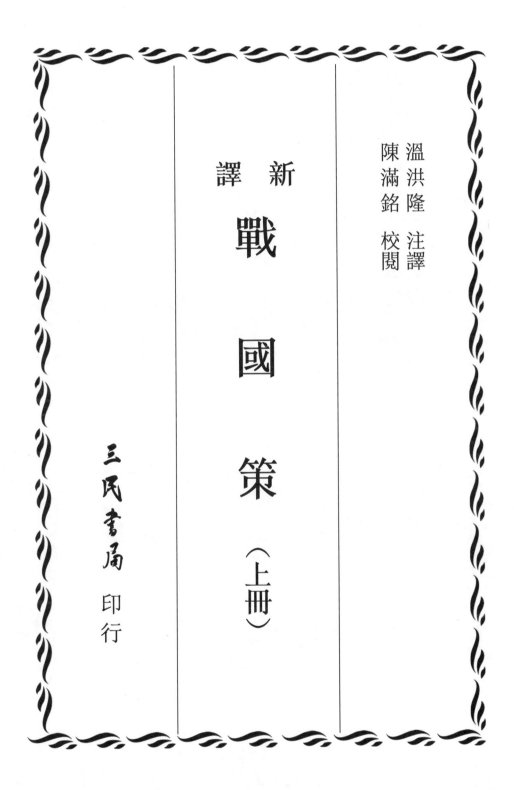

國家圖書館出版品預行編目資料

新譯戰國策／溫洪隆注譯;陳滿銘校閱.－－三版三刷.－－臺北市：三民，2020
面；　公分.－－(古籍今注新譯叢書)

ISBN 978-957-14-4018-7（上冊：平裝）
ISBN 978-957-14-4019-4（下冊：平裝）
1. 戰國策—注釋

621.804

古籍今注新譯叢書

# 新譯戰國策(上)

注譯者　溫洪隆
校閱者　陳滿銘

發行人　劉振強
出版者　三民書局股份有限公司
地　址　臺北市復興北路386號(復北門市)
　　　　臺北市重慶南路一段61號(重南門市)
電　話　(02)25006600
網　址　三民網路書店 https://www.sanmin.com.tw

出版日期　初版一刷 1996年2月
　　　　　二版五刷 2012年10月
　　　　　三版一刷 2015年7月
　　　　　三版三刷 2020年8月
書籍編號　S030720
ISBN　978-957-14-4018-7

廣這項工作。隨著海峽兩岸的交流，我們注譯的成員，也由臺灣各大學的教授，擴及大陸各有專長的學者。陣容的充實，使我們有更多的資源，整理更多樣化的古籍。兼採經、史、子、集四部的要典，重拾對通才器識的重視，將是我們進一步工作的目標。

古籍的注譯，固然是一件繁難的工作，但其實也只是整個工作的開端而已，最後的完成與意義的賦予，全賴讀者的閱讀與自得自證。我們期望這項工作能有助於為世界文化的未來匯流，注入一股源頭活水；也希望各界博雅君子不吝指正，讓我們的步伐能夠更堅穩地走下去。

# 刊印古籍今注新譯叢書緣起

劉振強

人類歷史發展，每至偏執一端，往而不返的關頭，總有一股新興的反本運動繼起，要求回顧過往的源頭，從中汲取新生的創造力量。孔子所謂的述而不作，溫故知新，以及西方文藝復興所強調的再生精神，都體現了創造源頭這股日新不竭的力量。古典之所以重要，古籍之所以不可不讀，正在這層尋本與啟示的意義上。處於現代世界而倡言讀古書，並不是迷信傳統，更不是故步自封；而是當我們愈懂得聆聽來自根源的聲音，我們就愈懂得如何向歷史追問，也就愈能夠清醒正對當世的苦厄。要擴大心量，冥契古今心靈，會通宇宙精神，不能不由學會讀古書這一層根本的工夫做起。

基於這樣的想法，本局自草創以來，即懷著注譯傳統重要典籍的理想，由第一部的四書做起，希望藉由文字障礙的掃除，幫助有心的讀者，打開禁錮於古老話語中的豐沛寶藏。我們工作的原則是「兼取諸家，直注明解」。一方面熔鑄眾說，擇善而從；一方面也力求明白可喻，達到學術普及化的要求。叢書自陸續出刊以來，頗受各界的喜愛，使我們得到很大的鼓勵，也有信心繼續推

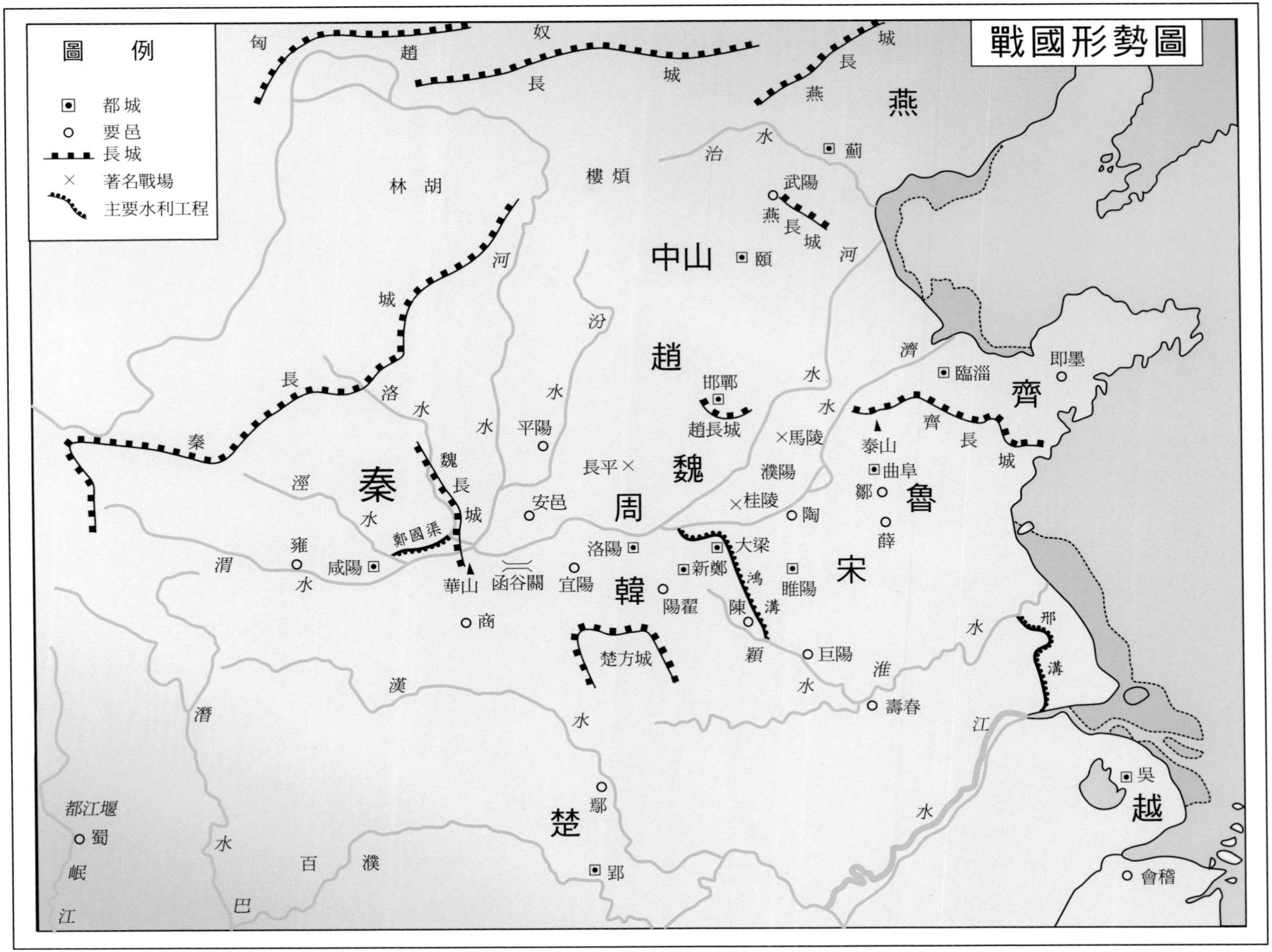
戰國形勢圖
圖例
都城
要邑
長城
著名戰場
主要水利工程
匈奴
趙長城
燕長城
燕
薊
治水
樓煩
林胡
武陽
燕長城
中山
顧
河
秦長城
洛水
汾水
趙
邯鄲
趙長城
濟水
臨淄
即墨
齊
齊長城
泰山
曲阜
鄒
魯
薛
馬陵
濮陽
桂陵
陶
魏
魏長城
秦
涇水
鄭國渠
雍
咸陽
渭水
華山
函谷關
宜陽
安邑
平陽
長平
周
洛陽
韓
新鄭
大梁
鴻溝
陳
陽翟
睢陽
宋
商
楚方城
潁水
巨陽
淮水
壽春
邗溝
江水
漢水
潛水
楚
鄢
郢
百濮
巴
都江堰
蜀
岷江
吳
越
會稽

# 新譯戰國策　目次


刊印古籍今注新譯叢書緣起

【上冊】

導　讀

戰國策書錄

卷一　東周策

秦興師臨周而求九鼎……一

秦攻宜陽……四

東周與西周戰……六

東周與西周爭……七

東周欲為稻……八

昭獻在陽翟……九

秦假道於周以伐韓……一〇

楚攻雍氏……一一

周最謂石禮……一二

周相呂倉見客於周君……一三

周文君免士工師藉……一四

溫人之周……一五

或為周最謂金投……一六
周最謂金投……一七
石行秦謂大梁造……一八
謂薛公……一九
齊聽祝弗……二〇
蘇厲為周最謂蘇秦……二一
謂周最曰仇赫之相宋……二三
為周最謂魏王……二四
謂周最曰魏王以國與先生……二五
趙取周之祭地……二六
杜赫欲重景翠於周……二七
周共太子死……二八
三國隘秦……二九
昌他亡西周……三〇
昭翦與東周惡……三一
嚴氏為賊……三二

## 卷二 西周策

薛公以齊為韓魏攻楚……三五
秦攻魏將犀武軍於伊闕……三七
秦令樗里疾以車百乘入周……三九
雍氏之役……四〇
周君之秦……四二
蘇厲謂周君……四三
楚兵在山南……四五
楚請道於二周之間……四六
司寇布為周最謂周君……四七
秦召周君……四八
犀武敗於伊闕……四九
韓魏易地……五〇
秦欲攻周……五二
宮他謂周君……五三
謂齊王……五四

三國攻秦反……五四
犀武敗……五五

卷三　秦策一

衛鞅亡魏入秦……五七
蘇秦始將連橫……五九
秦惠王謂寒泉子……六七
泠向謂秦王……六九
張儀說秦王……七〇
張儀欲假秦兵以救魏……八二
司馬錯與張儀爭論於秦惠王前……八二
張儀之殘樗里疾……八六
張儀欲以漢中與楚……八七
楚攻魏張儀謂秦王……八八
田莘之為陳軫說秦惠王……八九
張儀又惡陳軫於秦王……九一
陳軫去楚之秦……九二
齊助楚攻秦……九七

卷四　秦策二

楚絕齊齊舉兵伐楚……一〇二
秦惠王死公孫衍欲窮張儀……一〇五
義渠君之魏……一〇六
醫扁鵲見秦武王……一〇八
秦武王謂甘茂……一〇九
宜陽之役馮章謂秦王……一一二
甘茂攻宜陽……一一三
宜陽未得……一一四
宜陽之役楚畔秦而合於韓……一一五
秦王謂甘茂……一一六
甘茂亡秦且之齊……一一六
甘茂相秦……一二〇
甘茂約秦魏而攻楚……一二一
陘山之事……一二二

秦宣太后愛魏醜夫……一二五


## 卷五 秦策三

薛公為魏謂魏冉……一二七
秦客卿造謂穰侯……一二八
魏謂魏冉……一三一
謂魏冉曰和不成……一三三
謂穰侯……一三三
謂魏冉曰楚破秦……一三四
五國罷成睪……一三六
范子因王稽入秦……一三七
范雎至秦……一三九
應侯謂昭王……一五〇
秦攻韓圍陘……一五三
應侯曰鄭人謂玉未理者璞……一五四
天下之士合從相聚於趙……一五五
謂應侯曰君禽馬服乎……一五七
應侯失韓之汝南……一五八
秦攻邯鄲……一六〇
蔡澤見逐於趙……一六三


## 卷六 秦策四

秦取楚漢中……一七五
薛公入魏而出齊女……一七七
三國攻秦入函谷……一七八
秦昭王謂左右……一七九
楚魏戰於陘山……一八二
楚使者景鯉在秦……一八三
楚王使景鯉如秦……一八四
秦王欲見頓弱……一八六
頃襄王二十年……一八八
或為六國說秦王……一九八


## 卷七 秦策五

謂秦王……二〇三
秦王與中期爭論……二〇七
獻則謂公孫消……二〇八
樓啎約秦魏……二〇九
濮陽人呂不韋賈於邯鄲……二一一
文信侯欲攻趙以廣河間……二一六
文信侯出走……二二〇
四國為一將以攻秦……二二六

## 卷八 齊策一

楚威王戰勝於徐州……二三一
齊將封田嬰於薛……二三二
靖郭君將城薛……二三三
靖郭君謂齊王……二三五
靖郭君善齊貌辨……二三五
邯鄲之難……二四〇
南梁之難……二四一
成侯鄒忌為齊相……二四三
田忌為齊將……二四四
田忌亡齊而之楚……二四六
鄒忌事齊宣王……二四七
鄒忌脩八尺有餘……二四七
秦假道韓魏以攻齊……二五〇
楚將伐齊……二五二
秦伐魏……二五四
蘇秦為趙合從說齊宣王……二五七
張儀為秦連橫齊王……二六〇

## 卷九 齊策二

韓齊為與國……二六五
張儀事秦惠王……二六六
犀首以梁為齊戰於承匡而不勝……二七〇
昭陽為楚伐魏……二七一
秦攻趙……二七三

權之難齊燕戰……二七四
秦攻趙長平……二七五
或謂齊王……二七七

## 卷一〇 齊策三

楚王死……二七九
齊王夫人死……二八七
孟嘗君將入秦……二八八
孟嘗君在薛……二八九
孟嘗君奉夏侯章……二九一
孟嘗君讌坐……二九二
孟嘗君舍人有與君之夫人相愛者……二九四
孟嘗君有舍人而弗悅……二九六
孟嘗君出行國……二九七
淳于髡一日而見七人於宣王……三〇〇
齊欲伐魏……三〇一
國子曰秦破馬服君之師……三〇二

## 卷一一 齊策四

齊人有馮諼者……三〇五
孟嘗君為從……三一一
魯仲連謂孟嘗……三一四
孟嘗君逐於齊而復反……三一五
齊宣王見顏斶……三一六
先生王斗造門而欲見齊宣王……三二二
齊王使使者問趙威后……三二四
齊人見田駢……三二七
管燕得罪齊王……三二八
蘇秦自燕之齊……三二九
蘇秦謂齊王……三三〇

## 卷一二 齊策五

蘇秦說齊閔王……三三三

## 卷一三 齊策六

齊負郭之民有孤狐咺者……三五一
王孫賈年十五事閔王……三五四
燕攻齊取七十餘城……三五五
燕攻齊齊破……三六二
貂勃常惡田單……三六五
田單將攻狄……三七〇
濮上之事……三七二
齊閔王之遇殺……三七三
齊王建入朝於秦……三七五
齊以淖君之亂……三七七

## 卷一四 楚策一

齊楚構難……三七九
五國約以伐齊……三八〇
荊宣王問群臣……三八二
昭奚恤與彭城君議於王前……三八三
邯鄲之難……三八三
江尹欲惡昭奚恤於楚王……三八五
魏氏惡昭奚恤於楚王……三八六
江乙惡昭奚恤……三八七
江乙欲惡昭奚恤於楚……三八八
江乙說於安陵君……三八九
江乙為魏使於楚……三九一
郢人有獄三年不決……三九二
城渾出周……三九四
韓公叔有齊魏……三九五
楚杜赫說楚王以取趙……三九六
楚王問於范環……三九七
蘇秦為趙合從說楚威王……三九九
張儀為秦破從連橫……四〇三
張儀相秦……四一一
威王問於莫敖子華……四一三

## 卷一五　楚策二

魏相翟強死……四二一
齊秦約攻楚……四二二
術視伐楚……四二三
四國伐楚……四二四
楚懷王拘張儀……四二五
楚王將出張子……四二七
秦敗楚漢中……四二八
楚襄王為太子之時……四二九
女阿謂蘇子……四三四

## 卷一六　楚策三

蘇子謂楚王……四三五
蘇秦之楚三日……四三七
楚王逐張儀於魏……四三八
張儀之楚貧……四三九
楚王令昭雎之秦重張儀……四四一
張儀逐惠施於魏……四四三
五國伐秦……四四四
陳軫告楚之魏……四四六
秦伐宜陽……四四七
唐且見春申君……四四八

## 卷一七　楚策四

或謂楚王……四五一
魏王遺楚王美人……四五二
楚王后死……四五四
莊辛謂楚襄王……四五四
齊明說卓滑以伐秦……四五九
或謂黃齊……四六〇
長沙之難……四六一
有獻不死之藥於荊王者……四六二
客說春申君……四六三

天下合從……四六七
汗明見春申君……四六九
楚考烈王無子……四七一
虞卿謂春申君……四七六

【下冊】

卷一八　趙策一

知伯從韓魏兵以攻趙……四七九
知伯帥趙韓魏而伐范中行氏……四八一
張孟談既固趙宗……四八九
晉畢陽之孫豫讓……四九二
魏文侯借道於趙攻中山……四九六
秦韓圍梁燕趙救之……四九七
腹擊為室而鉅……四九八
蘇秦說李兌……四九九
趙收天下且以伐齊……五〇二
齊攻宋奉陽君不欲……五〇七
秦王謂公子他……五〇八
蘇秦為趙王使於秦……五一三
甘茂為秦約魏以攻韓宜陽……五一四
謂皮相國……五一五
或謂皮相國……五一六
趙王封孟嘗君以武城……五一八
謂趙王曰三晉合而秦弱……五一九

卷一九　趙策二

蘇秦從燕之趙始合從……五二五
秦攻趙……五三三
張儀為秦連橫說趙王……五三九
武靈王平晝間居……五四三
王立周紹為傅……五五五
趙燕後胡服……五五八
王破原陽……五六〇

## 卷二〇 趙策三

趙惠文王三十年……五六三
趙使机郝之秦……五六六
齊破燕趙欲存之……五六六
秦攻趙藺離石祁拔……五六八
富丁欲以趙合齊魏……五六九
魏因富丁且合於秦……五七一
魏使人因平原君請從於趙……五七二
平原君請馮忌……五七三
平原君謂平陽君……五七五
秦攻趙於長平……五七六
秦攻趙平原君使人請救於魏……五八三
秦趙戰於長平……五八五
秦圍趙之邯鄲……五八七
說張相國……五九五
鄭同北見趙王……五九六
建信君貴於趙……五九八
衛靈公近雍疸彌子瑕……六〇〇
或謂建信君之所以事王者……六〇一
苦成常謂建信君……六〇二
希寫見建信君……六〇三
魏魀謂建信君……六〇四
秦攻趙鼓鐸之音聞於北堂……六〇五
齊人李伯見孝成王……六〇六

## 卷二一 趙策四

為齊獻書趙王……六〇九
齊欲攻宋……六一一
齊將攻宋而秦楚禁之……六一五
五國伐秦無功……六一七
樓緩將使伏事辭行……六二二
虞卿請趙王……六二四
燕封宋人榮蚠為高陽君……六二六

三國攻秦趙攻中山……六二九
趙使趙莊合從……六三〇
翟章從梁來……六三一
馮忌為廬陵君謂趙王……六三一
馮忌請見趙王……六三二
客見趙王……六三四
秦攻魏取寧邑……六三六
趙使姚賈約韓魏……六三九
魏敗楚於陘山……六四〇
秦召春平侯……六四一
趙太后新用事……六四二
秦使王翦攻趙……六四六

## 卷二二 魏策一

知伯索地於魏桓子……六四九
韓趙相難……六五〇
樂羊為魏將而攻中山……六五一
西門豹為鄴令……六五二
文侯與虞人期獵……六五三
魏文侯與田子方飲酒而稱樂……六五四
魏武侯與諸大夫浮於西河……六五五
魏公叔痤為魏將……六五七
魏公叔痤病……六五八
蘇子為趙合從說魏王……六六〇
張儀為秦連橫說魏王……六六四
齊魏約而伐楚……六六八
蘇秦拘於魏……六六九
陳軫為秦使於齊……六七〇
張儀惡陳軫於魏王……六七三
張儀欲窮陳軫……六七四
張儀走之魏……六七五
張儀欲以魏合於秦韓……六七六
張子儀以秦相魏……六七七
張儀欲并相秦魏……六七八

魏王將相張儀……六七九
楚許魏六城……六八〇
張儀告公仲……六八二
徐州之役……六八三
秦敗東周……六八四
齊王將見燕趙楚之相於衛……六八五
魏令公孫衍請和於秦……六八六
公孫衍為魏將……六八七

## 卷二三　魏策二

犀首田盼欲得齊魏之兵以伐趙……六八九
犀首見梁君……六九〇
蘇代為田需說魏王……六九一
史舉非犀首於王……六九三
楚王攻梁南……六九四
魏惠王死……六九五
五國伐秦……六九七
魏文子田需周宵相善……七〇二
魏王令惠施之楚……七〇三
魏惠王起境內眾……七〇四
齊魏戰於馬陵……七〇五
惠施為韓魏交……七〇七
田需貴於魏王……七〇八
田需死……七〇九
秦召魏相信安君……七一〇
秦楚攻魏圍皮氏……七一四
龐葱與太子質於邯鄲……七一五
梁王魏嬰觴諸侯於范臺……七一六

## 卷二四　魏策三

秦趙約而伐魏……七一九
芒卯謂秦王……七二〇
秦敗魏於華走芒卯而圍大梁……七二二
秦敗魏於華魏王且入朝於秦……七二六

華軍之戰……七三〇
齊欲伐魏……七三二
秦將伐魏……七三四
魏將與秦攻韓……七三七
葉陽君約魏……七四五
秦使趙攻魏……七四六
魏太子在楚……七四七

## 卷二五 魏策四

獻書秦王……七五三
八年謂魏王……七五四
魏王問張旄……七五六
客謂司馬食其……七五七
魏秦伐楚……七五八
穰侯攻大梁……七五九
白珪謂新城君……七六〇
秦攻韓之管……七六一
秦趙構難而戰……七六三
長平之役……七六四
樓梧約秦魏……七六五
芮宋欲絕秦趙之交……七六六
為魏謂楚王……七六六
管鼻之令翟強與秦事……七六七
成陽君欲以韓魏聽秦……七六八
秦拔寧邑……七六九
秦罷邯鄲……七七〇
魏王欲攻邯鄲……七七一
周肖謂宮他……七七二
周冣善齊……七七三
周冣入齊……七七四
秦魏為與國……七七五
信陵君殺晉鄙……七七六
魏攻管而不下……七七七
魏王與龍陽君共船而釣……七八一

秦攻魏急……七八二
秦王使人謂安陵君……七八四

## 卷二六 韓策一

三晉已破智氏……七八九
大成午從趙來……七九〇
魏之圍邯鄲……七九一
申子請仕其從兄官……七九二
蘇秦為楚合從說韓王……七九三
張儀為秦連橫說韓王……七九五
宣王謂摎留……七九八
張儀謂齊王……七九九
楚昭獻相韓……八〇〇
秦攻陘……八〇一
五國約而攻秦……八〇二
鄭彊載八百金入秦……八〇三
鄭彊之走張儀於秦……八〇四
宜陽之役……八〇五
秦圍宜陽……八〇六
公仲以宜陽之故仇甘茂……八〇七
秦韓戰於濁澤……八〇八
顏率見公仲……八一二
韓公仲謂向壽……八一三
或謂公仲曰聽者聽國……八一六
韓公仲相……八一九
王曰向也子曰天下無道……八二一
或謂魏王王儆四彊之內……八二二
觀鞅謂春申……八二三
公仲數不信於諸侯……八二四

## 卷二七 韓策二

楚圍雍氏五月……八二七
楚圍雍氏韓令冷向借救於秦……八三〇
公仲為韓魏易地……八三二

錡宣之教韓王取秦……八三三
襄陵之役……八三四
公叔使馮君於秦……八三五
謂公叔曰公欲得武遂於秦……八三六
謂公叔曰乘舟……八三七
齊令周最使鄭……八三七
韓公叔與幾瑟爭國鄭強為楚王使於韓……八三九
韓公叔與幾瑟爭國中庶子強謂太子……八四〇
齊明謂公叔……八四一
公叔將殺幾瑟……八四二
公叔且殺幾瑟……八四三
謂新城君曰……八四四
胡衍之出幾瑟於楚……八四五
幾瑟亡之楚……八四六
冷向謂韓咎……八四七
楚令景鯉入韓……八四八
韓咎立為君而未定……八四九
史疾為韓使楚……八四九
韓傀相韓……八五一


## 卷二八 韓策三


或謂韓公仲……八五七
或謂公仲……八五九
韓人攻宋……八六〇
或謂韓王……八六二
謂鄭王……八六四
韓陽役於三川而欲歸……八六九
秦大國也……八七〇
張丑之合齊楚講於魏……八七一
或謂韓相國……八七二
公仲使韓珉之秦求武隧……八七二
韓相公仲珉使韓侈之秦……八七四

客卿為韓謂秦王……八七五
韓珉相齊……八七七
或謂山陽君……八七八
趙魏攻華陽……八七九
秦招楚而伐齊……八八〇
韓氏逐向晉於周……八八一
張登請費緤……八八二
安邑之御史死……八八三
魏王為九里之盟……八八四
建信君輕韓熙……八八四
段產謂新城君……八八五
段干越人謂新城君……八八六

## 卷二九　燕策一

蘇秦將為從北說燕文侯……八八九
奉陽君李兌甚不取於蘇秦……八九一
權之難燕再戰不勝……八九三
燕文公時……八九四
人有惡蘇秦於燕王者……八九六
張儀為秦破從連橫謂燕王……九〇〇
宮他為燕使魏……九〇二
蘇秦死其弟蘇代欲繼之……九〇三
燕王噲既立……九〇七
初蘇秦弟厲因燕質子而求見齊王……九一一
蘇代過魏……九一二
燕昭王收破燕後即位……九一三
齊伐宋宋急……九一六
蘇代謂燕昭王……九二一
燕王謂蘇代……九二六

## 卷三〇　燕策二

秦召燕王……九二九
蘇代為奉陽君說燕於趙以伐齊……九三六
奉陽君告朱讙與趙足……九三七

蘇代為燕說齊……九四二
蘇代自齊使人謂燕昭王……九四四
蘇代自齊獻書於燕王……九四七
陳翠合齊燕……九四九
燕昭王且與天下伐齊……九五〇
燕饑趙將伐之……九五一
昌國君樂毅為燕昭王合五國之兵而攻齊……九五三
或獻書燕王……九六一
客謂燕王……九六三
趙且伐燕……九六五
齊魏爭燕……九六六

## 卷三一 燕策三

齊韓魏共攻燕……九六九
張丑為質於燕……九七〇
燕王喜使栗腹以百金為趙孝成王壽……九七一
秦并趙北向迎燕……九七七
燕太子丹質於秦亡歸……九七八

## 卷三二 宋衛策

齊攻宋宋使臧子索救於荊……九九五
公輸般為楚設機……九九六
犀首伐黃……九九八
梁王伐邯鄲……一〇〇〇
謂大尹……一〇〇二
宋與楚為兄弟……一〇〇二
魏太子自將過宋外黃……一〇〇三
宋康王之時有雀生鸇……一〇〇五
智伯欲伐衛……一〇〇六
智伯欲襲衛……一〇〇七
秦攻衛之蒲……一〇〇八
衛使客事魏……一〇〇九

衛嗣君病……一〇一〇
衛嗣君時胥靡逃之魏……一〇一二
衛人迎新婦……一〇一三

## 卷三三　中山策

魏文侯欲殘中山……一〇一五
犀首立五王……一〇一六
中山與燕趙為王……一〇一九
司馬憙使趙為己求相中山……一〇二三
司馬憙三相中山……一〇二四
陰姬與江姬爭為后……一〇二五
主父欲伐中山……一〇二八
中山君饗都士……一〇二九
樂羊為魏將……一〇三〇
昭王既息民繕兵……一〇三一

# 導　讀

《戰國策》是一部記載戰國時期以策士言行為主的史書。西漢劉向整理這部書的時候，它的書名竟有六種之多，「或曰《國策》，或曰《國事》，或曰《短長》，或曰《事語》，或曰《長書》，或曰《脩書》」❶。他認為這部書寫的是「戰國時，游士輔所用之國，為之策謀，宜為《戰國策》」❷。而齊、梁時的劉勰卻認為秦國兼併了天下，戰國的歷史保存在簡策裡，大概只是記錄而沒有按年代次序編排，所以就用簡策的稱呼來給它命名，叫做《戰國策》❸。可見劉向認為《戰國策》的「策」指的是「策謀」，劉勰則認為指的是「簡策」。我們認為還是劉向的解釋較為可靠，因為書中所記載的確實絕大部分是策士的策謀，而且給《戰國策》命名的不是別人，正是劉向，我們怎能不相信命名者自己的話呢？

## 一

《戰國策》記載的是「繼春秋以後，訖楚、漢之起，二百四十五年間之事」❹，分別記載了東周、

❶ 劉向《戰國策書錄》。
❷ 劉向《戰國策書錄》。
❸ 劉勰《文心雕龍・史傳》：「及至從橫之世，史職猶存。秦并七王，而戰國有策，蓋錄而弗敘，故即簡而為名也。」
❹ 劉向《戰國策書錄》。

西周、秦、齊、楚、趙、魏、韓、燕、宋、衛、中山等十二國有關的事件。秦、齊、楚、趙、魏、韓、燕是赫赫有名的戰國七雄，宋、衛、中山則是三個小國，只有東周、西周有點特殊，它們不是人們習慣上說的平王東遷以前的西周和東遷以後的東周，而是指戰國時期兩個名存實亡的周王朝。周赧王時，東、西周分治，東周都鞏（今河南鞏縣），西周都王城（今河南洛陽西），名譽上雖然都還稱周，實際上連小國也不如。它們之間經常發生爭鬥，有次東周想種稻子，西周卻不給它放水，蘇子就去遊說西周君，說東周已經改種麥子了，西周君便放了水，蘇子因此討好了雙方，《戰國策》稱「蘇子亦得兩國之金也」❺。可見人們早已把它們當成「國」看待。也許劉向整理《戰國策》是從「尊王」的思想出發，便仿照《國語》將〈周語〉放在首篇的體例，也將〈東周策〉、〈西周策〉放在前面，可是又不得不承認東、西周已經淪落為「國」的事實，將它們置於諸侯國之列。

從春秋以後到楚、漢興起這二百多年間，是個大動盪、大變革的時期，同時也是個由分裂走向統一的時期。這種變革在春秋就已經開始，自從平王東遷以後，周天子便失去了對諸侯的控制，「自列為諸侯」，「徒建空名於公侯之上」❻，諸侯不把周天子放在眼裡，可以召見周天子，甚至直接反對周天子，「問鼎之輕重者有之，射王中肩者有之」❼。諸侯為了爭奪土地，爭奪霸權，互相攻伐；各諸侯國內部犯上作亂的事也層出不窮，「臣弒其君者有之，子弒其父者有之」❽，以致「弒君三十六，亡國五十二，諸侯奔走不得保其社稷者不可勝數」❾。春秋末年，各諸侯國的大臣勢力膨脹，一旦時機成熟，有的大臣就取而代之，如姓田的大臣把姓姜的齊國篡奪了，韓、魏、趙三卿索性把姓姬的晉國瓜分，建立了韓、

❺《戰國策・東周策・東周欲為稻》。
❻柳宗元〈封建論〉，見《柳河東集》。
❼柳宗元〈封建論〉，見《柳河東集》。
❽《孟子・滕文公下》。
❾《史記・太史公自序》。

趙、魏三國，開始了戰國時期。如果說春秋時諸侯爭霸，還需要「假義以為名，仗正以為功」❿，挾天子以令諸侯，打著「尊王」的旗號來遮羞的話，到了戰國，這塊遮羞布就被扔掉了，仁義道德，蕩然無存。秦國就從秦孝公開始，用商鞅變法，「捐禮讓而貴戰爭，弃仁義而用詐譎」⓫。意識型態發生了深刻的變化，儒家的傳統思想受到極大的衝擊，「士無常君，國無定臣」⓬的現象相當普遍。有人在燕王面前說蘇秦是天下不守信用的人，蘇秦卻振振有詞地為自己辯解，說我不守信正是燕王的幸福，假使我像尾生那樣守信，在橋下和女子約會，女子沒有來，水漲了自己也不離開，抱著橋的柱子淹死在橋下；像伯夷那樣廉潔，不食周粟，餓死在首陽山上；像曾參那樣孝順，一個晚上也不離開父母，怎麼能來侍奉燕王？那些守信用、重品行的人是為自己，不是為別人，是自我掩飾、自我保護，不思進取。我離開老母來侍奉燕王，拋棄自我掩飾、自我保護以謀求進取，我是求進取的臣子啊⓭。這種只思進取的思想，和以後曹操的舉賢勿拘品行⓮的主張相差不多。不獨蘇秦如此，就是主張「善戰者服上刑」⓯的孟軻也免不了受時代的影響，在燕國發生內亂時，也曾勸齊宣王去進攻燕國⓰。

在這種只有利害而沒有道德可言的世道裡，各國互相仿效，「遂相吞滅，并大兼小，暴師經歲，流血滿野」⓱，展開了生死存亡的戰鬥。各國的統治者為了讓自己在鬥爭中立於不敗之地，需要策士來運

---

❿ 吳師道《戰國策鮑注補正・序》。
⓫ 劉向〈戰國策書錄〉。
⓬ 《文選・卷四五・解嘲》。
⓭ 《戰國策・燕策一・人有惡蘇秦於燕王者》。
⓮ 《曹操集・舉賢勿拘品行令》。
⓯ 《孟子・離婁上》。
⓰ 《戰國策・燕策一・燕王噲既立》。
⓱ 劉向〈戰國策書錄〉。

籌帷幄，出謀獻策；而策士也適應這種需要，以「出其金玉錦繡、取卿相之尊」⑱為目的，自由來往於各國之間，搖唇鼓舌，賣力效勞。圍繞著合縱和連橫這兩種不同的外交政策，今天在這個國家出謀，明天又到那個國家去獻策，翻手可以為雲，覆手可以為雨，只要他的計謀迎合了君主的需要，就可朝為布衣，暮為卿相，導演出一幕又一幕驚心動魄的歷史。劉勰曾經如此描述當時的情況：戰國時，七國爭雄，遊說的辯士似雲一般湧起，合縱連橫，參與謀議；長說短說，較量勢力，似轉丸那樣運用巧妙的言辭，像飛鉗似的使人佩服他們精美的談術。一人的辯說，重過九鼎國寶；三寸的舌頭，強過百萬雄師。主張合縱的蘇秦，身佩六國相印；奉行連橫的張儀，受封五個富裕的都邑⑲。像蘇秦、張儀、公孫衍、陳軫、蘇厲、蘇代、杜赫、齊明、周最、召滑、虞卿、樓緩……等一大批謀夫說客，憑著三寸不爛之舌，遊說諸侯，分化拉攏，相詐相傾，「機變之謀，唯恐其不深；捭闔之計，唯恐其不工。風聲習氣，舉一世而皆然」⑳。宋朝的李格非說：「《戰國策》所載，大抵皆從橫捭闔，譎誑相輕傾奪之說也。」㉑這概括了《戰國策》所記的主要內容。從這個意義上說，稱《戰國策》主要表現了縱橫家的思想是有道理的。然而話也不能說得過於絕對，《戰國策》所表現的也不是清一色的縱橫家思想，例如趙威后問齊使，先問歲，再問民，最後才問齊王㉒，趙武靈王說的「制國有常，利民為本」㉓，顯然和儒家的「民貴君輕」、「民為邦本」的思想相一致；吳起對魏武侯說的「城非不高也，人民非不眾也，然而可得并者，政惡故

⑱《戰國策・秦策一・蘇秦始將連橫》。

⑲劉勰《文心雕龍・論說》：「戰國爭雄，辨士雲踊；從橫參謀，長短角勢；轉丸騁其巧辭，飛鉗伏其精術；一人之辨，重於九鼎之寶，三寸之舌，強於百萬之師。六印磊落以佩，五都隱賑而封。」

⑳吳師道《戰國策鮑注補正・序》。

㉑鮑彪本《戰國策》附錄李格非〈書戰國策後〉。

㉒《戰國策・齊策四・齊王使使者問趙威后》。

㉓《戰國策・趙策二・武靈王平晝間居》。

也。從是觀之，地形險阻，奚足以霸王矣」[24]，又和孟子的「天時不如地利，地利不如人和」[25]之說有相似之處；李疵言中山國可伐，批評中山君「舉士，則民務名而不存本；朝賢，則耕者惰而戰士懦，若此不亡者，未之有也」[26]，又接近法家的獎勵耕戰的思想；趙武靈王說的「古今不同俗，何古之法？帝王不相襲，何禮之循」、「禮世不必一其道，便國不必法古」[27]，和商鞅的變法言論又如出一轍；淖齒指責齊閔王「天雨血沾衣者，天以告也；地坼至泉者，地以告也；人有當闕而哭者，人以告也。天地人皆以告矣，而王不知戒焉，何得無誅乎」[28]，則是借天人感應思想作為誅殺齊閔王的藉口；〈宋策〉批評宋康王見一隻小雀生下一隻大鸇便想稱霸是「見祥而不為祥，反為禍」[29]，又近乎是神教的迷信了。即使同是士，那義不帝秦的魯仲連，為人排難解紛而無所求，和那些朝秦暮楚、唯利是圖的策士也不可同日而語。

## 二

《戰國策》一書，我們認為不僅可以把它當作史書來讀，也可以當作智慧書、文學書來讀。下面就分別較詳細地談談我們的看法。

---

[24]《戰國策·魏策一·魏武侯與諸大夫浮於西河》。
[25]《孟子·公孫丑下·天時不如地利》。
[26]《戰國策·中山策·主父欲伐中山》。
[27]《戰國策·趙策二·武靈王平晝間居》。
[28]《戰國策·齊策六·齊負郭之民有孤狐咺者》。
[29]《戰國策·宋衛策·宋康王之時有雀生鸇》。

## (一)將《戰國策》當作史書讀

《戰國策》本是史書,這是沒有問題的。《漢書‧藝文志》將它列入「六藝略」中的春秋一類,和《春秋》、《國語》、《太史公》(即《史記》)等史書並列,而沒有將它列入「諸子略」中的縱橫家一類。《隋書‧經籍志》、《唐書‧經籍志》和《新唐書‧藝文志》,也都將它列入史部雜史類。宋代晁公武的《郡齋讀書志》才將它改入子部縱橫家,可能是從它主要表現了縱橫家的思想來為它歸類。《四庫全書》仍將它歸入史部,因為「子」本來是稱人的,如孟子、莊子、韓非子,因而稱他們的書也叫《孟子》、《莊子》、《韓非子》。《戰國策》是劉向整理的,作者不止一人,也不知道他們姓甚名誰,就不好將它歸入子部。鮑彪說:「《國策》,史家流也。」㉚這話是對的。

《戰國策》中記載了各國的政治、軍事、外交、經濟、地理、風俗人情以及各國的重大歷史事件,諸如三家分晉、商鞅變法、魏敗馬陵、蘇秦合縱、張儀連橫、趙武靈王胡服騎射、樂毅下齊七十餘城、田單復齊、白起入郢、范雎說秦昭王、長平之戰坑殺趙卒、秦圍邯鄲、荊軻刺秦王、秦滅六國……等,在《戰國策》中都有記載。要研究戰國史,就不能不讀《戰國策》。司馬遷寫《史記》,就大量採用了《戰國策》中的史料,宋代姚寬說《史記》採用《戰國策》有「九十三事」㉛,近人鄭良樹作了一個《史記》採用《戰國策》故事表㉜,經過分國統計,《史記》採用《戰國策》實際有一百四十九處。如果司馬遷沒有《戰國策》為他提供那麼豐富的史料,那他撰寫戰國時期那部分歷史就將困難重重,甚至難以下筆。單是這一點,就可看出《戰國策》的史學價值該是何等重要。再說,司馬遷引用《戰國策》中的史料,

---

㉚ 鮑彪〈戰國策序〉。

㉛ 姚寬〈戰國策序〉。

㉜ 鄭良樹《竹簡帛書論文集‧論帛書本戰國策的分批及命名》。中華書局一九八二年一月出版。

有的基本上是原文照錄，有的卻有增刪，例如關於韓非的死因，司馬遷在《史記・老莊申韓列傳》中的記載是：秦王因為欣賞韓非的作品，便出兵攻韓，韓非被迫入秦，可是秦王又不信用他，李斯、姚賈便趁機詆毀韓非，說他是韓國的諸公子，秦王想兼併諸侯，他終究為韓不為秦。久留不用而讓他回去，那是自貽後患，不如現在就給他一個罪名殺掉他。秦王聽了，就將韓非關入獄中。李斯便馬上派人送去毒藥，讓韓非自殺。等到秦王悔悟過來，派人去赦免韓非，韓非已經死了。現在人們一般都根據這些記載，以為韓非的死因全在李斯、姚賈身上，可是《戰國策》卻記載：當時燕、趙、吳、楚四國要進攻秦國，秦王為了制止這四國的進攻，派姚賈帶上大量財物，穿上秦王的衣服，戴上秦王的禮帽，佩上秦王的劍去出使四國，制止了四國的進攻，博得了秦王的歡心，受封千戶，做了上卿。而韓非卻在這時去詆毀姚賈，說他用秦王的權勢、國家的珍寶，在外面私自結交諸侯。同時還揭姚賈的隱私，進行人身攻擊，說他是大梁守門人的兒子、魏國的大盜、趙國的逐臣，怎麼能和這樣的人商量國家大事？姚賈一一作了辯解，秦王相信了姚賈的話，便誅殺了韓非㉝。這就彌補了《史記》的不足，同時還可藉此進一步瞭解司馬遷發出「余獨悲韓子為〈說難〉而不能自脫耳」這種感歎的原因。韓非在〈說難〉中說過「凡說之難，在知所說之心」，又說：「有愛於主，則知當而加親；見憎於主，則罪當而加疏，故諫說之士不可不察愛憎之主而後說之矣。」㉞可是他自己卻偏偏違背了這些主張，在姚賈紅得發紫的時候，為什麼他不瞭解當時秦王「大悅」姚賈之心，而要在自己「見憎於主」的時候去詆毀「有愛於主」的姚賈？司馬遷悲其為〈說難〉而不能自脫，其為斯邪？由此可見，要研究《史記》也不能不讀《戰國策》。

當然，《戰國策》中的材料也不是絕對真實可靠的。魯迅說：「戰國時談士蜂起，不是以危言聳聽，

㉝《戰國策・秦策五・四國為一將以攻秦》。

㉞《史記・老莊申韓列傳》引，與《韓非子・說難》文字上有出入。

就是以美辭動聽，於是誇大、裝腔、撒謊，層出不窮。」㉟蘇秦為了合縱、張儀為了連橫都曾經遊說山東諸侯，由於目的不同，蘇秦往往用美辭給山東諸侯鼓勁，以加強他們聯合抗秦的信心，誇他們的國家條件如何好，現在竟然西面事秦，真為他們感到羞恥；而張儀常常用危言給山東諸侯潑冷水，以消除他們聯合抗秦的鬥志，說天下形勢對他們何等不利，竟想和秦國對抗，無異自取滅亡。他們的說辭雖然不乏真知灼見，但誇大、撒謊的情況，也在所難免。蘇秦以連橫說秦和以合縱說山東諸侯時對秦國的評價就前後出入甚大，即使說山東諸侯，在趙王面前說「燕固弱國，不足畏也」㊱，可是當著燕王的面卻誇燕國「地方二千餘里，帶甲數十萬，車七百乘，騎六千足，粟支十年」㊲，這哪裡像是個不足畏的弱國！張儀曾說主張合縱的人「飾辯虛辭，高主之節行，言其利而不言其害」㊳，「以是為非，以非為是」㊴，其實主張連橫的人，又何嘗能夠免於此病，就是張儀自己不也講過秦國「不出甲於函谷關十五年」㊵的謊話。再者，《戰國策》在流傳的過程中免不了有人增改擬托，如〈宋衛策・公輸般為楚設機〉當是後人刪改《墨子・公輸》寫成的偽作，〈燕策二・陳翠合齊燕〉則是〈趙策四・趙太后新用事〉的拙劣仿製品。〈韓策二・楚圍雍氏五月〉和〈韓策三・趙魏攻華陽〉、〈魏策一・蘇秦拘於魏〉和〈燕策一・蘇代過魏〉、〈燕策一・人有惡蘇秦於燕王者〉和〈燕策一・蘇代謂燕昭王〉所述的情節分別基本相同，可是人名、地名卻各自有了變化，其中必定有偽。這是我們將《戰國策》當作史書來讀時所應該注意的。

---

㉟魯迅《偽自由書・文學上的折扣》。
㊱《戰國策・趙策二・蘇秦從燕之趙始合從》。
㊲《戰國策・燕策一・蘇秦將為從北說燕文侯》。
㊳《戰國策・楚策一・張儀為秦破從連橫》。
㊴《戰國策・趙策二・張儀為秦連橫說趙王》。
㊵《戰國策・楚策一・張儀為秦破從連橫》。

## （二）將《戰國策》當作智慧書讀

凡是好書大多數都能給讀者增廣見識，益人心智，我們說將《戰國策》當作智慧書讀，主要著眼於書中記載了大量的智謀。司馬遷說：「蘇秦起閭閻，連六國從親，此其智有過人者。吾故列其行事，次其時序，毋令獨蒙惡聲焉。」[41]劉向也說《戰國策》中所記的「高才秀士，度時君之所能行，出奇策異智，轉危為安。運亡為存，亦可喜，皆可觀」[42]。例如有次天下之士聚集在趙國，共謀合縱攻秦，給秦國構成很大的威脅，秦王為此憂慮。這時已經做上了秦相的策士范雎知道這些士相聚一起，計畫攻秦，只是想求富貴，就像一群見骨頭就要咬起來的狗一樣。便派唐雎帶上重金和樂隊來到離趙都邯鄲不遠的武安舉行宴會，獎賞那些士，結果獎金還沒有發完，那些士就互相鬥起來，一次合縱反秦的聚會就這樣輕易地被制止了[43]。再如秦國在長平之戰中雖然大敗趙軍，可是自己也已經被拖得疲憊不堪，便要趙國割六城來講和，以便暫時撤軍回國，日後再來進攻。趙國的策士虞卿看出了秦國的陰謀，便提出用土地去聯合齊國等天下諸侯共同抗秦的對策，秦國見勢不妙，不再提割城的事就與趙國講和了[44]。又如楚國圍攻韓國的雍氏城，韓國多次向秦國求救，遭到秦國的拒絕，雍氏城危在旦夕。策士張翠稱病使秦，在回答秦相甘茂「韓國危急不危急」的問題時，只說了一句「韓國真的危急就轉向投靠楚國了，我怎麼還敢到這裡來」，暗示秦國如果還不出兵救韓，韓國就要改變親秦的政策。甘茂聽了就馬上出兵救韓[45]。這都稱得上是轉危為安、運亡為存的例子。策士陳軫在齊王面前痛陳山東諸侯互相攻伐之失策，更是關

---

[41]《史記・蘇秦列傳》。
[42] 劉向〈戰國策書錄〉。
[43]《戰國策・秦策三・天下之士合從相聚於趙》。
[44]《戰國策・趙策三・秦攻趙於長平》。
[45]《戰國策・韓策二・楚圍雍氏五月》。

係到六國興亡的戰略之見，他說：

真正能夠危害山東六國的是強大的秦國，可是山東六國卻不擔心強大的秦國，反而輪番削弱自己，終至兩敗俱傷，都歸入秦國，這是我為山東六國所憂慮的事。天下各國為了秦國而互相分割，秦國竟然不必出一把刀；天下各國為了秦國而互相烹煮，秦國竟然不必出一束柴。為什麼秦國就這麼聰明，而山東六國卻這麼愚蠢呀！㊻

情真意切，句句都是肺腑之言，可惜並未引起山東諸侯的重視，以致終於被秦所亡。宋代的蘇轍在〈六國論〉中痛憾山東六國「貪疆埸尺寸之利，背盟敗約，以自相屠滅，秦兵未出，而天下諸侯已自困矣。至使秦人得間其隙以取其國，可不悲哉！」前事不忘，後事之師，這種歷史教訓，今天又何嘗不發人深省呢？《戰國策》中也有不足為訓的所謂「計謀」，例如在呂不韋任宰相期間，秦國進攻魏國，情況危急，魏國有個策士荒唐地提出：與其為保衛國土而戰死，不如用土地去賄賂秦國。認為當時秦太后的情夫嫪毐與呂不韋勢均力敵，要是魏國割地去幫助嫪毐立功，嫪毐在秦國就將得勢，呂不韋便會被拋棄，秦太后便會感激魏國，這樣魏王的怨仇也就可報了㊼。如此救國，的確為人所不齒。

除了這些事關國家興亡的計謀外，策士揣摩對方的心理，變幻莫測的談話藝術，也使人受益不淺。有次策士顏率要見韓相公仲，遭到公仲的拒絕，如果一般的人遇到這種情況，定會束手無策，可是顏率卻隨機應變，立即通過謁者給公仲傳話：「公仲一定認為我虛偽，所以不見我啊。公仲喜歡女色，我卻說他喜歡男子；公仲對錢財吝嗇，我卻說他布施恩惠；公仲品行不好，我卻說他喜歡正義。從今以後，

---

㊻《戰國策・齊策一・秦伐魏》。

㊼《戰國策・魏策四・秦攻魏急》。

我顏率將要說直話了。」弄得公仲哭笑不得，只好馬上接見他㊽。觸龍說趙太后的談話藝術更是高超。趙太后愛子如命，無論如何也不願讓小兒子長安君去做人質，以換取齊國的救兵，甚至揚言誰要是再提此事，就將口水吐到他的臉上。觸龍在這種情況下去見太后，一進去，先是「徐趨」，再是「自謝」，又問飲食起居，以柔克剛，根本不提長安君的事，給擺好了架式吵架的太后消氣。然後順著太后愛子如命的心理，以託兒子舒祺去守王宮為名，讓太后認為他也一樣愛子如命，把他當成同病相憐的知己而露出了笑容。接著又用太后送燕后出嫁為例，說明「父母之愛子則為之計深遠」的道理，並且從趙國和其他諸侯國的歷史中總結出「位尊而無功，奉厚而無勞，而挾重器多」的子孫必定沒有好下場的規律性的認識，反問太后：「今媼尊長安君之位，而封之以膏腴之地，多予之重器，而不及今令有功於國，一旦山陵崩，長安君何以自託於趙？」所謂「及今令有功於國」的意義不言自明，他故意不點破，而讓太后自己去體會。結果太后敗下陣來，情願將長安君送去做人質㊾。如此因勢利導，層層開導，步步為營，情理結合，娓娓動聽，談話藝術可說到了一個極高的境界，能給人以有益的啟示。

此外郭隗言致士之法，在於禮賢下士，謙恭待人㊿；唐且論可知和不可知、不可忘和不可不忘之事，主張寬以待人，嚴以律己[51]；惠施提出尊重少數人的見解，教人不能偏聽偏信，滿足虛假的表面現象[52]，也富有哲理意味。即使是經商之道，策士也有所論及，如希寫說：「一個出色的商人不和人爭買賣的價錢，而謹慎地等待時機。跌價的時候就買進來，即使是高價也已經是低價了；漲價的時候就賣出去，即

㊽《戰國策・韓策一・顏率見公仲》。
㊾《戰國策・趙策四・趙太后新用事》。
㊿《戰國策・燕策一・燕昭王收破燕後即位》。
[51]《戰國策・魏策四・信陵君殺晉鄙》。
[52]《戰國策・魏策一・張儀欲以魏合於秦韓》。

使是低價也已經是高價了。」❺❸說明一個出色的商人和顧客做交易不要錙銖必較、毫釐必爭，而要綜觀市場形勢的發展變化，及時把握行情，以免坐失良機，得小失大，也有借鑑價值。兩千多年前的司馬遷已經看到蘇秦等策士有過人之智，提出不要讓他們「獨蒙惡聲」的主張，我們今天理所當然地可以有選擇地從策士的智謀中吸取有益的養料。

## (三) 將《戰國策》當作文學書讀

文學是種語言藝術，是用語言塑造形象來反映社會生活。我們說可將《戰國策》當作文學書讀，是因為它具有文學的基本特徵。《戰國策》的文學性主要表現在下面幾個方面：

首先，是辯麗橫肆、鋪張揚厲的語言藝術。宋代王覺稱讚《戰國策》「辯麗橫肆，亦文辭之最」❺❹。清代章學誠說《戰國策》的文辭「敷張而揚厲，變其本而加恢奇」❺❺。這種風格的形成，是受時代影響的結果。在那大動盪、大變革的年月裡，周網解結，群鹿爭逸，思想開始解放，人性已在覺醒，「人生世上，勢位富貴，蓋(盍)可忽乎哉」❺❻，這些人們所羞於啟齒的話，蘇秦竟然毫無隱諱地說了出來。這種思想解放反映到文章上就出現了無所拘束、辯麗橫肆的風格。再加上策士為了說服人主，「捭闔之辭，唯恐其不工」❺❼，鋪張揚厲，也就勢所必然。那些策士遊說人主，往往有一套程式，總是先誇所說的國家地形好、物資富、人口多、國力強、君主賢，再說有這樣好的條件，現在竟然怎樣怎樣，我為你感到羞恥，然後分析利害，提出自己的主張。如蘇秦說齊王：

❺❸《戰國策．趙策三．希寫見建信君》。
❺❹鮑彪本《戰國策》附錄王覺〈題戰國策〉。
❺❺章學誠《文史通義．詩教上》。
❺❻《戰國策．秦策一．蘇秦始將連橫》。
❺❼吳師道《戰國策鮑注補正．序》。

齊南有太山，東有琅邪，西有清河，北有渤海，此所謂四塞之國也。齊地方二千里，帶甲數十萬，粟如丘山。齊車之良，五家之兵，疾如錐矢，戰如雷電，解如風雨。即有軍役，未嘗倍太山、絕清河、涉渤海也。臨淄之中七萬戶，臣竊度之，下戶三男子，三七二十一萬，不待發於遠縣，而臨淄之卒，固以二十一萬矣。臨淄甚富而實，其民無不吹竽、鼓瑟、擊筑、彈琴、鬥雞、走犬、六博、蹹踘者；臨淄之途，車轂擊，人肩摩，連衽成帷，舉袂成幕，揮汗成雨；家敦而富，志高而揚。夫以大王之賢與齊之強，天下不能當。今乃西面事秦，竊為大王羞之。[58]

說楚王：

楚，天下之強國也。大王，天下之賢王也。楚地西有黔中、巫郡，東有夏州、海陽，南有洞庭、蒼梧，北有汾陘之塞、郇陽。地方五千里，帶甲百萬，車千乘，騎萬匹，粟支十年，此霸王之資也。夫以楚之強與大王之賢，天下莫能當也。今乃欲西面而事秦，則諸侯莫不南面而朝於章臺之下矣。秦之所害，於天下莫如楚，楚強則秦弱，楚弱則秦強，此其勢不兩立。故為王至計，莫如從親以孤秦。大王不從親，秦必起兩軍：一軍出武關，一軍下黔中。若此，則鄢、郢動矣。臣聞治之其未亂，為之其未有也，患至而後憂之，則無及已。願大王早計之。大王誠能聽臣，臣請令山東之國，奉四時之獻，以承大王之明制，委社稷宗廟，練士厲兵，在大王之所用之。大王誠能聽臣之愚計，則韓、魏、齊、燕、趙、衛之妙音美人，必充後宮矣。趙、代良馬橐他，必實於外廄。故從合則楚王，橫成則秦帝。今釋霸王之業，而有事人之名，臣竊為大王不取也。[59]

---

[58] 《戰國策・齊策一・蘇秦為趙合從說齊宣王》。

[59] 《戰國策・楚策一・蘇秦為趙合從說楚威王》。

其鋪陳的偉麗，筆墨的酣暢，語言的縱恣，已經到了無以復加的地步。

其次，是寓言故事的運用。運用寓言故事說理，戰國時期已經成為一種時代風尚，《孟子》、《韓非子》、《呂氏春秋》都用了大量的寓言故事，《戰國策》也不例外。策士為了說服人主，往往用寓言故事和常見的事物來作比喻，以加強語言的形象性，讓被說者一聽就懂，恍然大悟，而且留下深刻的印象。蘇秦在這方面尤為突出。有次孟嘗君要到秦國去，成千的人勸阻他，他都不聽。蘇秦去勸阻他，他卻說：「人間的事，我已經都知道了；我沒有聽說的，只有鬼事了。」機敏的蘇秦馬上就說：「我來這裡，本來就不敢講人事，本來就準備用鬼事來見你。」於是便講了一個泥人和木偶對話的「鬼事」：我來的時候，經過淄水，聽見一個木偶在對泥人說：「你是西岸上的泥土，將你揉成一個人形，到了八月的時候，下大雨，淄水一來，你便爛了。」泥人說：「不對。我是西岸上的泥土，泥土爛了，還是回到西岸。現在你是東方國家的桃樹枝，將你刻削成人形，下了大雨，淄水來到，將你沖走，那你飄飄蕩蕩將到哪裡去？」然後告訴孟嘗君，秦國是個四面有關山的國家，好像虎口一樣，你進去了，就不知道你從哪裡出來？暗示孟嘗君留在齊國，好歹是自己的國家，可是一到了秦國，就吉凶難卜了。孟嘗君聽了，便不到秦國去了[60]。一個虛構出來的「鬼事」勝過了千人的勸阻，可見寓言故事的魅力該有多大了。還有一次，蘇秦對燕王說「忠信有罪」，燕王莫名其妙地問他：「忠信怎麼會有罪呢？」蘇秦便講了一個婢妾挨打的故事給燕王聽，說他的鄰居有個女子，丈夫在遠方做官，她在家與人通姦。由於丈夫將要回來，姦夫因而發愁，她便準備用藥酒毒殺她的丈夫。就在丈夫回來那天，她叫婢妾將藥酒送去，那個婢妾知道這是毒酒，送去了就要毒死男主人，說出來女主人就要被驅逐，於是便假裝昏倒將毒酒潑在地上，使得男主人大為惱火，便鞭打了那個婢妾。蘇秦然後說：婢妾潑酒，上救活了男主人，下保全了女主人，忠心

[60]《戰國策・齊策三・孟嘗君將入秦》。

到了這個地步，可是免不了挨鞭子，這就是因為忠誠而得罪啊61。一個類似好心不得好報的抽象概念，便藉一個生動的故事說得清清楚楚。

不但蘇秦如此，其他策士也常常採用這一方法。甘茂在秦國遭到向壽的讒毀而逃往齊國，出了函谷關，碰上了在齊國做官的蘇代，想向蘇代求助，又難以啟齒，便講了一個江上處女借光的故事，說江上處女在一起織布，有個處女家裡很窮，沒有燭光照明，那些有燭光照明的處女便想趕走她，她說：「我因為沒有燭火，所以常常先到，打掃房子，鋪設坐席，你們為什麼要吝惜那照在壁上的餘光？希望把這些餘光賜給我，這對有燭火的處女又有什麼妨害？我自認為對有燭火的處女有益，為何要驅逐我？」有燭火的處女認為她說得對，就將她留下來了。然後說：「現在我不像樣，被秦國驅逐出函谷關，願意替你打掃房子，鋪設坐席，希望你不要驅逐我。」蘇代表示同意，便讓甘茂在齊國做了上卿62。

其他如季梁用南轅北轍的故事，說明魏王想通過攻趙來稱霸，必然沒有好的結果63；蘇代用鷸蚌相爭的故事，說明趙國進攻燕國，只能兩敗俱傷而有利於秦64；江乙用狐假虎威的故事，說明北方怕昭奚恤，實際是怕楚王65；陳軫用畫蛇添足的故事，勸說昭陽在伐魏得勝後，不要再去攻齊66；鄒忌用妻、妾、客誇他美的故事，啟發齊王廣開言路，以免受蒙蔽67，都是人盡皆知的例子。

從這些例子中，可看出那些策士知識豐富，對生活觀察細緻，體會深刻，而且思維敏捷，富於想像，

61 《戰國策・燕策一・人有惡蘇秦於燕王者》。
62 《戰國策・秦策二・甘茂亡秦且之齊》。
63 《戰國策・魏策四・魏王欲攻邯鄲》。
64 《戰國策・燕策二・趙且伐燕》。
65 《戰國策・楚策一・荊宣王問群臣》。
66 《戰國策・齊策二・昭陽為楚伐魏》。
67 《戰國策・齊策一・鄒忌脩八尺有餘》。

有靈活的應變能力，所以能順手拈來，運用自如，和要說明的事理絲絲入扣，將那些「微妙難知之情」[68]表現出來，加強了說辭的感染力和文學性。

再次，是人物形象和場面的描寫。文學是要通過人物、情節、場面構成的一幅幅生活畫面來反映社會生活的，以此去衡量《戰國策》，它也稱得上是具有文學性的著作。它寫出了一系列栩栩如生的人物形象，有出奇策異智的策士蘇秦、張儀等，有為人排難解紛而無所求的義士魯仲連[69]，有彈鋏而歌、焚券市義的食客馮諼[70]，有反抗暴秦、視死如歸的刺客荊軻[71]，有怒斥秦王、不辱君命的俠客唐且[72]，有愛子如命、知錯能改的趙太后[73]，有兩面三刀、陰險毒辣的夫人鄭袖[74]，有言談從容、善於做說服工作的老臣觸龍[75]，有胸有深謀而不輕易示人的說客范雎……大都寫得活靈活現。寫這些人物，外貌描寫、心理刻劃、場景描繪，應有盡有，在讀者面前展現了一幅又一幅動人的生活畫面。蘇秦說秦王，「書十上而說不行。黑貂之裘弊，黃金百斤盡，資用乏絕，去秦而歸。羸縢履蹻，負書擔橐，形容枯槁，面目犁黑，狀有歸色」，喪魂失魄，活像喪家之犬。作者並不滿足於對他這些外貌的描寫，還通過他的言行表現他的心理活動。他「讀書欲睡，引錐自刺其股，血流至足，曰：『安有說人主不能出其金玉錦繡，取卿相之尊者乎？』」和以後發出的「貧窮則父母不子，富貴則親戚畏懼。人生世上，勢位富貴，蓋（盍）

---

[68] 鮑彪本《戰國策》附錄李格非〈書戰國策後〉。
[69] 《戰國策・趙策三・秦圍趙之邯鄲》。
[70] 《戰國策・齊策四・齊人有馮諼者》。
[71] 《戰國策・燕策三・燕太子丹質於秦亡歸》。
[72] 《戰國策・魏策四・秦王使人謂安陵君》。
[73] 《戰國策・趙策四・趙太后新用事》。
[74] 《戰國策・楚策四・魏王遺楚王美人》。
[75] 《戰國策・趙策四・趙太后新用事》。

可忽乎哉」的人生感歎，將他熱衷名利的心理呈現在讀者面前。可貴的是作者還進一步揭示了產生這種心理的社會環境。他落魄而歸時，是「妻不下紝，嫂不為炊，父母不與言」；可是發跡以後，路過家鄉洛陽，「父母聞之，清宮除道，張樂設飲，郊迎三十里。妻側目而視，傾耳而聽；嫂蛇行匍伏，四拜自跪而謝」。世態炎涼，竟到了如此地步，他怎能不發出不可忽視勢位富貴的感歎[76]！這就深刻地揭示了社會生活的本質，具有更深層次的美學意義。

《戰國策》對說客范雎更有一段極為精彩的描寫：

> 是日見范雎，見者無不變色易容者。秦王屏左右，宮中虛無人，秦王跪而請曰：「先生何以幸教寡人？」范雎曰：「唯唯。」有間，秦王復請，范雎曰：「唯唯。」若是者三。秦王跽曰：「先生不幸教寡人乎？」范雎謝曰：「非敢然也……。」[77]

范雎當時是從魏國來到秦國的一名逃犯，秦王在庭前迎接他，而且執賓主之禮向他求教，使得見者都變了臉色。秦王又叫左右退下去，宮中空無他人。這種緊張的氛圍，預示著將有難以捉摸的重大事件即將發生。秦王一次跪著向他求教，他是「唯唯」；二次跪著向他求教，他又是「唯唯」；三次跪著向他求教，他還是「唯唯」。寫得彷彿如聞其聲，如見其人。透過這些形象的描繪，將秦王和范雎兩人當時的微妙難知之情呈現在讀者的面前。秦王對於宣太后擅權、穰侯專斷早已心懷不滿，急於除此大患，將權奪過來，才屏退左右，低三下四向范雎求教；而范雎胸有深謀，卻不知道秦王是否信任自己，不敢輕易示人，才欲言又止，再三試探，正如他所表白的那樣：「今臣，羈旅之臣也，交疏於王，而所願陳者，

---

76 《戰國策・秦策一・蘇秦始將連橫》。

77 《戰國策・秦策三・范雎至秦》。

皆匡君之事，處人骨肉之間，願以陳臣之陋忠，而未知王心也，所以王三問而不對者是也。」[78]這種微妙的心情，作者竟維妙維肖地表現了出來，真是「為是說者非易，而載是說者為不易得也」[79]。

「荊軻刺秦王」[80]是《戰國策》寫人物、寫場面最為成功的例子。向樊於期借頭、易水送別、秦庭行刺三事，將刺客荊軻沉著機智、視死如歸的性格活現在紙上。燕太子丹請荊軻去劫刺秦王，荊軻不願輕率從事，考慮好久，說：「此國之大事，臣駑下，恐不足任使。」只是由於太子丹的堅決請求，他才答應。可是過了很久，他不出發，為的是要得到樊於期的頭和督亢地圖，以取得秦王的信任，他才有可能行刺。向樊於期借頭，他先用「秦之遇將軍可謂深矣！父母宗族，皆為戮沒。今聞購將軍之首，金千斤，邑萬家，將奈何」等話激起樊於期的舊仇新恨，見他仰天歎息、痛入骨髓而又無計可施時才說出想借他的頭去為他報仇。借到了樊於期的頭，荊軻還不出發，為的是要等待一個得力的助手。這一切都說明他深沉有謀，非鹵莽之輩。易水送別，送行者的白色衣冠，垂涕哭泣，瞋目髮指，加上高漸離悲壯交加的擊筑聲，構成了一幅有聲有色、聲情並茂的悲壯畫面。荊軻的一曲悲歌「風蕭蕭兮易水寒，壯士一去兮不復還」，伴隨著他「就車而去，終已不顧」的行動，更是「寫出天愁地慘之狀，極壯士視死而歸之情」[81]。秦庭劫刺的場面，刀光劍影，驚心動魄。「圖窮而匕首見」，荊軻左手拉著秦王的衣袖，右手用匕首劫刺他；秦王掙脫以後，拔劍，又拔不出來，被荊軻追得繞著柱子跑；群臣不知所措，只能用手搏擊荊軻，這是何等緊張的場面！待到秦王將劍拔出，砍斷荊軻的左腿，荊軻還用匕首投擲秦王，直至身上八處受傷，依然倚柱而笑，箕踞以罵：「事所以不成者，乃欲以生劫之，必得約契以報太子也！」

---

[78] 《戰國策・秦策三・范雎至秦》。

[79] 鮑彪本《戰國策》附錄李格非〈書戰國策後〉。

[80] 《戰國策・燕策三・燕太子丹質於秦亡歸》。

[81] 張戒《歲寒堂詩話・卷一》，見丁福保《歷代詩話續編》，中華書局一九八三年八月出版。

又是何等的英雄氣概！特別值得提出的是：作者寫這富有戲劇效果的搏鬥場面，用了一連串的動詞和短句來描寫：「左手把秦王之袖，而右手持匕首揕之，未至身。秦王驚，自引而起，絕袖。拔劍，劍長，摻其室。時恐急，劍堅，故不可立拔。」如做表情朗讀，即使沒有聽懂這些話的意思，從語音上也能夠體會到那短兵相接的緊張氣氛。司馬遷寫吳廣起義殺將尉也採用了這種筆法：「將尉醉，廣故數言欲亡，忿恚尉，令辱之，以激怒其眾。尉果笞廣。尉劍挺，廣起，奪而殺尉。」[82]從這裡也可看到《戰國策》對後世文學的影響。

## 三

最後還要說說《戰國策》的流傳和我們的注譯工作。

據《史記・田儋列傳》說：「蒯通者，善為長短說，論戰國之權變，為八十一首。」可見在秦漢之間就有人在研究戰國策士的權變之說。生活在漢景帝、武帝年間的主父偃也曾經「學長短縱橫之術」[83]。這些權變之說、縱橫之術和《戰國策》的直接關係如何，因為沒有可靠的資料，我們不便加以論斷。到了西漢後期成帝年間，劉向奉命整理宮中古籍，發現宮中的藏書中，有關於戰國策士權變的書，有八篇是按國別編排，其餘的都錯亂混雜。字有脫誤，如把「趙」字錯成了「肖」字，把「齊」字錯成了「立」字。書名也多達六種。劉向把它們匯集起來，以國別相分，刪去重複的篇章，共得三十三篇，並且給它定名為《戰國策》。到了東漢中後期，京兆尹延篤寫有《戰國策論》一卷，今已散失。東漢末年，高誘給《戰國策》作注，現在還保存一部分，是今天能見到的最早的注本。流傳到了北宋，原書和高誘的注

[82] 《史記・陳涉世家》。
[83] 《史記・平津侯主父列傳》。

都有散失，缺十一篇，曾鞏「訪之士大夫家，始盡得其書」❽❹，加以訂正，重新恢復《戰國策》為三十三篇。宋哲宗元祐年間，孫樸在曾鞏本的基礎上參照蘇頌本、錢藻本、集賢院本又作了一次整理。南宋紹興年間，姚宏又作了一次校訂，補作注釋，即所謂姚宏續注本，簡稱姚本，雖題為高誘注，其實只有二至四卷、六至十卷是高誘注的。注中稱「曾」指的是曾鞏本，稱「錢」指的是錢藻本，稱「劉」指的是劉敞本，稱「集」指的是集賢院本。一、五卷和十一至三十三卷中沒有標明的都是姚宏加的注。同在紹興年間，鮑彪也整理過《戰國策》，他改動了原書的篇章次序，並且作了注，世稱鮑彪本。元朝泰定年間，吳師道作《戰國策鮑注補正》，書中保存了鮑彪的注。吳師道的注中稱「補」的是補充鮑彪注的不足，稱「正」的是糾正鮑彪注的謬誤。清黃丕烈重刻姚宏本《戰國策》，並寫了三卷《札記》附在書後。一九七八年上海古籍出版社用姚宏本作底本，將鮑彪的注、吳師道的《補正》、黃丕烈的《札記》匯集在一起，出版了匯校本，給讀者提供了很大的方便。

我們譯注此書，目的是想幫助愛好《戰國策》的讀者比較容易讀懂《戰國策》，盡棉薄之力，為弘揚中華民族優秀的傳統文化做點微小的貢獻。全書由原文、章旨、注釋、語譯等部分組成。每篇原文的前面有一段話，是說明各篇文章的主要內容，相當於內容提要，將它放在前面，是想讓讀者對那篇文章先有一個總的認識。原文用的是姚宏本。遇到原文中難以解通的字句，我們便在注釋中作了點校勘，說明某字疑作某字或當作某字，如〈燕策三・燕王喜使栗腹以百金為趙孝成王壽〉中有「敢端其願」一句話，「端」字講不通，我們便根據《新序・雜事》作「謁」及本篇下文的「敬以書謁之」，疑「端」字為「謁」字之誤，「敢端其願」當是「敢謁其願」，也就是敢告其願的意思。〈中山策・昭王既息民繕兵〉有「乃使五校大夫王陵將而伐趙」一句話，因為沒有「五校大夫」這一官名，我們便根據《史記・秦本紀》、〈白起列傳〉均作「五大夫」，斷定「校」字是衍文，當刪去。我們雖然作了類似的簡單校勘，目

❽❹ 曾鞏〈戰國策序〉。

的只是為了讀懂原文，絕不做煩瑣考證。章旨是對上一段大意的概括，相當於段落大意。《戰國策》中有的文章很短，如〈東周策·東周與西周戰〉一篇，總共只有四十八字，不能分段，所以這類短文有了原文前面相當於內容提要的那段話，就不再寫章旨了。注釋力求簡明而又言之有據，一般是譯文中難以解決的問題才作注。各家理解有紛歧的字句，我們經過斟酌，常常只採用一種解釋，非不得已，不將異說及證據一一列出，以避免煩瑣。譯文力求忠實原文，文字流暢可讀。由於古人的文辭與今人的不全相同，常有省略，如果拘泥於直譯，讀起來便不順口，所以就不得不和意譯結合，加進某些必要的詞語。限於學力，加之時間緊迫，謬誤之處，所在必有，敬希博雅通人、鴻儒學士，不吝賜正，為幸。

溫洪隆

西元一九九四年十一月完稿於武昌桂子山

# 戰國策書錄

護左都水使者光祿大夫臣向言：所校中《戰國策》書，中書餘卷，錯亂相糅莒。又有國別者八篇，少不足。臣向因國別者，略以時次之，分別不以序者以相補，除復重，得三十三篇。本字多誤脫為半字，以「趙」為「肖」，以「齊」為「立」，如此字者多。中書本號，或曰《國策》，或曰《國事》，或曰《短長》，或曰《事語》，或曰《長書》，或曰《脩書》。臣向以為戰國時，游士輔所用之國，為之策謀，宜為《戰國策》。其事繼春秋以後，訖楚、漢之起，二百四十五年間之事，皆定以殺青，書可繕寫。

敘曰：周室自文、武始興，崇道德，隆禮義，設辟雍泮宮庠序之教，陳禮樂弦歌移風之化。敘人倫，正夫婦，天下莫不曉然。論孝悌之義，惇篤之行，故仁義之道滿乎天下，卒致之刑錯四十餘年。遠方慕義，莫不賓服，雅頌歌詠，以思其德。下及康、昭之後，雖有衰德，其綱紀尚明。及春秋時，已四五百載矣，然其餘業遺烈，流而未滅。五伯之起，尊事周室。五伯之後，時君雖無德，人臣輔其君者，若鄭之子產，晉之叔向，齊之晏嬰，挾君輔政，以並立於中國，猶以義相支持，歌說以相感，聘覲以相交，期會以相一，盟誓以相救。天子之命，猶有所行。會享之國，猶有所恥。小國得有所依，百姓得有所息。故孔子曰：「能以禮讓為國乎何有？」周之流化，豈不大哉！及春秋之後，眾賢輔國者既沒，而禮義衰矣。孔子雖論《詩》、《書》，定《禮》、《樂》，王道粲然分明，以匹夫無勢，化之者七十二人而已，皆天下之俊也，時君莫尚之。是以王道遂用不興。故曰：「非威不立，非勢不行。」

仲尼既沒之後，田氏取齊，六卿分晉，道德大廢，上下失序。至秦孝公，捐禮讓而貴戰爭，弃仁義而用詐譎，苟以取強而已矣。夫篡盜之人，列為侯王；詐譎之國，興立為強。是以傳相放效，後生師之，遂相吞滅，并大兼小，暴師經歲，流血滿野，父子不相親，兄弟不相安，夫婦離散，莫保其命，湣然道德絕矣。晚世益甚，萬乘之國七，千乘之國五，敵侔爭權，蓋為戰國。貪饕無恥，競進無厭；國異政教，各自制斷；上無天子，下無方伯；力功爭強，勝者為右；兵革不休，詐偽並起。當此之時，雖有道德，不得施謀；有設之強，負阻而恃固；連與交質，重約結誓，以守其國。故孟子、孫卿儒術之士，弃捐於世，而游說權謀之徒，見貴於俗。是以蘇秦、張儀、公孫衍、陳軫、代、厲之屬，生從橫短長之說，左右傾側。蘇秦為從，張儀為橫；橫則秦帝，從則楚王；所在國重，所去國輕。

然當此之時，秦國最雄，諸侯方弱，蘇秦結之，時六國為一，以儐背秦。秦人恐懼，不敢闚兵於關中，天下不交兵者，二十有九年。然秦國勢便形利，權謀之士，咸先馳之。蘇秦初欲橫，秦弗用，故東合從。及蘇秦死後，張儀連橫，諸侯聽之，西向事秦。是故始皇因四塞之固，據崤、函之阻，跨隴、蜀之饒，聽眾人之策，乘六世之烈，以蠶食六國，兼諸侯，并有天下。杖於謀詐之弊，終於信篤之誠，無道德之教，仁義之化，以綴天下之心。任刑罰以為治，信小術以為道。遂燔燒《詩》、《書》，坑殺儒士，上小堯、舜，下邈三王。二世愈甚，惠不下施，情不上達；君臣相疑，骨肉相疏；化道淺薄，綱紀壞敗；民不見義，而懸於不寧。撫天下十四歲，天下大潰，詐偽之弊也。其比王德，豈不遠哉！孔子曰：「道之以政，齊之以刑，民免而無恥；道之以德，齊之以禮，有恥且格。」夫使天下有所恥，故化可致也。苟以詐偽偷活取容，自上為之，何以率下？秦之敗也，不亦宜乎！

戰國之時，君德淺薄，為之謀策者，不得不因勢而為資，據時而為。故其謀，扶急持傾，為一切之權，雖不可以臨國教化，兵革救急之勢也。皆高才秀士，度時君之所能行，出奇策異智，轉危為安，運亡為存，亦可喜，皆可觀。護左都水使者光祿大夫臣向所校《戰國策》書錄。

# 卷一　東周策

《戰國策》分十二國策編次，〈東周策〉排在最前面，記載了與東周國有關的事件。東周是指戰國時期的東周國，都鞏，在今河南鞏縣境內。西元前二四九年為秦所滅。

## 秦興師臨周而求九鼎

**【題　解】**《戰國策》的文章本無篇名，今依舊例用各篇的首句作篇名，下同。秦國為了獲得周人的傳國寶九鼎，向周出兵。周人顏率先後兩次出使齊國遊說，既退了秦兵，又保住了九鼎，善言多智，性格活現。

秦興師❶臨周❷而求❸九鼎❹，周君患❺之，以❻告顏率❼。顏率曰：「大王勿憂，臣請❽東❾借救於齊。」顏率至齊，謂齊王曰：「夫秦之為無道也，欲興兵臨周而求九鼎，周之君臣，內自畫計❿，與⓫秦，不若歸之大國⓬。夫存危國，美名也；得九鼎，厚寶⓭也。願大王圖之。」齊王大悅，發師五萬人，使陳臣思⓮將以救周，而秦兵罷。

【章旨】秦國為了得到九鼎出兵伐周，顏率以願將九鼎獻給齊國為由，說服齊王出兵救周，使秦兵退走。

【注釋】❶興師　起兵。❷臨周　到周國。臨，至。周，原指名存實亡的周王朝，但自從周平王東遷以後，王權衰落，便「自列為諸侯」（柳宗元〈封建論〉），戰國時人們直以諸侯國看待。周人亦自稱為「國」，見〈東周策・杜赫欲重景翠於周〉。❸求　強求。❹九鼎　傳國之寶，是國家政權的象徵。相傳夏禹鑄九鼎以象九州。商湯滅夏，將九鼎遷到商邑。周武王滅商，又將九鼎遷到洛邑。❺患　憂慮。❻以　即「以之」，省去介詞後的賓語「之」。❼顏率　周國人。❽請　表敬副詞，意為「請允許我」。❾東　方位詞，用作動詞，意為到東方去。❿盡計　依劉敞本、曾鞏本、集賢院本當作「畫計」。意即謀劃。⓫與　給。⓬大國　尊稱，猶貴國。⓭厚實　依黃丕烈說當作「厚實」。實，實惠。⓮陳臣思　即田臣思，齊公族。

【語譯】秦國起兵去周國索求九鼎，周國國君為這事擔憂，把這事告訴了顏率。顏率說：「大王不必憂愁，請讓我到東方去向齊國借救兵來對抗秦兵。」顏率到了齊國，告訴齊王說：「秦國無道，想起兵到周國強求九鼎，周國的君臣，暗自謀劃對策，認為將九鼎給秦國，還不如將它獻給貴國。這樣，貴國保全了危亡的周國，就有好名聲；得到了九鼎，又獲得了豐厚的實惠。願大王考慮。」齊王聽了非常高興，便發兵五萬人，派遣陳臣思統率部隊去救周，秦國便停止了這次軍事行動。

齊將求九鼎，周君又患之。顏率曰：「大王勿憂，臣請東解之❶。」顏率至齊，謂齊王曰：「周賴大國之義，得君臣父子相保也，願獻九鼎，不識❷大國何塗❸之從而致❹之齊？」齊王曰：「寡人❺將寄徑❻於梁❼。」顏率曰：「不可。夫梁之君臣欲得九鼎，謀之暉臺❽之下，少海❾之上，其日久矣。鼎入梁，必不出。」齊王曰：「寡人將寄徑於楚❿。」對曰：「不可。楚之君臣欲得九鼎，謀之於葉庭⓫之中，其日久矣。若入楚，鼎必不出。」王曰：「寡人終何塗之從而致之齊？」顏率曰：「弊邑⓬固⓭竊⓮為大王患之。夫鼎者，非效⓯醯壺⓰醬甀⓱耳，可懷挾提挈⓲以至齊者；非效鳥集⓳、烏飛、兔興⓴、馬逝，灕然㉑止㉒於齊者。昔周之伐殷㉓，得九鼎，凡㉔一鼎而九萬人輓㉕之，九九八十一萬人，士卒師徒㉖，器械被具㉗，所以備者稱此㉘。今大王縱有其人，何塗之從而出？臣竊為大王私憂之。」齊王曰：「子㉙之數㉚來者，猶無與㉛耳。」顏率曰：「不敢欺大國，疾定㉜所從出，弊邑遷鼎以待命。」齊王乃止。

【章　旨】齊出兵救周以後，要求得到九鼎。顏率再次出使齊國，以無路可運送九鼎為由，說服齊王放棄了要周國將九鼎給齊國的要求。

【注　釋】❶解之　了結此事。解，解免。之，指代齊求鼎之事。❷不識　不知道。❸塗　同「途」。❹致　到達。❺寡人　寡德之人，君主的謙稱。❻寄徑　假道；借路。❼梁　諸侯國名，即魏國。自從梁惠王遷都大梁後，稱為梁國。大梁在今河南開封境內。❽暉臺　梁國臺名。❾少海　鮑彪本作「沙海」。地名，在開封境內。❿楚　諸侯國名，建都在郢，即今湖北江陵郊區之紀南城遺址。⓫葉庭　鮑彪說即南陽葉縣，屬河南省。葉庭，一作「章華之庭」。⓬弊邑　即敝邑，對本國的謙稱。⓭固　本來。⓮竊　私下。⓯效　像。⓰醯壺　盛醋的壺。醯，同「醯」。即醋。⓱醬甀　盛醬的瓦器。甀，一作「瓿」。⓲挈　提。⓳鳥集　鳥停在樹上。一作「鳧逝」。鳧，水鳥名，俗稱野鴨。逝，飛去，比喻輕快。⓴興　起跑。㉑灕然　水滲流貌，在此有不動聲色之意。㉒止　姚宏本「一作『可至』」，是。㉓殷　即商，商朝自從盤庚遷都到今河南安陽後稱「殷」。㉔凡總計之辭。㉕輓 拉車；牽引。㉖師徒 士兵。㉗被具 士卒服用之具。㉘稱此 與此相稱。㉙子 您，對人的敬稱。㉚數列舉。㉛無與 不給。㉜疾定 迅速決定。疾，急。

【語 譯】齊國將索求九鼎，周國國君又為之擔憂。顏率說：「大王不必憂愁，請讓我到東方去了結此事。」顏率到了齊國，對齊王說：「咱們周國依靠大國主持正義，君臣父子得以相保，願意將九鼎獻給大國，不知道將從哪條路將鼎運到齊國？」齊王說：「寡人將向梁國借路。」顏率說：「不行。梁國的君臣想要得到九鼎，在暉臺之下、沙海之上策劃過，他們蓄謀已久。鼎進入梁國，一定出不來。」齊王說：「寡人將向楚國借路。」顏率回答說：「不行。楚國的君臣想得到九鼎，在葉庭之中策劃過，他們也蓄謀已久。鼎進入楚國，也一定出不來。」齊王說：「寡人究竟從哪條路將鼎運到齊國？」顏率說：「敝國本來就私自為大王運鼎一事發愁。那九鼎，不像盛醋的壺、盛醬的瓦器那麼小，可以懷中挾著、手裡提著帶到齊國來；也不像鳥停在樹上、烏鴉起飛、兔子起跑、馬兒離去那麼輕快，沒有聲息就可以運到齊國。往日武王伐紂，得到九鼎，運鼎時，一鼎用九萬人牽引，九九八十一，總共用了八十一萬人。現在要運鼎，士兵、器械，士卒服用的器具，所準備的也得與此相稱。現在大王縱然有那麼多人，可又從哪條路將鼎運出來？我私下替大王發愁。」齊王說：「照你這樣說來，等於不給鼎了。」顏率說：「不敢欺騙大國，請趕快決定從哪條路運出，敝國正等待您的命令遷運九鼎。」齊王因而便停止了索鼎的要求。

## 秦攻宜陽

【題 解】秦國進攻韓國的宜陽，將要危及周國。周國國君向趙累請問對策，趙累建議周國國君告訴前來救援宜陽的楚將景翠，要他在秦攻下宜陽後再進兵，這樣便可從秦、韓兩國得到好處。趙累的用意可能是不要景翠先投入戰鬥，以便保存其力量，牽制秦軍，使秦軍有所顧忌，從而有利於周國的安全。

秦攻宜陽❶，周君❷謂趙累❸曰：「子❹以為何如？」對曰：「宜陽必拔❺也。」君曰：「宜陽城方❻八里，材士❼十萬，粟支數年，公仲❽之軍二十萬，景翠❾以楚之眾，臨山❿而救之，秦必無功。」對曰：「甘茂⓫，羈旅⓬也，攻宜陽而有功，則周公旦⓭也；無功，則削迹⓮於秦。秦王不聽群臣父兄之義⓯而攻宜陽，宜陽不拔，秦王⓰恥之。臣故曰拔。」君曰：「子為寡人謀⓱，且⓲奈何？」對曰：「君謂景翠曰：『公⓳爵⓴為執圭㉑，官為柱國㉒，戰而勝，則無加焉㉓矣；不勝，則死。不如背㉔秦援㉕宜陽，公進兵。秦恐公之乘㉖其弊㉗也，必以寶㉘事㉙公；公中㉚慕公之為己乘秦也，亦必盡其寶。』」秦拔宜陽，景翠果進兵。秦懼，遽效㉛煮棗㉜；韓氏㉝果亦效重寶。景翠得城於秦，受寶於韓，而德㉞東周。

【注釋】❶宜陽　韓邑名，在今河南西部。《史記・秦本紀》：「（武王三年，西元前三〇八年）武王謂甘茂曰：『寡人欲容車通三川，窺周室，死不恨矣。』其秋，使甘茂、庶長封伐宜陽。四年，拔宜陽，斬首六萬。」❷周君　指周赧王。❸趙累　一作「周累」，人名。❹子　您，敬稱。❺拔　攻下。❻方　古代計算土地面積大小的用語。❼材士　有才能的武士。❽公仲　名侈，韓相。❾景翠　人名，楚將。❿臨山　占據高山。臨，居高臨下。宜陽西南有熊耳山，楚軍可以居高臨下，以救宜陽。⓫甘茂　下蔡人，秦武王時為左丞相。《史記》有他的傳。⓬羈旅　客居在外。甘茂曾對秦武王說：「今臣，羈旅之臣也。」見〈秦策二・秦武王謂甘茂〉。⓭周公旦　周武王之弟，名旦，佐武王滅商。武王死後，成王年幼，由他代理政務。⓮削迹　絕跡，指在秦不能見到他的行蹤。⓯義　當據鮑彪本作「議」。⓰秦王　指秦武王。⓱謀　謀劃對策。周君可能害怕秦攻下宜陽，危及周國，所以要趙累謀劃對策。⓲且　將。⓳公　對人的敬稱。⓴爵　爵位。㉑執圭　爵位名。國君用圭賜給功臣，讓他執圭朝見，所以叫「執圭」。㉒柱國　最高的武官名，地位僅次於令尹（令尹相當於相國，楚國設令尹，不設相國）。㉓無加焉　即「無加於此」，指在此之上無法再加官。㉔背　當依金正煒說作「胥」，等待的意思。㉕援　據下文「秦拔宜陽，景翠果進兵」，援，當作「拔」。㉖乘　趁機利用。㉗弊　疲困。㉘寶　珍寶等貴重財物。㉙事　侍奉；奉送。㉚公中　當作「公仲」，韓相。㉛遽效　趕快獻出。㉜煮棗　地名，舊城在今山東菏澤西南。㉝韓氏　韓國。㉞德　感激。

【語　譯】秦軍進攻韓國的宜陽，周國國君對趙累說：「你認為這次戰爭的結果會怎麼樣？」趙累回答說：「宜陽一定會被攻下來。」周國國君說：「宜陽城縱橫有八里大，有才能的武士十萬人，糧食夠數年吃，韓相國公仲的軍隊有二十萬，楚國的將軍景翠又帶領楚國的部隊占據高山，居高臨下來救援，秦軍必定無功。」趙累又回答說：「秦國的甘茂是個客居在外的臣子，如果進攻宜陽有功，他就成了周公旦那樣的人物；沒有功，他便會在秦國銷聲匿跡。秦武王不聽群臣父兄的非議而決定進攻宜陽，宜陽攻不下，秦武王便要蒙受恥辱。所以我說宜陽會被攻下來。」周國國君說：「你替我出出主意，將怎麼辦才好？」趙累回答說：「國君可告訴景翠說：『你的爵位已是執圭了，官職已是柱國了，這次你打了勝仗，也無法再加官晉爵了；不打勝仗，你就得死。不如等秦軍攻下宜陽以後，你再進兵。這樣，秦軍害怕你趁他們疲困時進攻他們，必定將珍寶奉送給你；公仲佩服你為了他們韓國趁機利用了秦軍的疲困，也必定會將所有的珍寶奉送給你。』」秦軍攻下了宜陽，景翠果然進兵。秦軍害怕，趕快獻出了煮棗城；而韓國果然也獻出了貴重的寶器。景翠既從秦國得到了城市，又從韓國接受了寶器，便感謝東周的恩德。

## 東周與西周戰

【題　解】東周和西周開戰，韓國出兵救援西周。有人為東周遊說韓國君主，要他按兵不動，說這樣既可討好東周，又可得到西周的寶器。

東周與西周❶戰，韓救西周。為東周謂韓王曰❷：「西周者，故天子之國❸也，多名器❹重寶❺。案兵❻而勿出，可以德東周❼，西周之寶可盡❽矣。」

【注釋】❶東周與西周　周赧王時，東、西周分治，東周的都城在鞏，舊址在今河南鞏縣；西周的都城在王城，舊址在今河南洛陽西。❷為東周謂韓王曰　《史記・周本紀》作「或謂東周說韓王曰」。韓王，指韓襄王。❸故天子之國　自周敬王以後，周天子都住在成周（在今河南洛陽東），不住在王城，所以說西周是「故天子之國」。❹名器　鐘鼎寶器。❺重寶　貴重的寶器。❻案兵　即按兵。❼德東周　使東周感激。❽盡　全部占有。

【語譯】東周國和西周國打仗，韓國救援西周國。有人為東周國對韓襄王說：「西周是舊日的天子之國，有很多貴重寶器。韓國若按兵不動，東周國便會感激韓國，西周國的寶器也可全部歸韓國所有。」

## 東周與西周爭

【題解】東周和西周爭鬥，西周想與楚、韓議和，以增強自己的力量。齊明替東周君出謀獻策，離間西周和楚、韓的關係，以削弱西周的力量。

東周與西周爭，西周欲和於楚、韓❶。齊明❷謂東周君曰：「臣恐西周之與❸楚、韓寶，令之❹為己求地於東周也。不如謂楚、韓曰：『西周之欲入寶❺，持二端❻。今東周之兵不急❼西周，西周之寶不入楚、韓。』楚、韓欲得寶，即且❽

趣❾我攻西周。西周寶出，是我為楚、韓取寶以德之也，西周弱❿矣。」

【注釋】❶和於楚韓　向楚韓求和。❷齊明　當時的辯士。❸與　給。❹之　代詞，代楚、韓二國。❺入寶　進寶；獻寶。❻持二端　持兩種主意，遲疑不決。即兵急則進寶，否則不進寶。❼急　加緊進攻。❽即且　就將。❾趣　催促；督促。指督使東周加緊進攻。❿西周弱　西周本想以進寶議和，與楚、韓聯盟；齊明不但拆散了這種聯盟，還使楚、韓與東周和好，從而削弱了西周。

【語譯】東周與西周爭鬥，西周想和楚、韓兩國講和。齊明告訴東周君說：「我擔心西周給楚、韓寶器，讓楚、韓為自己向東周索取土地。您不如對楚、韓說：『西周想向你們進寶，其實是三心二意。如果東周的軍隊不加緊進攻西周，西周的寶器就不會到楚、韓來。』楚、韓想得到寶器，便將督使東周加緊進攻。這樣西周就得將寶器運出給楚、韓，這等於是我們東周為楚、韓取寶而讓楚、韓感謝我們，這樣便削弱了西周的力量。」

## 東周欲為稻

【題解】東周想種稻，西周不給它放水。蘇子為東周君遊說西周君，說因為缺水，東周已改種麥子。您不如放水，將它的麥子淹掉，西周於是便放了水。蘇子因而獲得了東、西周雙方的酬金。

東周欲為❶稻，西周不下❷水，東周患之。蘇子❸謂東周君曰：「臣請使西周下水可乎？」乃往見西周之君曰：「君之謀過矣！今不下水，所以富東周也。今其民皆種麥❹，無他種矣。君若欲害之，不若一❺為下水，以病其所種❻。下水，東周必復種稻；種稻而復奪❼之。若是，則東周之民可令一仰西周，而受命❽於君矣。」西周君曰：「善。」遂下水。蘇子亦得兩國之金❾也。

【注　釋】❶為　種。❷下　放。❸蘇子　當是指蘇秦的弟弟蘇厲或蘇代。❹皆種麥　因為麥宜乾燥，稻宜潮濕，無水，只好都改種麥。❺一　副詞，有突然的意思。❻病其所種　指讓東周所種之麥因水多而生病。❼奪　據《說文解字》是「失」的意思。這裡指東周種稻後又給它斷水。❽受命　聽命。❾金　賞金。

【語　譯】東周想種稻穀，西周不給它放水，東周為此發愁。蘇子告訴東周君說：「請允許我去遊說讓西周放水好嗎？」於是就前去見西周君說：「國君的計謀錯了！現在您不放水，反使東周富裕。現在東周百姓都種麥子，不種其他作物了。國君如果想害他們，不如突然放水，以淹死他們所種的麥子。放了水，東周一定再種稻穀；種上稻穀而再給他們斷水。如果這樣，就可使東周的人民完全仰仗西周，而聽命於國君了。」西周君說：「妙。」於是便放水。蘇子因此也就獲得了兩國的賞金。

## 昭獻在陽翟

【題　解】蘇厲告訴周君，和他國交往，派出的使者，身分要低於對方人員，以顯示出君主的尊嚴。

昭獻❶在陽翟❷，周君將令相國❸往，相國將不欲。蘇厲❹為之❺謂周君曰：「楚王與魏王遇❻也，主君令陳封❼之❽楚，令向公❾之魏；楚、韓之遇也，主君今許公⑩之楚，令向公之韓。今昭獻非人主⑪也，而主君令相國往；若其王在陽翟，主君將令誰往？」周君曰：「善。」乃止其⑫行。

【注釋】❶昭獻 楚人，任韓相國。❷陽翟 地名，戰國時屬韓，在今河南禹縣。❸相國 官名，即後世的丞相、宰相。❹蘇厲 蘇秦的弟弟。❺為之 為此。❻遇 相遇；會見。❼陳封 人名，仕周，位在相國之下。❽之 往。❾向公 姓向，不知其名，亦仕周，位在相國之下。❿許公 姓許，仕周，位在相國之下。⓫人主 人君；君主。⓬其 指代周相國。

【語譯】韓相國昭獻在陽翟，周國國君將派相國前去見昭獻，周相國不願去。蘇厲為此對周國國君說：「過去楚王與魏王相會，國君派陳封去楚國，派向公去魏國；楚王與韓王相會，國君派許公去楚國，派向公去韓國。現在昭獻不是君主，而國君卻派相國去見他；假若韓王在陽翟，國君將派誰去？」周國國君說：「好。」於是便停止派相國前去見昭獻。

## 秦假道於周以伐韓

【題解】秦國向東周國借路進攻韓國，東周既畏秦又畏韓，左右為難。史黶為周出謀獻策，通過外交引起秦對楚、周的懷疑，而打消伐韓的念頭。

秦假❶道於周以伐韓，周恐假之而惡❷於韓，不假而惡於秦。史黶❸謂周君❹曰：「君何不令人謂韓公叔❺曰：『秦敢絕塞❻而伐韓者，信東周也。公何不與周地，發重使❼使之❽楚，秦必疑❾，不信周❿，是韓不伐⓫也。』又謂秦王曰：

『韓強⑫與周地，將以疑周於秦⑬，寡人不敢弗⑭受。』秦必無辭而令周弗受⑮，是得地於韓而聽於秦⑯也。」

【注釋】❶假　借。❷惡　憎恨；得罪。❸史黶　人名。《史記・周本紀》，黶作「厭」。❹周君　指東周君。❺韓公叔　人名。據鮑彪說是韓公族成員。❻絕塞　橫渡要塞。塞，險要之地。❼重使　重要的使者，如公子及重臣等。據鮑彪說是讓周發重使往楚。❽之　往。❾秦必疑　因秦楚交惡，周、韓與楚有聯繫，必定引起秦的懷疑。❿不信周　周派使者往楚，秦必不信周。⓫不伐　不受秦伐。⓬強　勉強；強迫。⓭疑周於秦　使秦懷疑周。⓮弗　姚宏本一去「弗」字。《史記・周本紀》此句作「周不敢不受」。⓯秦必無辭而令周弗受　因為周已向秦說明韓與地之事，表明周與秦同心，故秦沒有理由要周不受韓地。⓰聽於秦　聽命於秦。

【語　譯】秦國向東周國借路去攻打韓國，東周君害怕借了路而得罪韓國，又怕不借路而得罪秦國。史黶對東周君說：「國君何不派人去告訴韓公叔說：『秦國敢於橫渡要塞來攻打韓國，是因為它信任東周。您何不給東周土地，由東周派遣重要的使者前往楚國？秦國必定生疑，不信任東周，這樣韓國就不會受到進攻。』又告訴秦王說：『韓國勉強給東周土地，將以此使秦國懷疑東周，可是我們東周又不敢不接受韓國的土地。』秦國必定沒有藉口不讓東周接受韓國土地，這樣東周既從韓國得到了土地而又順從了秦國。」

## 楚攻雍氏

【題　解】楚國進攻韓國的雍氏，周國用糧食支援秦國、韓國，楚國因而對周國惱火。有人遊說楚王，要他不要惱火，否則周國一旦和秦國、韓國聯合，將對楚國不利。

楚攻雍氏❶，周粻❷秦、韓，楚王怒周，周之君患之。為周謂楚王曰❸：「以王之強而怒周，周恐，必以國合於所與粟之國，則是勁❹王之敵也。故王不如速解周恐❺，彼前得罪而後得解，必厚事王矣。」

【注釋】❶雍氏　韓雍氏城，在陽翟東北，今河南禹縣東北。❷粻　食米，這裡作動詞用，即供應糧食。《史記・周本紀》：「楚圍雍氏，韓徵甲與粟於東周，東周君恐，召蘇代而告之。」❸為周謂楚王曰　這句省去了主語。說楚王者當為一策士，名不可考。❹勁　強。❺解周恐　解除周的恐懼。周恐起源於楚怒，楚不怒則周不恐。

【語譯】楚國進攻韓國的雍氏城，周國供應秦國、韓國糧食，楚王因而對周國生氣，周君為此擔憂。有人為了周國對楚王說：「憑藉大王的強大而對周國生氣，周君由於害怕，一定會和供應它糧食的國家聯合在一起，這就增強了大王敵人的力量。因而大王不如息怒，以解除周君的害怕心理。周國先前得罪了楚國，而後來大王寬恕了它，解除了周君的恐懼，周君必定會好好地侍奉大王了。」

## 周最謂石禮

【題解】策士周最勸說從秦國來到齊國的呂禮，促使秦國進攻齊國，以取得齊國的相位。再由呂禮派周最去控制魏國，共同侍奉秦國。

周最❶謂石禮❷曰：「子何不以秦攻齊❸？臣請令齊相子❹，子以齊事秦，必無處❺矣。子因令周最居魏以共❻之，是天下制於子❼也。子東重於齊，西貴於秦，秦、齊合，則子常重❽矣。」

【注　釋】❶周最　策士，周國公子，曾仕秦。《史記・周本紀》、〈陳涉世家〉作「周冣」或「周聚」。❷石禮　依鮑彪本及黃丕烈《札記》當作「呂禮」。呂禮本仕於秦，秦昭王時，魏冉為秦相，想誅呂禮，呂禮逃到齊國，後來做了齊相。❸以秦攻齊　用秦國進攻齊國。呂禮逃亡在齊，通過何種辦法使秦攻齊，文中未作交代。❹令齊相子　讓齊國用你做相國。是呂禮使秦國進攻齊國，齊國要避免秦國進攻，所以周最說他可讓齊國用呂禮做相國。❺處　鮑彪本作「慮」。❻共　指周最、呂禮一起共同侍奉秦國。❼制於子　受制於你。❽常重　長久受到尊重。

【語　譯】周最對呂禮說：「你為什麼不設法讓秦國進攻齊國？請允許我讓齊國用你做相國，你做了齊相國後便讓齊國去侍奉秦國，這樣就必定無憂慮了。你從而使我周最住在魏國，我們一起來共同侍奉秦國，這樣整個天下便受制於你呀。你東邊受到齊國的尊重，西邊受到秦國的重視，秦國、齊國聯合起來，你就長期受到尊重了。」

## 周相呂倉見客於周君

【題　解】工師藉使人告訴周君：說客好毀謗他人，不可聽信。

周相呂倉見客❶於周君。前相工師藉❷恐客之傷己也，因令人謂周君曰：「客者，辯士❸也，然而所以不可❹者，好毀人。」

【注　釋】❶見客　使客見。❷工師藉　即〈楚策一〉所說的工陳籍。❸辯士　有口才的人。❹不可　不可聽用。

【語　譯】周相國呂倉使說客拜見周國國君。前任相國工師藉害怕說客毀謗自己，因而派人告訴周國國君說：「說客是有口才的人，然而不可信用，因為他喜歡毀謗他人。」

## 周文君免士工師藉

【題　解】周相工師藉被免職，呂倉為相，引起國人的不滿。有人告訴周君，大臣得譽，不是國家的好事。周君因而不免呂倉的職。

周文君❶免士工師藉，相呂倉，國人不說❷也。君有閔閔❸之心。謂周文君曰❹：「國必有誹譽❺，忠臣令誹在己，譽在上❻。宋君奪民時以為臺❼，而民非之，無忠臣以掩蓋之也，子罕❽釋相為司空❾，民非子罕而善其君；齊桓公❿宮中七市⓫，女閭⓬七百，國人非之，管仲故為三歸之家⓭，以掩桓公，非自傷於民也⓮。《春秋》⓯記臣弒君者以百數，皆大臣見譽者也。故大臣得譽，非國家之美也。故眾庶成彊⓰，增積⓱成山。」周君遂不免⓲。

【注　釋】❶周文君　史書記東周事極為簡略，周文君事不可考。《淮南子・道應》有「周昭文君」，高誘注：「周衰分為西東，各自立其君也。」❷說　同「悅」。❸閔閔　憂愁的樣子。❹謂周文君曰　這句的主語當是替呂倉說話的說客。❺誹譽　毀謗、讚譽。❻上　君主。❼宋君奪民時以為臺　指農忙時宋平公不讓民務農而使其築臺。宋君，宋平公。❽子罕　宋之賢臣，姓樂名喜。❾司空　官名，主管建築工程。❿齊桓公　姓姜，名小白，春秋時霸主，以管仲為相。⓫宮中七市　設七市於宮中，讓女子居住。七，鮑彪本作「女」。⓬女閭　即婦閭。在宮中為門為市，使婦女居之。閭，里巷中的門。⓭為三歸之家　指三次娶女。歸，女子出嫁。有說三歸是臺名或稅名的。此處用鮑彪說。⓮非自傷於民也　指管仲三次娶女，是為了掩蓋齊桓公的過錯，不是要在百姓面前自毀名譽。劉向《說苑・善說》：「管仲故築三歸之臺，以自傷於民。」⓯春秋　書名，相傳為孔子所作。⓰眾庶成彊　指得到民眾讚譽就將成為強大。彊，同「強」。⓱增積　指增加積累土壤。⓲不免　指不罷免呂倉的相位。

【語譯】周文君免去工師藉的相位，任命呂倉為相，國人感到不高興。周文君心中悶悶不樂。有人對周文君說：「一個國家一定會有毀謗和讚譽的事情，忠臣情願讓自己遭毀謗，使主上受讚譽。宋國國君侵奪民時以築高臺，老百姓指責他，沒有忠臣替他掩飾過錯，子罕便放棄相位去做司空，老百姓指責他而認為他們的國君是好人；齊桓公宮中有七個女市，七百個女閭，國人指責他，管仲便特意三次娶女，為的是要掩飾齊桓公的過錯，而不是要自己毀壞自己的名譽啊！《春秋》記載臣子弒殺君主的事，數以百計，都是大臣受到讚譽。所以大臣得到稱讚，不是國家的好事。得到民眾，勢力就會強大，積土就會成山。」於是周文君便打消免去呂倉相位的想法。

## 溫人之周

【題解】溫邑人巧為主客之辯，對東周進行譏諷，語言幽默有趣。

溫❶人之周，周不納❷。「客即❸？」對曰：「主人也。」問其巷❹而不知也，吏因囚之。君使人問之曰：「子非周人，而自謂非客何也？」對曰：「臣少而誦

《詩》❺，《詩》曰：『普❻天之下，莫非王土；率土之濱❼，莫非王臣。』今周君❽天下❾，則我天子之臣，而又為客哉？故曰主人。」君乃使吏出之。

【注釋】❶溫　周畿內邑名，在今河南溫縣境內。❷納　入；進去。❸客即　當依王念孫說作「客耶」。主語為周吏。❹巷　里巷。❺詩　《詩經》。下引詩見〈小雅・北山〉。❻普　遍。❼率土之濱　古代誤認為中國四周都是水，因此「率土之濱」是說沿著王土的水邊，即「四海之內」的意思。率，循；沿著。土，指王土。濱，水邊。❽君　統治；主宰。❾天下　指黃河流域的中原地區。

【語譯】溫邑人到周都，周人不放他進去，周吏問道：「是客人嗎？」溫邑人回答說：「是主人啊。」周人問他住在哪個里巷，他卻不知道，周吏便將他關起來。周君派人問他說：「你不是周人，卻自稱不是客人，那是為什麼呢？」他回答說：「我年輕時讀《詩經》，《詩經》中說：『普天之下的土地，沒有不是周王的領土；四海之內的人民，沒有不是周王的臣子。』現在周統治整個天下，那我便是天子的臣子，而卻認為我是客人，那又是為什麼呢？所以說是主人。」周君於是叫周吏釋放他。

## 或為周最謂金投

【題解】有人遊說趙人金投，要他東邊救援齊國，西邊幫助秦國進攻韓國、魏國，為趙國謀利。

或為周最謂金投❶曰：「秦以周最之齊疑天下❷，而又知趙之難子❸齊人戰，恐齊、韓之合，必先合於秦❹。秦、齊合，則公之國虛❺矣。公不如救齊，因佐秦而伐韓、魏，上黨❻、長子❼趙之有❽。公東收寶於秦❾，南取地於韓，魏因以因❿，徐為⓫之東⓬，則有合⓭矣。」

【注釋】❶金投　趙人，事跡不詳。❷疑天下　懷疑天下各諸侯國合謀暗算秦國。❸子　曾本作「予」。王念孫《讀書雜志・卷一》說作「予」是。❹先合於秦　指齊先與秦聯合。用黃丕烈說。❺虛　同「墟」。指趙成為廢墟。❻上黨　地名，當時屬韓，在今山西境內。❼長子　地名，屬上黨。❽趙之有　即趙有之。❾東收寶於秦　因趙佐秦，故能收寶於秦。用鮑彪說。東，依金正煒說當作「西」。❿因　當作「困」。⓫為　謀。⓬東　指齊。⓭有合　指趙與齊有聯盟的可能。開始時，趙與齊關係不好，不能聯盟，現在形勢有了變化，齊國害怕，所以齊、趙有聯盟的可能。

【語譯】有人為周最告訴金投說：「秦國因為周最到了齊國，懷疑天下諸侯將合謀暗算秦國，而且秦國又知道趙國難與齊人作戰，害怕齊國同韓國聯合，一定讓齊國先和秦國聯合。秦國和齊國聯合，那麼你的趙國就將成為廢墟了。你不如救援齊國，因而幫助秦國攻打韓國、魏國，那韓國的上黨、長子就會歸趙所有。你西邊由於幫助了秦國而接受寶器，南邊從韓國取得土地，魏國便會陷入困境，然後再慢慢計畫東邊的事，那麼就有可能與齊國聯盟了。」

## 周最謂金投

【題解】齊人周最遊說趙人金投，趙國如果和秦國聯合進攻齊國，將對趙國不利。

周最謂金投曰：「公負令❶秦與強齊戰。戰勝，秦且收❷齊而封❸之，使無多割❹，而聽❺天下之戰；不勝，國❻大傷，不得不聽秦❼。秦盡❽韓、魏之上黨、太原❾，西止❿秦之有已⓫。秦地，天下之半也，制齊、楚、三晉⓬之命，復⓭國且身⓮危，是何計之道也！」

【注釋】❶負令　倚仗與秦聯合。吳師道《補正》：「負，持也。『令』字疑『合』。」❷收　取。❸封　本指疆界，在此作動詞用，意為分疆治理。❹割　割地。❺聽　聽任。齊國戰敗，諸侯國要求齊割地，秦使齊不多割，必然引起齊與諸侯國之戰。❻國　指趙國。❼聽秦　指趙聽命於秦。❽盡　全部占有。❾太原　在今山西境內。❿止　鮑彪本作「土」。⓫已　句末語氣詞。⓬三晉　指韓、趙、魏三國。⓭復　通「覆」。⓮身　自身，指金投。

【語譯】周最告訴金投說：「你仗恃與秦國聯盟和強齊打仗，打贏了，秦國將取得齊國而分疆治理它，使齊不能多割讓土地，而聽任天下諸侯為爭地而戰；打不贏，趙國國力便大傷，不得不聽命於秦。秦全部占有韓、魏二國的上黨、太原，於是西土就為秦所有。而秦國占有一半天下的土地，齊、楚、韓、趙、魏必將受秦國控制。這樣亡國而且危身，是什麼樣的計策啊！」

## 石行秦謂大梁造

【題解】石行秦為了使兩周的辯智之士入秦，分別遊說秦國的大梁造和周國的國君。

石行秦❶謂大梁造❷曰：「欲決霸王之名，不如備❸兩周辯知❹之士。」謂周君曰：「君不如令辯知之士，為君爭於秦❺。」

【注釋】❶石行秦　人名，一作「右行楚」。❷大梁造　當作「大良造」，秦爵名。《漢書・百官公卿表》作「大上造」。❸備　具備；謹慎接待。❹辯知　有口才、有智謀。知，通「智」。❺爭於秦　秦瞧不起周，所以要周派策士去爭取秦國的尊重。

【語譯】石行秦對秦國的大良造說：「想成就霸王之名，不如謹慎接待東、西周有口才、有智謀的策士。」又對周君說：「君主不如讓有口才、有智謀的策士，去秦國替國君爭辯。」

## 謂薛公

【題解】據《史記・孟嘗君列傳》記載，當時因有人誣告孟嘗君將要作亂，孟嘗君便辭去相位，在薛地稱病養老，從秦國逃亡出來的呂禮這時做了齊相。呂禮想讓策士蘇代陷入困境，蘇代便向孟嘗君獻策，意在離間呂禮、祝弗和齊湣王的關係，削弱呂禮、祝弗的權勢，使孟嘗君重新掌權，以報復呂禮。

謂薛公曰❶：「周最於齊王也而逐之❷，聽祝弗❸，相呂禮❹者，欲取秦❺。秦、齊合，弗與禮重❻矣。有周齊❼，秦必輕君❽。君弗如急北兵❾，趨趙以秦、魏❿，收周最以為後行⓫，且反⓬齊王之信，又禁天下之率⓭。齊無秦，天下果⓮，弗必走，齊王誰與為其國⓯？」

【注釋】❶謂薛公曰　這句話的主語被省略。據《史記・孟嘗君列傳》，主語當是「蘇代」。薛公，即齊孟嘗君，姓田，名文。田嬰死後，田文代立，亦稱「薛公」。❷周最於齊王也而逐之　《史記・孟嘗君列傳》作「周最於齊，至厚也，而齊王逐之」，文意較順。周最，周之公子，曾勸趙之金投與齊聯盟，不要助秦攻齊，所謂「至厚」，可能指此而言。齊王，指齊湣王，即齊閔王。❸祝弗　有人說是齊人。《史記》作「親弗」。❹相呂禮　以呂禮為相。❺取秦　當是指取悅於秦。❻重　被尊重。❼周齊　《史記》作「用齊」。吳師道《補正》：「有用齊者，言二子（指祝弗、呂禮）用齊。」❽君　指薛公，即孟嘗君。❾急北兵　使北兵急。❿趨趙以秦魏　《史記》作「趨趙以和秦魏」。趨，促。⓫收周最以為後行　《史記》作「收周最以厚行」。「後」作「厚」。司馬貞《史記索隱》：「周最本厚於齊，今欲逐之而相秦之亡將（指呂禮）。蘇代謂孟嘗君，令齊收周最以自厚其行，又且得反（返）齊王之有信，以不逐周最也。」⓬反　同「返」。⓭率　《史記》作「變」。司馬貞《史記索隱》：「變謂齊、秦合則親弗（即「祝弗」）、呂禮用，用則秦、齊輕孟嘗也。」⓮天下果　《史記》作「則天下集齊」。吳師道《補正》：「謂齊無秦合，而秦、趙、魏合，則天下之兵集於齊，祝弗必走。言弗而不及禮者，齊聽弗而相禮，弗走，禮不待言矣。」果，當作「集」，形近而訛。⓯齊王誰與為其國　這句的言外之意是：齊湣王只有與孟嘗君一起治理齊國。誰與，即「與誰」。為，治。

【語　譯】蘇代告訴孟嘗君說：「周最對齊國是很好的，而齊湣王卻驅逐他，聽信祝弗的話而用呂禮為相，那是為了想取悅秦國。秦、齊聯盟，祝弗和呂禮就受到重用了。祝弗、呂禮在齊得到重用，秦國就必定輕視你。你不如趕快使北方軍隊緊張起來，促使趙國與秦國、魏國和好，收留周最以表明自己行為是厚道的，從而恢復齊湣王的信譽，並且防止天下的變亂。齊國沒有和秦國聯盟，天下之兵就將聚集於齊國，祝弗必定逃跑，那時齊湣王除你之外還能和誰一起治理他的國家呢？」

## 齊聽祝弗

【題　解】齊湣王聽信祝弗，放逐周最。有人勸說齊湣王這樣做會招來秦國、趙國的進攻，使齊國蒙受損失。

齊聽祝弗，外❶周最。謂齊王曰❷：「逐周最、聽祝弗、相呂禮者，欲深❸取秦也。秦得天下，則伐齊深❹矣。夫❺齊合，則趙恐伐❻，故急兵❼以示秦。秦以趙攻❽，與之❾齊伐趙，其實同理❿，必不處矣⓫。故用祝弗，即天下之理⓬也。」

【注　釋】❶外　作動詞用，將其看成外人，意即放逐。❷謂齊王曰　這句省去了主語。說此話的人，當是某策士。齊王，指齊湣王。❸深　因下文而衍，當刪去。❹伐齊深　鮑彪注：「秦得齊，則益強，故能得天下；得天下，則亦不能存齊。」深，指深入伐齊。❺夫　鮑本「夫」下有「秦」字。❻恐伐　恐秦伐趙。❼急兵　加緊進兵攻齊。❽趙攻　指趙攻齊。❾之　鮑彪注：「猶『趨』。」促使的意思。❿同理　鮑彪注：「以趙攻齊則得齊，趨齊受趙亦得趙，故其理同。」⓫必不處矣　疑與〈周最謂石禮〉「必無處矣」同。處，當作「慮」。秦無論以趙攻齊，或趨齊伐趙，均能得利，無憂慮可言。⓬天下之理　據吳師道《補正》，當是指「言天下必將歸秦」之理。

【語　譯】齊國聽信祝弗的話，放逐周最。有人對齊湣王說：「放逐周最，聽信祝弗，用呂禮為相，那是為了取悅秦國。秦國得到天下，便可深入地進攻齊國了。秦、齊聯合，那麼趙國就害怕受到攻擊，所以便會加緊進兵攻打齊國以向秦國表白自己。秦國用趙國攻齊國，與促使齊國攻打趙國，其實等於一回事，它一定無憂慮可言。所以齊國重用祝弗，等於是將整個天下歸秦所有啊！」

## 蘇厲為周最謂蘇秦

【題　解】蘇厲勸蘇秦贊同周最的主張，讓齊國和魏國聯合。參用金正煒《戰國策補釋》之說。

蘇厲❶為周最❷謂蘇秦❸曰：「君不如令王❹聽最，以地❺合於魏❻，趙故❼必怒❽，合於齊❾，是君以合齊❿與強楚⓫。吏產子君⓬，若欲因⓭最之事⓮，則合齊⓯者，君也；割地者，最也。」

【注釋】❶蘇厲　策士，蘇秦的弟弟。❷周最　周國公子，仕於秦。❸蘇秦　東周洛陽人，著名的策士，先以連橫說秦，不被惠王採用，落魄而歸，轉而以合縱說山東諸侯共同抗秦，佩六國相印，名顯一時。❹王　依金正煒說指齊王。周最當時在齊國。❺地　依金正煒說指齊地。❻合於魏　指齊國和魏國聯合。❼故　據曾鞏本，「故」字當刪。❽怒　據姚宏注，一作「恐」。齊國和魏國聯合，趙國便顯得孤立，因而恐慌起來。❾合於齊　指趙國也由於害怕孤立而和齊國聯合。❿合齊　依金正煒說當作「全齊」。齊國沒有丟失土地便和趙國、魏國聯合，爭取到了兩個盟國，保全了齊國，所以說是「全齊」。⓫與強楚　和強大的楚國聯盟。與，與國；盟國。⓬吏產子君　依金正煒說當作「事產于君」。「吏」、「事」，古書相似而誤。子，「于」字之誤。君，指蘇秦。⓭因　依金正煒說是「困」字之誤。⓮最之事　指周最割齊地給秦國的事。⓯合齊　當作「全齊」。

【語譯】蘇厲為了周最對蘇秦說：「你不如讓齊王聽取周最的話，將齊地和魏聯合，這樣趙國害怕孤立，便會和齊國聯合，這樣，你就可以用完整的齊國和強大的楚國結盟。事情是你促成的，假如你想使周最的事陷入困境，那麼保全齊國的是你，割讓土地的是周最。」

## 謂周最曰仇赫之相宋

【題解】有人遊說周最，先指明仇赫相宋，意在利用韓、魏、齊三國聯合攻秦的形勢，坐觀成敗以謀利；再建議周最派人去遊說韓、魏兩國，使韓、魏兩國讓周最兼任相國。

謂周最曰❶：「仇赫❷之相宋❸，將以觀秦之應趙、宋❹，敗三國❺。三國不敗，將興❻趙、宋合於東方❼以孤秦。亦將觀韓、魏之於齊也，不固❽，則將與宋敗三國；則賣趙、宋於三國❾。公❿何不令人謂韓、魏之王⓫曰：『欲秦、趙之相賣乎？何不合⓬周最兼相⓭，視⓮之不可離⓯，則秦、趙必相賣以合於王也。』」

【注　釋】❶謂周最曰　這句省去了主語。❷仇赫　人名，蓋趙臣。〈趙策〉作「机郝」或「仇郝」。《史記・穰侯列傳》作「仇液」。❸相宋　為宋相。〈趙策四〉記載趙武靈王（主父）為了破壞齊、楚聯盟，便聯合秦、宋，「令仇郝相宋，樓緩相秦」。❹應趙宋　指仇赫使趙、宋與秦相應。❺敗三國　打敗韓、魏、齊三國。周赧王十七年（西元前二九八年）韓、魏、齊三國聯合攻秦。❻興　發動。❼東方　指齊、韓、魏三國。❽不固　指韓、魏與齊的聯盟不牢固。❾則賣趙宋於三國　此句文意不順，疑「則」字上缺一「固」字。鮑彪注：「以國情輸之曰賣。」❿公　稱周最。⓫韓魏之王　指韓襄王、魏襄王。⓬合　疑為「令」字之誤。⓭兼相　兼任韓、魏二國之相。⓮視　示；給人看。⓯不可離　韓、魏同時任用周最為相，便顯示出不可分離。

【語　譯】有人對周最說：「仇赫做宋國的相，將要觀望秦國如何與趙、宋二國採取相應的行動，以打敗韓、魏、齊三國；如果三國不敗的話，仇赫就將發動趙、宋二國和東方各國聯合以孤立秦國。同時也將觀望韓、魏與齊聯盟的情況，如果聯盟不牢固，就將和宋國一起打敗韓、魏、齊三國；如果牢固，就出賣趙、宋二國給韓、魏、齊三國。你為什麼不派人去對韓襄王、魏襄王說：『想讓秦、趙二國互相出賣嗎？為什麼不讓周最兼任韓、魏二國的相，以顯示出韓、魏二國不可分離的關係，那麼秦、趙二國就必定出賣對方而和二位國王聯合啊。』」

# 為周最謂魏王

【題解】有人替周最勸說魏王，稱秦、趙二國都想爭取齊國，而魏國在齊國沒有代言人，不如放周最入齊，與齊聯盟。

為周最謂魏王曰❶：「秦知趙之難與齊戰也，將恐齊、趙之合也，必陰勁❷之。趙不敢戰，恐秦不己收❸也，先合於齊。秦、趙爭齊，而王無人❹焉，不可。王不去周最❺，合與❻收齊，而以兵之急則伐齊❼，無因事❽也。」

【注釋】❶為周最謂魏王曰　這句省去了主語。❷陰勁　暗中使之強大。勁，強。鮑彪注：「齊固秦所欲合，故其勁趙謂之陰勁。」❸不己收　即「不收己」，不收容自己的意思。秦國暗中使趙強大，目的是要趙與齊戰，而趙不敢戰，便違背秦的意旨，因此害怕不為秦所容。❹無人　鮑彪注：「無主其事於齊者。」即在齊國缺乏魏國聯齊的代言人。❺不去周最　不放周最離開魏國到齊國去。周最本是周之公子，現在魏，前曾仕齊。❻合與　結盟。與，與國，即盟國。❼以兵之急則伐齊　因秦兵急於伐齊而魏就一同去伐齊。以，因。兵，指秦兵。說參用吳師道《補正》。❽無因事　不可依靠的事。吳師道《補正》：「因，猶依也。」

【語　譯】有人為周最對魏王說：「秦國知道趙國難於和齊國作戰，害怕齊國、趙國聯合起來，一定會暗中使趙國強大起來。趙國由於不敢和齊國作戰，害怕秦國容不了自己，就會先和齊國聯盟。秦國、趙國都在爭取齊國，而大王在齊國卻沒有人，那是不行的。大王不放周最離開魏國去齊國，和齊結盟，卻反而因為秦兵急於行動就和它一起進攻齊國，那是不可靠的事。」

# 謂周最曰魏王以國與先生

【題解】有人向周最獻策，與其不和秦聯合伐齊而得罪秦國，不如設巧辭請求魏王允許自己離開魏國去齊國。

謂周最曰：「魏王以國與❶先生❷，貴❸合於秦以伐齊。薛公故主❹，輕忘其薛❺，不顧其先君之丘墓❻，而公獨脩❼虛信❽，為茂行❾，明群臣，據❿故主，不與伐齊者產⓫，以忿⓬強秦，不可。公不如謂魏王⓭、薛公⓮曰：『請為王入齊，天下不能傷齊⓯。而⓰有變⓱，臣請為救之；無變，王遂伐之⓲。且臣為齊奴⓳也，如累⓴王之交於天下，不可。王為臣賜厚矣，臣入齊，則王亦無齊之累㉑也。』」

【注釋】❶與　交給。❷先生　在這裡是對周最的尊稱。❸貴　重視。❹薛公故主　這句「故主」上疑缺一「棄」字或「背」字。薛公，田文，即孟嘗君。故主，舊主，指齊湣王。孟嘗君因受到齊相呂禮的嫉害，曾寫信請求秦王伐齊，後又投奔魏國，魏昭王以他為相。❺薛　是孟嘗君的封地，在今山東滕縣南。❻不顧其先君之丘墓　此句指孟嘗君請秦王伐齊而言。秦攻他國，曾有掘墓之事。❼脩　修習；講求。❽虛信　空的信義。❾茂行　盛美的德行。❿據　守。⓫產　生。有將「產」字連下句讀的，非是。⓬忿　怒；生氣。⓭魏王　指魏昭王。⓮薛公　當時孟嘗君在魏為相。⓯不能傷齊　鮑彪注：「最之知略，足以全齊。」⓰而　通「如」。⓱有變　指秦兵伐齊。吳師道《補正》：「有變，謂秦伐齊，齊急則請魏之救。」⓲無變二句　吳師道《補正》：「謂秦不能伐，則王遂伐之。」⓳齊奴　齊國奴隸。周最謙稱他曾經仕齊。⓴累　連累。因為天下諸侯有反對齊國的，而周最曾經仕齊，在魏便會影響魏國與天下諸侯之交。㉑無齊之累　周最入齊，可消除他國對魏的懷疑，故魏王可「無齊之累」。

【語　譯】有人對周最說：「魏王將國家交給先生，是重視與秦聯合起來攻打齊國的策略。薛公田文背棄舊主齊湣王，輕易地忘記自己的封地薛邑，就連祖先的墳墓也不顧及；而你偏要講求虛無的信義，追求盛美的德行，讓群臣明白你是忠於舊主，不和進攻齊國的人同時活著，以致使強秦生氣，那是不行的。你不如對魏王、田文說：『請讓我為大王入齊，天下諸侯便不能傷害齊國。如果發生秦攻齊一類事變，我就請求魏國救齊；沒有事變，大王就進攻齊國。況且我是齊國的奴隸，如果因為我連累大王和天下諸侯交往，那是不行的。大王給我的恩賜夠豐厚了，我進入了齊國，大王也就沒有齊國的連累了。』」

## 趙取周之祭地

【題　解】趙國奪取了周的祭地，鄭朝通過向趙太卜行賄，取回周的祭地。

趙取周之祭地❶，周君患之，告於鄭朝❷。鄭朝曰：「君勿患也，臣請以三十金❸復取之。」周君予之，鄭朝獻之趙太卜❹，因告以祭地事。及王病，使卜之。太卜譴之曰：「周之祭地為祟。」趙乃還之。

【注　釋】❶祭地　在這裡指祭祀地神所用的土地。❷鄭朝　人名。❸金　古代的貨幣單位。有以一斤為一金的，也有以一鎰（二十四兩）或二十兩為一金的。❹太卜　官名，為卜筮官之長。

【語　譯】趙國奪取了周的祭地，周國國君為此感到憂慮，便將此事告訴了鄭朝。鄭朝說：「國君不要憂慮，請讓我用三十金將祭地取回來。」周國國君給了他三十金，鄭朝將這三十金獻給趙太卜，藉此把祭地事告訴了他。等到趙王生了病，讓趙太卜占卜吉凶。趙太卜乘機譴責說：「是周的祭地在作祟。」趙國便將祭地還給周國。

## 杜赫欲重景翠於周

【題解】杜赫向東周君陳述施賄的方法，目的在於使景翠能得到重用。

杜赫❶欲重景翠❷於周，謂周君曰：「君之國小，盡君子❸重寶珠玉以事諸侯，不可不察❹也。譬之如張羅者，張於無鳥之所，則終日無所得矣；張於多鳥處，則又駭鳥❺矣；必張於有鳥無鳥之際，然後能多得鳥矣。今君將施於大人，大人輕君；施於小人，小人無可以求，又費財❻焉。君必施於今之窮士❼，不必❽且為大人者，故能得欲矣。」

【注釋】❶杜赫　楚人。一說是周人。❷景翠　楚將，官為柱國。❸子　當作「之」。❹察　在這裡是仔細選擇的意思。❺駭鳥　將鳥驚跑。鮑彪注：「多鳥處，有觸羅者，傍鳥必覺，覺則群驚而去矣。」❻費財　小人人多，所以費財。❼窮士　窮困的士，暗指景翠。❽不必　鮑彪注：「猶不可知也。」相當於今言「不一定」、「說不定」。

【語譯】杜赫想使景翠在周受到重用，便對周國國君說：「你的國家小，拿出你全部貴重的寶器、珠玉來侍奉諸侯，不可不仔細選擇對象。譬如要張設羅網捕鳥的人，如將網張在沒有鳥的地方，就整天捕不到一隻鳥了；如張在多鳥的地方，那又把鳥嚇跑了；一定要張在有鳥無鳥之間的地方，然後才能捕得很多的鳥。現在你將珠寶送給大人物，大人物卻輕視你；送給小人，小人又沒有什麼可求的，那又白白耗費錢財。你一定要送給當今那班窮困的士人，說不定將成為大人物的人，才能達到願望。」

## 周共太子死

【題 解】楚國的臣子左成勸司馬翦，在幫助周國立太子時，不應說「請立誰」，而要問他「想立誰」，以免和周國弄壞關係。

周共太子死❶，有五庶子❷，皆愛之，而無適立❸也。司馬翦❹謂楚王❺曰：「何不封❻公子咎❼，而為之請太子？」左成❽謂司馬翦曰：「周君不聽，是公之知困❾而交絕於周也。不如謂周君曰：『孰欲立❿也？微告⓫翦，翦今⓬楚王資⓭之以地。』公若欲為⓮太子，因令人謂相國御⓯展子⓰，廧夫⓱空⓲曰：『王類⓳欲令若⓴為之。』此健士㉑也，居中㉒不便於相國。」相國令之㉓為太子。

【注 釋】❶周共太子死 《史記·周本紀》作「西周武公之共太子死」。鮑彪因此將本篇列入〈西周策〉。❷庶子 除太子以外的兒子，包括妾所生之子和妻所生的除長子以外的兒子。❸適立 專立。一說「適」通「嫡」。正妻所生的長子。因為長子已死，故無嫡可立。❹司馬翦 楚臣。❺楚王 鮑彪說是指楚懷王。❻封 封之以地。❼公子咎 周君的別子。❽左成 楚臣。❾困 窘困，指處境而言。❿孰欲立 即「欲立孰」。孰，誰。⓫微告 微言相告，即祕密告訴。⓬今 《史記·周本紀》作「令」，是。⑬資　資助。⑭為　助。下「為之」、「為太子」之「為」同。⑮御　駕車者。⑯展子　姓展，人名。⑰嗇夫　即嗇夫，官名，屬小臣。⑱空　是嗇夫之名。⑲類　似；好像。⑳若　汝；你。㉑健士　強健的武士。㉒中　指國中。㉓之　指代御展子、嗇夫空。鮑彪注：「二士居中與國事，以其悍，故相國不之便；若出而使周，則不居中用事，相國之所欲也。故以此說之，相國必從。」

【語譯】周國的共太子死了，周君還有五個兒子，他都一樣喜愛，而不知道該立哪個做太子。司馬翦對楚王說：「為何不封給公子咎一塊地，而請求周君立他做太子？」左成對司馬翦說：「要是周君不聽你的話，你是會束手無策，陷入困境而和周絕交的。不如對周君說：『你想立誰做太子呀？請暗中告訴我，我讓楚王用一塊土地資助他。』你如果想幫助所立的太子，就派人對相國的御者展子、嗇夫空說：『楚王好像想讓你們兩人去幫助太子。』這兩人是強悍的武士，留在國中對相國不便。」相國便讓這兩人去幫助太子。

## 三國隘秦

【題解】周國派它的相國出使秦國，周相國認為秦國輕視他，而止步不前。有人勸周相國還是去好，以免破壞和秦國的關係。

三國❶隘秦❷，周令其相之❸秦，以❹秦之輕❺也，留其行。有人謂相國曰：「秦之輕重，未可知也。秦欲知三國之情，公不如遂見秦王曰：『請謂❻王聽東方之處❼。』秦必重公。是公重周，重周以取❽秦也。齊重❾故有周❿，而已取齊⓫。是周常不失重國⓬之交也。」

【注釋】❶三國　指韓、趙、魏三國。❷隘秦　隔絕秦國，即和秦斷絕關係。❸之　往。❹以　認為。❺之輕　輕之。之，指代周相。❻謂　當據《史記·周本紀》作「為」。❼聽東方之處　打聽東方三國的所作所為。聽，打聽；偵察。東方，指韓、魏、趙三國。處，所作所為。❽取　取悅；取得對方的信任。❾齊重　齊國為天下所重。❿有周　收有周。⓫已取齊　指周已取得齊的信任，已經取悅於齊。⓬重國　重要的國家，指秦國和齊國。

【語譯】韓、趙、魏三國和秦國斷絕來往，周國派它的相國前往秦國，周相國以為秦國瞧不起他，而止步不前。有人對周相國說：「秦國瞧得起你還是瞧不起你，還不知道。秦國想知道韓、趙、魏三國的情況，你不如就去見秦王說：『請讓我替大王打聽東方三國的所作所為。』秦王聽了這話必定會重視你。這樣便是你使得秦王重視了周國，秦王重視了周國，周國便可取悅秦國。齊國也是個重要的國家，所以能收有周國，而周國已經取悅齊國。這樣一來，周國便永遠不會失去重要國家的交情。」

## 昌他亡西周

【題解】馮且替西周設反間計，借東周之手殺死西周的逃犯昌他。

昌他❶亡❷西周，之❸東周，盡輸❹西周之情於東周。東周大喜，西周大怒。馮且❺曰：「臣能殺之。」君予金❻三十斤。馮且使人操金與書，間遺❼昌他書曰：「告昌他，事可成，勉成之；不可成，亟❽亡來亡來。事久且泄，自令身❾死。」因使人告東周之候❿曰：「今夕有姦人⓫當⓬入者矣。」候得⓭而獻東周，東周立殺昌他。

【注釋】❶昌他 一作「宮他」，西周臣。❷亡 逃亡。❸之 往；到。❹輸 輸送。❺馮且 一作「馮雎」，西周臣。❻金 黃金，古代貨幣，當是指黃銅。❼間遺 鮑彪注：「為反間書以遺之。」遺，送。❽亟 急。❾身 自身。❿候 偵察人員。⓫姦人 壞人。⓬當 將。見吳昌瑩《經詞衍釋・卷六》。⓭得 指得送信人、黃金與書信。

【語譯】昌他從西周逃亡到東周，將西周的全部情況告訴東周。東周很高興，西周則很惱火。馮且說：「我能殺死他。」於是西周君給了馮且三十斤黃金。馮且便派人帶著黃金和書信，行反間之計給昌他送去，就在書信中說：「請你小心，事可辦成，就努力辦成它；不能辦成，就趕快逃回來、逃回來。事久了就將泄漏出去，那就只有自找死路了。」馮且因而又派人告訴東周的偵察人員說：「今晚有壞人將要進入東周。」結果偵察人員抓到了西周派去送信的人，將他獻給東周，東周便馬上殺了昌他。

## 昭翦與東周惡

【題解】昭翦和東周關係不好，有人向昭翦獻策，終於使昭翦和東周改善了關係。

昭翦❶與東周惡，或謂照❷翦曰：「為公畫陰計❸。」昭翦曰：「何也？」「西周甚憎東周，嘗❹欲東周與楚惡，西周必令賊賊❺公，因宣言❻東周也，以西周❼之於王❽也。」昭翦曰：「善。吾又恐東周之賊己而以輕❾西周惡之於楚。」遽❿和東周。

【注釋】❶昭翦 楚臣，身世不詳。❷照 當作「昭」。下同。❸陰計 密謀；暗計。❹嘗 通「常」。❺賊賊 上「賊」

字，名詞，指刺客；下「賊」字，動詞，意為殺害。❻宣言　揚言。❼西周　鮑彪本作「惡」，是。王念孫說：「舊本「惡」字，譌作「西周」二字，今從鮑改。」❽王　指楚懷王。❾輕　王念孫說：「「輕」當為「誣」，謂恐東周殺翦，而因以殺翦之事誣西周，惡之於楚也。上文曰：「西周必令賊賊公，因宣言東周也以惡之於王。」亦謂西周殺翦以誣東周也。俗書「巫」字或作「巠」，「誣」字或作「誙」，其右畔與「輕」相似，因譌而為「輕」。」（《讀書雜志・戰國策第一》）❿遽　速。

【語譯】昭翦和東周關係緊張，有人告訴昭翦說：「我為你策劃了密謀。」昭翦說：「什麼密謀？」回答說：「西周很憎恨東周，常常想使東周和楚國關係緊張，因此西周必定會派刺客殺害你，藉此揚言是東周殺害的，以便讓東周和楚懷王關係緊張。」昭翦說：「妙。但我又怕東周殺害我，而誣稱是西周殺害的，以使得西周和楚國關係緊張。」於是馬上和東周和好。

## 嚴氏為賊

【題解】周國留居、款待並放跑了韓國的刺客陽豎，韓國為此責備周國。說客為周一一辯解。其文過飾非的本領，於此可見一斑。

嚴氏為賊❶，而陽豎❷與❸焉。道❹周，周君留之十四日，載以乘車❺駟馬❻而遣❼之。韓使人讓❽周，周君患之。客謂周君曰：「正語❾之曰：『寡人知嚴氏之為賊，而陽豎與之，故留之十四日以待命❿也。小國不足亦⓫以容賊，君之使又不至，是以遣之也。』」

【注　釋】❶嚴氏為賊　嚴遂與韓相國俠累有仇，請刺客聶政刺殺俠累。嚴氏，指仕於韓國的嚴遂，字仲子，濮陽人。❷陽竪　一作「陽堅」，是聶政行刺時的助手。〈韓策三〉：「聶政、陽堅，刺相（指俠累）兼君（指韓哀侯）。」❸與　參與。❹道　取道；經過。《史記・刺客列傳》記聶政行刺後，自殺身亡，不記陽豎。陽豎可能逃走了。❺乘車　一輛車。❻駟馬　四匹馬。一車用四匹馬拉。❼遣　打發走。❽讓　責備。❾正語　直接告訴。語，動詞。❿待命　待韓之命。⓫亦　此為衍文，當刪去。

【語　譯】嚴仲子請聶政刺殺韓相國俠累，陽豎參與了此事。陽豎逃亡時經過周國，周君留他住了十四天，用一輛車、四匹馬載著他，將他打發走。韓國派人責備周國，周國國君為此憂慮。有個說客對周君說：「直接告訴韓國來人說：『寡人知道嚴仲子找人行刺，而陽豎參與其事，所以扣留了他十四天以等待韓國的吩咐。可是我們是小國，容納不了這個行刺的賊人，而你們的使者又不到來，因此只好將他打發走了。』」

# 卷二　西周策

〈西周策〉記載了與西周國有關的事件。西周是指戰國時期的西周國，都王城，在今河南洛陽西。西元前二五五年為秦所滅。

## 薛公以齊為韓魏攻楚

【題解】薛公田文用齊軍為韓、魏兩國進攻楚國，又聯合韓、魏兩國進攻秦國，並向西周國借兵借糧。策士韓慶為西周國遊說田文，離間齊國和韓、魏兩國的關係，使得齊、韓、魏三國既不進攻秦國，也不向西周國借兵借糧。

薛公❶以齊為韓、魏攻楚❷，又與韓、魏攻秦❸，而藉❹兵乞食❺於西周。韓慶❻為西周謂薛公曰：「君以齊為韓、魏攻楚，九❼年而取宛❽、葉❾以北以強韓、魏，今又攻秦以益❿之。韓、魏南無楚憂，西無秦患，則地廣而益重，齊必輕矣。夫本末更⓫盛，虛實有時⓬，竊為君危之。君不如令弊邑⓭陰合於秦而君無攻，又無藉兵乞食。君臨⑭函谷⑮而無攻，令敝邑以君之情⑯謂秦王曰：『薛公必⑰破秦以張⑱韓、魏，所以進兵者，欲王⑲令楚割東國⑳以與齊也。』秦王出楚王㉑以為和。君令敝邑以此忠㉒秦，秦得無破，而以楚之東國自免也，必欲之。楚王出，必德齊㉓。齊得東國而益強，而薛㉔世世無患。秦不大弱㉕，而處之㉖三晉㉗之西，三晉必重齊。」薛公曰：「善。」因令韓慶入秦，而使三國無攻秦，而使不藉兵乞食於西周。

【注釋】❶薛公　即齊之孟嘗君田文，詳見〈東周策・謂薛公〉❶。❷攻楚　《資治通鑑・周紀三》：「（周赧王十二年，西元前三〇三年）齊、韓、魏以楚負其從親，合兵伐楚。」❸攻秦　據《史記・六國年表》，在周赧王十七年（西元前二九八年）魏「與齊、韓共擊秦于函谷」。❹藉　通「借」。❺食　糧食。❻韓慶　鮑彪說是韓國人，仕於西周。《史記・孟嘗君列傳》作「蘇代」。❼九　當是「六」之誤。據《史記・六國年表》、《資治通鑑・周紀》所記攻楚、攻秦時間，相距為六年。❽宛　地名，在今河南南陽。❾葉　地名，在今河南葉縣南。與上之「宛」均為楚地。❿益　更加。⓫更　更迭；輪番。⓬有時　指時有變化，不是固定不變。⓭敝邑　即敝邑，在這裡是指西周。⓮臨　至。⓯函谷　關名，在今河南靈寶境內，關在谷中，深險如函（匣）。⓰情　實情。⓱必　「必」下當有「不」字。《史記・孟嘗君列傳》作「必不」。⓲張　張大；增強。⓳王　指秦昭王。⓴東國　指楚國東邊靠近齊國的那塊地方。㉑出楚王　放回楚懷王。出，放歸。楚王，指楚懷王。周赧王十六年（西元前二九九年）楚懷王到武關與秦昭王會盟，被扣留在秦。㉒忠　《史記・孟嘗君列傳》作「惠」，是。惠，恩惠；好處。㉓必德齊　因為如果楚王真的能夠出來，那是由於齊向秦進兵的結果，所以定會感謝齊國。德，感激。㉔薛　是孟嘗君的封地。㉕不大弱　意即強大。這是由於齊、韓、魏不攻秦的結果。㉖之　《史記・孟嘗君列傳》無「之」字。㉗三晉　指韓、趙、魏三國。

【語　譯】薛公田文用齊軍替韓、魏兩國進攻楚國，又與韓、魏兩國一起進攻秦國，因而向西周國借兵借糧。韓慶為西周國告訴孟嘗君說：「你用齊軍替韓、魏兩國進攻楚國，前後六年而取得楚國宛、葉二縣以北的地方來加強韓、魏兩國的實力，現在又去進攻秦國以使韓、魏兩國更加強大。韓、魏兩國南邊不怕楚國，西邊不怕秦國，那麼韓、魏兩國，土地廣大，而地位愈顯得重要，齊國就必定不受重視了。這樣，本末顛倒不常，虛實時有變化，我私下替你感到危險。你不如讓我們西周暗中和秦國聯盟，而你不要進攻秦國，又不要借兵借糧。你可以兵臨函谷關外卻不下令進攻，讓我們西周將你的真實意圖告訴秦王：『薛公一定不會打敗秦國來張大韓、魏兩國的實力，他之所以進兵，是想要大王使楚國割讓東邊的土地給齊國啊。』秦王便會放回楚懷王而和楚國和好。你讓我們西周以此使秦國得到好處，秦國得以不被攻破，而用楚國東邊的土地免除了齊國的進攻，一定樂意這麼辦的。楚懷王出來，一定會感激齊國。齊國得到楚國東邊的土地而更加強大，薛地也可以世世代代太平無事。而且強大的秦國處在韓、魏、趙三國的西邊，韓、魏、趙三國就必然會重視齊國。」薛公說：「妙極了。」因而讓韓慶到秦國去，使齊、韓、魏三國不要攻打秦國，使齊國不向西周借兵借糧。

## 秦攻魏將犀武軍於伊闕

【題　解】秦軍在伊闕打敗魏將犀武以後，將要攻周。有人遊說趙將李兌，要他制止秦國進攻周國，指出趙國的上策是讓秦國向魏國開戰，如果趙國不制止秦國進攻周國，便不能實現這一上策。

秦攻❶魏將犀武❷軍於伊闕❸，進兵而攻周。為周最❹謂李兌❺曰：「君不如禁❻秦之攻周。趙之上計，莫如令秦、魏復戰❼。今秦攻周而得之，則眾必多傷矣。秦欲待周之得，必不攻魏；秦若攻周而不得，前有勝魏之勞，後有攻周之敗，又必不攻魏。今君禁之，而秦未與魏講❽也。而全趙令其止，必不敢不聽，是君卻❾秦而定周也。秦去周，必復攻魏，魏不能支❿，必因君而講⓫，則君⓬重矣。若魏不講，而疾支⓭之，是君存周而戰秦、魏⓮也。重⓯亦盡在趙。」

【注釋】❶攻 當作「敗」。王念孫說：「『攻』字當作『敗』，今作『攻』者，因下文『攻』字而誤也。秦既敗魏軍，乃進兵而攻周。若但言『攻魏軍』，則勝敗未可知，不得遽進兵而攻周也。《史記・周本紀》『秦敗韓、魏，扑師武』，《集解》引此策曰『秦敗魏將犀武於伊闕』，是其證。」（《讀書雜志・戰國策・第一》）❷犀武 即犀武。犀，同「犀」。❸伊闕 地名，在今河南洛陽南，即龍門石窟所在地。據《史記・六國年表》，秦敗魏於伊闕在周赧王二十二年（西元前二九三年）。❹周最 周之公子。❺李兌 趙將。❻禁 制止。❼趙之上計二句 趙與魏相鄰，魏與秦戰，則趙無事，故謂之上策。❽講 講和。❾卻 退。❿支 拒。⓫講 指與秦講和。⓬君 指李兌。⓭疾支 急於拒秦。⓮戰秦魏 使秦與魏戰。⓯重 在這裡有掌握主動權的意思。鮑彪注：「凡言重，皆制人而不制于人者也。」

【語譯】秦軍在伊闕打敗了魏將犀武的軍隊，便進軍攻打周國。有人替周公子周最告訴趙將李兌說：「你不如制止秦軍攻打周國。趙國的上策，莫過於讓秦、魏兩國再戰。現在秦軍進攻周國而得到周國，那麼大眾必定多遭受傷害了。秦國一心想得到周國，一定不再進攻魏國；秦國如果進攻周國達不到目的，因有戰勝魏國的勞苦於前，又有進攻周國的失敗於後，也一定不會再進攻魏國。現在你制止秦國進攻周國，而秦國還沒有和魏國講和，為了保全趙國讓秦國停止進攻周國，它一定不敢不聽，這是你使秦國退兵而安定周國呀。秦軍離開周地，必定再進攻魏國，魏國不能抗拒秦國，必定通過你和秦國講和，這樣你就顯得重要了。假若魏國不和秦國講和，而急於抗拒秦國，這便是你保存了周國而使秦、魏兩國開戰呀，主動權也全在趙國。」

# 秦令樗里疾以車百乘入周

【題解】周國因禮迎秦國的左丞相樗里疾觸怒了楚懷王，周臣游騰巧說楚懷王，舉智伯伐仇由、齊桓公伐蔡為例，說周君害怕樗里疾來意不善，所以用軍隊迎接，名義上是保衛樗里疾，實際上是囚禁樗里疾，因而騙過了發怒的楚懷王。

秦令樗里疾❶以車百乘入周❷，周君迎之以卒❸，甚敬。楚王❹怒，讓❺周，以其重秦客。游騰❻謂楚王曰：「昔智伯❼欲伐厹由❽，遺之大鍾❾，載以廣車❿，因隨入以兵，厹由卒亡⓫，無備故也。桓公⓬伐蔡⓭也，號言⓮伐楚，其實襲蔡⓯。今秦者，虎狼之國也，兼有吞周之意；使樗里疾以車百乘入周，周君懼焉，以蔡、厹由戒之，故使長兵⓰在前，強弩在後，名曰衛疾，而實囚之也。周君豈能無愛國哉？恐一日之亡國，而⓱憂大王⓲。」楚王乃悅。

【注釋】❶樗里疾　秦惠王之弟，秦武王之左丞相。因其所居之里有大樗樹，故稱樗里，疾是名。❷入周　據《史記・樗里子甘茂列傳》，秦武王時使樗里疾入周。❸卒　姚宏注：「百人為卒。」按，當是指衛兵。❹楚王　指楚懷王。❺讓　責備。❻游騰　周臣。❼智伯　春秋時晉卿智襄子之孫。❽厹由　即仇由，狄族國名，靠近晉國。《史記・樗里子甘茂列傳》作「仇猶」，《韓非子・說林下》作「仇由」。「厹」、「仇」同字。❾遺之大鍾　贈送仇由一口大鐘。遺，贈送。鍾，通「鐘」。❿廣車　大車。一說橫陳之車。⓫厹由卒亡　據《韓非子・說林下》記載，智伯將伐仇由，苦於道路不通，便鑄了一口大鐘送給仇由國的君主，仇由為了接受鐘便修了一條大道，智伯乘機進軍，仇由因而滅亡。⑫桓公　指齊桓公。⑬蔡　春秋時國名，在今河南上蔡。⑭號言　揚言。⑮襲蔡　據《韓非子・外儲說左上》記載，齊桓公娶蔡女為妻，有次乘船，蔡女使船搖動，嚇壞了齊桓公，因而讓她改嫁。齊桓公為此要伐蔡，管仲認為這樣的「寢席之戲，不足以伐人之國」，齊桓公不聽，便以伐楚為名而滅蔡。⑯長兵　長的兵器，如戈矛之類。⑰而　以。⑱大王　指楚王。

【語　譯】秦國派出樗里疾帶著一百輛車進入周國，周國國君用衛隊去歡迎他，禮儀非常隆重。楚懷王因此發怒，責備周君，因為他太敬重秦國來的客人了。周臣游騰告訴楚王說：「過去智伯攻打仇由國，送給仇由國一口大鐘，用大車裝載，藉著運大鐘的機會，士兵跟著進去，仇由國終於被滅亡，那是因為沒有防備的緣故啊。齊桓公要攻打蔡國，卻聲稱要攻打楚國，其實是為了偷襲蔡國。現在的秦國，是個如虎似狼的國家，又有併吞周國的意圖，讓樗里疾帶著一百輛車進入周國，周君害怕，將蔡國、仇由國的滅亡引以為戒，所以派用長兵器的士兵在前，用強弩的士兵在後，名義上是護衛樗里疾，其實是藉以囚禁他。周國國君怎麼能不愛國呢？怕一旦亡國而讓大王憂慮。」楚王聽了，這才高興起來。

## 雍氏之役

【題　解】楚國圍攻韓國的雍氏城，韓國便向周國徵用鎧甲和糧食。蘇代因此遊說韓相國公仲，勸他不但不要向周國徵用鎧甲和糧食，還要他將韓國的高都送給周國。因為韓國向周國徵索便是向楚國示弱，會促使楚國加緊攻城的行動；如將高都送給周國，便可破壞周、秦關係，使周國倒向韓國。公仲聽信了蘇代的話。

雍氏之役❶，韓徵❷甲❸與粟於周。周君患之，告蘇代❹。蘇代曰：「何患焉？代能為君令韓不徵甲與粟於周，又能為君得高都❺。」周君大悅曰：「子苟能，寡人請以國聽❻。」蘇代遂往見韓相國公中❼曰：「公不聞楚計乎？昭應❽謂楚王曰：『韓氏❾罷❿於兵，倉廩空，無以守城，吾收⓫之以飢，不過一月必拔⓬之。』今圍雍氏五月不能拔，是楚病⓭也。楚王始不信昭應之計矣。今公乃徵甲及粟於周，此告楚病⓮也。昭應聞此，必勸⓯楚王益⓰兵守雍氏，雍氏必拔。」公中曰：「善。然吾使者已行矣。」代曰：「公何不以高都與周？」公中怒曰：「吾無⓱徵甲與粟於周，亦已多⓲矣。何為與高都？」代曰：「與之高都，則周必折⓳而入⓴於韓，秦聞之必大怒，而焚周之節㉑，不通其使，是公以弊㉒高都得完㉓周也，何不與也？」公中曰：「善。」不徵甲與粟於周而與高都，楚卒㉔不拔雍氏而去。

【注釋】❶雍氏之役　指楚國圍攻韓國的雍氏之戰。楚曾多次圍雍氏，這次圍雍氏發生在周赧王十五年（韓襄王十二年，西元前三〇〇年）。雍氏，韓邑名，在今河南禹縣境內。❷徵　徵用。❸甲　古代軍人所穿的護身衣。❹蘇代　蘇秦的弟弟。❺高都　韓邑名，在今河南洛陽南。❻聽　聽從。❼公中　即公仲。❽昭應　楚將。昭姓是楚國三大王族之一。❾韓氏　即韓國。韓之祖先本姓姬，其後裔事晉，封在韓原，便以韓為氏。❿罷　通「疲」。⓫收　取。⓬拔　攻拔；攻下。⓭楚病　指楚兵疲弱。⓮告楚病　告訴楚國韓國疲弱。⓯勸　鼓勵。⓰益　增加。⓱無　不。⓲多　夠。⓳折　屈，指向韓國屈服。⓴入　歸向。㉑節　符節，使者所使用的憑信物，以竹製成，各執一半，以作憑信。據《史記・韓世家》記載，這次「楚圍雍氏，韓求救於秦」。韓與秦當有使者來往。㉒弊　破。㉓完　全。㉔卒　終於。

【語譯】在楚國圍攻雍氏的戰役中，韓國向周國徵用鎧甲和糧食。周君為此擔憂，便將此事告訴了蘇代。蘇代說：「何必憂慮？我蘇代能替您讓韓國不向周國徵用鎧甲和糧食，還能替你得到韓國的高都。」周君聽了非常高興，說：「你如果真能做到，就請讓我們的國家都聽從你的。」蘇代於是往見韓國的相國公仲，說：「你沒聽說楚國的計畫嗎？楚將昭應對楚王說：『韓國勞於戰事，倉庫空虛，沒法守城，我趁他們飢餓時奪取雍氏城，不超過一月必攻下它。』現在楚國圍攻雍氏城，五個月還攻不下，這表明楚兵已經疲弱了。楚王開始不相信昭應的計畫了。而今你竟向周國徵用鎧甲與糧食，這等於是告訴楚國說韓國也疲弱了。昭應得到這個消息，必定會鼓勵楚王增兵圍攻雍氏，雍氏一定會被攻下來。」公仲說：「妙！然而我派往東周的使者已經走了。」蘇代說：「你何不將高都送給周國？」公仲生氣說：「我不向周國徵用鎧甲和糧食，也就夠好了，為什麼還要將高都送給周國呢？」蘇代說：「送給周國高都，周國就會屈服，歸向韓國，秦國知道了，必定大怒，而燒掉周國的符節，停止使者往來，這等於你是用一個破爛的高都去換得一個完整的周國，為什麼不給呢？」公仲說：「好。」便不向周國徵用鎧甲與糧食，而且將高都給了周國。楚軍最後沒有攻下雍氏就走了。

## 周君之秦

【題　解】有人告訴周最，隨同周君入秦，要讚譽秦昭王孝順以獲得昭王和宣太后的好感，和秦改善關係。

周君之秦❶。謂周最曰❷：「不如譽❸秦王❹之孝也，因以應❺為太后❻養地❼。秦王、太后必喜，是公有秦❽也。交善❾，周君必以為公功；交惡，勸周君入秦者❿，必有罪矣。」

【注　釋】❶周君之秦　據《史記・周本紀》，周赧王「四十五年（西元前二七〇年），周君之秦」。❷謂周最曰　此句省去主語。《史記・周本紀》作「客謂周最曰」。周最，周之公子，隨周君入秦。❸譽　讚譽；稱讚。❹秦王　指秦昭王。❺應　鮑彪本作「原」。《史記・周本紀》司馬貞《索隱》：「《戰國策》作『原』，原，周地。」原，古國名，先在今山西沁水，後東遷至今河南濟源西北。❻太后　指秦昭王的母親宣太后，號為羋八子。❼養地　相當於食邑。❽有秦　《史記・周本紀》作「有秦交」。❾交善　指秦周交好。❿勸周君入秦者　據《史記・周本紀》張守節《正義》是指周㝡，即周最。

【語譯】周君前往秦國。有人對周最說：「你不如讚譽秦昭王的孝順，藉此便建議將原地作為宣太后的食邑。秦昭王、宣太后一定高興，這樣，你和秦國便有了交情。周、秦交情好，周君必定認為是你的功勞；周秦交情不好，勸周君前往秦國的人，就必定有罪了。」

## 蘇厲謂周君

【題解】蘇厲以養由基射箭為例，勸秦將白起：如果不急流勇退，再為秦攻梁，便將前功盡棄。

蘇厲❶謂周君曰：「敗韓、魏，殺犀武❷，攻趙，取藺❸、離石❹、祁❺者，皆白起❻。是攻❼用兵，又有天命也。今攻梁❽，梁必破，破則周危，君不若止之。謂白起曰❾：『楚有養由基❿者，善射；去柳葉者百步而射之，百發百中。左右皆曰：「善。」有一人過曰：「善射，可教射也矣。」養由基曰：「人皆⓫善，子乃⓬曰可教射，子何不代我射之也？」客曰：「我不能教子支左屈右⓭。夫射柳葉者，百發百中，而不已⓮善⓯息⓰，少焉氣力倦，弓撥⓱矢鉤⓲，一發不中，前功盡矣。」今公破韓、魏，殺犀武，而北攻趙，取藺、離石、祁者，公也。公之功甚多。今公又以秦兵出塞⑲，過兩周⑳，踐韓而以攻梁，一攻而不得，前功盡滅㉑，公不若稱病不出也。』」

【注釋】❶蘇厲　蘇秦的弟弟。❷犀武　即犀武，魏將。❸藺　趙邑，靠近離石，在今山西境內。❹離石　趙邑，即今山西離石。❺祁　春秋時晉大夫祁奚的食邑，即今山西祁縣。❻白起　秦將，善用兵，事秦昭王，下七十餘城，封為武安君。❼攻　通「工」。善於。《史記・周本紀》作「善」。❽梁　即魏。魏自惠王起遷都大梁（今河南開封），稱為梁國。❾謂白起曰《史記・周本紀》作「君何不令人說白起乎？曰」。❿養由基　楚國著名的射手。⓫皆　姚宏所見的劉敞本、錢藻本「皆」下有「曰」字。⓬乃　竟；卻。⓭支左屈右　支起左手，彎起右手。《列女傳》說射箭時「左手如拒，右手如附枝，右手發之，左手不知，此射之道也」。《越絕書》說：「左手如附泰山，右手如抱嬰兒。」⓮已　當作「以」。⓯善　指善射，百發百中。⓰息　休息。⓱撥　不正；偏斜。⓲鉤　彎曲。鮑彪本作「拘」，也是曲的意思。⓳塞　指伊闕塞。⓴兩周　指東西周。㉑滅　沒。

【語譯】蘇厲對周君說：「打敗韓、魏，殺掉犀武，攻打趙國，取得藺、離石、祁等地，全是白起幹的。這是因為他善於用兵，又有老天爺在幫助啊。現在白起進攻梁，梁必定會被攻下，梁被攻下，周就危險，你不如設法停止他攻梁。派人去對白起說：『楚國有個叫養由基的人，善於射箭，離開柳葉一百步去射柳葉，百發百中。左右觀看的人都說他射藝高超。有個過路人卻說：「真會射箭，現在可以教他射箭了。」養由基說：「別人都說我射得很好，你卻說可以教我射箭了，你為什麼不代我射射看呢？」那過路人說：「我不能教你抬起左手持弓、彎起右手持箭的技術。你射柳葉百發百中，卻不在射得好的時候就停下來，一會兒氣衰力倦，弓既不正，箭也歪了，一次射不中，便前功盡棄。」現在你攻破韓、魏，殺死犀武，而北攻趙國，奪取藺、離石、祁等地，也是你。你的功勞很多。現在你又率領秦軍出伊闕，經過東、西周，踐踏韓地，進攻梁國，如果這一次進攻沒有得手，便前功盡棄，你不如裝病不出征為好。』」

## 楚兵在山南

【題解】楚將吾得將進攻周國。有人建議周君用反間計去對付吾得，故意隆重地歡迎他，並謊稱送了一件刻有「謀楚」字樣的器物給他。吾得交不出這件器物，楚王就必定加罪於他。

楚兵在山南❶，吾得❷將為楚王❸屬怒❹於周。或謂周君曰：「不如令太子將軍正❺迎吾得於境，而君自郊迎，令天下皆知君之重吾得也。因泄之楚，曰：『周君所以事❻吾得者器，必名❼曰「謀楚」。』王❽必求之，而吾得無效❾也，王必罪之。」

【注釋】❶山南　周之山南。❷吾得　楚將。❸楚王　舊注指頃襄王。一說指楚懷王。❹屬怒　等於說「結怨」。屬，連；結。怒，鮑彪本作「怨」。❺將軍正　率領軍隊出城。將，率領。正，金正煒說或為「出」字之誤。有將「軍正」作一詞解釋者，非是。《史記・司馬穰苴列傳》所言「軍正」，乃軍中執法官，與此處所言不合。❻事　奉與。❼必名　姚宏本「一無『必』字」。名，文字，這裡是寫上或刻上文字的意思。《儀禮・聘禮》：「百名以上書於策。」鄭玄注：「名，書文也，今謂之字。」❽王　指楚王。❾效　呈獻。

【語譯】楚兵駐紮在山南，楚將吾得為了楚王將結怨於周。這時有人對周君說：「不如派太子率領軍隊出城，到邊境上去歡迎吾得，而您到郊外去迎接吾得，讓天下都知道您敬重吾得。因而將此事泄漏到楚國去，說：

『周君用來送給吾得的器物，上面有「謀楚」二字。』楚王知道了必定追索這件器物，而吾得卻沒法獻上去，楚王一定會加罪於他。」

## 楚請道於二周之間

【題　解】楚國要取道東、西周之間去攻打韓、魏兩國，蘇秦建議周君用除道至河的方法來應付。這樣便會使得韓、魏、齊、秦四國和楚國的關係緊張起來，楚國自顧不暇，自然不能來向周國借道。

楚請道❶於二周❷之間，以臨❸韓、魏，周君患之。蘇秦謂周君曰：「除道❹屬❺之於河❻，韓、魏必惡❼之。齊、秦恐楚之取九鼎❽也，必救韓、魏而攻楚。楚不能守方城❾之外，安能道二周之間？若四國弗惡，君雖不欲與❿也，楚必將自取之矣。」

【注　釋】❶請道　請求借路。❷二周　指東、西周。❸臨　相當於「伐」。❹除道　清除道路。❺屬　至。❻河　指黃河。❼惡　憎恨。❽九鼎　傳國之寶。詳見〈東周策・秦興師臨周而求九鼎〉❹。❾方城　山名，在今河南葉縣南，西連伏牛山，春秋時楚所築長城經此山東麓。❿與　給，指將道路給楚。

【語　譯】楚國請求借用東、西周之間的道路去攻伐韓、魏，周君為此擔憂。蘇秦對周君說：「清掃道路，一直清掃到黃河邊上，韓、魏兩國知道了，必定會憎恨楚國。齊、秦兩國害怕清除了道路，楚國會取走九鼎，便一定會救韓、魏而進攻楚國。楚國守不住方城之外的地方，哪能借用二周之間的道路去攻伐韓、魏？如果韓、魏、秦、齊四國不憎恨楚國，你即使不想將道路借給楚國，楚國一定會自己來奪取道路。」

## 司寇布為周最謂周君

【題　解】司寇布替周最遊說周君：如果真要立周最做太子，就必須從行動中表現出來，使天下人知道是真的。

司寇❶布❷為周最謂周君曰：「君使人告齊王以周最不肯為太子也，臣為君不取❸也。函冶氏❹為齊太公❺買良劍，公不知善，歸其劍而責❻之金。越人請買之千金，折❼而不賣。將死，而屬❽其子曰：『必無獨知。』今君之使最為太子，獨知之契❾也，天下未有信之者也。臣恐齊王之為❿君實立果⓫而讓⓬之於最，以嫁⓭之齊也。君為多巧⓮，最為多詐，君何不買信貨⓯哉？奉養無有愛⓰於最也，使天下見之。」

【注　釋】❶司寇　主管刑獄的官名。❷布　是司寇名。此人當是周臣。❸取　採取。❹函冶氏　一個懂得鑄劍且能識別劍的好壞的人。❺齊太公　即田和。相齊宣公，後立為諸侯，見《史記・田敬仲完世家》。❻責　追索；索取。❼折　虧損，低於原價出售，俗言「打折扣」。❽屬　通「囑」。❾契　契約，雙方各執一半以為憑信的證物。❿為　認為。一說通「謂」。⓫果　周太子名。⓬讓　指假讓。⓭嫁　賣；欺。⓮巧　欺詐；欺騙。⓯信貨　真貨。⓰愛　吝惜。

【語　譯】周國一個主管刑獄的官，名叫布的，為了周最對周君說：「您派人告訴齊王說周最不肯做太子，我認為您不應該這樣做。函冶氏為齊太公田和購買到一把良劍，齊太公不識貨，認為不好，便把劍還給他，並向他追回劍款。越人請求用一千金的價錢購買那把良劍，函冶氏因為虧了本而不賣給他。臨終時，函冶氏囑咐他的兒子說：『一定不要只是自己一個人知道劍好。』現在您使周最做太子，這等於是只有一個人知道的契約，天下沒有人相信。我擔心齊王以為您實際上想立果做太子，卻假裝推讓給周最，來欺騙齊國。這樣您就成了一個『多巧』的人，周最就成了一個『多詐』的人，您為何不買真貨呢？您不要不捨得奉養周最，以便使天下的人都能看得見而相信您真要立他做太子。」

## 秦召周君

【題　解】有人為了使秦王不能召見周君而去遊說魏王，讓他出兵河南，周君便以此為藉口而不應召。

秦召周君❶，周君難往❷。或為周君謂魏王❸曰：「秦召周君，將以使攻魏之南陽❹。王何不出❺於河南❻？周君聞之，將以為辭❼於秦而不往。周君不入秦，秦必不敢越❽河而攻南陽。」

【注　釋】❶周君　《史記・周本紀》作「西周君」。❷難往　難於前往應召，即不願往。❸魏王　《史記・周本紀》作「韓王」。❹南陽　魏邑名。❺出　《史記・周本紀》及鮑彪本「出」下有「兵」字。❻河南　河南城，即故王城，在今河南洛陽西北。❼辭　託辭；藉口。❽越　渡。

【語　譯】秦國召見周君，周君不願去。有人為了周君對魏王說：「秦國召見周君，將用周國攻打魏國的南陽，大王為何不出兵到河南城？周君知道了，就將以此作為藉口不到秦國去。周君不到秦國去，秦國必定不敢渡過黃河而進攻南陽。」

## 犀武敗於伊闕

【題解】秦兵壓境，而周君卻喜園囿之樂。周臣綦母恢巧說魏王，竟然使魏王將溫囿送給周君，並答應派兵替周國設防。

犀武❶敗於伊闕❷，周君之❸魏求救❹，魏王❺以上黨之急❻辭❼之。周君反❽，見梁囿❾而樂之也。綦母恢❿謂周君曰：「溫囿不下此⓫，而又近。臣能為君取之。」反⓬見魏王，王曰：「周君怨寡人乎？」對曰：「不怨。且誰怨王？臣為王有患⓭也。周君，謀主⓮也，而設⓯以國為王扞⓰秦，而王無之扞也，臣見其必以國事秦也。秦悉⓱塞外⓲之兵，與周之眾，以攻南陽⓳，而兩上黨⓴絕㉑矣。」魏王曰：「然則奈何？」綦母恢曰：「周君形㉒不小㉓利事秦，而好小利㉔。今王許戍㉕三萬人與溫囿，周君得以為辭㉖於父兄百姓，而利㉗溫囿以為樂，必不合於秦。臣嘗聞溫囿之利，歲八十金，周君得溫囿，其以事王者，歲百二十金，是上黨每㉘患而贏四十金。」魏王因使孟卯㉙致㉚溫囿於周君而許之戍也。

【注　釋】❶犀武　即犀武，魏將。❷伊闕　地名，在今河南洛陽南，即龍門石窟所在地。犀武在此為秦將白起所敗。❸之往。❹求救　秦將白起於周赧王二十二年（西元前二九三年）在伊闕打敗魏將犀武後，便進攻魏都大梁（在今河南開封內），威脅到周，故周君向魏求救。❺魏王　指魏昭王。❻上黨之急　可能是指趙或韓在上黨向魏進犯之事（參用鮑彪說）。上黨，魏地名，在今山西長治境內。❼辭　推辭不救。❽反　同「返」。❾梁囿　養有動物供魏王射獵的園子。其地當近大梁。❿綦母恢　周臣。⓫不下此　不比這差。⓬反　同「返」。⓭患　憂。⓮謀主　主謀的人。因為周君還是名義上的天子，所以被稱為謀主。⓯設　設防。⓰扞　抵禦。⓱悉　盡；全部。⓲塞外　邊塞之外。⓳南陽　魏邑名。⓴兩上黨　當時韓、魏二國共有上黨之地，故稱「兩上黨」。㉑絕　不通。㉒形　形勢。㉓小　是衍文。黃丕烈《札記》：「此『小』字因下文而衍，讀以『秦』字句絕。」㉔好小利　指想得到溫囿。㉕成　執戈守邊。指為周守邊以抵禦秦。㉖辭　託辭；藉口。㉗利　姚宏所見錢藻本作「私」。㉘每　鮑彪本作「無」，是。㉙孟卯　即芒卯，魏將。見《史記·秦本紀》司馬貞《索隱》。㉚致　送。

【語　譯】魏將犀武在伊闕被秦將打敗，秦軍對周形成威脅，周君便往魏國求救，魏昭王以上黨形勢緊急為理由推辭不救。周君回國，途中見到大梁的射獵場地而愛上了它。綦母恢對周君說：「溫囿不比這差，而且又靠近周，我能夠為你取得溫囿。」綦母恢回頭去見魏王，魏王說：「周君埋怨我嗎？」綦母恢回答說：「不埋怨。再說誰去埋怨您？我還替您發愁呢！周君，是天子啊，卻設下工事，用整個國家為大王抵禦秦國，而大王卻沒有為周去抵禦秦國，我看周君必定會以國事秦。秦調動全部塞外的部隊，和周人配合，來攻擊魏國的南陽，那麼兩上黨的交通便斷絕了。」魏王說：「這麼說來該怎麼辦？」綦母恢說：「周君看到形勢不利便侍奉秦國，而且喜愛小利。現在大王答應用三萬人替周防守，並將溫囿送給周君，周君在他的父老兄弟百姓面前便有話可說，而私自在溫囿享樂，一定不會同秦國聯合。我曾經聽說過，溫囿一年得利八十金，如果周君得到溫囿，他用來奉敬大王的，每年將達一百二十金，這樣不但上黨太平無事，而且每年可贏利四十金。」魏王因而派孟卯將溫囿送給周君，並且答應為周守邊。

## 韓魏易地

【題解】韓、魏兩國交換土地，將對西周不利。周臣樊餘因此遊說楚王：假若韓、魏兩國交換了土地，力量都將增強，分別對楚、趙兩國構成威脅。楚王因而通過趙國制止了韓、魏兩國交換土地的行動。

韓、魏易❶地，西周弗❷利。樊餘❸謂楚王曰：「周必亡矣。韓、魏之易地，韓得二縣，魏亡❹二縣。所以為之者，盡包二周❺，多於二縣，九鼎❻存焉。且魏有南陽❼、鄭地❽、三川❾而包二周。則楚方城❿之外危；韓兼兩上黨⓫以臨⓬趙，即⓭趙羊腸⓮以上危。故易成之曰⓯，楚、趙皆輕。」楚王恐，因⓰趙以止易⓱也。

【注釋】❶易　交換。❷弗　不。❸樊餘　周臣。❹亡　丟失。指交換土地時，魏國失多於得，得失不對等。❺二周　指東、西周。❻九鼎　傳國之寶。詳見〈東周策・秦興師臨周而求九鼎〉❹。❼南陽　指舊時南陽府，靠近楚，治所在今河南南陽（參用張琦《戰國策釋地》說）。❽鄭地　指今河南新鄭一帶地方。❾三川　指今洛陽市西南黃河、洛河、伊河流經的地帶。❿方城　山名。春秋時楚國北面的長城經過此山東麓。⓫韓兼兩上黨　上黨之地本來韓、魏各有一部分，故稱「兩上黨」。現在韓、魏易地，將整個上黨併入韓國，故稱「韓兼兩上黨」。⓬臨　至。⓭即　則；就。⓮羊腸　趙國的要塞名，其地山形狀如羊腸，在今山西太原西北。⓯曰　當是「日」字之誤。⓰因　通過。⓱易　指韓、魏易地。

【語譯】韓、魏兩國交換土地，對西周不利。樊餘對楚王說：「周一定會滅亡了。韓、魏交換土地，韓國多得兩個縣，魏國損失兩個縣，魏國之所以還同意交換，是由於東、西周全部被它兼併，面積超過了它所損失的那兩個縣，而九鼎又在二周的緣故。況且魏國有了南陽、新鄭、三川等地，再吞併二周，那麼楚國方城以外之地就危險了；韓國兼併了整個上黨，出兵至趙，那麼趙國的羊腸要塞以上的地方也就危險了。所以韓、魏交換土地成功之日，楚、趙二國就都將變得弱小了。」楚王感到害怕，便通過趙國制止韓、魏二國交換土地。

## 秦欲攻周

【題　解】秦國想進攻周國，周最遊說秦王：攻周不但不能得利，反而會引起諸侯聯盟抗秦的惡果，秦國便會孤立而不能稱王。

秦欲攻周，周最❶謂秦王❷曰：「為王之國計者，不攻周。攻周，實不足以利國，而聲畏天下❸。天下以聲畏秦❹，必東合於齊。兵弊❺於周，而合天下於齊，則秦孤而不王❻矣。是天下欲罷秦❼，故勸王攻周。秦與天下俱罷，則令不橫行❽於周矣。」

【注　釋】❶周最　周之公子。❷秦王　指秦昭王。❸聲畏天下　惡名使天下諸侯害怕。聲，名聲，這裡指惡名。畏天下，使天下諸侯畏懼。❹以聲畏秦　因為秦有攻周的惡名，天下諸侯因而害怕秦。❺弊　疲困。❻王　稱王。❼罷秦　使秦疲。罷，通「疲」。❽橫行　東行，指秦的政令施行到東方。

【語　譯】秦國想進攻周國，周最告訴秦昭王說：「替大王的國家著想，不要去進攻周國。進攻周國，實在不能夠有利於秦國，反而會得到個惡名而使天下諸侯害怕秦國。天下諸侯因為秦國有惡名而害怕秦國，必定會和東方的齊國結盟。進攻周國使秦軍疲勞，而又使天下諸侯和齊國結盟，那麼秦國便陷於孤立而不能稱王了。天下諸侯想使秦疲於奔命，所以便慫恿大王去進攻周國。秦國和天下諸侯都疲困，那麼秦國的政令也就不能東行到周國了。」

## 宮他謂周君

【題解】周臣宮他以史為鑑，勸說周君不要只依賴韓、魏兩國而輕視秦國，要暗中聯合趙國，防備秦國。

宮他❶謂周君曰：「宛恃秦而輕晉，秦飢而宛亡❷。鄭恃魏而輕韓，魏攻蔡❸而鄭❹亡。邾、莒亡於齊❺，陳、蔡亡於楚❻。此皆恃援國而輕近敵也。今君恃韓、魏而輕秦，國恐傷矣。君不如使周最陰合於趙以備秦，則不毀。」

【注釋】❶宮他　周的臣子。❷宛亡　關於宛亡之事，無從考證。鮑彪認為宛在春秋時為晉所亡，乃猜測之詞。宛，舊申伯國名，在今河南南陽。❸蔡　諸侯國名，在今河南上蔡、新蔡等地。《韓非子・飾邪》：「鄭恃魏而不聽韓，魏攻荊而韓滅鄭。」可知「蔡」字是「荊」字（亦即「楚」字）之誤。❹鄭　諸侯國名，建都在今河南新鄭，戰國時為韓哀侯所滅。❺邾莒亡於齊　邾、莒二國，實為楚所亡，此處言「亡於齊」，未知所據。邾，諸侯國名，為楚所滅，故地在今山東鄒縣境內。莒，諸侯國名，為楚所滅，故地在今山東莒縣一帶。❻陳蔡亡於楚　據《史記・楚世家》楚惠王十年（西元前四七九年）滅陳，四十二年（西元前四四七年）滅蔡。陳，諸侯國名，在今河南淮陽。

【語譯】宮他告訴周君說：「宛國依賴秦國而輕視晉國，秦國年成不好，宛國便滅亡了。鄭國依賴魏國而輕視韓國，魏國進攻楚國，鄭國便滅亡了。邾、莒二國被齊國所亡，陳、蔡二國被楚國所亡。這都是依賴援國而輕視鄰近的敵國所造成的。現在您依賴韓、魏二國，而輕視秦國，國家怕是要遭到傷害了。您不如派周最暗中去和趙國結盟，以防備秦國，那就不會受到傷害。」

## 謂齊王

【題解】齊王派司馬悍前往周國，謀立周最為太子。行前左尚向司馬悍獻計，他所說的話，和〈東周策・周共太子死〉所記左成向司馬翦說的話，如出一轍。

謂齊王❶曰：「王何不以地齎❷周最以為太子也？」齊王令司馬悍❸以賂進❹周最於周。左尚❺謂司馬悍曰：「周不聽，是公之知❻困而交絕於周也。公不如謂周君曰：『何欲置❼？令人微告❽悍，悍請❾令王❿進之以地。』」左尚以此得事⓫。

【注釋】❶謂齊王　這句省去了主語「或」。❷齎　送。❸司馬悍　齊國人。❹進　舉薦。❺左尚　齊國人。❻知　通「智」。❼置　立。❽微告　微言相告；暗中告知。❾請　謙詞。❿王　指齊王。⓫得事　得尊寵之職。

【語譯】有人對齊王說：「大王為何不將土地送給周最以使他得以立為太子呢？」齊王於是派司馬悍用贈送土地的辦法舉薦周最做太子。左尚告訴司馬悍說：「要是你直說，周不聽取你的話，你是會束手無策，陷入困境，而和周絕交的。你不如對周君說：『想立誰做太子？派人暗中告訴我，請讓我使齊王送給他一塊土地。』」左尚因為這個主意好而得到了好的官職。

## 三國攻秦反

【題　解】魏、韓、齊三國進攻秦國，西周國害怕魏國在返回時向自己借路。為此，有人用楚、宋兩國將進攻魏國遊說魏王，使魏軍迅速東歸而未借路。

三國❶攻秦反❷，西周恐魏之藉❸道也。為西周謂魏王曰：「楚、宋不利秦之德三國也❹，彼❺且❻攻王之聚❼以利❽秦。」魏王懼，令軍設舍❾速東❿。

【注　釋】❶三國　指魏、韓、齊三國。❷反　同「返」。❸藉　通「借」。❹楚宋不利秦之德三國也　指秦與三國的關係緩和，對楚、宋不利。德，感激。三國攻秦，今撤軍而返，故秦感激三國。德，鮑彪本作「聽」。❺彼　指楚、宋。❻且　將。❼聚　村落。❽利　楚、宋攻魏，削弱魏，對秦有利。秦得利，則足以牽制三國，而使楚、宋蒙利。又，王念孫說，「利」是「勁」的錯字，「勁者，強也，言弱魏以強秦也」（見《讀書雜志・卷一》）。❾設舍　設置臨時住所。舍，相當於《左傳》襄公二十八年所說的「草舍」，是軍隊的臨時住所。一說「設舍」乃「拔舍」之誤。❿東　東歸，方位詞，作動詞用。

【語　譯】韓、魏、齊三國攻打秦國而歸，西周害怕魏國東歸時向自己借路。有人為了西周對魏王說：「楚、宋二國認為秦感激三國撤軍對楚、宋不利，他們將攻打大王的村落以使局面有利於秦國。」魏王聽了這話感到可怕，便命令部隊設置臨時住所，迅速東歸。

## 犀武敗

【題　解】秦國打敗魏將犀武以後，周國派遣相國周足出使秦國，有人勸周足行詐術，請求免去相位再出使，以便和秦改善關係，完成使命。

犀武❶敗，周使周足❷之秦。或謂周足曰：「何不謂周君曰：『臣之秦，秦、周之交必惡❸。主君❹之臣❺，又秦重而欲相❻者，且惡❼臣於秦，而臣為不能使矣。臣願免❽而行。君因相之❾，彼得相，不惡周於秦❿矣。』君重秦，故使相往，行而免，且⓫輕秦也，公必不免。公言是而行，交善於秦⓬，且⓭公之成事⓮也；交惡於秦，不善於公⓯，且誅矣。」

【注釋】❶犀武　即犀武，魏將，在伊闕為秦所敗。詳見前〈秦攻魏將犀武軍於伊闕〉。❷周足　周相。周足這次使秦，可能與秦敗犀武軍後，「進兵而攻周」有關。❸惡　憎恨。《左傳》隱公三年：「周鄭交惡。」❹主君　指周君。❺臣　指某一周臣。❻欲相　想要周任命他為相。❼惡　詆毀。〈燕策一〉：「人有惡蘇秦於燕王者。」❽免　免去相位。❾相之　任命他為相。之，指代某周臣。❿不惡周於秦　不向秦說周的壞話。⓫且　鮑彪本作「是」。⓬交善於秦　因周足的請求正符合秦的心願，所以能「交善於秦」。⓭且　鮑彪本作「是」。⓮成事　鮑彪本作「事成」。⓯不善於公　指某一周臣將向秦說周足的壞話。

【語　譯】犀武打了敗仗，周國派遣相國周足前往秦國。有人對周足說：「你何不告訴周君說：『我前往秦國，秦和周的關係必定會弄壞。國君的某一臣子，是秦所重視而又想讓他擔任周相的，還在秦王面前詆毀我，因而我是不能出使了。我願意免去相位才出使。您藉此任命那位臣子做相國，他得到相位，就不會向秦說周的壞話了。』周君重視秦，所以派遣相國前往秦國；派你前往秦國，而又免去你的相位，這表示輕視秦國，你一定是不會被免去相位的。你說了這些話才前往秦國，和秦國改善了關係，這樣你的事便辦成了；和秦弄壞了關係，有人說你壞話，那你就將被責罰了。」

# 卷三　秦策一

〈秦策〉記載了與秦國有關的事件。秦國地在今陝西、甘肅一帶。自襄公始被封為諸侯，穆公時逐漸強大。孝公用商鞅變法使國力富強，成為戰國七雄之一。到秦王政時，先後滅亡六國，統一中國。

## 衛鞅亡魏入秦

【題　解】本文記載商鞅變法及遭讒被車裂而死的經過。

衛鞅❶亡魏❷入秦，孝公以為相，封之於商❸，號曰商君。商君治秦，法令至行❹，公平無私，罰不諱❺強大，賞不私❻親近，法及太子❼，黥❽劓❾其傅❿。期年⓫之後，道不拾遺，民不妄取⓬，兵革⓭大強，諸侯畏懼。然刻深⓮寡恩⓯，特⓰以強服之耳。

【章　旨】言商鞅以法治秦，公平無私，執法嚴厲，收到了好的效果。

【注　釋】❶衛鞅　即商鞅。名鞅，姓公孫氏。因為他是衛國人，故又稱衛鞅。《史記》有〈商君列傳〉。❷亡魏　從魏國逃出來。亡，逃。商鞅曾事魏相公孫痤，為中庶子（官名）。公孫痤死後，商鞅由魏入秦，佐秦孝公變法。❸商　古地名，在今陝西商縣東。❹至行　大行。❺諱　避。❻私　偏私；偏愛。❼太子　指秦孝公的兒子嬴駟，即後來的秦惠王。❽黥　古代的一種肉刑，在犯人的面額上刺刻塗墨，又叫墨刑。❾劓　古代的一種割鼻子的酷刑。❿傅　古代負責教導貴族子弟的人。⓫期年　一周年。⓬妄取　亂取；亂拿別人的東西。⓭兵革　兵器和盔甲。在這裡泛指軍事實力。⓮刻深　苛刻嚴酷。⓯寡恩　少恩。⓰特　只。

【語　譯】衛鞅從魏國逃出來到了秦國，秦孝公用他做相國，將商邑封給他，號稱為商君。商君治理秦國，法令大行，公平無私，處罰不迴避強宗大族，獎賞不私愛左右親信，太子犯法，便對他的師傅處以黥刑、劓刑。一年之後，道不拾遺，老百姓不亂拿別人的東西，兵力大為增強，諸侯都感到害怕。可是商鞅執法苛刻嚴酷，缺乏恩德，只是用強力使人們服從而已。

孝公行之八年❶，疾且❷不起，欲傳❸商君，辭不受。孝公已死，惠王代後❹，蒞政❺有頃❻，商君告歸❼。人說惠王曰：「大臣太重者國危，左右太親者身❽危。今秦婦人、嬰兒皆言商君之法，莫言大王之法，是商君反為主，大王更❾為臣也。且夫商君固大王仇讎也，願大王圖之。」商君歸還，惠王車裂❿之，而秦人不憐。

【章　旨】言有人向秦惠王進讒言，商鞅因而遇害。

【注　釋】❶八年　姚宏說：「一本下有『十』字。」即作「十八年」。❷且　將。❸傳　傳位。❹代後　相當於「代立」，指接替秦孝公為君。❺蒞政　臨政；執政。❻有頃　不久。❼告歸　請求回家。❽身　君主自身。❾更　反而；卻。❿車裂　用馬拉車以撕裂人體，是古代的一種酷刑。

【語譯】秦孝公行法十八年，病將不起，想把君位傳給商君，商君辭謝不接受。孝公死後，惠王繼承君位，執政不久，商君請求讓他辭職回家。有人對惠王說：「大臣權力太重，國家就危險；身邊的人太親了，國君就危險。現在秦國連女人、小孩開口都說商君的法，沒有人說大王的法，這樣看來，商君反而成為君主，大王卻成為臣子了。再說商君本來是大王的仇人，願大王算計算計這件事。」商君回來，惠王便把他處以車裂之刑，而秦人也不可憐他。

## 蘇秦始將連橫

【題解】蘇秦是個朝秦暮楚的典型策士。這裡記述他先以連橫說秦，未被惠王採用，落魄而歸。然後發憤讀書，研究遊說之術，轉而以合縱遊說楚、趙，聯合山東六國，共同抗秦，左右天下形勢，於是富貴返鄉，顯赫一時。從中既可看到蘇秦所引起的重大政治作用，也可瞭解當時的炎涼世態和蘇秦熱中名利的心理。

蘇秦[1]始將連橫[2]說秦惠王[3]曰：「大王之國，西有巴、蜀[4]、漢中[5]之利[6]，北有胡貉[7]、代馬[8]之用[9]，南有巫山、黔中之限[10]，東有肴、函[11]之固。田肥美，民殷富[12]，戰車萬乘[13]，奮擊[14]百萬，沃野千里，蓄積饒多，地勢形便[15]，此所謂天府[16]，天下之雄國[17]也。以大王之資，士民之眾，車騎之用，兵法之教[18]，可以并諸侯，吞天下，稱帝[19]而治。願大王少[20]留意，臣請奏[21]其效[22]。」

秦王曰：「寡人聞之，毛羽不豐滿者不可以高飛，文章[23]不成者不可以誅罰[24]，道德不厚者不可以使民，政教不順者不可以煩大臣。今先生儼然[25]不遠千里而庭教[26]之，願以[27]異日[28]。

蘇秦曰：「臣固[29]疑大王之不能用也。昔者神農[30]伐補遂[31]，黃帝[32]伐涿鹿[33]而禽[34]蚩尤[35]，堯[36]伐驩兜[37]，舜[38]伐三苗[39]，禹[40]伐共工[41]，湯伐有夏[42]，文王伐崇[43]，武王伐紂[44]，齊桓[45]任[46]戰而伯[47]天下。由是觀之，惡[48]有不戰者乎？古者使車轂擊馳[49]，言語相結[50]，天下為一[51]。約從連橫[52]，兵革不藏[53]；文士並餝[54]，諸侯亂惑；萬端[55]俱起[56]，不可勝理[57]；科條[58]既備[59]，民多偽態[60]；書策[61]稠濁[62]，百姓不足[63]；上下相愁，民無所聊[64]；明言[65]章理[66]，兵甲愈起；辯言[67]偉服[68]，戰攻不息；繁稱[69]文辭[70]，天下不治；舌弊[71]耳聾，不見成功；行義約信，天下不親[72]。於是乃廢文任[73]武，厚養死士[74]，綴甲[75]厲兵[76]，效勝[77]於戰場。夫徒處[78]而致利[79]，安坐而廣地[80]，雖古五帝[81]、三王[82]、五伯[83]，明主賢君，常欲坐而致之，其勢不能，故以戰續之。寬[84]則兩軍相攻，迫[85]則杖戟[86]相橦[87]，然後可建大功。是故兵勝於外，義強於內；威立於上，民服於下。今欲并天下，凌[88]萬乘[89]，詘[90]敵國，制海內[91]，子[92]元元[93]，臣諸侯，非兵不可！今之嗣主[94]，忽於至道[95]，皆惛[96]於教，亂於治，迷於言，惑於語[97]，沉於辯，溺於辭。以此論之，王固不能行也。」

【章　旨】言蘇秦以連橫及武力兼併天下之論遊說秦惠王，不為惠王所用。

【注　釋】❶蘇秦　戰國著名的策士、縱橫家，東周洛陽人，先以連橫說秦，不為所用，轉而以合縱遊說山東諸侯共同抗秦，佩六國相印，名顯一時，使「秦兵不敢闚函谷關十五年」。後被齊大夫所害，車裂而死。《史記》有〈蘇秦列傳〉。❷連橫　即連衡。西邊的秦國同殽山以東的任何國家聯盟以對付他國叫連橫。❸秦惠王　秦孝公之子，名駟。據《史記．蘇秦列傳》，蘇秦說秦惠王是在秦孝公死後不久，商鞅剛被車裂的時候。❹巴蜀　二國名。巴，在今四川東部。蜀，在今四川西部。據《史記．秦本紀》，秦滅蜀在惠王更元九年（西元前三一六年），距惠王初立（西元前三三七年）二十一年，於時不合，可能是後人增飾。下面所言漢中、巫山、黔中亦同。❺漢中　郡名，在今陝西西部及湖北西北部。據《史記．秦本紀》，秦取楚漢中在惠王更元十三年（西元前三一二年），距惠王初立二十五年。❻利　富饒。❼胡貉　胡地所產的貉。胡，中國古代對北方少數民族的泛稱。貉，獸名，皮可製裘。❽代馬　北方代地所產的馬。代，古國名，在今河北蔚縣一帶。❾用　資財。❿巫山黔中之限　以巫山、黔中作為屏障。據《史記．秦本紀》，秦攻取楚之黔中、巫郡在秦昭王二十七年至三十年間，秦惠王已死三十多年。蘇秦說惠王時，巫山、黔中非秦所有。巫山，山名，在今四川東部。黔中，楚郡名，包括今湖南沅水、澧水流域，湖北清江流域，四川黔江流域及貴州東北的部分地區。限，界限；屏障。⓫肴函　指殽山和函谷關，在今河南西部，地勢險要，是秦國東邊的要塞。⓬殷富　眾多而富足。⓭乘　輛的意思。⓮奮擊　指能奮起出擊的武士。⓯便　利。⓰天府　天然的府庫。⓱雄國　強國。⓲教　教習；訓練。⓳帝　帝王。⓴少　稍微。㉑奏　獻，指說給惠王聽。㉒其效　指取得稱帝效果的辦法。㉓文章　指法令。㉔誅罰　懲罰。㉕儼然　嚴肅認真的樣子。㉖庭教　在秦庭中教導。㉗以　作用同「於」。㉘異日　他日；以後。㉙固　本來。㉚神農　傳說中的古代帝王，號稱神農氏，當是部落首領。㉛補遂　當是古代部落名。一說是國名。㉜黃帝　傳說中的古代帝王，姓公孫，名軒轅。㉝涿鹿　古地名，在今河北涿鹿境內。㉞禽　通「擒」。㉟蚩尤　古代氏族部落首領。㊱堯　相傳是古代賢明的帝王。㊲驩兜　堯臣，四凶之一，堯將他流放到崇山。㊳舜　相傳是古代賢明的帝王。㊴三苗　古部落名。㊵禹　古代帝王，因治水有功，繼承了舜的王位。㊶共工　古代部落首領。㊷湯伐有夏　商湯征討夏桀。湯，商湯，名履，是商朝的開國帝王，討伐夏桀，桀奔南巢而死。有，名詞詞頭。夏，指夏桀。㊸文王伐崇　傳說姬昌因崇侯虎進讒言而被紂王囚禁在羑里，後伐崇。文王，周文王姬昌，是周武王的父親。崇，古國名，在今陝西戶縣東。㊹武王伐紂　商紂王無道，武王聯合天下諸侯伐紂，建立周王朝。武王，周武王姬發，文王之子。㊺齊桓　指齊桓公小白，春秋時有名的霸主。(46)任　用。(47)伯　通「霸」。指做霸主。(48)惡　何；哪裡。(49)車轂擊馳　因車多，故奔馳時車轂相互觸擊碰撞。轂，車轂，即車輪中心內接軸、外接輻的部分。擊馳，相擊相馳。(50)結　結盟。(51)一　指一體。(52)約從連橫　和戰國後期的「合縱連橫」有別。約從，相約合縱，指弱國聯合進攻強國。連橫，指隨從強國進攻其他弱國。(53)不藏　不收藏起來，即拿出來使用。(54)並餝　即「並飾」。指一起修飾文辭，進行遊說。(55)萬端　各種事端。(56)俱起　同時興起；一道出現。(57)理　治。(58)科條　法律條文。(59)備　具備。(60)偽態　指用各種偽裝來逃避法律條文的約束。(61)書策　指文件之類。(62)稠濁　多而亂。(63)不足　不富足。(64)聊　依賴。(65)明言　明白的言辭，指教令而言。(66)章理　即「彰理」，指明白的法理。(67)辯言　巧辯的言辭，指說客的言辭。(68)偉服　奇服；大服。當是違法之徒所穿的某種服裝。《管子．任法》說實行法治便「無偉服，無奇行」。尹知章注：「偉服奇行，皆過越法制者。」(69)繁稱　多多稱引。(70)文辭　指書策文件。(71)弊　敗；破。(72)親　相親。(73)任　用。(74)死士　敢死的勇士。(75)綴甲　將皮革或鐵葉連綴，製成鎧甲。(76)厲兵　磨礪兵器。厲，同「礪」。(77)效勝　決勝。效，致其功；奏效。(78)徒處　白白待著。(79)致利　取得利益。(80)廣地　擴大疆土。(81)五帝　古代傳說中的五個帝王。說法不一，《史記．五帝本紀》說是黃帝、顓頊、帝嚳、堯、舜。(82)三王　通常指夏禹、商湯、周文王。(83)五伯　即「五霸」。通常指齊桓公、晉文公、秦穆公、楚莊王、吳王闔閭。(84)寬　相隔較遠。(85)迫　近。(86)杖戟　執著戟。杖，通「仗」。執持。戟，古代的一種武器，長桿上安有帶月牙狀的利刃。(87)橦　通「撞」。(88)淩　淩駕。(89)萬乘　萬輛兵車，這裡指代可出萬輛兵車的大國。(90)詘　折服。(91)海內　四海之內。(92)子　使為子民。(93)元元　指百姓。(94)嗣主　繼位的君主。(95)至道　最好的方法，指使用武力。(96)惛　同「昏」。不明。(97)語　指某些不贊成用武力的語言。

**【語　譯】**蘇秦開始時用連橫的政策遊說秦惠王道：「大王的國家，西邊有巴、蜀、漢中的富饒之地，北邊有胡地產的貉、代地產的馬等資財，南邊有巫山、黔中作屏障，東邊有殽山、函谷關等牢固的關塞。田地肥美，百姓富足，兵車萬輛，能奮起出擊的武士一百萬，肥沃的原野一千里，蓄積的資源既豐富眾多，地理的形勢也便於攻守，這真是所謂的天然的府庫、天下的強國啊。憑著大王的賢才、士民的眾多、車騎的用度、兵法的訓練，可以兼併諸侯，吞併天下，稱帝而治，希望大王稍微留意，請讓我說出能見到成效的辦法。」

秦惠王說：「寡人聽說，羽毛還不豐滿就不可以高飛，法令還沒有形成就不可以去誅罰，道德還不崇高就不可以驅使百姓，政教還不順當就不可以勞煩大臣。今天先生不以千里的路程為遠而來到這裡，嚴肅地在朝廷上教導我，我願在日後再承教益。」

蘇秦說：「我本來就懷疑大王不能採用我的建議。往日神農氏征討補遂，黃帝征討涿鹿而擒蚩尤，堯帝征討驩兜，舜帝征討三苗，夏禹征討共工，商湯征討夏桀，文王征討崇侯，武王征討商紂王，齊桓公用戰爭而稱霸天下。這樣看來，哪裡有不戰的呢？古來使者的車輛出動頻繁，在奔馳中車轂相觸，通過會談相互結盟以求天下統一。可是經由相約合縱或者連橫，武器鎧甲卻不收藏起來；文士一起修飾文辭，諸侯卻昏亂迷惑；各種事端一道出現，無法全部處理；法律條文已經具備，老百姓卻多用偽裝來逃避法律的約束；文件既繁且亂，老百姓還是不富足；主上和下民相互愁苦，民不聊生；教令法理清楚明白，戰事卻越來越多；使者言辭巧辯，服飾奇偉，攻戰卻不停止；多方引用法律文件，天下卻不太平；舌頭說破了，耳朵聽聾了，也不見成效；以義為行，以信為約，卻不能使天下人相親。於是不得不廢文用武，優待敢死的勇士，製造鎧甲，磨礪兵器，在戰場上決一勝負。看來白白地待著而想獲取利益，安穩地坐著而想擴大版圖，即使是古代的五帝、三王、五霸，那些英明賢能的君主，常想安坐得到這些，那也是無能為力的，所以才接著便使用戰爭的手段去達到目的。相隔較遠的便兩軍相攻，距離較近的便執著武器互相撞擊，然後才能建立大功。因此軍隊在外打了勝仗，在內也就增強了道義力量；在上面建立了威勢，下面的百姓也就會服從。現在想兼併天下，凌駕萬乘之主，折服敵國，統制海內，使百姓成為子民，讓諸侯成為臣子，除了戰爭是辦不到的！現在繼位的君主，忽視那最好的辦法，都不懂得接受教導，胡亂地治國，被一些語言所迷惑，沉溺在說客的辯言利辭之中。由此說來，大王是必定不能實行的啊。」

說秦王書❶十上而說不行。黑貂❷之裘❸弊❹，黃金❺百斤盡，資用❻乏絕，去❼秦而歸。羸縢❽履❾蹻❿，負書擔橐⓫，形容⓬枯槁，面目犁⓭黑，狀有歸⓮色。歸至家，妻不下紝⓯，嫂不為炊，父母不與言。蘇秦喟⓰歎曰：「妻不以我為夫，嫂不以我為叔，父母不以我為子，是皆秦之罪也。」乃夜發⓱書，陳篋⓲數十，得太公陰符之謀⓳，伏而誦之，簡練⓴以為揣摩㉑。讀書欲睡，引錐自刺其股，血流至足㉒，曰：「安有說人主不能出其金玉錦繡，取卿相之尊者乎？」期年㉓揣摩成，曰：「此真可以說當世之君矣！」於是乃摩㉔燕烏集闕㉕，見說趙王㉖於華屋㉗之下，抵掌㉘而談。趙王大悅，封為武安君㉙。受相印，革車㉚百乘，綿㉛繡千純㉜，白璧㉝百雙，黃金萬溢㉞，以隨其後，約從㉟散橫㊱，以抑強秦。

【章旨】言蘇秦上書惠王而不被採用，落魄而歸，發憤讀書，揣摩遊說之術成，轉而以合縱遊說趙王，被封為武安君，任趙相，聯合山東諸侯，共同抗秦。

【注釋】❶書　是臣子向君主陳述意見的一種文體，又叫「上書」。❷貂　一種黑色動物，比鼠大，其毛皮是珍貴的衣料。❸裘　皮衣。❹弊　破。❺黃金　黃銅。蘇秦家裡很窮，據〈趙策一〉記載，他的黑貂裘和黃金是李兌所贈，他以此為資，才西入秦。❻資用　資財、費用。❼去　離開。❽羸縢　打上綁腿。羸，通「纍」。纏繞。縢，裹腳布。❾履　穿。❿蹻　草鞋。⓫橐　有底的口袋。⓬形容　形貌；樣子。⓭犂　通「黧」。黑色。⓮歸　當作「愧」。⓯紝　織布機。⓰喟　下當有「然」字，歎息的樣子。⓱發　打開。⓲篋　箱子。⓳太公陰符之謀　《漢書·藝文志·道家》載有《太公》二百三十七篇，分〈謀〉八十一篇、〈言〉七十一篇、〈兵〉八十五篇，相傳為姜子牙所作。「太公陰符之謀」可能是指《太公》中的〈謀〉。⓴簡練　選擇精彩部分熟讀。簡，選擇。練，熟習。㉑揣摩　估量研究。㉒足　《史記·蘇秦列傳》集解引作「踵」。㉓期年　一周年。㉔摩　迫近。㉕燕烏集闕　闕塞名。㉖趙王　指趙肅侯。㉗華屋　華麗之屋，當是趙王所居。㉘抵掌　猶擊掌，形容談得投機。㉙武安君　封號。武安，趙邑名，在今河北武安境內。㉚革車　兵車。㉛綿　當作「錦」。㉜純　束；匹。㉝壁當作「璧」。㉞溢　當作「鎰」。一鎰為二十四兩。㉟從　即「縱」。指合縱。㊱橫　指連橫。

【語譯】遊說秦王的書向上遞了十次而他的主張都不被採用。黑貂皮衣破了，帶去的一百斤黃銅也花完了，費用既然已缺少，蘇秦只好離開秦國回家。他打上綁腿，穿上草鞋，背著書，擔著囊袋，形容憔悴，面目黧黑，顯出慚愧的樣子。回到家中，妻子不下織布機，嫂子不給他做飯，父母也不和他說話。蘇秦歎息說：「妻子不認我做丈夫，嫂嫂不認我做小叔，父母不把我當兒子，這都是秦國的罪過。」於是晚上打開書來找，擺出幾十個箱子，找到了姜太公的兵書《太公》之〈謀〉篇，便伏案誦讀，選擇精彩的部分熟讀它，以作揣摩。讀書讀得疲困了想睡覺，便拿起錐子刺自己的大腿，血一直流到腳跟上，說：「哪有遊說君主不能讓他拿出金玉錦繡，使自己取得卿相尊位的事呢？」過了一年，遊說之術揣摩好了，說：「這真可以遊說當代的君主了。」於是便到燕烏集闕，在華屋之下遊說趙王，話很投機，以致擊掌而談。趙王聽後很高興，便封蘇秦為武安君。蘇秦接受了趙國的相印，兵車一百輛，錦繡一千匹，白璧一百對，黃銅二十四萬兩，就這樣帶著這些財物，約請山東六國合縱，離散連橫，以抑制強秦勢力的擴張。

故蘇秦相於趙而關不通❶。當此之時，天下之大，萬民之眾，王侯之威，謀臣之權，皆欲決蘇秦之策❷。不費斗糧，未煩一兵，未戰一士，未絕一絃，未折一矢，諸侯相親，賢❸於兄弟。夫賢人在而天下服，一人用而天下從。故曰：式❹於政，不式於勇；式於廊廟❺之內，不式於四境之外。當秦❻之隆，黃金萬溢❼為用，轉轂❽連騎❾，炫熿❿於道，山東之國，從⓫風而服，使趙大重⓬。且夫蘇秦特⓭窮巷掘門⓮、桑戶⓯棬樞⓰之士耳，伏軾⓱撙銜⓲，橫歷⓳天下，廷說⓴諸侯之王㉑，杜㉒左右之口，天下莫之能伉㉓。

【章旨】議論蘇秦左右各國政治，作用重大。

【注釋】❶關不通　函谷關內外不通，指秦軍不敢出函谷關。《史記·蘇秦列傳》說六國合縱，「秦兵不敢闚函谷關十五年」。❷策　策略；謀略。❸賢　勝過；超過。❹式　用。❺廊廟　朝廷。❻秦　蘇秦。❼溢　當作「鎰」。❽轉轂　即轉動車輛。轂，車輪中心有圓孔可以插軸的部件。❾連騎　騎馬的人一個連著一個。騎，名詞。❿炫熿　光耀；顯赫。⓫從　隨。⓬重　受到尊重。⓭特　只。⓮窮巷掘門　窮僻的里巷，鑿牆為門。⓯桑戶　用桑枝編成的單扇的門。⓰棬樞　用曲木做成戶樞。⓱伏軾　伏在車前橫木上。⓲撙銜　拉住馬韁。撙，停頓。銜，馬勒口。⓳橫歷　橫行無阻。歷，行。⓴廷說　在朝廷上遊說。㉑王　鮑彪本作「主」。㉒杜　堵塞。㉓伉　匹敵。

【語譯】所以蘇秦做了趙相，秦軍便不敢出函谷關。在這個時候，天下的廣大、萬民的眾多、王侯的威武、謀臣的權變，統統都將取決於蘇秦的謀略。沒有耗費一斗糧食，沒有煩勞一件兵器，沒有派出一個戰士，沒有拉斷一根弓絃，沒有折斷一支箭杆，諸侯就相親相愛，超過了兄弟的感情。真是賢人在位而天下歸服，一人當權而天下順從。所以說：作用起在政治上，不起在勇力上；作用起在朝廷之內，不起在四境之外。當蘇秦得意的時候，黃銅二十四萬兩任他使用，車轉騎連，炫耀於道路之上，山東六國，隨風歸服，使趙國大受尊重。說來蘇秦只是一個住在窮僻的里巷中，鑿牆做個門，用桑枝編個戶，用曲木做個戶樞的貧士罷了，可是他卻伏在車前橫木上，控住馬韁，橫行天下，在朝廷上遊說各國君主，堵住君主身邊人的嘴，天下沒有人能和他匹敵。

將說楚王❶，路過洛陽❷，父母聞之，清宮❸除道，張樂設飲，郊迎❹三十里。妻側目而視，傾耳而聽；嫂蛇❺行匍伏❻，四拜自跪而謝❼。蘇秦曰：「嫂，何前倨❽而後卑❾也？」嫂曰：「以季子❿之位尊而多金。」蘇秦曰：「嗟乎！貧窮則父母不子⓫，富貴則親戚⓬畏懼。人生世上，勢位富貴，蓋⓭可忽乎哉！」

【章　旨】寫蘇秦富貴返鄉，受到家人隆重歡迎，他將前後返鄉景況作了對比，深感世態炎涼，人生在世不可忽視功名富貴。

【注　釋】❶楚王　當是指楚威王。❷洛陽　是蘇秦的故鄉。❸清宮　打掃房舍。❹郊迎　到郊外迎接。❺虵　同「蛇」。❻匍伏　同「匍匐」。伏地爬行。❼謝　謝罪；道歉。❽倨　高傲。❾卑　謙卑；低三下四。❿季子　小叔，嫂嫂對弟弟的稱呼。⓫不子　不認作兒子。⓬親戚　親屬，包括父母妻嫂在內。⓭蓋　通「盍」。何。

【語　譯】蘇秦將去遊說楚王，途中經過洛陽，父母聽說他將回來，便清掃房子，打掃道路，設置音樂，安排宴席，到郊外三十里去迎接。妻子不敢正面看他，側著耳朵聽他講話；嫂子像條蛇樣在地上爬行，拜了四拜，自動跪下向他謝罪。蘇秦問道：「嫂子，為什麼從前那麼高傲而現在卻這麼低三下四呀？」嫂子回答說：「是因為小叔的地位尊貴而且錢多。」蘇秦說：「唉！一個人貧窮便父母也不認他是兒子，富貴便親人也害怕他。人生在世，權勢、地位、富貴哪裡可以忽視呢！」

## 秦惠王謂寒泉子

【題　解】秦惠王與寒泉子商量派遣使者，寒泉子告訴秦惠王不能派白起而要派張儀出使山東六國，理由是用人要因人而異、量材使用。

秦惠王謂寒泉子❶曰：「蘇秦欺寡人，欲以一人之智，反覆❷東山❸之君，從❹以欺秦。趙固負❺其眾，故先使蘇秦以幣帛❻約❼乎諸侯。諸侯不可一❽，猶連雞❾之不能俱止❿於棲⓫之⓬明矣。寡人忿然，含怒日久。吾欲使武安子起⓭往喻意⓮焉。」寒泉子曰：「不可。夫攻城墮⓯邑，請使武安子；善⓰我國家使⓱諸侯，請使客卿⓲張儀⓳。」秦惠王曰：「受命。」

【注釋】❶寒泉子　秦國的處士。❷反覆　翻覆；反過來。指原來同秦友好的國家，經蘇秦遊說後政治態度有了變化。❸東山　即山東。指殽山以東的六國。❹從　通「縱」。合縱。❺負　仗恃。❻幣帛　泛指財物，即上文所說的黃金、錦繡之類。❼約　謀約。❽一　聯合在一起。❾連雞　綁在一起的雞。❿止　一作「上」。見王念孫《讀書雜志・卷一》。⓫棲　本為鳥停在窩裡，這裡指雞窩，作名詞用。⓬之　鮑彪本作「亦」。⓭武安子起　即白起，秦將，據《史記・秦本紀》，秦昭王二十九年白起被封為武安君，後秦惠王數十年，恐經後人增飾。⓮喻意　告訴山東諸侯不可合縱之意。喻，明。⓯墮　同「隳」。毀壞。⓰善　稱善；讚美。⓱使　出使。⓲客卿　外來人做了卿，叫客卿。⓳張儀　戰國著名的縱橫家。事秦惠王，為客卿，後事秦昭王，行連橫之策。《史記》有〈張儀列傳〉。

【語譯】秦惠王告訴寒泉子說：「蘇秦欺詐我，想用一人的智慧，使山東諸侯改變主意，合縱親善以欺詐秦國。趙國本來仗恃它人多，所以先派蘇秦用財物和諸侯商約結盟。諸侯是不可能聯合在一起的，就像綁在一起的雞不能上到雞窩一樣清楚明白。我因而生氣，肚裡很久以來便藏著一團怒火。我想派武安君白起前往山東六國說明我的想法。」寒泉子說：「不行！攻打城郭，毀壞都邑，請派武安子；讚美我們的國家，出使諸侯，請派客卿張儀。」秦惠王說：「受教了。」

# 泠向謂秦王

【題　解】秦臣泠向告訴秦王，使齊攻宋，秦國一可獲得魏國的安邑，二可得到燕、趙二國的割地，三可引起齊國的恐慌，使齊重視秦王。

泠向❶謂秦王曰：「向欲以❷齊事王，使❸攻宋也。宋破，晉國❹危，安邑，王之有也❺。燕、趙惡❻齊、秦之合，必割地以交於王矣。齊必重於王❼，則向之攻宋❽也，且以恐齊❾而重王。王何惡向之攻宋乎？向以❿王之明為先知之，故不言。」

【注　釋】❶泠向　秦臣。泠，姓。向，名。❷以　高誘注：「猶使也。」❸使　指使齊攻宋。❹晉國　指魏國的首都大梁，在今河南開封。宋在大梁的東邊，齊若攻下宋，大梁便危險。❺安邑二句　指大梁危急，魏則無法西顧，安邑必為秦所有。安邑，魏地，在黃河東，靠近秦，故城在今山西夏縣西北。王，指秦王。❻惡　討厭；憎恨。❼重於王　據下文「恐齊而重王」當作「重王」。「於」字疑為衍文。王，指秦王。❽攻宋　使齊攻宋。❾恐齊　即「齊恐」。燕、趙與秦友好，齊必恐。❿以　以為；認為。

【語　譯】泠向告訴秦王說：「我想讓齊國侍奉大王，便讓齊國去攻打宋國。宋國破亡，魏都大梁就危險，魏地安邑也就歸您所有了。燕、趙二國討厭齊、秦聯合，必定會割地以結交大王。齊國由於害怕燕、趙和秦友好，必定重視大王。這樣看來，我讓齊國攻打宋國，將讓齊國害怕而重視大王，大王為何討厭我讓齊國攻打宋國呢？我以為大王有先見之明，所以沒有明說出來啊！」

## 張儀說秦王

【題解】這是一篇有關秦統一天下的戰略方針的說辭，和《韓非子·初見秦》相同。進這篇說辭的人，有說是張儀、韓非、范雎、蔡澤或呂不韋的，看法不同，沒有定論。但從內容上看，完全可以斷定說者是秦昭王時人。全文的主旨是說當時秦未成霸王之業，是由於謀臣不忠，未抓住有利時機進攻六國。秦要統一天下就必須「破天下之從」，拆散山東諸侯聯盟，乘勝追擊，各個擊破，不可議和，方能奏效。以後秦始皇就是用這一戰略方針統一中國的。

張儀❶說秦王❷曰：「臣聞之，弗知而言為不智，知而不言為不忠。為人臣不忠當死，言不審❸亦當死。雖然，臣願悉❹言所聞，大王裁❺其罪。臣聞，天下❻陰❼燕陽❽魏，連荊❾固齊❿，收餘韓⓫成從⓬，將西南⓭以與秦為難⓮。臣竊笑之。世有三亡⓯，而天下得之，其此之謂⓰乎！臣聞之曰：『以亂攻治者亡，以邪攻正者亡，以逆攻順者亡。』今天下之府庫⓱不盈，囷倉⓲空虛，悉其士民，張軍⓳數千百萬，白刃在前，斧質在後⓴，而皆去走㉑，不能死，罪㉒其百姓不能死也，其上不能殺㉓也。言賞則不與㉔，言罰則不行，賞罰不行，故民不死也。今秦出號令而行賞罰，不攻無攻相事也㉕。出其父母懷衽㉖之中，生未嘗見寇㉗也，聞戰頓足徒裼㉘，犯白刃，蹈煨炭㉙，斷死㉚於前者比㉛是也。夫斷死與斷生也不同，而民為之者是貴奮㉜也。一可以勝十，十可以勝百，百可以勝千，千可以勝萬，萬可以勝天下矣。今秦地形，斷長續短，方數千里，名師㉝數百萬，秦之號令賞罰，地形利害，天下莫如也。以此與㉞天下，天下不足兼而有㉟也。是知秦戰未嘗不勝，攻未嘗不取，所當㊱未嘗不破也。開地數千里，此甚大功也。然而甲兵頓㊲，士民病㊳，蓄積索㊴，田疇㊵荒，囷倉虛，四鄰諸侯不服，伯㊶王之名不成，此無異故㊷，謀臣皆不盡其忠也。

【章旨】對比分析山東六國和秦國的形勢，指出山東六國不如秦，而秦至今未能使天下歸服，成霸王之名，是由於謀臣不盡其忠的緣故。

【注釋】❶張儀　鮑彪本無「張儀」二字，是。據《史記・六國年表》，張儀死於魏襄王十年（西元前三〇九年），而文中說到的樂毅破齊（西元前二八四年）、荊東徙陳（西元前二七八年）、魏敗華下（西元前二七四年）、秦破趙於長平（西元前二六〇年），都是張儀死後的事，不可能是張儀說的。《韓非子》將本文收入，題為〈初見秦〉。❷秦王　當是指秦昭王。❸審　《韓非子》作「當」，是。❹悉　盡。❺裁　裁定。❻天下　指山東六國。下文「而天下得之」、「今天下之府庫」的「天下」同。❼陰　北。❽陽　南。❾連荊　連結楚國。荊，楚。❿固齊　鞏固與齊國的聯盟。按，連荊固齊的主謀當是趙，趙的北面正是燕，南面正是魏。⓫餘韓　韓國當時失去的土地很多，所存的正是失地之餘，所以稱「餘韓」。⓬從　同「縱」。指合縱。⓭西南　《韓非子》作「西面」，指面向西、朝西。⓮難　相當於「敵」。⓯三亡　指下文說的「以亂攻治」、「以邪攻正」、

「以逆攻順」。⑯此之謂　即「謂此」之，起使動詞與賓語倒裝的作用。⑰府庫　古時收藏財物的地方。⑱囷倉　糧倉。圓的為囷，方的為倉。⑲張軍　擴軍。⑳白刃在前二句　是說山東六國用白刃、斧鑕誅殺不戰的人。質，通「鑕」。鐵砧。㉑去走　離開戰場逃跑。㉒罪　《韓非子》作「非」。㉓殺　指真正殺死逃跑的人。《韓非子》「殺」作「故」，亦通。㉔與　給。㉕不攻無攻相事也　《韓非子》作「有功無功相事也」。意思是：讓無功的人替有功的人服役（參用孫詒讓說）。事，役使。㉖衽　衣襟。㉗寇　來犯者；敵人。㉘裼　脫去上衣，露出身體。㉙煨炭　炭火。㉚斷死　決死。㉛比　皆。㉜奮　勇。㉝名師　出名的部隊。㉞與　通「舉」。攻取。㉟不足兼而有　不夠秦國兼併、占有。因為秦國力量太強，所以整個天下還不夠它兼併。㊱當　敵。㊲頓　疲勞。㊳病　困苦。㊴索　盡。㊵田疇　泛指田地。古時稱種穀的地叫田，種麻的地叫疇。㊶伯通「霸」。㊷異故　他故。

【語　譯】有人遊說秦王說：「我聽說：不知道卻要亂說是不智，知道卻不說是不忠。做臣子的，不忠就應當死，話說得不當也應當死。即使是這樣，我還是願意將我所知道的說出來，請大王裁定我的罪過。我聽說天下北面的燕國，南面的魏國，再連上楚國，鞏固齊國，收攏剩餘的韓國，成為合縱聯盟，將面向西方與秦國為敵。我私下覺得好笑。世上有『三亡』，而山東六國都具備了，恐怕說的就是這種情況吧！我聽說：『用亂攻治的要亡國，用邪攻正的要亡國，用逆攻順的要亡國。』現在山東六國的府庫不充實，糧倉空虛，將全部百姓都武裝起來，擴軍數千百萬，白刃子在前，斧頭、鐵砧在後，然而士兵卻都逃離戰場，不能死戰，並不是那些百姓不能死戰，是因為他們的上司不能使他們去死戰的緣故啊。說是要獎賞卻不給獎賞，說是要處罰卻不予處罰，賞罰不行，所以老百姓不死戰啊。現在秦國發出號令，實行賞罰，讓無功的人替有功的人當差。百姓從父母的懷抱中出來，生下來也不曾見過敵人，可是一聽說打仗，腳便跺地，露出上身，冒著白刃，踩著炭火，在前面決心赴死的人比比皆是。決心赴死和決心求生不同，然而百姓卻決心去死，那是由於重視奮勇的緣故。這樣的戰士，一個可以戰勝十個，十個可以戰勝百個，百個可以戰勝千個，千個可以戰勝萬個，萬個可以戰勝天下了。現在秦國的地形，截長補短，方圓幾千里，出名的部隊有幾百萬，秦國的號令賞罰，地形利害，天下沒有哪個國家比得上。用這種力量去攻取天下，天下還不夠它兼併、占有啊。這樣說來，可以知道秦國戰無不勝，攻無不克，所向無敵。可以擴張土地幾千里，這真是極大的戰功啊。然而現在卻是軍隊疲勞，百姓困苦，積蓄耗盡，田地荒蕪，糧倉空虛，四鄰諸侯不來歸服，霸王之名不能成立，這沒有別的緣故，是謀臣都不能竭盡他們的忠心啊。

「臣敢❶言往昔。昔者齊南破荊❷，中破宋❸，西服秦❹，北破燕❺，中使韓、魏之君❻，地廣而兵強，戰勝❼攻取❽，詔令❾天下，濟清河濁❿，足以為限⓫；長城、鉅坊⓬，足以為塞。齊，五戰之國⓭也，一戰不勝而無齊⓮。故由此觀之，夫戰者萬乘之存亡⓯也。且臣聞之曰：『削株掘根⓰，無與禍鄰⓱，禍乃不存。』秦與荊人戰，大破荊⓲，襲郢⓳，取洞庭、五都⓴、江南㉑。荊王㉒亡㉓奔走，東伏於陳㉔。當是之時，隨荊以兵，則荊可舉㉕。舉荊，則其民足貪㉖也，地足利也。東以強㉗齊、燕，中㉘陵㉙三晉㉚。然則是一舉㉛而伯王之名可成也，四鄰諸侯可朝㉜也。而謀臣不為㉝，引軍而退，與荊人和㉞。今㉟荊人收亡國，聚散民，立社主㊱，置宗廟，令帥天下西面以與秦為難，此固已無㊲伯王之道㊳一矣。天下有比志㊴而軍華下㊵，大王以詐破㊶之，兵至梁郭㊷，圍梁㊸數旬，則梁可拔。拔梁㊹，則魏可舉㊺。舉魏，則荊、趙之志絕㊻。荊、趙之志絕，則趙危㊼。趙危而荊孤。東以強㊽齊、燕，中陵三晉，然則是一舉而伯王之名可成也，四鄰諸侯可朝也。而謀臣不為，引軍而退，與魏氏和，令魏氏收亡國，聚散民，立社主，置宗廟，此固已無伯王之道二矣。前者穰侯㊾之治秦也，用一國之兵，而欲以成兩國之功㊿。是故兵終身暴靈(51)於外，士民潞(52)病於內，伯王之名不成，此固已無伯王之道三矣。

【章旨】言秦國未接受齊國功虧一簣的歷史教訓，謀臣不忠，不乘勝追擊，三次失去成霸王之業的有利時機。

【注釋】❶敢　表示謙卑的副詞。❷南破荊　齊宣王十九年（西元前三〇一年）齊、秦、韓、魏在重丘打敗楚將唐眛。荊，楚。❸中破宋　齊湣王十五年（西元前二八六年）齊滅宋。❹西服秦　齊湣王三年（西元前二九八年）與韓、魏擊秦，直逼函谷關。❺北破燕　據《孟子・梁惠王下》記載，齊宣王時，「齊人伐燕，取之」。❻中使韓魏之君　齊威王時，韓、魏二國互相殘殺，力量消耗殆盡，韓投靠齊，齊出兵擊魏，大敗魏軍於馬陵，殺魏將龐涓，虜魏太子申。此後韓、趙、魏東朝於齊。❼戰勝　戰則勝。❽攻取　攻則取。❾詔令　猶號令。❿濟清河濁　一作「清濟濁河」。濟水水清，黃河水濁，都流經齊國。⓫限　阻；險阻。⓬鉅坊　當據《韓非子》作「鉅防」，即防門。齊國境內的平陰縣，城南有長城，東邊到海，西邊到濟水，黃河通過其間，名叫防門。⓭五戰之國　五戰五勝的國家。指「破荊」、「破宋」等而言。⓮一戰不勝而無齊　指燕昭王攻入齊都臨淄。據《史記・燕召公世家》，燕昭王二十八年（西元前二八四年）燕國聯合秦、楚、韓、趙、魏伐齊，齊敗，齊湣王出亡，燕軍進入臨淄，「盡取其寶，燒其宮室宗廟」。⓯存亡　指勝則存，敗則亡。⓰削株掘根　與今人所言「斬草除根」意思相同，即不留後患。株，樹兜。⓱無與禍鄰　意即要消滅一切禍患，不要同禍患有任何聯繫。⓲破荊　即破楚。據《史記・白起王翦列傳》，秦昭王二十九年（西元前二七八年）秦將白起攻楚，攻下郢都，焚燒夷陵，楚頃襄王出逃，遷都到陳。⓳郢　郢都；楚都。在今湖北江陵郊區之紀南城，城牆遺址尚在。⓴五都　當作「五渚」，即洞庭湖。湘、資、沅、澧四水及荊江流入洞庭，故稱五渚。㉑江南　在這裡是指黔中。參見《史記・秦本紀》「楚人反（返）我江南」句張守節《正義》。㉒荊王即楚頃襄王。㉓亡　逃亡。㉔陳　即今河南淮陽。㉕舉　攻拔。㉖足貪　滿足貪欲。㉗強　當據《韓非子》作「弱」。㉘中　劉敞本「中」下有「以」字。㉙陵　通「淩」。侵犯；欺壓。㉚三晉　指韓、趙、魏三國。㉛一舉　一次行動。㉜可朝　可使之朝秦。㉝不為　不為此謀。㉞與荊人和　與楚和好。據《史記・秦本紀》，秦昭王二十九年（西元前二七八年）曾與楚王在襄陵相會。又據《史記・楚世家》，頃襄王二十七年（西元前二七二年）楚再次與秦議和，並將太子送入秦國做人質。㉟今　當據《韓非子》作「令」。㊱立社主　指郢都淪亡以後，楚遷都再立社主。社主，土地神的牌位，用木製成。古代立國必須設壇祭祀社稷，滅亡了別國，便更置其社稷。社，土地神。稷，穀神。㊲無　《韓非子》作「失」。㊳道　道路；方法。㊴比志　意志相近。指山東六國的勾結而言。比，近。㊵軍華下　駐軍華山下。一說華下，即華陽，在今河南新鄭北。據《史記・白起王翦列傳》，秦昭王三十四年（西元前二七三年）秦將白起攻魏拔華陽，魏將芒卯逃走，秦斬魏軍十三萬。㊶詐破　《韓非子》作「詔破」。㊷梁郭　大梁的外城。據《史記・魏世家》、〈六國年表〉，魏安釐王二年（西元前二七五年）秦攻下魏兩城，駐軍魏都大梁城下，魏割溫地與秦議和。㊸梁　魏都大梁。㊹梁　指大梁。㊺舉　攻取。㊻荊趙之志絕　魏在趙、楚二國之中，秦攻下魏，便斷絕趙、楚二國的來往。荊，楚。㊼趙危　因為趙靠近秦，所以勢危。㊽強　當據《韓非子》作「弱」。㊾穰侯　即魏冉，秦昭王的舅父。秦昭王三十二年（西元前二七五年）為秦相國，率軍攻魏，圍大梁，魏大夫須賈遊說魏冉，說你如果攻不下大梁，秦兵一定疲勞，陶邑必定滅亡。魏冉便不圍大梁。事見《史記・穰侯列傳》。㊿成兩國之功　指魏冉為秦攻魏，又為自己私營陶邑。兩國，指魏冉的封地陶邑和秦國而言。(51)靈　當據《韓非子》作「露」。(52)潞　《韓非子》作「疲」。

【語　譯】「我膽敢談談過去的事。過去齊國在南邊打敗了楚國，在中間打敗了宋國，在西邊制服了秦國，在北邊打敗了燕國，又在中間使喚韓國、魏國的君主，土地廣大，兵力強盛，開戰便打勝仗，進攻便取得城邑，向天下發號施令，清澈的濟河、混濁的黃河，能夠用來作為險阻；長城、防門，能夠用來作為要塞。齊國是五戰五勝的國家，可是一仗打敗了便沒有了齊國。由此看來，戰爭乃是萬乘之國存亡的契機啊。而且我聽說過這樣的話：『挖了樹兜，掘了樹根，不和禍患相連，禍患才能避免。』秦國向楚國開戰，大敗楚國，偷襲郢都，奪取洞庭五渚、江南。使得楚頃襄王出逃，東行躲在陳地。在這個時候，如果用兵追趕楚王，便可以滅楚。滅楚，那它的老百姓便足以滿足秦的貪欲，它的土地便足以使秦獲利。藉此東邊可以削弱齊國、燕國的力量，中間可以欺壓韓、趙、魏三國。這樣便一舉可成霸王之名，可使四鄰諸侯來朝。可是秦國的謀臣卻不這樣做，反而引軍後退，和楚人講和，讓楚人收拾殘局，聚集散民，建立社主，設置宗廟，使它率領天下諸侯面向西邊與秦為敵，這是已經錯過了第一次成為霸王的時機啊。天下諸侯意氣相投，勾結一起，駐軍華下，大王下令打敗了它們，兵臨大梁城下，如果圍攻大梁數十天，大梁便可攻下。攻下大梁，便可以滅魏。滅魏，便斷絕了趙國和楚國的來往。趙、楚來往斷絕，趙國便危險。趙國危險，楚國便孤立。藉此東邊可以削弱齊國、燕國的力量，中間可以欺壓韓、趙、魏三國。這樣便一舉可成霸王之名，可使諸侯來朝。可是秦國的謀臣不這樣做，反而引軍後退，和魏國講和，讓魏人收拾殘局，聚集散民，建立社主，設置宗廟，這是已經錯過了第二次成為霸王的時機啊。從前穰侯魏冉治理秦國，用一國的軍隊，卻想立下兩國的功績。這樣便讓士兵終身暴露於外，百姓疲困於內，霸王之名也不能建立，這是已經錯過了第三次成為霸王的時機啊。

「趙氏①，中央之國②也，雜民③之所居也。其民輕④而難用，號令不治，賞罰不信⑤，地形不便⑥，上非能盡其民力。彼固亡國之形也，而不憂民氓⑦，悉⑧其士民，軍於長平⑨之下，以爭韓之上黨⑩，大王以詐⑪破之⑫，拔武安⑬。當是時，趙氏上下⑭不相親也，貴賤不相信，然則是邯鄲⑮不守，拔邯鄲，完⑯河間⑰，引軍而去，西攻脩武⑱，踰羊腸⑲，降代⑳、上黨㉑。代三十六縣，上黨十七縣，不用一領㉒甲，不苦一民，皆秦之有也。代、上黨不戰而已為秦矣，東陽㉓河外㉔不戰而已反㉕為齊矣，中㉖呼沲㉗以北不戰而已為燕矣。然則是舉趙則韓必亡，韓亡則荊、魏不能獨立。荊、魏不能獨立，則是一舉而壞韓，蠹㉘魏，挾㉙荊，以東㉚弱齊、燕，決白馬㉛之口，以流㉜魏氏。一舉而三晉亡，從者㉝敗。大王拱手以須㉞，天下徧隨㉟而伏㊱，伯王之名可成也。而謀臣不為，引軍而退，與趙氏為和。以大王之明，秦兵之強，伯王之業㊲，地尊㊳不可得，乃取欺於亡國㊴，是謀臣之拙也。且夫趙當亡不亡，秦當伯不伯，天下固量秦之謀臣，一矣。乃復悉卒㊵乃㊶攻邯鄲，不能拔也，棄甲兵怒㊷，戰慄而卻㊸，天下固量秦力，二矣。軍乃引退，并於李下㊹，大王又并軍而致㊺與戰，非能厚勝㊻之也，又交罷卻㊼，天下固量秦力，三矣。內者量吾謀臣，外者極㊽吾兵力。由是觀之，臣以天下之從㊾，豈其難矣？內者吾甲兵頓，士民病，蓄積索，田疇荒，囷倉虛；外者天下比志甚固。願大王有以慮㊿之也。

【章　旨】先分析趙國的不利形勢，再指出秦在長平大勝趙後，本可乘勝追擊，亡三晉，敗縱者，成霸王之名，可是由於謀臣不忠，以致「趙當亡而不亡，秦當霸而不霸」。

【注　釋】❶趙氏　即趙國。❷中央之國　因為趙國地處燕、齊、韓、魏四國之中，所以是中央之國。❸雜民　因為雜有燕、齊、韓、魏四國之民，故稱雜民。❹輕　遊手好閒，不務正業。古時有「輕民」與「重民」之分，「重民」指務農者，「輕民」指不務正業者。❺不信　不守信。❻不便　不利。指地處中央，無險固可守。❼氓　草野之民。❽悉　盡。❾長平　趙邑，在今山西高平西北。有省冤谷，為白起坑趙降卒之處。❿上黨　地名，在今山西長治。據《史記．趙世家》，韓國上黨守馮亭派使者告訴趙孝成王：韓國想將上黨送給秦國，吏民不願意；要將上黨送給趙國。趙便派兵去奪取上黨。結果引起了長平之戰，趙卒四十餘萬被秦將白起所坑。⑪詐　《韓非子》作「詔」。⑫破之　指秦將白起破趙軍。據《史記・秦本紀》、〈趙世家〉，秦昭王四十七年（西元前二六〇年）趙進攻上黨時，並派廉頗駐軍長平，七月廉頗免職，趙括代替廉頗職務。因上黨降趙，秦將白起攻趙，圍攻趙括，趙括戰敗，趙卒四十餘萬被坑。⑬拔武安　事不詳。有人說在長平之戰的次年，秦將王齕攻拔趙之武安，見《史記・秦本紀》。武安，趙地名。⑭上下　指君臣。⑮邯鄲　趙國國都。⑯完　《韓非子》作「筦」，是包舉的意思。⑰河間　趙地名，今河北獻縣東南。⑱脩武　趙邑，在今河南獲嘉。⑲羊腸　關塞名，在今山西東南與河南林縣交界處。⑳代　趙地，在今河北蔚縣一帶。㉑上黨　據《史記・白起王翦列傳》，當時已屬趙所有。㉒領　量詞，猶「件」。㉓東陽　趙地名，相當於今太行山以東地區。㉔河外　清河之外。趙國東邊有清河。㉕反　是衍文。㉖中　《韓非子》作「中山」。中山國被趙武靈王所滅，地在今河北定縣、唐縣一帶。㉗呼池　《韓非子》作「呼沲」。即今河北滹沱河。㉘蠹　害。㉙挾　《韓非子》作「拔」。㉚以東　《韓非子》作「東以」。㉛白馬　即白馬津，在今河南滑縣北。㉜流　灌。㉝從者　即縱者，合縱的國家。㉞須　待。㉟偏隨　都跟著。㊱伏　通「服」。㊲伯王之業　《韓非子》作「棄霸王之業」。㊳尊　《韓非子》作「曾」，竟的意思。㊴亡國　指趙國，因趙國本當滅亡。㊵卒　《韓非子》作「士卒」。㊶乃　當作「以」。㊷怒　《韓非子》作「弩」，弓弩。㊸卻　退卻。㊹李下　邑名，在今河南溫縣。據《史記・平原君列傳》，秦軍圍攻邯鄲，邯鄲傳舍吏的兒子李同說服平原君散家財，募得敢死之士三千人，李同和他們一起衝向秦軍，秦軍後退三十里，邯鄲得以保存。此役李同戰死，趙國封他的父親為李侯。㊺致　致力。《韓非子》作「至」。㊻厚勝　大勝。㊼交罷卻　指秦與趙相互休兵退卻。交，交相。罷，休。㊽極　至，這裡是指衡量秦兵力之所至。㊾從　通「縱」。指合縱。㊿慮　謀。

【語譯】「趙國是個地處中央的國家，是雜民居住的地方。它的士民遊手好閒，不務正業，而難以差遣，命令不能實行，賞罰不信，地形不利，在上位的人又不能讓士民的力量全部發揮出來。這本來就是個亡國的症狀，如今他們的國君不為他的百姓操心，卻反而讓他的全部士民，駐紮在長平之下，去爭奪韓國的上黨，大王下令打敗了它，攻下了武安。在這個時候，由於趙國君臣不相親，貴賤不相信，因此邯鄲是守不住的，而秦國攻下邯鄲，包舉河間，率領軍隊離開原地，攻打西邊的脩武，越過羊腸，攻下代地和上黨。這樣，代地的三十六縣，上黨的十七縣，不用損失一領鎧甲，不用勞苦一個百姓，都歸秦國所有。代地、上黨不戰而為秦國所有，那東陽、清河以外秦國力所不及的地方，也就不戰已為齊國所有了，中山、滹沱河以北秦國力所不及的地方也就不戰而已經為燕國所有了。由此看來，攻下趙國，韓國就必定滅亡；韓國滅亡，楚國、魏國便不能獨存；楚國、魏國不能獨存，那便是一舉而毀壞韓國，傷害魏國，攻下楚國，東邊削弱齊國、燕國，掘開白馬津，放水淹灌魏國。這樣一舉而亡三晉，合縱的國家便整個瓦解了。因此，大王拱手而待，天下各國便一個跟著一個都會歸服你，霸王之名也就可成啊。而謀臣卻不這樣做，引軍退卻，和趙國講和。憑著大王的明智、秦軍的強大，卻放棄霸王之業，土地也竟然得不到，乃至受趙國的欺侮，這是謀臣拙劣所造成的結果啊。再說趙國當亡卻不亡，秦國當霸卻不霸，天下諸侯必定由此來衡量秦國謀臣的能耐，這是一。於是再動員全部士卒去攻打邯鄲，卻攻打不下，丟下鎧甲、兵器、弓弩，恐懼而退，天下諸侯必定由此來衡量秦國的力量，這是二。秦軍於是後退，是為李同所率領的三千敢死之士而後撤，大王又集合軍隊，奮力作戰，卻不能大勝趙軍，雙方又相互休戰後撤，天下諸侯必定由此來衡量秦國的力量，這是三。在內人家估量出我們謀臣的能耐，在外人家度量出我們軍力的強弱。由此看來，我認為天下諸侯要合縱，難道還有困難嗎？結果從內部說，我們將軍隊疲勞，百姓困苦，積蓄耗盡，田地荒蕪，糧倉空虛；從外部說，則天下諸侯將會勾結得很緊。希望大王對此有所考慮啊。

「且臣聞之：『戰戰慄慄，日慎一日❶。』苟❷慎其道，天下可有❸也。何以知其然也？昔者紂為天子，帥❹天下將甲百萬❺，左飲於淇谷❻，右飲於洹水❼，淇水竭而洹水不流❽，以與周武為難。武王將素甲❾三千領，戰一日❿，破紂之國，禽⓫其身，據其地，而有其民，天下莫不傷⓬。智伯⓭帥三國⓮之眾，以攻趙襄主於晉陽⓯，決水灌之，三年，城且拔⓰矣。襄主錯龜⓱、數策⓲占兆⓳，以視利害，何國可降⑳，而使張孟談㉑。於是潛行而出，反智伯之約㉒，得兩國㉓之眾，以攻智伯之國，禽其身，以成襄子之功㉔。今秦地斷長續短，方數千里，名師數百萬，秦國號令賞罰，地形利害，天下莫如也。以此與天下㉕，天下可兼而有也。

【章旨】以武王滅紂、趙襄子戰勝智伯為例，說明秦國只要謹慎從事，憑藉它有利的條件，可以兼併天下。

【注釋】❶戰戰慄慄二句　這二句見《淮南子・人間》引〈堯戒〉。戰戰慄慄，相當於「戰戰兢兢」，恐懼戒慎而心驚膽顫的樣子。日慎一日，一天比一天謹慎。❷苟　誠；如果。❸可有　可以擁有。❹帥　率領。❺將甲百萬　《韓非子》作「將帥天下甲兵百萬」。❻淇谷　即淇水，流經河南。❼洹水　流經河南。❽不流　即斷流。❾素甲　白甲。因當時周武王父死未葬，戰士披白甲。❿一日　指僅甲子日一天。⓫禽　通「擒」。⓬莫不傷　《韓非子》作「莫傷」。傷，憐憫；同情。⓭智伯　春秋末年晉國的六卿之一。⓮三國　指智伯、韓、魏三卿。⓯攻趙襄主於晉陽　智伯向趙要地，趙襄子不給，智伯便聯合韓、魏攻趙，趙襄子出奔到晉陽，三國引汾水灌城。趙襄主，即趙襄子。晉陽，趙氏邑，故城在今山西太原。⓰拔　攻占。⓱錯龜　《韓非子》作「鑽龜」。指鑽灼龜殼，觀察其裂紋以斷吉凶，屬卜法。⓲數策　數著草（即鋸齒草）以定吉凶，屬筮法。⓳占兆　占斷卜筮所顯現吉凶的形象。⑳降　投降，指讓其反過來站在自己一邊。㉑張孟談　《史記・趙世家》說是趙襄子的相。㉒反智伯之約　韓、魏本和智伯一起攻趙，現在張孟談要改變韓、魏幫助智伯的立場，所以是「反約」。㉓兩國　指韓、魏。㉔成襄子之功　指殺智伯。㉕與天下　和天下相爭。

【語譯】「我聽說過這樣的話：『戰戰兢兢，一天比一天謹慎。』如果真的能夠奉行謹慎之道，就可以擁有天下。怎麼知道能這樣呢？往日商紂王是天子，率領天下甲兵一百萬，左邊在淇谷飲水，右邊用洹水解渴，淇水枯竭了，洹水也斷流了，來和周武王作對。武王率領穿著白甲的戰士三千，開戰一天，便攻下了商紂的國家，俘虜了紂王，占據了他的土地，擁有了他的百姓，天下也沒有誰同情紂王。智伯率領三國的民眾，進攻趙襄子，追到晉陽，用汾水灌城，圍攻了三年，城將要破了。趙襄子鑽龜殼、數著草卜筮，觀察龜象著數，以明吉凶，看看可使哪個國家投降，派遣趙相張孟談去遊說。於是張孟談私行出城，破壞智伯和韓、魏的聯盟，得到韓、魏兩國民眾的協助，以攻打智伯的國家，俘虜了智伯，成就了趙襄子滅智伯的功績。現在秦國的疆土截長補短，方圓幾千里，出名的軍隊幾百萬，秦國發號施令，賞罰分明，地形有利無害，進能攻，退能守，天下沒有哪個國家比得上。憑著這條件和天下諸侯相爭，天下是可以兼併而有的。

「臣昧死❶望見大王，言所以舉❷破天下之從，舉❸趙亡韓，臣荊、魏，親齊、燕❹，以成伯王之名，朝四鄰諸侯之道。大王試聽其說，一舉而天下之從不破，趙不舉，韓不亡，荊、魏不臣，齊、燕不親，伯王之名不成，四鄰諸侯不朝，大王斬臣以徇於國❺，以主❻為謀不忠者。」

【章　旨】總結全篇說辭的內容，提出如果採納他的建議而不見效，則願償命以懲治自己。

【注　釋】❶昧死　冒著死罪。❷舉　據下文當作「一舉」。❸舉　攻拔。❹親齊燕　因為齊、燕離秦遠，故採取親近政策，這就是所謂的「遠交近攻」。❺徇於國　巡行以示國人。徇，巡行以示眾。❻主　猶「坐」，坐罪。

【語　譯】「我冒著死罪拜見大王，陳述一舉瓦解天下諸侯合縱之謀，攻趙滅韓，臣服楚、魏，親善齊、燕，以成就霸王之名，使四方諸侯來朝的方略。大王試著聽納我的意見，如果一舉而天下諸侯合縱之謀不瓦解，趙國攻不下，韓國亡不了，楚國、魏國不稱臣，齊國、燕國不親善，霸王之名不成立，四方諸侯不來朝，那麼大王就砍了我，懸首示眾，處我以『為謀不忠』之罪。」

## 張儀欲假秦兵以救魏

【題解】張儀要借秦軍去救魏，左成勸秦左丞相甘茂將秦軍借給張儀。

張儀欲假❶秦兵以救魏。左成❷謂甘茂❸曰：「子不❹予之。魏不反秦兵❺，張子不反秦❻；魏若反秦兵，張子得志於魏，不敢反於秦矣。張子不去秦❼，張子必高子❽。」

【注釋】❶假　借。❷左成　人名，曾為楚臣，此時可能在秦國。❸甘茂　下蔡人，秦武王時為左丞相。❹不　當依鮑彪本作「不如」。❺不反秦兵　指秦兵救魏打了敗仗因死傷而不能回來。反，同「返」。下同。❻不反秦　因為打了敗仗懼秦誅而不敢返。❼去秦　離開秦國。❽高子　尊崇你。

【語譯】張儀想借秦軍去救魏。左成對秦相甘茂說：「你不如將軍隊借給他。魏國如果不能讓秦軍回來，張儀因為打了敗仗，也不敢回秦國；魏國若能讓秦軍回來，張儀便在魏國得志，害怕秦國懷疑他，也不敢回到秦國。張儀即使不離開秦國去救魏國，因為你答應過將秦軍借給他，張儀也必定會尊崇你。」

## 司馬錯與張儀爭論於秦惠王前

【題解】司馬錯和張儀就伐韓還是伐蜀問題在秦惠王面前展開了一次爭論，各抒己見。張儀主張秦伐韓，向東擴展；司馬錯主張秦伐蜀，向西擴張。結果秦惠王採納了司馬錯的意見。

司馬錯❶與張儀爭論於秦惠王前。司馬錯欲伐蜀，張儀曰：「不如伐韓。」王曰：「請聞其說。」對曰：「親魏善楚，下兵三川❷，塞轘轅❸、緱氏❹之口❺，當❻屯留之道❼，魏絕南陽❽，楚臨南鄭❾，秦攻新城❿、宜陽⓫，以臨二周⓬之郊，誅⓭周主⓮之罪，侵楚、魏之地。周自知不救，九鼎⓯寶器必出。據九鼎，桉⓰圖籍⓱，挾天子以令天下⓲，天下莫敢不聽，此王業⓳也。今夫蜀，西辟⓴之國，而戎狄㉑之長㉒也，弊兵㉓勞眾不足以成名㉔，得其地不足以為利。臣聞：『爭名者於朝，爭利者於市。』今三川、周室，天下之市朝也，而王不爭焉，顧㉕爭於戎狄，去㉖王業遠矣。」

【章旨】司馬錯與張儀見解不同。張儀先陳述主張伐韓的理由，認為伐韓可以威脅二周，得九鼎之寶，挾天子以令天下，而成王業；而伐蜀，既無名，又無利，離王業太遠。

【注釋】❶司馬錯　秦人。❷三川　因有黃河、洛河、伊河而得名，在今河南靈寶以東地區，當時屬於韓國。❸轘轅　山名，在今河南鞏縣西南。❹緱氏　山名，在今河南偃師南。❺口　山口。❻當　擋住。❼屯留之道　道名，在今山西屯留境內。張守節說就是太行山上的羊腸阪道。❽南陽　在晉山南、黃河北，故稱南陽。是韓、魏二國接壤處。❾南鄭　即新鄭，故城在今河南新鄭西。❿新城　在今河南伊川西南。⓫宜陽　韓邑名，在今河南宜陽西北。⓬二周　指東周、西周。⓭誅　討伐。⓮周主　東周君、西周君。⓯九鼎　傳國寶，詳見〈東周策・秦興師臨周而求九鼎〉❹。⓰桉　同「案」。查考。⓱圖籍　地圖、戶籍。⓲令天下　向天下發號施令。⓳王業　王天下之業。⓴辟　通「僻」。㉑戎狄　中國古代西部少數民族名。㉒長　《史記・張儀列傳》作「倫」，類的意思。㉓弊兵　使士兵疲勞。弊，通「疲」。㉔成名　成霸王之名。㉕顧　反而。㉖去 距離。

【語 譯】司馬錯和張儀在秦惠王面前爭論。司馬錯想進攻蜀，張儀說：「不如進攻韓。」秦惠王說：「請讓我聽聽你的說法。」張儀回答說：「我們先和楚國、魏國親善，再出兵到三川，堵住轘轅山、緱氏山的山口，擋住屯留一帶太行山的險道，讓魏國切斷與韓國南陽的交通、楚國出兵到韓國的新鄭，然後秦國便攻打韓國的新城、宜陽，將軍隊開到東、西周的城郊，聲討東周君、西周君的罪過，然後再去侵占楚國、魏國的領土。東、西周自知無法挽救滅亡的局面，必定向秦國獻出九鼎寶器。秦國據有九鼎，查考天下地圖和戶籍，挾持天子，向天下發號施令，天下諸侯是沒有誰敢不聽從的，這是王天下之大業啊。蜀，是西部偏僻的國家，又是戎狄的族類，讓士兵疲困、民眾勞苦地去攻打它，卻不能夠成就霸王之名；就是得到它的土地，也不能夠獲得什麼好處。我聽說過這樣的話：『爭名的人就要到朝廷中去，爭利的人就要到市場上去。』現在三川、周室，便是天下的市場和朝廷，而大王卻不去那裡爭奪，反而去和戎狄爭奪，這樣距離霸王之業就太遠了。」

司馬錯曰：「不然。臣聞之，欲富國者，務❶廣其地；欲強兵者，務富其民；欲王者，務博其德。三資❷者備，而王❸隨之矣。今王之地小民貧，故臣願從事於易。夫蜀，西辟之國也，而戎狄之長也，而有桀、紂之亂❹。以秦攻之，譬如使豺狼逐群羊也。取其地，足以廣國也；得其財，足以富民，繕兵❺不傷眾，而彼已服矣。故拔一國，而天下不以為暴；利盡西海，諸侯不以為貪。是我一舉而名實兩附❻，而又有禁暴正❼亂之名。今攻韓劫❽天子，劫天子，惡名也，而未必利也，又有不義之名❾。而攻天下之所不欲❿，危！臣請謁⓫其故：周，天下之宗室⓬也；齊，韓、周⓭之與國也。周自知失九鼎，韓自知亡三川，則必將二國⓮并力合謀，以因⓯乎齊、趙而求解⓰乎楚、魏，以鼎與⓱楚，以地與魏，王不能禁。此臣所謂『危』，不如伐蜀之完⓲也。」惠王曰：「善！寡人聽子。」卒起兵伐蜀，十月取之，遂定蜀。蜀主更號為侯，而使陳莊⓳相蜀。蜀既屬⓴，秦益強富厚，輕諸侯。

【章旨】司馬錯陳說伐蜀的理由，認為蜀易攻，得蜀可以廣地富民，又有禁暴止亂的好名聲；而伐韓臨周，不僅有不義之名，而且還會引起山東諸侯的危險反應。秦惠王同意司馬錯的見解，出兵伐蜀。

【注釋】❶務　力求。❷三資　指廣地、富民、博德。❸王　霸王之業。❹桀紂之亂　像夏桀、商紂那樣的動亂。指當時巴、蜀相攻。❺繕兵　修理兵器，這裡指動用武力。❻附　附著。在這裡有得到的意思。❼正　據《史記・張儀列傳》當作「止」。❽劫　劫持。❾不義之名　韓無罪而攻之，故有不義之名。❿不欲　指不欲攻韓。因攻韓違背了天下的願望。⓫謁　稟告；陳說。⓬宗室　周室是天下所宗，故稱宗室。⓭周　據《史記・張儀列傳》「周」字應是衍文，當刪去。⓮二國　指周和韓。⓯因　通過。⓰解　和解。⓱與　給。⓲完　完美。⓳陳莊　秦國的臣子。⓴屬　歸屬。

【語譯】司馬錯說：「不是這樣。我聽說，想使國家富有，務必擴大它的疆土；想使軍力強大，務必使它的民眾富足；想稱王，務必增大它的德惠。這三種資本具備了，而霸王之業也就跟著完成了。現在大王的疆土小，民眾貧窮，所以我希望你先從容易的事辦起。蜀，是西邊偏僻的國家，且屬於戎狄族類，而內部又有夏桀、商紂那樣的動亂。用秦國的力量進攻它，就像讓豺狼追趕羊群一樣。奪取它的土地，足以擴大秦國的疆土；得到它的財物，足以使秦國的民眾富足；動用武力卻不致傷害民眾，而它便已經歸服了。所以攻下了一個國家，而天下人都不認為您是殘暴；西邊的利益全歸秦國，諸侯還不認為您是貪婪。這樣，我們一舉而名利雙收，又有禁暴止亂的美名。現在如果進攻韓國，劫持周天子，劫持周天子，名聲是很不好的，而又未必得到好處，同時還有不義的惡名。進攻天下人所不願進攻的韓國，那是危險的！請讓我稟告其中的緣故：周，是天下諸侯的宗室；齊，是韓國的盟國。周自知要丟掉九鼎，韓自知要喪失三川，那麼周、韓兩國必將協力合謀，通過齊、趙兩國謀求與楚國、魏國和解，將九鼎給楚國，將三川之地給魏國，大王是無法加以禁止的。這便是我所說的危險。不如攻打蜀為好。」秦惠王說：「妙，我聽信你的。」終於起兵攻蜀，十月便奪取了蜀，於是使蜀平定下來。蜀主改變名號，稱為「侯」，而秦國則派陳莊去做蜀相。蜀既已歸屬秦國，秦國便更加富強，而輕視天下諸侯。

## 張儀之殘樗里疾

【題解】張儀設計暗害樗里疾。先讓樗里疾出使楚國，並讓楚王出面請求秦國任命樗里疾為相，再藉此誣陷樗里疾要將秦國出賣給楚國，逼得樗里疾只好出逃。

張儀之殘❶樗里疾❷也，重❸而使之楚，因令楚王❹為之請相於秦。張子謂秦王曰：「重樗里疾而使❺之者，將以為國交也。今身在楚，楚王因為請相於秦。臣聞其言❻曰：『王❼欲窮❽儀於秦乎？臣請助王。』楚王以為然，故為請相也。今王誠❾聽之，彼必以國事楚王。」秦王大怒，樗里疾出走❿。

【注釋】❶殘　害。❷樗里疾　秦惠王異母弟，滑稽多智，號稱「智囊」，惠王時被封為嚴君。秦武王時，張儀被逐往魏，樗里疾為秦相。《史記》有傳。❸重　貴，指提高其地位。張儀想用此法使楚重視樗里疾。❹楚王　指楚懷王。❺使　擔任使者。❻其言　指樗里疾的話。當是張儀所捏造。❼王　指楚懷王。❽窮　困；處境艱難。❾誠　如果。❿走　奔；逃跑。

【語　譯】張儀為了中傷樗里疾，故意提高樗里疾的地位而讓他出使楚國，藉此使楚王替他請求秦王任命他為相。張儀告訴秦王說：「我們提高樗里疾的地位而讓他出使，是要他為國家辦外交。現在他身在楚國，楚王因而請求秦國任命他為相。我聽說樗里疾在楚國對楚王說過：『大王想讓張儀在秦國陷入困境嗎？請讓我幫助大王。』楚王認為他說得對，所以請求秦國任命他為相。現在大王如果聽從楚王的請求，樗里疾必定用秦國去侍奉楚王。」秦王聽了很惱火，樗里疾只好出逃。

## 張儀欲以漢中與楚

【題　解】張儀認為漢中地處南邊，是秦國的包袱，不如給楚國；甘茂主張不給，認為地大不是壞事，現在為了拉攏楚國就將漢中給它，將來天下有變，再用什麼去收買楚國？

張儀欲以漢中❶與楚，請❷秦王曰：「有漢中，蠹❸。種樹不處者，人必害之；家有不宜之財，則傷本❹。漢中南邊❺為楚利❻，此國累❼也。」甘茂謂王曰：「地大者，固❽多憂乎？天下有變❾，王割漢中以為❿和楚，楚必畔⓫天下而與⓬王。王今以漢中與楚，即⓭天下有變，王何以市⓮楚也？」

【注釋】❶漢中　秦郡名，包括今陝西南部和湖北西北隅及河南西南隅。秦惠王更元十三年（西元前三一二年）秦進攻楚漢中，取地六百里，設立漢中郡，次年秦將漢中地割還給楚，與楚議和。❷請　當作「謂」。❸蠹　蛀木蟲，引申為「害」的意思。❹種樹不處者四句　文字上有錯誤，當依吳師道說作「種樹不處者，則傷本；家有不宜之財，人必害之」。種樹，栽種。樹，動詞。不處，不合適的地方。不宜，不義。本，根。❺南邊　指在秦國的南邊。❻楚利　有利於楚。❼累　連累，即所謂「包袱」。❽固　必定。❾變　事變。❿為　當是衍文。⓫畔　通「叛」。⓬與　親附；跟隨。⓭即　若。⓮市　買。

【語譯】張儀想將漢中割給楚國，他對秦王說：「占有漢中，是個禍害。植物栽種在不合適的地方，就會爛根；家中有不義之財，別人就必定會傷害你。漢中在秦國的南邊，有利於楚國，這是秦國的包袱。」甘茂對秦王說：「疆土廣大就必定多憂嗎？天下有事故，大王割讓漢中和楚議和，楚國必定背叛天下諸侯而親近大王。現在就將漢中割給楚國了，假若天下真有事故，大王用什麼去收買楚國呢？」

## 楚攻魏張儀謂秦王

【題解】楚國進攻魏國，張儀要秦惠王幫助魏國，認為無論魏國是勝或是敗，秦國都可得到魏國西河之外的土地。

楚❶攻魏。張儀謂秦王❷曰：「不如與❸魏以勁❹之，魏戰勝，復聽❺於秦，必入❻西河之外❼；不勝，魏不能守，王必取之。」王用儀言，取皮氏❽卒萬人，車百乘，以與❾魏。犀首❿戰勝威王，魏兵罷弊⓫，恐畏秦，果獻西河之外。

【注釋】❶楚　指楚威王。❷秦王　指秦惠王。❸與　助。❹勁　強。❺聽　當作「德」，感激的意思。❻入　納入。❼

西河之外　指魏國黃河以西的地方。即今陝西東部合陽一帶地區。❽皮氏　本是魏邑，故城在今山西河津境內。據《史記·魏世家》，魏襄王六年（西元前三二九年）秦奪取了皮氏。然而言魏「予秦西河之地」，在襄王五年，記年或有誤。❾與　助。❿犀首　即公孫衍，魏國陰晉人，曾經任魏相，詳見《史記·張儀列傳》附〈犀首傳〉。⓫罷弊　疲困。罷，通「疲」。

【語譯】楚國進攻魏國。張儀對秦惠王說：「不如幫助魏國以增強它抵抗楚國的力量，魏國戰勝了，會再感激秦國，必定將它西河之外的領土納入秦的版圖；如果打了敗仗，魏國就守不住西河之外，大王必定可以奪取它。」秦惠王採用了張儀的建議，調用皮氏士兵一萬人，車一百輛，以幫助魏國。魏國的犀首戰勝了楚威王，卻由於魏兵疲困，害怕秦國，果然將西河之外獻給了秦國。

## 田莘之為陳軫說秦惠王

【題解】田莘為了陳軫，借古喻今，用春秋時晉國為了伐郭（虢）、伐虞而先讓人去說舟之僑、宮之奇壞話的歷史勸秦惠王，說明楚國知道秦國的橫門君會用兵、陳軫多智，張儀來了必定要說他們的壞話，希望不要聽他的。

田莘❶之為陳軫❷說秦惠王曰：「臣恐王之如郭君❸。夫晉獻公欲伐郭，而憚舟之僑❹存。荀息❺曰：『《周書》❻有言，「美女破舌❼」。』乃遺❽之女樂❾，以亂其政。舟之僑諫而不聽，遂去❿。因而伐郭，遂破之。又欲伐虞⓫，而憚宮之奇⓬存。荀息曰：『《周書》有言，「美男破老⓭」。』乃遺之美男，教之惡宮之奇。

宮之奇以諫而不聽，遂亡⑭。因而伐虞，遂取之。今秦自以為王⑮，能害王者⑯之國者，楚也。楚智⑰橫君⑱之善用兵，用兵⑲與陳軫之智，故驕張儀以五國⑳。來，必惡㉑是二人㉒。願王勿聽也。」張儀果來辭㉓，因言軫也，王怒而不聽。

【注釋】❶田莘　事跡不詳。❷陳軫　遊說之士，和張儀同事秦惠王，爭寵，張儀做秦國的相以後，陳軫投奔楚國，後又回到秦國。詳見《史記・張儀列傳》附〈陳軫傳〉。❸郭君　即虢君，指春秋時北虢國的君主。郭，通「虢」。北虢，在今山西平陸。❹舟之僑　虢國的大夫。❺荀息　晉國的大夫。❻周書　《汲冢周書》說：「美男破老，美女破舌，武之毀也。」❼破舌　鮑彪注：「破，壞其事。舌，指諫臣。」❽遺　贈送。❾女樂　歌舞伎。❿去　離開虢國。《國語・晉語二》記載舟之僑預見到虢國將亡，便離開虢國到晉國去。⓫虞　國名，在今山西平陸東北。⓬宮之奇　虞國大夫。⓭老　老成；國老。⓮亡　逃。《國語・晉語二》記載：宮之奇進諫，虞公不聽，宮之奇便和妻子逃到西山去。⓯自以為王　自己認為自己是王。⓰者　當是衍文。⓱智　當作「知」。⓲橫君　即橫門君，秦將。⓳用兵　當是衍文。⓴驕張儀以五國　讓張儀出使五國以驕寵他。驕，寵。五國，舊注說是韓、魏、趙、燕、齊五國。㉑惡　動詞，說壞話。㉒二人　指橫門君和陳軫。㉓辭　進說辭。

【語譯】田莘為了陳軫勸說秦惠王道：「我擔心大王會像虢國的君主一樣。當年晉獻公想進攻虢國，卻害怕虢國有個舟之僑。荀息說：『《周書》有句「美女破舌」的話。』於是便送給虢國國君歌舞伎，以搞亂虢國的政事。舟之僑向虢君進諫，虢國的君主不聽取，他便離開了虢國。晉獻公因而進攻虢國，於是滅亡了虢國。晉獻公又想進攻虞國，卻害怕虞國有個宮之奇。荀息說：『《周書》有句「美男破老」的話。』於是便送給虞國國君美男子，叫他去說宮之奇的壞話。宮之奇進諫，虞君不聽他的，他便逃出虞國。晉獻公因而進攻虞國，於是奪取了虞國。現在秦國自封為王，能夠危害大王的國家的，是楚國。楚國知道橫門君善用兵和陳軫有智慧，所以會尊寵張儀讓他出使五國。張儀來了，必定會說這兩個人的壞話，希望大王不要聽信他的話。」張儀果然來進說辭，因而說了陳軫的壞話，秦惠王便發怒而不聽信張儀的話。

# 張儀又惡陳軫於秦王

【題解】張儀和陳軫爭寵，張儀誣陷陳軫不忠而想離開秦國到楚國去。陳軫為自己辯解，列舉古代的孝子孝己、忠臣伍子胥以及生活中的「良僕妾」、「良婦」遭到拋棄為例，說明自己忠而被棄，只有到楚國去。秦王相信了他的話。

張儀又惡陳軫於秦王，曰：「軫馳楚、秦之間，今楚不加善秦而善軫，然則是軫自為而不為國也。且軫欲去秦而之楚，王何不聽❶乎？」王謂陳軫曰：「吾聞子欲去秦而之楚，信乎？」陳軫曰：「然。」王曰：「儀之言果信也。」曰：「非獨儀知之也，行道之人皆知之。曰：『孝己❷愛其親，天下欲以為子；子胥❸忠乎其君，天下欲以為臣。賣僕妾售❹乎閭巷者，良僕妾也；出婦❺嫁鄉曲❻者，良婦也。』吾不忠於君，楚亦何以軫為忠乎？忠且見棄，吾不之楚，何適乎？」秦王曰：「善。」乃必❼之也。

【注釋】❶聽　察。❷孝己　殷高宗戊丁的兒子，是個著名的孝子，相傳他每晚起床五次，檢查父母衣衫的厚薄、枕頭高低是否恰當。生母死後，遭後母讒毀，被流放而死。❸子胥　即伍子胥，是楚大夫伍奢的兒子，伍奢被楚平王處死，伍子胥投奔吳國，多次向吳王進諫，吳王不聽，後遭太宰嚭的讒毀，被賜劍自殺而死。《史記》有〈伍子胥列傳〉。❹售　賣出去。❺

出婦　棄婦。❻鄉曲　鄉里；本鄉。❼必　當從鮑彪本作「止」。

【語　譯】張儀又在秦王的面前說陳軫的壞話，他說：「陳軫來往楚國、秦國之間，現在楚國不進一步和秦國親善而善待陳軫，從這裡可見陳軫是為自己而不是為國家。再說陳軫想離開秦國去楚國，大王為何不審查他呢？」秦王對陳軫說：「我聽說你想離開秦國到楚國去，是真的嗎？」陳軫說：「是真的。」秦王說：「張儀的話果然是真的啊。」陳軫說：「不僅張儀知道這件事，就是一般過路的人都知道這件事。話說：『孝己愛他的父母，天下人都想要他做兒子；伍子胥忠於他的君主，天下的君主都想要他做臣子。出售僕人能在同一閭巷中賣出去的，是好僕人；被休棄的婦女能嫁給本鄉人的，是好婦女。』我如果不忠於我的君主，楚王怎麼會認為我是忠臣呢？盡忠卻將要被拋棄，我不去楚國，到哪裡去呢？」秦王說：「講得好。」於是便阻止他前往楚國。

【題　解】本文和上文大致相同，記載張儀誣陷陳軫要叛離秦國去楚國，陳軫向秦惠王辯解，說自己想去楚國，是由於「忠尚見棄」的緣故。可能關於此事有兩種不同的傳聞，詳略有別，所以編者都將它們收錄了。

## 陳軫去楚之秦

陳軫去楚之秦。張儀謂秦王❶曰：「陳軫為王臣，常以國情輸❷楚。儀不能與從事，願王逐之。即❸復之楚，願王殺之。」王曰：「軫安敢之楚也！」

【章　旨】張儀告訴秦惠王，陳軫將秦國的情報輸送給楚國，並想再到楚國去。

【注　釋】❶秦王　指秦惠王。❷輸　輸送。❸即　若；如果。

【語譯】陳軫離開楚國到秦國。張儀告訴秦惠王說：「陳軫作為大王的臣子，常常將國家的情報輸送給楚國。我不能同他共事，希望大王驅逐他。他如果再要去楚國，希望大王就殺掉他。」秦惠王說：「陳軫怎敢去楚國呀！」

王召陳軫告之曰：「吾能聽子言，子欲何之？請為子車約❶。」對曰：「臣願之楚。」王曰：「儀以子為❷之楚，吾又自知子之楚。子非楚，且安之❸也！」軫曰：「臣出，必故❹之楚，以順❺王與儀之策❻，而明臣之楚與不❼也。楚人有兩妻者，人誂❽其長者，詈❾之；誂其少者，少者許之。居無幾何❿，有兩妻者死。客謂誂者曰：『汝取⓫長者乎？少者乎？』『取長者。』客曰：『長者詈汝，少者和⓬汝，汝何為取長者？』曰：『居彼人之所，則欲其許我也；今為我妻，則欲其為我詈人也。』今楚王⓭明主也，而昭陽⓮賢相也。軫為人臣，而常以國⓯輸楚王，王⓰必不留臣，昭陽將不與臣從事矣。以此明臣之楚與不⓱。」

【章旨】秦惠王問陳軫要到哪裡去，陳軫先是隨口回答要去楚國，然後借一個楚人的故事說明他的真心是不去楚國。

【注釋】❶車約　當據鮑彪本作「約車」。套車；準備車。❷以子為　認為你。❸且安之　將往哪裡去呀。這句是用反問的語氣肯定陳軫要去楚國。且，將。安之，安往；去哪裡。❹故　故意；特意。❺順　順從。❻策　謀。這裡是猜想的意思。❼

不　通「否」。❽誂　引誘；挑逗。❾詈　罵。❿居無幾何　過了不久。居，停；過了。無幾何，不久。⓫取　通「娶」。⓬和　應允。⓭楚王　指楚懷王。⓮昭陽　人名。據《史記・楚世家》，昭陽是懷王時的令尹，相當於其他諸侯國的相。⓯國　據鮑彪本「國」下有「情」字。⓰王　指楚王。⓱不　通「否」。

【語　譯】秦惠王召見陳軫，告訴他說：「我能聽從你的話，你想到哪裡？請讓我替你準備好車子。」陳軫回答說：「我願到楚國去。」秦惠王說：「張儀認為你要去楚國，我現在又親自知道你要去楚國。你不去楚國還將到哪裡去呀！」陳軫說：「我離開秦國，一定特意要去楚國，來順從大王和張儀的猜想，從而表明我究竟去不去楚國的心意。楚國有個人有兩個妻子，有人勾引他那個年長的妻子，那個年長的妻子罵他；勾引他那個年輕的妻子，那個年輕的妻子答應了他。過了不久，那個人死了。有個客人對那個勾引別人妻子的人說：『你娶那個年長的呢，還是娶那個年輕的呢？』他回答說：『娶那個年長的。』客人說：『年長的罵了你，年輕的答應了你，你為什麼還要娶那個年長的？』他回答說：『她在她丈夫那裡時，我就想她答應我；現在她成為我的妻子，那我就想要她能為我罵別人呀。』現在楚王是個英明的君主，而昭陽是個賢能的相國。我陳軫作為臣子，卻常常將國家的情報輸送給楚王，楚王必定不留我，昭陽也將不與我共事了。用這可以表明我去楚國還是不去楚國的心意了吧！」

軫出，張儀入，問王曰：「陳軫果安之？」王曰：「夫軫天下之辯士也，孰❶視寡人曰：『軫必之楚。』寡人遂無奈何也。寡人因問曰：『子必之楚也，則儀之言果信矣！』軫曰：『非獨儀之言也，行道之人皆知之。昔者子胥忠其君，天下皆欲以為臣；孝己愛其親，天下皆欲以為子。故賣僕妾不出里巷而取者，良僕妾也；出婦嫁於鄉里者，善婦也。臣不忠於王，楚何以軫為❷？忠尚見棄，軫不之楚，而何之乎？』」王以為然，遂善待之。

【章旨】秦惠王轉告張儀：陳軫說正因為他忠於秦國，才不得不去楚國。

【注釋】❶孰　通「熟」。仔細。❷何以軫為　要我陳軫做什麼。為，用在句末表示疑問。

【語譯】陳軫出去，張儀進來，問秦惠王說：「陳軫真的要去那裡？」秦惠王說：「陳軫是天下有名的能言善辯之士，他仔細注視我說：『我陳軫必定去楚國。』我於是無可奈何。我接著問他說：『你一定要去楚國，那麼張儀的話就果然是真的了。』陳軫說：『不僅僅是張儀的話啊，一般過路的人也都知道這件事。過去伍子胥忠於他的君主，天下的君主都想要他做臣子；孝己愛他的父母，天下人都想要他做兒子。所以出售僕人不出本里巷而能賣出去的，是好僕人；被休棄的婦女能在本鄉里中出嫁的，是好婦女。我如果不忠於大王，楚王要我陳軫幹什麼？盡忠還遭遺棄，我陳軫不去楚國，能到哪裡去呢？』」秦惠王認為說得對，於是便好好禮待陳軫。

# 卷四 秦策二

## 齊助楚攻秦

【題解】秦惠王為了拆散齊、楚聯盟，派遣張儀遊說楚懷王，騙楚絕齊。懷王由於貪利，不聽陳軫諫戒，和齊絕交，以致受張儀欺騙，發生秦、楚大戰，結果楚軍大敗於杜陵。

齊助楚攻秦，取曲沃❶。其後，秦欲伐齊，齊、楚之交善❷，惠王患之，謂張儀曰：「吾欲伐齊，齊、楚方懽❸，子為寡人慮❹之，奈何❺？」張儀曰：「王其❻為臣約車❼并幣，臣請試之。」

【章旨】秦國想進攻齊國，派遣張儀去破壞齊、楚聯盟。

【注釋】❶曲沃　故城在今河南靈寶東曲沃鎮。本是魏邑，魏惠王後元五年（西元前三二一年）秦攻下曲沃，為秦所有。❷交善　交好親善。❸懽　同「歡」。❹慮　考慮；計畫。❺奈何　如何。❻其　表示商量、請求的口氣。❼約車　套車，即準備車。

【語　譯】齊國幫助楚國進攻秦國，奪取了曲沃。此後，秦國想攻打齊國，可是齊國、楚國友好親善，秦王為此擔心，對張儀說：「我想攻打齊國，可是齊國、楚國正親熱，你為我考慮考慮，看怎麼辦才好？」張儀說：「大王請為我準備好車和財物，我請求前去試一試，以破壞齊、楚聯盟。」

張儀南見楚王❶曰：「弊邑❷之王所說甚者❸，無大❹大王❺，唯儀之所甚願為臣者，亦無大大王。弊邑之王所甚憎者，亦無先❻齊王❼，唯儀之甚憎者，亦無大齊王。今齊王之罪，其於弊邑之王甚厚❽，弊邑欲伐之，而大國與之懽，是以弊邑之王不得事令❾，而❿儀不得為臣也。大王苟⓫能閉關⓬絕齊⓭，臣請使秦王獻商於⓮之地，方六百里。若此，齊必弱⓯，齊弱則必為王役⓰矣。則是北弱齊，西德⓱於秦，而私商於之地以為利也，則此一計而三利俱至。」

【章　旨】張儀遊說楚懷王，說楚和齊絕交，可獲「三利」：「北弱齊」、「西德秦」、「私商於之地」六百里。

【注　釋】❶楚王　指楚懷王。據《史記・楚世家》，張儀南見楚王是在楚懷王十六年（西元前三一三年）。❷弊邑　即「敝邑」，敝國。❸所說甚者　所最喜歡的人。說，同「悅」。❹大　超過。❺大王　指楚懷王。❻先　鮑彪本作「大」。❼齊王　指齊宣王。❽厚　重，指罪重。❾令　當從《史記・楚世家》作「王」。❿而　據《史記・楚世家》，「而」下缺一「令」字。⓫苟　如果。⓬關　指楚國北邊的方城關塞。⓭絕齊　和齊絕交。⓮商於　秦地名，在今陝西商縣、河南內鄉一帶。⓯弱　指齊無援而弱。⓰役　役使；當差役。⓱德　恩德，這裡作動詞用，是施恩德的意思。

【語譯】張儀往南走，去見楚王，說：「敝國國王所最喜歡的人莫過於大王，我張儀所最願意做他臣子的人也莫過於大王。敝國國王所最憎恨的人則莫過於齊王，我張儀所最憎恨的人也莫過於齊王。現在齊王對敝國國王所犯的罪最重，敝國因此想討伐他，而你楚國和他歡好，因此敝國國君不能侍奉大王，而且使我也不能做您的臣子啊。大王如果能和齊閉關絕交，就請允許我讓秦王獻出商於之地六百里給大王。假若能這樣，齊國必定會衰弱；齊國衰弱了，必定為大王所役使了。如此一來，在北邊削弱了齊國，在西邊給了秦國恩德，而且私下又得到了商於之地六百里的好處，這就是行一計而三利都來了啊！」

楚王大說❶，宣言之於朝廷，曰：「不穀❷得商於之田，方六百里。」群臣聞見者畢賀，陳軫後見，獨不賀。楚王曰：「不穀不煩一兵，不傷一人，而得商於之地六百里，寡人自以為智矣！諸士大夫皆賀，子獨不賀，何也？」陳軫對曰：「臣見商於之地不可得，而患必至也，故不敢妄❸賀。」王曰：「何也？」對曰：「夫秦所以重王者，以王有齊也。今地未可得而齊先絕，是楚孤也，秦又何重孤國？且先出地絕齊，秦計必弗為也；先絕齊後責地，且必受欺於張儀。受欺於張儀，王必惋❹之。是西生秦患，北絕齊交，則兩國❺兵必至矣。」楚王不聽，曰：「吾事善矣！子其弭❻口無言，以待吾事。」楚王使人絕齊，使者未來❼，又重絕之。

【章旨】陳軫反對楚與齊絕交，認為這將使楚孤立，不但不能得地，受張儀欺騙，而且會導致齊、秦聯合攻楚的惡果。楚懷王拒聽陳軫忠諫之言。

【注釋】❶說 同「悅」。❷不穀 諸侯對自己的謙稱。❸妄 胡亂。❹惋 怨恨。❺兩國 指秦、齊二國。❻弭 止；閉住。❼來 歸來。

【語譯】楚王非常高興，在朝廷上宣布說：「我得到商於之地方圓六百里。」群臣中聽到這事和見到楚王的全都向他道賀，陳軫最後去見楚王，偏偏不道賀。楚王說：「我沒有煩勞一個士兵，傷害一個人，而得到了商於之地六百里，我自以為是明智了！諸士大夫都向我道賀，你偏偏不道賀，是什麼緣故呢？」陳軫回答說：「我認為商於之地不能得到而災禍會跟著到來，所以不敢隨便道賀。」楚王說：「是什麼緣故呢？」陳軫回答說：「秦國之所以重視大王，是因為大王和齊國有友好聯盟的關係。現在商於之地沒有得到，卻先和齊國斷絕了關係，這樣楚國便孤立了，秦國又怎麼會重視一個孤立的國家？再說讓秦國先交出土地，然後楚國才再和齊國絕交的話，秦國也必定不幹；如果楚國先和齊國斷絕關係，然後向秦國要地的話，那一定會受張儀的騙。受到張儀的騙，大王必定怨恨他。這樣一來，在西邊發生了秦國的禍患，在北邊斷絕了齊國的友好，那麼秦、齊兩國的軍隊必定來進攻楚國了。」楚王不聽從他的話，說：「我的事已經辦好了，你還是閉住嘴巴，不要說話，等著瞧我的事辦得怎麼樣！」楚王派人去和齊絕交，派出去的使者還沒有回來，又迫不及待，再派使者去和齊絕交。

張儀反❶，秦使人使齊，齊、秦之交陰合❷。楚因使一將軍受地於秦。張儀至❸，稱病不朝。楚王曰：「張子以寡人不絕齊乎？」乃使勇士❹往詈齊王。張儀知楚絕齊也，乃出見使者曰：「從某至某，廣從❺六里。」使者曰：「臣聞六百里，不聞六里。」儀曰：「儀固以小人❻，安得六百里？」使者反報楚王，楚王大怒，欲興師伐秦。陳軫曰：「臣可以言乎❼？」王曰：「可矣。」軫曰：「伐秦非計也，王不如因而賂之一名都❽，與之伐齊，是我亡於秦而取償於齊也。楚國不尚全事❾？王今已絕齊，而責欺於秦，是吾合齊、秦之交也，固❿必大傷。」楚王不聽，遂舉兵伐秦。秦與齊合，韓氏從之⓫。楚兵大敗於杜陵⓬。故楚之土壤士民非削弱⓭、僅以救亡者，計失於陳軫，過聽於張儀。

【章　旨】張儀回到秦國，楚派人去秦受地，果然不出陳軫所料，張儀先是裝病不見楚使，後來他知道楚、齊確已絕交，便自食其言，將所許楚地六百里說成六里。懷王大怒，想出兵伐秦，陳軫反對，要求懷王聯秦伐齊，懷王不聽，因而大敗於杜陵。

【注　釋】❶反　同「返」。指回到秦國。❷交陰合　暗中復交。陰，暗；私下。❸張儀至　與上文「張儀反」意思重複，不可解，疑「至」字是後人據《史記・楚世家》「張儀至秦……稱病不出三月」誤增，當刪去。「張儀」二字連下讀，作「張儀稱病不朝」。❹勇士　據《史記・楚世家》，此勇士叫宋遺。❺廣從　即「廣縱」。意思是橫直。橫為廣，直為縱。《史記・楚世家》作「廣袤」。從東到西叫廣，從南到北叫袤。❻以小人　據《史記・張儀列傳》，張儀說的那六里地是屬於他的俸邑。他稱自己是卑賤小人，所以只能有六里地的俸邑。以，為，見《玉篇》。小人，是張儀對自己的謙稱。❼臣可以言乎　因為前面楚王叫他閉口不言，所以現在便這樣問。❽名都　大的都邑。❾不尚全事　當據高誘注作「不尚全乎」。尚，崇尚。全，指保全楚國。❿固　當作「國」。⓫韓氏從之　據《史記・楚世家》，秦、楚交戰時，韓、魏二國偷襲楚國。韓氏，指韓國。從之，指跟在秦國之後進攻楚國。⓬杜陵　楚邑名，在今陝西南部。⓭土壤士民非削弱　當是指這次秦、楚之戰，楚國失去了丹陽及漢中之地，八萬甲士被殺，大將軍屈匄、裨將軍逢侯丑等七十餘人被俘而言。非，不可解，疑為衍文。

【語　譯】張儀從楚國回到秦國，秦國便派人出使齊國，齊、秦兩國暗中恢復邦交。楚國派遣一位將軍去秦國接受土地，張儀裝病不上朝。楚王說：「張儀以為我沒和齊絕交嗎？」於是便派遣一個勇士前去辱罵齊王。張儀知道楚已經和齊絕交，便出來接見楚國的使者，說：「從某地到某地，橫直六里，這就是秦國要給楚國的地方。」使者說：「我聽說的是六百里，沒有聽說是六里。」張儀說：「我張儀本來是個卑賤的小人，怎麼能有六百里地？」使者回到楚國，報告楚王，楚王大怒，欲起兵攻打秦國。陳軫說：「我可以說話了嗎？」楚王說：「可以了。」陳軫說：「攻打秦國不是好的計策，大王不如因此用一名都去賄賂秦國，然後和秦國一道去攻打齊國，這樣我們損失給秦國的名都便可從齊國取得報償。楚國難道不重視自己國家的完好嗎？大王現在已經和齊國絕交了，卻去責怪秦國欺騙了您，這樣做，便是我們楚國自己去促使齊、秦兩國聯合起來，國家必定受到大的傷害。」楚王不聽從陳軫的話，便起兵攻打秦國。秦國和齊國聯合起來跟楚國作戰，韓國也跟著出兵。結果楚國軍隊在杜陵打了大敗仗。由此看來，楚國的土地、士民損失慘重僅僅免於滅亡的原因，是錯在沒有用陳軫的計謀，錯在聽信了張儀的謊話啊。

## 楚絕齊齊舉兵伐楚

【題　解】陳軫由楚入秦，為舊主秦惠王出謀獻策，要秦惠王在齊、楚之戰中先坐觀成敗，待兩敗俱傷時再去解救他們，以便一舉兩得。

楚絕齊，齊舉兵伐楚。陳軫謂楚王曰：「王不如以地東解❶於齊，西講❷於秦。」

【章旨】說明陳軫由楚入秦的背景。

【注釋】❶解　和解。❷講　媾和。

【語譯】楚國和齊國絕交，齊國出兵攻打楚國。陳軫告訴楚王說：「大王不如用割讓土地的辦法，東邊和齊和解，西邊和秦媾和。」

楚王使陳軫之秦，秦王謂軫曰：「子秦人❶也，寡人與子故❷也，寡人不佞❸，不能親❹國事也，故子棄寡人事楚王。今齊、楚相伐❺，或謂救之便❻，或謂救之不便，子獨不可以忠為子主❼計，以其餘❽為寡人乎？」陳軫曰：「王獨不聞吳人❾之遊❿楚者乎？楚王⓫甚愛之，病⓬，故使人問⓭之，曰⓮：『誠病乎？意亦思乎⓯？』左右曰：『臣不知其思與不思，誠思則將吳吟⓰。』今軫將為王吳吟⓱。王不聞夫管與⓲之說⓳乎？有兩虎諍⓴人而鬥者，管莊子㉑將刺之，管與止之曰：『虎者，戾蟲㉒；人者，甘餌㉓也。今兩虎諍人而鬥，小者必死，大者必傷。子待傷虎而刺之，則是一舉而兼㉔兩虎也。無刺一虎之勞，而有刺兩虎之名。』齊、楚今戰，戰必敗㉕。敗，王起兵救之，有救齊之利㉖，而無伐楚之害㉗。計聽知覆逆㉘者，唯王可也。計者，事之本也；聽者，存亡之機㉙。計失㉚而聽過㉛，能有國者寡㉜也。故曰：『計有一二㉝者難悖㉞也，聽無失本末㉟者難惑㊱。』」

【章 旨】陳軫由楚入秦，秦王問陳軫念不念舊情？在如何對待齊、楚之戰問題上能否為秦謀劃？陳軫表示還念舊情，在齊、楚之戰中，秦國要先讓它們互相殘殺，然後才去解救，方能「有救齊之利，而無伐楚之害」。

【注 釋】❶秦人 因為陳軫曾經仕秦，所以秦王稱他為「秦人」。❷故 故舊；舊交。❸不佞 不才，謙詞。❹親 知；主持。❺齊楚相伐 《史記·張儀列傳》附〈陳軫傳〉記此事作「韓魏相攻」。可能有不同傳說。❻便 利；合適。❼子主 你的主人，指楚王。❽餘 餘計。❾吳人 《史記·張儀列傳》附〈陳軫傳〉作「越人莊舄」。❿遊 宦遊；做官。⓫楚王 指某一個楚先王。⓬病 病重；病危。⓭問 指楚王使人去慰問。⓮曰 指派去慰問吳人的人回來，楚王問他說。⓯意亦思乎 還是在思念吳國呢。意，抑，「還是」的意思，表示選擇的連詞。思，指思念吳國。⓰吟 吟唱。⓱將為王吳吟 陳軫用這話表示他思念秦國，不忘故舊。⓲管與 人名，《史記·張儀列傳》附〈陳軫傳〉作「卞莊子」。⓳說 言。⓴諍 當依姚宏本一說作「爭」。㉑管莊子 《史記·張儀列傳》附〈陳軫傳〉作「館豎子」。㉒戾蟲 凶暴的野獸。戾，凶暴。蟲，古代稱獸為「毛蟲」，所以老虎也可稱為「蟲」。㉓甘餌 味美的餅餌。㉔兼 兼得；一起得到。㉕敗 舊注以為指「必有一敗」，今細審文意，既然上文說「小者必死，大者必傷」，當是指「兩敗」而言。㉖有救齊之利 楚和齊絕交後，齊與秦關係親密，秦當時不得不聲言救齊。㉗害 危。㉘計聽知覆逆 當據馬王堆帛書二四作「計聽知順逆」，意為聽斷計謀，能知道順逆。按，王念孫認為「計聽」以下五十一字，同上文不相連，是著書者的話，錯了簡，應該接在上篇〈齊助楚攻秦〉末「計失於陳軫，過聽於張儀」之後。見《讀書雜志·戰國策第一》。㉙機 關鍵。㉚計失 計謀上有過失。㉛聽過 聽取計謀上有錯誤。㉜寡 少。㉝一二 一再反覆考慮。㉞悖 亂。㉟無失本末 不本末倒置。㊱惑 迷惑。

【語 譯】楚王派遣陳軫前往秦國，秦王對陳軫說：「你是從秦國出去的人，和我是舊交，我不才，不能主持好國事，所以你便離開我去侍奉楚王。現在齊、楚兩國互相攻打，有的人說救他們合適，有的人說救他們不合適，你難道不可以盡忠為你的主人出謀獻策，用你的剩餘的智慧替我出出主意嗎？」陳軫說：「大王難道沒有聽說過某個在楚國做官的吳國人的事嗎？楚王很愛他，他病重，楚王特意派人去慰問他，去慰問的人回來後，楚王問道：『是真的病重呢？還是在思念吳國呢？』左右群臣說：『我們不知道他思念吳國還是不思念吳國，如果真的思念吳國，他就將用吳聲吟唱。』現在我陳軫將為大王用吳聲吟唱。大王沒有聽說過管與的話嗎？有兩隻老虎爭吃一個人而相鬥，管莊子將刺殺老虎，管與制止他，說：『虎是凶暴的野獸，人是味美的餅餌。現在兩虎爭吃一個人而相鬥，小的必定死，大的必定受傷。你等待老虎受了傷再刺殺牠，這樣便一舉而兼得兩虎。沒有刺殺一隻老虎的辛勞，卻有刺死兩隻老虎的名聲。』現在齊、楚二國開戰，開戰必定兩敗，兩敗了，大王再起兵去解救，這樣便有救齊的好處，而不會有攻打楚國的害處。聽斷計謀而能知道順逆的，只有大王可以稱得上。計謀是國事的根本，聽斷計謀是存亡的關鍵，計謀失策、聽斷錯誤，而能保住國家的是少有的。所以說：『出計謀能一再反覆考慮的人就難以擾亂他，聽斷計謀能不本末倒置的人就難以迷惑他。』」

## 秦惠王死公孫衍欲窮張儀

【題　解】李讎建議公孫衍重用甘茂、公孫顯、樗里子，以示張儀在秦不受重用而陷入困境。所記與《史記・樗里子甘茂列傳》有異。

秦惠王死❶，公孫衍❷欲窮❸張儀。李讎❹謂公孫衍曰：「不如召甘茂❺於魏，召公孫顯❻於韓，起樗里子❼於國。三人者，皆張儀之讎❽也，公用之，則諸侯必見❾張儀之無秦❿矣！」

【注　釋】❶秦惠王死　據《史記・六國年表》，秦惠王死於更元十四年（西元前三一一年）。❷公孫衍　即犀首，魏國陰晉人，曾任魏相，張儀死後為秦相。❸窮　困。❹李讎　秦人。❺甘茂　下蔡人，事秦惠王，武王時為秦左丞相。據《史記・

甘茂列傳》，甘茂當時在秦不在魏。❻公孫顯　秦國人。❼樗里子　即樗里疾，秦惠王的異母弟，秦惠王時封為嚴君。惠王死，武王即位，樗里疾為右丞相。❽讎　仇。❾見　看出；知道。❿無秦　在秦無權，不被重用。

【語　譯】秦惠王死後，公孫衍想使張儀陷入困境。李讎告訴公孫衍說：「你不如從魏國召回甘茂，從韓國召回公孫顯，在國內舉用樗里子。這三個人都是張儀的仇人，你任用他們，那麼諸侯必定可以從此看出張儀在秦無權，已不受重用了。」

## 義渠君之魏

【題　解】公孫衍如實告訴義渠國國君，秦國對義渠國採取什麼政策，要看中原諸侯是否進攻秦國來決定。

義渠❶君之魏，公孫衍❷謂義渠君曰：「道遠，臣不得復過❸矣，請謁事情❹。」義渠君曰：「願聞之。」對曰：「中國❺無事❻於秦，則秦且燒焫❼獲❽君之國；中國為有事於秦，則秦且輕使❾重幣❿，而事君之國也。」義渠君曰：「謹⓫聞令⓬。」

【章　旨】公孫衍說，中原諸侯不進攻秦國，秦國將消滅義渠國；進攻，則秦國便和義渠國友好。

【注　釋】❶義渠　古時西邊戎族國名，在今甘肅合水、正寧、環縣、寧縣、涇縣等地，故城在今寧縣西北。❷公孫衍　即犀首，曾任魏相。❸過　見。❹謁事情　告知事情真相。謁，告訴。情，實情。❺中國　黃河流域中原地帶。這裡是指函谷關以東各諸侯國。❻事　指戰事。❼燒焫　焚滅。焫，本作「爇」，燒。❽獲　獲得。一說「獲」是衍文。❾輕使　輕快的使者。❿幣　財物。⓫謹　表示尊敬的詞。⓬令　命。

【語　譯】義渠國國君到了魏國，公孫衍對義渠國國君說：「路途遙遠，我不能再見到您了，請讓我以真情相告。」義渠國國君說：「我願意聽一聽。」公孫衍便回答說：「山東各諸侯國不進攻秦國，那麼秦國將焚燒奪取您的國家；山東各諸侯國如進攻秦國，那麼秦國就將派出輕快的使者帶上貴重的財物，獻給您的國家，以求交好。」義渠國國君說：「恭敬地受教了。」

居無幾何❶，五國伐秦❷。陳軫謂秦王曰：「義渠君者，蠻夷之賢君，王不如賂之以撫其心。」秦王曰：「善。」因以文繡千匹，好女❸百人，遺❹義渠君。義渠君致❺群臣而謀曰：「此乃公孫衍之所謂❻也。」因起兵襲秦，大敗秦人於李帛❼之下。

【章　旨】山東五國進攻秦國，秦國採用陳軫的建議安撫義渠君，義渠君想起了公孫衍的話，便進攻秦國。

【注　釋】❶居無幾何　沒過多久。居，停。無幾何，不久。❷五國伐秦　據《史記・六國年表》，在秦惠王更元七年（西元前三一八年），魏、韓、趙、楚、燕五國伐秦，但〈秦本紀〉所記五國有齊而無楚。❸好女　美女。❹遺　贈送。❺致　招致；招集；使之到來。❻所謂　所說的情況，即山東諸侯進攻秦國，秦國便安撫義渠國。❼李帛　《史記・張儀列傳》附〈犀首傳〉作「李伯」，秦邑名。一說即伯陽城，在今甘肅天水東。

【語　譯】過了不久，山東五國一起進攻秦國。陳軫對秦王說：「義渠國國君，是蠻夷中很賢能的君主，大王不如用財物賄賂他，以安撫他的心意。」秦王說：「好。」因而用錦繡一千匹、美女一百人，贈送給義渠國國君。義渠國國君召集群臣商議，說：「這就是公孫衍所說的情況。」於是起兵偷襲秦國，在李帛城下大敗秦軍。

## 醫扁鵲見秦武王

【題解】扁鵲就他為秦武王治病而遭到左右非難一事，說明治理國家不能一方面和知道治理的人商量，一方面又和不知道治理的人去破壞它。

醫扁鵲❶見秦武王❷，武王示❸之病，扁鵲請除❹。左右曰：「君之病，在耳之前，目之下，除之未必已❺也，將使耳不聰，目不明。」君以告扁鵲。扁鵲怒而投其石❻：「君與知之者謀之，而與不知者敗之。使此知❼秦國之政也，則君一舉而亡國矣。」

【注釋】❶扁鵲　古代良醫。《史記·扁鵲倉公列傳》所記扁鵲為春秋時人，張守節《史記正義》引〈黃帝八十難序〉說軒轅（即黃帝）時也有扁鵲，這裡說的扁鵲是戰國時人，時代相差很遠，可見扁鵲當是古代良醫的稱號。❷秦武王　秦惠王的兒子，名蕩。❸示　告訴。❹除　除病；治病。❺已　止；痊癒。❻石　石針，用以治病的工具。❼知　主持。

【語譯】良醫扁鵲去見秦武王，秦武王告訴他自己得了病，扁鵲便請求給他醫治。左右近臣說：「您的病，在耳朵的前面、眼睛的下面，即使醫治也未必能治好，反而將使您的耳朵聽不到聲音，眼睛看不見東西。」秦武王把這些話告訴扁鵲。扁鵲聽了很生氣，將石針擲在地上，說：「您和知道治病的人商議治病，又和不知道治病的人去破壞它。假使您這樣去主持秦國的政事，那麼您便會一舉而亡國了。」

## 秦武王謂甘茂

【題　解】甘茂奉秦武王之命，約魏國去進攻韓國。他預見到韓國的宜陽是個大縣，一時難以攻下，定會遭到樗里疾、公孫衍等的謗議，動搖秦武王的決心，因而反覆設喻，說服秦武王和他在息壤立下不聽讒言的盟誓，因而取得了成功。

秦武王謂甘茂曰：「寡人欲車通三川❶，以闚❷周室❸，而寡人死不杇❹乎？」

甘茂對曰：「請之魏，約伐韓。」王令向壽❺輔行❻。

【章　旨】秦武王為了向東擴張，窺伺周室，派甘茂去聯絡魏國，以進攻韓國。

【注　釋】❶三川　在今河南靈寶以東地區，因有黃河、洛河、伊河而得名，當時屬於韓國。宜陽地處三川之中。❷闚　同「窺」。意為窺伺。❸周室　周王室，指洛邑、王城。❹杇　當作「朽」。❺向壽　人名。❻輔行　副使。

【語　譯】秦武王對甘茂說：「我想乘車通往三川，去窺伺周室，那我就死而不朽了。」甘茂回答說：「請讓我前往魏國，約請魏國一起去攻打韓國。」秦武王便派向壽做副使一道前往。

甘茂至魏，謂向壽：「子歸告王曰：『魏聽❶臣矣，然願王勿攻❷也。』事成，盡以為子功❸。」向壽歸以告王，王迎甘茂於息壤❹。甘茂至，王問其故❺。

對曰：「宜陽，大縣也，上黨⑥、南陽⑦積之久⑧矣，名為縣，其實郡⑨也。今王倍⑩數險⑪，行千里而攻之，難矣。臣聞張儀西并巴、蜀之地⑫，北取西河之外⑬，南取上庸⑭，天下不以為多⑮張儀而賢先王⑯。魏文侯⑰令樂羊⑱將，攻中山⑲，三年而拔之，樂羊反而語⑳功，文侯示㉑之謗書一篋㉒，樂羊再拜稽首曰：『此非臣之功，主君之力也。』今臣羈旅之臣㉓也，樗里疾、公孫衍㉔二人者，挾㉕韓而議，王必聽之，是王欺魏，而臣受公仲侈㉖之怨也。昔者曾子㉗處費㉘，費人有與曾子同名族㉙者而殺人，人告曾子母曰：『曾參殺人。』曾子之母曰：『吾子不殺人。』織自若㉚。有頃㉛焉，人又曰：『曾參殺人。』其母尚織自若也。頃之，一人又告之曰：『曾參殺人。』其母懼，投杼㉜踰牆而走㉝。夫以曾參之賢，與母之信也，而三人疑之㉞，則慈母不能信㉟也。今臣之賢不及曾子，而王之信臣又未若曾子之母也，疑臣者㊱不適㊲三人，臣恐王為臣之投杼也。」王曰：「寡人不聽也，請與子盟㊳。」於是與之盟於息壤。

【章旨】甘茂向秦武王陳說因為宜陽難攻，怕秦武王將會聽信謗議而生疑心，秦武王便和甘茂立下盟誓，約定不聽信謗議。

【注釋】❶聽　聽從。❷勿攻　指不要攻韓。❸盡以為子功　全是你的功勞。❹息壤　秦邑名，有說在咸陽東郊。❺故指魏已聽從而又不要攻韓的緣故。❻上黨　韓地名，在今山西長治。❼南陽　韓地。❽積之久　指上黨、南陽二地財富很久以來便積聚到宜陽。❾郡　戰國時郡比縣大。❿倍　通「背」。離開。⓫數險　指殺山、函谷關等險要之地。⓬并巴蜀之地　據《華陽國志》，秦惠王派張儀、司馬錯二人同往滅蜀。并，兼併。⓭西河之外　魏國黃河以西那塊地方。⓮上庸　楚邑，在今湖北竹山。⓯多　稱讚。⓰賢先王　認為先王賢能。先王，指秦惠王，當時他已去世，所以稱先王。⓱魏文侯　戰國初年人，名都（一說名斯），在位三十八年，魏文侯二十二年（西元前四〇三年）成為諸侯。⓲樂羊　魏將。⓳中山　國名，在今河北定縣、唐縣一帶。魏文侯十七年（西元前四〇八年）進攻中山。⓴語　言。㉑示　出示。㉒篋　箱子。㉓羈旅之臣　旅居在秦的臣子。因為甘茂是下蔡人，到秦國做了左丞相。㉔公孫衍　即犀首。㉕挾　挾持。㉖公仲侈　韓相國。因為攻韓之計出甘茂，所以甘茂說要受到韓相國公仲侈的埋怨。㉗曾子　名參，字子輿，春秋時魯國南武城人，孔子的學生，以孝聞名。㉘費　魯邑名，在今山東費縣。㉙名族　名姓。同族必同姓。《史記・樗里子甘茂列傳》作「姓名」。㉚自若　如故。㉛有頃　不久。㉜投杼　丟下織布的梭子。㉝走　逃跑。㉞疑之　使曾參的母親懷疑。㉟不能信　不能相信曾參。㊱疑臣者　使你懷疑我的人。㊲適　同「啻」。意為只。㊳盟　發誓。

【語　譯】甘茂到了魏國，對向壽說：「你回秦國去告訴秦武王說：『魏國聽從我的話了，可是希望大王不要進攻韓國。』事情成功了，功勞全歸你。」向壽回到秦國將這話告訴武王，武王便在息壤迎接甘茂。甘茂到了息壤，武王問那是什麼緣故。甘茂回答說：「宜陽是個大縣，上黨、南陽兩地的財物很久以來便積聚在那裡，名稱上是個縣，實際上等於是一個郡。現在大王離開幾處險要的地方，行軍千里去進攻它，很難獲得成功。我聽說張儀在西邊兼併了巴、蜀之地，在北邊取得了黃河以西的地方，在南邊奪取了上庸，使天下人不稱讚張儀卻認為先王賢能。魏文侯任命樂羊為將，進攻中山國，經過三年才攻下來，樂羊返回朝廷，說是自己的功勞，魏文侯卻拿出一箱子謗書給他看，樂羊拜了兩拜，將頭叩在地上說：『這不是我的功勞，是君主的力量。』現在我是一個旅居在外的臣子，樗里疾、公孫衍兩個人挾持韓國來謗議我，大王必定聽信他們，這樣大王便欺騙了魏國，而我也要遭受公仲侈的埋怨。過去曾子住在費邑，費邑有個和曾子同名的人殺了人，有人告訴曾子的母親說：『曾參殺了人。』曾子的母親說：『我的兒子不會殺人。』神態自若地照樣織布。

不久，有人又說：『曾參殺了人。』他的母親還是神態自若地織布。一會兒，一個人又告訴她說：『曾參殺了人。』他的母親感到害怕，丟下織布梭子，越牆逃跑。憑著曾子那樣的賢能和他母親對他的信任，有三個人便能使她懷疑曾子，就弄得慈母也不相信自己的兒子。現在我的賢能趕不上曾子，而大王信任我又不像曾子的母親信任兒子一樣，而使您懷疑我的人又不止三個，我擔心大王也要為我丟掉織布梭子啊。」秦武王說：「我不聽信他們的話，請允許我同你發誓。」於是和甘茂在息壤立下盟誓。

果攻宜陽，五月而不能拔也。樗里疾、公孫衍二人在❶，爭之王，王將聽之，召甘茂而告之。甘茂對曰：「息壤在彼❷。」王曰：「有之。」因悉起兵，復使甘茂攻之，遂拔宜陽。

【章旨】果然不出所料，宜陽難攻，秦武王將聽信謗議，甘茂提醒秦武王不要忘記息壤盟誓，因而獲得秦武王的全力支持，攻下了宜陽。

【注釋】❶在　在其中。❷息壤在彼　意在提醒秦武王不要忘記息壤盟誓。

【語譯】果然進攻宜陽，用了五個月卻攻不下來。樗里疾、公孫衍兩人在其中作梗，向秦武王提出爭議。秦武王將聽信他們的話，召見甘茂，並將樗里疾、公孫衍的爭議告訴他。甘茂回答說：「息壤還在那裡。」秦武王說：「有這回事。」因而調集全部軍隊，再讓甘茂發動進攻，於是攻下了宜陽。

## 宜陽之役馮章謂秦王

【題解】秦國進攻韓國的宜陽，馮章向秦王獻計，為了離間楚、韓關係，使韓國孤立無援，不如向楚國許願，將漢中地割給它。宜陽攻下以後，馮章又要秦王背約食言，不將漢中地割給楚國。

宜陽之役❶，馮章❷謂秦王曰：「不拔宜陽，韓、楚乘❸吾弊❹，國必危矣！不如許楚漢中以懽❺之。楚懽而不進，韓必孤，無奈秦何矣！」王曰：「善。」果使馮章許楚漢中，而拔宜陽。楚王以其言責❻漢中於馮章，馮章謂秦王曰：「王遂❼亡臣❽，固❾謂楚王曰：『寡人固無地而許楚王。』」

【注釋】❶宜陽之役　指上篇所記甘茂進攻宜陽的戰役。❷馮章　秦國人。❸乘　趁機利用。❹弊　疲。❺懽　同「歡」。使之歡，即討好。❻責　求；索取。❼遂　乃；於是。❽亡臣　讓我逃走。亡，逃。❾固　當依鮑彪本作「因」。

【語譯】宜陽戰役中，馮章對秦武王說：「攻不下宜陽，韓國、楚國趁機利用我們疲勞之際進攻我們，國家就必定危險了。不如將漢中許給楚國以討好它。楚國高興便不會進攻，韓國必定孤立無援，就對我們秦國無可奈何了。」秦武王說：「妙。」果真派馮章出使，將漢中地許給楚國，因而攻下了宜陽。楚懷王依據馮章的話向馮章索取漢中地，馮章告訴秦武王說：「大王就讓我逃跑，然後告訴楚懷王說：『我本來就沒有將土地許給楚王。』」

## 甘茂攻宜陽

【題解】甘茂進攻宜陽，深知這次戰爭的勝敗，對他生死攸關，於是拿出私金獎勵戰士，所以攻下了宜陽。

甘茂攻宜陽，三鼓❶之而卒不上❷。秦之右將有尉❸對曰：「公不論兵❹，必大困。」甘茂曰：「我羈旅❺而得相秦❻者，我以宜陽餌王❼。今攻宜陽而不拔，公孫衍、樗里疾挫❽我於內，而公中❾以韓窮我於外，是無伐❿之日已⓫！請明日鼓之而不可下，因以宜陽之郭⓬為墓。」於是出私金以益⓭公賞。明日鼓之，宜陽拔。

【注釋】❶鼓　擊鼓，是進軍的信號。❷上　上前；往前衝。❸尉　軍尉。❹論兵　講究兵法。從下文看，這裡所說的兵法當是指重視獎賞而言。《孫子．作戰篇》：「取敵之利者，貨也。」曹操注：「軍無財，士不來；軍無賞，士不往。」❺羈旅　甘茂自稱是羈旅之臣。❻相秦　秦武王時甘茂為左丞相。❼餌王　引誘秦武王。❽挫　摧折；打擊。❾公中　即公仲，韓國的相。❿伐　據吳師道《補正》當是「茂」之誤。⓫已　句末語氣詞。⓬郭　外城，以郭為墓是說將戰死在外城上。⓭益　助。

【語譯】甘茂進攻宜陽，擊了三通鼓，士卒卻不往前衝。秦國右將軍屬下有個軍尉說：「你不講究兵法，必定陷入困境。」甘茂說：「我這個旅居在外的人能夠做上秦國的左丞相，是因為我用得宜陽作釣餌，引誘了秦武王。現在如果宜陽攻不下，公孫衍、樗里疾在內打擊我，而公仲憑藉韓國在外使我陷入困境，這樣我甘茂就沒有好日子過了。請讓我明天擊鼓，再攻不下宜陽的話，便用宜陽的外城做我的墳墓。」於是便拿出私人的財產來補助公家的賞金。第二天擊鼓進軍，便攻下了宜陽。

## 宜陽未得

【題解】左成分析甘茂內外交困的處境，攻宜陽不能半途而廢，勢在必拔。

宜陽未得，秦死傷者眾，甘茂欲息兵。左成❶謂甘茂曰：「公內攻於樗里疾、公孫衍，而外與韓侈❷為怨，今公用兵無功，公必窮矣。公不如進兵攻宜陽，宜陽拔，則公之功多矣。是樗里疾、公孫衍無事❸也，秦眾盡怨之深矣。」

【注釋】❶左成　楚臣。❷韓侈　即韓相公仲。❸無事　沒有事權，不受重用。

【語譯】宜陽沒有到手，秦軍死傷眾多，甘茂想停止軍事行動。左成告訴甘茂說：「你內部受到樗里疾、公孫衍的攻擊，外面和公仲結怨，現在你如果用兵無功，你必定會陷入困境。你不如再進兵攻打宜陽，攻下了宜陽，那麼你的功勞就多了。這樣樗里疾、公孫衍便沒有權，秦國的民眾全都要深深地怨恨他們了。」

## 宜陽之役楚畔秦而合於韓

【題解】甘茂分析在宜陽之戰中，楚國背秦助韓，聲稱與韓友好，其實二國是貌合神離，互相提防。

宜陽之役，楚畔秦而合於韓。秦王❶懼。甘茂曰：「楚雖合韓，不為韓氏❷先戰❸；韓亦恐戰而楚有變其後❹。韓、楚必相御❺也。楚言與❻韓，而不餘怨❼於秦，臣是以知其御也。」

【注釋】❶秦王　指秦武王。❷韓氏　指韓國。❸先戰　先向秦國開戰。❹有變其後　即有變於其後，在戰爭開始以後有變化。❺御　防禦；提防。❻與　助。❼餘怨　遺怨；歸怨。

【語譯】宜陽之戰，楚國背叛秦國而和韓國聯合。秦武王害怕。甘茂說：「楚國雖然和韓國聯合，卻不為韓國先向秦國開戰；韓國也擔心開戰以後楚國會有變化。所以韓、楚兩國是必定會互相提防的。你看楚國揚言幫助韓國，卻不歸怨秦國，我因此知道它們在互相提防著。」

## 秦王謂甘茂

【題解】甘茂告訴秦王如何制服楚客中的善辯之士。

秦王謂甘茂曰：「楚客來使者多健❶，與寡人爭辭，寡人數窮❷焉，為之奈何？」甘茂對曰：「王勿患也！其健者來使者❸，則王勿聽❹其事；其需❺弱者來使，則王必聽之。然則需弱者用，而健者不用矣！王因而制之。」

【注釋】❶健　健談；強辯。❷窮　辭窮。❸者　當是衍文。❹聽　聽從。❺需　古「懦」字。

【語譯】秦王告訴甘茂說：「楚客來到秦國出使的人多數健談善辯，他們和我爭辯，使我屢次理屈辭窮，該怎麼辦呢？」甘茂回答說：「大王不要擔憂，那些健談善辯的人來出使，他們談的事大王不要聽從；那些懦弱的來出使，大王就一定要聽從他。這樣，懦弱的就會被留用，而健談善辯的就不會被留用，大王因而便制服了他們。」

## 甘茂亡秦且之齊

【題解】甘茂從秦國逃出將往齊國，途中向仕齊的蘇代求助。蘇代巧施計謀，先是遊說秦王，勸他用高官厚祿迎回甘茂，後又勸說齊王將甘茂留在齊國，於是甘茂被賜以上卿官職，在齊受到重用。

甘茂亡秦❶，且❷之齊，出關❸遇蘇子❹，曰：「君聞夫江上之處女❺乎？」蘇子曰：「不聞。」曰：「夫江上之處女，有家貧而無燭者，處女❻相與語，欲去之❼。家貧無燭者將去矣，謂處女❽曰：『妾以無燭，故常先至，掃室布席❾，何愛餘明❿之照四壁者？幸以⓫賜妾，何妨於處女？妾自以有益於處女，何為去我？』處女相語以為然而留之。今臣不肖，棄逐於秦而出關，願為足下掃室布席，幸無我逐也。」蘇子曰：「善。請重⓬公於齊。」

【章旨】甘茂逃亡出關，途中遇見蘇代，甘茂用無燭的貧家女對有燭的富家女無害的故事，求助於蘇代，蘇代應允幫助他。

【注釋】❶亡秦　從秦國逃亡。據《史記·樗里子甘茂列傳》，甘茂因遭到向壽、公孫奭的讒毀，從秦逃亡。❷且　將。❸關　指函谷關。❹蘇子　指蘇秦的弟弟蘇代。蘇代當時被燕國的相子之派往齊國，侍奉充當人質的燕王的兒子。❺處女　未出嫁的女子。據《史記·樗里子甘茂列傳》記載，這些處女在一起織布。❻處女　指有燭的富家處女。❼去之　驅逐她。之，指代無燭處女。❽處女　也是指有燭的富家處女。下同。❾布席　鋪設坐席。席，墊坐的用具。❿餘明　多餘的光明。⓫以　以之；把它。之，指照在壁上的多餘的光明。⓬重　尊重。

【語譯】甘茂從秦國逃出來，將前往齊國，出了函谷關，碰上了蘇代，甘茂說：「你聽說過江上處女的故事嗎？」蘇代說：「沒有聽說過。」甘茂說：「江上處女在一起織布，其中有一個家裡貧窮而沒有燭火照明的處女，有燭火照明的處女在一起議論，想驅逐她。那個家貧沒有燭火照明的處女將要離去，對那些有燭火照明的處女說：『我因為沒有燭火，所以常常先到，打掃房子，鋪設坐席，你們為什麼要吝惜那照在壁上的餘光？希望把這些餘光賜給我，這對有燭火的處女又有什麼妨害？我自認為對有燭火的處女有益，為何要驅逐我？』有燭火的處女互相商議，認為她說得對而將她留下。現在我不像樣，被秦國驅逐出函谷關，願意替你打掃房子，鋪設坐席，希望你不要驅逐我。」蘇代說：「好。容我設法使你在齊國受到尊重。」

乃西說秦王曰：「甘茂，賢人，非恆士❶也。其居秦累世重❷矣，自殽塞❸、谿谷❹，地形險易盡知之。彼若以齊約韓、魏，反以謀秦，是非秦之利也。」秦王曰：「然則奈何？」蘇代曰：「不如重其贄❺、厚其祿以迎之。彼來則置之槐谷❻，終身勿出❼，天下何從圖秦？」秦王曰：「善。」與之上卿❽，以相❾迎之齊。

【章　旨】蘇代遊說秦王，假稱甘茂對秦國說來是個非常重要的人物，不如用重禮厚祿將他接回秦國，並予軟禁。秦王果然派人用高官厚祿去齊國迎接甘茂。

【注　釋】❶恆士　平常的士。❷累世重　甘茂在秦惠王時為將，輔助魏章定漢中；秦武王時為左丞相，攻宜陽；秦昭王時，與樗里子一起伐魏，所以說他在幾代受到重用。累世，幾個朝代。重，受重用。❸殽塞　殽山要塞，在今河南洛寧北。❹谿谷　《史記・樗里子甘茂列傳》作「鬼谷」，在今陝西境內。❺贄　禮品。❻槐谷　《史記》作「鬼谷」。❼終身勿出　即終身軟禁之意。❽上卿　官名。卿分上、中、下三級，上級叫上卿。❾以相　《史記》作「以相印」。

【語　譯】蘇代便西行遊說秦昭王道：「甘茂是個賢能的人，不是一般的士人。他在秦國受到幾代君主的重用，從殽山到谿谷，地形的險要、平易，他全知道。他如果用齊國聯絡韓、魏二國，反過來圖謀秦國，這對秦國是不利的。」秦昭王說：「既然這樣，該怎麼辦呢？」蘇代說：「不如用重利厚祿接他回來。他回來以後，便將他安置在槐谷，終身軟禁他，這樣天下諸侯還能跟隨誰來圖謀秦國？」秦昭王說：「好。」便給甘茂以上卿官職，派使者帶著相印到齊國去迎接甘茂。

甘茂辭不往❶，蘇秦❷偽謂王❸曰：「甘茂，賢人也。今秦與之上卿，以相❹迎之，茂德❺王之賜，故不往，願為王臣。今王何以禮之？王若不留，必不德王。彼以甘茂之賢，得擅用強秦之眾，則難圖也！」齊王曰：「善。」賜之上卿，命❻而處❼之。

【章　旨】甘茂不回秦國。蘇代又假裝勸說齊王，如果留不住甘茂，將不利於齊。齊王於是賜給甘茂上卿官職，將他留在齊國。

【注　釋】❶不往　指不往秦國。❷蘇秦　據上文當作「蘇代」。❸王　指齊宣王。❹以相　《史記・樗里子甘茂列傳》作「以相印」。❺德　感激。❻命　《史記・樗里子甘茂列傳》無此字。❼處　居；留住。

【語　譯】甘茂推辭不往秦國。蘇代假裝告訴齊宣王說：「甘茂是個賢能的人，現在秦國給他上卿官職，派使者帶著相印來迎接他，甘茂感激大王的恩賜，所以不去秦國，願意做大王的臣子。現在大王要怎樣禮遇他？大王如果不留住他，他一定不會感激大王。憑藉甘茂的賢能，得以擅自差使強秦的民眾，就難以對付啊！」齊宣王說：「好。」便賜給甘茂上卿官職，而留住了他。

# 甘茂相秦

【題解】秦相甘茂，從小吏那裡得知秦王將任命公孫衍接替他的相位，便向秦王謊稱公孫衍向他泄露了這個祕密，秦王因而驅逐了公孫衍。姚宏本將這篇和上篇〈甘茂亡秦且之齊〉合為一篇，文義不連貫，今依鮑彪本另作一篇。

甘茂相秦。秦王愛公孫衍，與之間❶有所立❷，因自謂之曰：「寡人且相子❸。」甘茂之吏道而❹聞之，以告甘茂。甘茂因入見王曰：「王得賢相，敢❺再拜賀。」王曰：「寡人託國於子，焉更得賢相？」對曰：「王且相犀首❻。」王曰：「子焉聞之？」對曰：「犀首告臣。」王怒於犀首之泄也，乃逐之。

【注釋】❶與之間　鮑彪注：「間，暇隙也。因暇與語。」❷立　《韓非子・外儲說右上》作「言」。❸相子　用子（你）為相。❹道而　姚宏所見劉敞本無此二字。《韓非子・外儲說右上》「道而」二字作「道穴」，記載樗里疾為了知道秦王的機密話，挖了一條道穴通向秦王說機密話的地方去偷聽機密。❺敢　表示客氣的詞，有「敢不」的意思。❻犀首　即公孫衍。

【語譯】甘茂做秦國的相。秦王喜歡公孫衍，趁空和公孫衍說機密話，自動告訴公孫衍說：「我將用你為相。」甘茂的小吏聽到了這話，便告訴了甘茂。甘茂因而進見秦王說：「大王得到了賢相，不敢不再次拜賀。」秦王說：「我將國家託付給你，怎麼又再得賢相？」甘茂回答說：「大王將用犀首為相。」秦王說：「你怎麼知道的？」甘茂回答說：「犀首自己告訴我的。」秦王惱怒犀首泄露了機密，於是驅逐了犀首。

# 甘茂約秦魏而攻楚

【題　解】秦、魏聯合進攻楚國，楚國向秦國求和。甘茂向秦王建議，要讓魏國出面主和，否則魏國不高興，便會倒向楚國，這樣將不利於秦國。

甘茂約秦、魏而攻楚。楚之相❶秦者屈蓋❷，為楚和於秦，秦啟關而聽楚使。甘茂謂秦王曰：「怵❸於楚而不使魏制❹和，楚必曰『秦鬻魏❺』。不❻悅而合於楚，楚、魏為一，國恐傷❼矣。王不如使魏制和，魏制和必悅。王不惡❽於魏，則寄地❾必多矣。」

【注　釋】❶相　當作「拒」。見金正煒《戰國策補釋》。❷屈蓋　即屈匄，楚臣，後在丹陽為秦所敗，做了俘虜。史書沒有別的材料可證明他做了秦相。❸怵　恐。❹制　主。❺秦鬻魏　秦國出賣了魏國。因為秦和魏聯合攻楚，而秦現在單獨與楚議和，便是出賣了魏國。或說這句話是魏國說的，「楚必曰」應作「魏必曰」，恐非是，如果是魏國說的，便當作「秦鬻我」，不當作「秦鬻魏」。❻不　「不」字上當缺一「魏」字。❼傷　害。❽惡　憎惡。❾寄地　按照秦國的邏輯，別國的土地當為秦所有，在秦未得到之前，是寄託在外國，故稱「寄地」。在這兒，「寄地」當是指楚地，而不是魏地，即後來秦國打敗屈匄所得到的漢中地。

【語　譯】甘茂聯絡秦國、魏國進攻楚國。楚國的抗秦將領屈匄為楚國向秦國求和，秦國打開武關，準備聽從楚使講和。甘茂對秦王說：「秦國害怕楚國而講和，卻不讓魏國主和，楚國必定會說：『秦國出賣了魏國。』

魏國不高興秦國的這種做法而和楚國聯合，則楚國、魏國結成一體，秦國就恐怕要受害了。大王不如讓魏國出面主和，魏國主和了就必定高興。這樣，大王就不會被魏國所憎惡，那麼，寄在別國的土地就多了。」

## 陘山之事

【題解】陘山之戰以後，秦國聯合趙國進攻齊國，準備對趙增兵四萬，以助趙攻齊。蘇代為齊致書秦相魏冉，指出此舉不利於秦，不如和齊友好，停止這次進攻。

陘山之事①，趙且②與秦伐齊。齊懼，令田章③以陽武④合於趙⑤，而以順子⑥為質。趙王⑦喜，乃案兵告於秦曰：「齊以陽武賜弊邑而納⑧順子，欲以解伐⑨。敢告下吏⑩。」秦王⑪使公子他⑫之趙，謂趙王曰：「齊與大國⑬救魏而倍約⑭，不可信恃⑮，大國不義⑯，以告弊邑⑰，而賜之二社⑱之地，以奉祭祀。今又案兵，且欲合齊⑲而受其地⑳，非使臣之所知也。請益㉑甲㉒四萬，大國裁㉓之。」

【章旨】陘山之戰後，秦與趙將攻楚，齊與趙議和，要求趙停止進攻。於是秦國派出使者勸趙王不要議和，並由秦增兵四萬，以助趙攻齊。

【注釋】❶陘山之事　《史記・穰侯列傳》記此事為白起「破芒卯於華陽下，斬首十萬」。所以這裡說的「陘山之事」就是發生在秦昭王三十四年（西元前二七三年）的華陽之戰。陘山，即《山海經・中山經》所說的少陘之山，在河南新鄭西邊的密縣，又稱邢山，杜預曾說他「過密縣之邢山」。華陽也在密縣。❷且　將。❸田章　不詳。一說是陳璋，錄以備考。❹

陽武　當是齊地名。❺合於趙　向趙求和。❻順子　齊公子。❼趙王　指趙惠文王。❽納　入。這裡是送來的意思。❾解伐　解除進攻，即不進攻。❿下吏　下級小吏，實際是稱秦王，與「執事」、「左右」、「足下」、「陛下」等詞用法相同。古人為了向對方表示尊敬，不直接稱呼對方，而稱呼對方的下屬人員。⓫秦王　指秦昭王。⓬公子他　〈秦策四・三國攻秦入函谷〉作「公子池」，是秦昭王的哥哥。⓭大國　指趙國。⓮倍約　即「背約」，指背棄趙、齊聯合救魏之約。⓯信恃　信賴。⓰不義　指趙國認為齊背約是不義。⓱弊邑　即敝國，指秦國。⓲二社　指方圓十二里。《管子・乘馬》：「方六里名之曰社。」⓳合齊　與齊議和。⓴其地　指陽武。㉑益　增加。㉒甲　甲兵。㉓裁　做出決定。

【語譯】陘山之戰以後，趙國將和秦國一起進攻齊國。齊國害怕，派田章用陽武這個地方向趙國講和，並且用順子做人質。趙惠文王很是高興，便按兵不動，並向秦國報告說：「齊國將陽武賜給我們趙國，並且送來了順子，想解除這次進攻，不敢不告訴陛下。」秦昭王派遣公子他前往趙國，對趙惠文王說：「齊國和貴國一道去救魏國，齊國卻背棄盟約，不可信賴，貴國認為齊國不守道義，把這事告訴了敝國，並且賜給方圓十二里的地方，以供祭祀之用。現在又按兵不動，並且想與齊講和而接受它的土地，這種作為不是我們使臣所能理解的。請讓我們秦國增加甲兵四萬，以幫助貴國進攻齊國，請貴國做出決定。」

蘇代為齊獻書穰侯❶曰：「臣聞往來之者❷言曰：『秦且益趙甲四萬人以伐齊。』臣竊必❸之弊邑之王❹曰：『秦王明而熟❺於計，穰侯智而習❻於事，必不益趙甲四萬人以伐齊。』是何也？夫三晉❼相結，秦之深讎❽也。三晉百❾背秦，百欺秦，不為不信❿，不為無行⓫。今破齊以肥趙，趙，秦之深讎，不利於秦。一也。秦之謀者必曰：『破齊弊晉⓬，而後制晉、楚之勝⓭。』夫齊，罷國⓮也，以天下⑮擊之，譬猶以千鈞之弩⑯潰癰也。秦王安能制晉、楚⑰哉！二也。秦少出兵，則晉、楚不信⑱；多出兵，則晉、楚為制於秦⑲。齊恐，則必不走於秦且走晉、楚⑳。三也。齊割地以實晉、楚，則晉、楚安。齊舉兵而為之頓劍㉑，則秦反受兵。四也。是晉、楚以秦破齊㉒，以齊破秦㉓，何晉、楚之智而齊、秦之愚！五也。秦得安邑㉔，善齊㉕以安之，亦必無患矣。秦有安邑，則韓、魏必無上黨㉖哉㉗。夫取三晉之腸胃㉘與出兵而懼其不反㉙也，孰利？故臣竊必之弊邑之王曰：『秦王明而熟於計，穰侯智而習於事，必不益趙甲四萬人以伐齊矣。』

【章　旨】為了制止秦向趙增兵使趙攻齊，蘇代致書秦相魏冉，指出這樣做對秦有五不利，不如由秦國攻占韓、魏的安邑、上黨，和齊國友好，方為上策。

【注　釋】❶穰侯　姓魏，名冉，是秦昭王的舅父，秦國的相。❷之者　鮑彪本作「者之」。❸必　想必。❹弊邑之王　敝國之王，指齊襄王。❺熟　熟習。❻習　熟習的意思。❼三晉　指韓、趙、魏三國。❽深讎　深仇；重大的仇敵。深，重。❾百　指次數多。❿不為不信　自己不認為自己是不守信。⓫不為無行　自己不認為自己是行為惡劣。無行，無善行。⓬弊晉　使三晉疲困。晉，舊注說是指趙。從上下文看，當是指三晉。⓭制晉楚之勝　如果齊和三晉在戰爭中遭到削弱，秦國便可制服三晉，同時無後顧之憂，也就可以去制服楚國。⓮罷國　即疲國。罷，通「疲」。⓯天下　指天下諸侯。⓰弩　姚宏所見錢藻本、劉敞本「弩」下有「射」字。⓱安能制晉楚　怎麼能夠制服三晉和楚。因為齊國疲困容易打敗，所以打敗齊國，並不能制服力量更強的三晉和楚。⓲不信　指不相信秦真的會進攻齊國。⓳為制於秦　被秦所控制。⓴且走晉楚　指齊國將走向晉、楚。因為秦國出兵多，對晉和楚也構成威脅，所以齊國會走向晉、楚。㉑頓劍　其義不詳。疑「頓」是「壞」的意思（見《左傳》襄公四年注）。「頓劍」即「壞劍」，使劍遭到損壞，指作戰而言。譯文暫作此處理。㉒以秦破齊　用秦國打敗齊國。㉓以齊破秦　指上文「齊舉兵而為之頓劍，則秦反受兵」而言。㉔安邑　魏地，在今山西夏縣西北，原來是魏國國都。㉕善齊　和齊友善。㉖上黨　地名，在今山西長治，分屬韓、魏兩國。㉗哉　《史記・穰侯列傳》作「矣」。㉘腸胃　比喻要害之地。指安邑、上黨等地而言。㉙反　同「返」。

【語　譯】蘇代為了齊國致書魏冉說：「我聽到過路人的話說：『秦國將向趙國增兵四萬來進攻齊國。』我私下意料敝國國王想必要說：『秦王英明而精熟計謀，穰侯明智而熟習政事，一定不會向趙國增兵四萬人來進攻齊國。』這是什麼原因呢？三晉勾結在一起，那是秦國重大的仇敵。三晉多次背棄秦國，多次欺騙秦國，自己卻不認為是不守信用，不認為是行為惡劣。現在打敗齊國以使趙國得到好處，趙國又是秦國的大敵，對秦是不利的。這是一。秦國那出謀獻策的人說：『打敗齊國以使三晉疲困，然後可以制服三晉和楚國。』齊國是個疲困的國家，用天下的兵力去攻擊它，就如用具有三萬斤拉力的弓弩去射破潰爛的癰瘡一樣啊。秦王怎麼能夠因為打敗了齊國就認為可以制服三晉和楚國呢？這是二。秦國出兵少了，那麼三晉和楚國會不相信秦國真的要進攻齊國；出兵多了，那麼三晉和楚國會認為受秦所控制。齊國恐懼，就必定不會倒向秦國而將倒向三晉和楚國。這是三。齊國割地以加強三晉和楚國，那麼三晉和楚國便平安無事。齊國起兵作戰，那麼秦國反而遭受戰禍。這是四。這樣便是三晉和楚國利用秦國打敗齊國，又利用齊國打敗秦國，怎麼三晉和楚國這麼聰明，齊國和秦國卻這麼愚蠢！這是五。秦國取得安邑，和齊親善以安定齊國，也就必定沒有禍患了。秦國有了安邑，那麼韓國、魏國必定就沒有上黨了。奪取三晉的要害之地，與出兵進攻齊國卻擔心不能返回相比，哪種做法有利呢？所以我私下預料敝國國王想必會說：『秦王英明而精熟計謀，穰侯明智而熟習政事，一定不會向趙國增兵四萬人來進攻齊國了。』」

## 秦宣太后愛魏醜夫

【題　解】宣太后臨終時，下令死後要用情夫殉葬，庸芮巧為說辭，使宣太后停止了這種愚蠢而無恥的行為。

秦宣太后❶愛魏醜夫❷。太后病將死，出令曰：「為我葬，必以魏子為殉。」魏子患之。庸芮❸為魏子說太后曰：「以死者為有知乎？」太后曰：「無知也。」曰：「若太后之神靈，明知死者之無知矣，何為空以生所愛，葬於無知之死人哉！若死者有知，先王❹積怒之日久矣，太后救過不贍❺，何暇乃❻私魏醜夫乎？」太后曰：「善。」乃止。

【注釋】❶宣太后　秦惠王的后妃，姓羋，號為羋八子，她的兒子秦昭王即位後，羋八子號為宣太后。❷魏醜夫　宣太后的情夫，魏國人。❸庸芮　秦國的臣子。❹先王　指已經去世的秦惠王。❺不贍　不足，在這裡有「不及」的意思。❻乃　姚宏所見的曾鞏本、錢藻本、劉敞本均作「及」。

【語譯】秦國的宣太后愛上了魏醜夫。宣太后重病將死，發出命令說：「給我安葬，一定要用魏子殉葬。」魏醜夫為此擔憂。庸芮替魏醜夫勸太后說：「你認為死人還有知嗎？」太后說：「無知。」庸芮說：「像太后這麼神靈，明知死人無知，為什麼要徒勞地用活著時所愛的人去給無知的死人殉葬呢？如果死了的人有知，先王積怒的日子已經久了，太后補救過錯還來不及，哪裡有暇顧到私愛魏醜夫呢？」太后說：「說得好。」於是取消了用魏醜夫殉葬的命令。

# 卷五　秦策三

## 薛公為魏謂魏冉

【題解】據《史記・孟嘗君列傳》記載，曾任齊相的孟嘗君離職後，病居在薛，秦國的逃亡將軍呂禮做了齊相。由於呂禮嫉害孟嘗君，孟嘗君感到害怕，便寫了一封信給秦相魏冉。信中的內容和這裡所記他對魏冉說的話相同。有人認為說這些話的時間要往後推，是孟嘗君離開齊國做了魏相時說的。話的中心意思是要魏冉勸說秦王讓魏國去進攻齊國，這樣便可以削弱呂禮的地位，鞏固與提高魏冉的地位，否則魏冉將陷入困境。

薛公❶為魏謂魏冉❷曰：「文❸聞秦王欲以呂禮收齊❹，以濟❺天下，君必輕矣。齊、秦相聚以臨❻三晉，禮必并相之❼，是君收齊以重呂禮也。齊免於天下之兵，其讎君❽必深。君不如勸秦王令弊邑❾卒攻齊之事。齊破，文請以所得封君。齊破晉❿強，秦王畏晉之強也，必重君以取晉⓫。齊予晉弊邑⓬，而不能支⓭秦，晉必重君以事⓮秦。是君破齊以為功，操晉以為重也。破齊定封，而秦、晉皆重君；若齊不破，呂禮復用⑮，子必大窮矣。」

【注釋】❶薛公　指齊國的田文，即孟嘗君，因為封地在薛（故地在今山東滕縣南），又稱薛公。❷魏冉　秦國的相。❸文　是薛公的名。❹呂禮收齊　指秦與齊結盟。呂禮，秦將。❺濟　治。❻臨　至。指出兵。❼并相之　同時兼做秦、齊兩國的相。❽讎君　憎恨你。讎，通「仇」。君，指魏冉。❾弊邑　即敝邑。指魏。❿晉　指魏。⓫取晉　即取魏。指秦與魏結盟。⓬齊予晉弊邑　《史記・孟嘗君列傳》作「晉國敝於齊」。譯文從《史記》。⓭支　支持；對付。⓮事　侍奉。⓯復用　指呂禮在秦國再得到重用。

【語譯】薛公田文為了魏國告訴秦相魏冉說：「田文聽說秦王想通過呂禮和齊結盟，以治天下，這麼一來，你就必定受到輕視了。齊國、秦國結盟出兵對付趙、魏、韓三國，呂禮必定會同時做秦、齊兩國的相，這是你促使秦、齊結盟而讓呂禮受到重視啊。齊國免受天下諸侯的進攻，呂禮必定會加深對你的憎恨。你不如勸秦王讓魏國完成攻齊之事。打敗了齊國，我田文便請求魏國將所得到的土地封給你。打敗了齊國，魏國就強大了，秦王害怕魏國強大，必定會重用你來和魏國結盟。魏國由於和齊國打仗受到損害，以致不能對付秦國，必定看重你以侍奉秦國。這樣你既可以將打敗齊國作為自己的功勞，又可操縱魏國來提高自己的地位。一旦打敗齊國，你便可確定封地，同時秦國、魏國都看重你；假若齊國不被打敗，秦國再重用呂禮，那麼，你必定會陷入大的困境之中了。」

## 秦客卿造謂穰侯

【題解】這篇文字又見於馬王堆漢墓帛書《戰國從橫家書》，記載秦國的客卿造勸說秦相魏冉，攻齊與否關係到他的封地陶的存亡，要他利用燕、齊的世仇，聯合燕國進攻齊國。據《史記・穰侯列傳》記載，事情發生在秦昭王三十六年（西元前二七一年）。

秦客卿❶造❷謂穰侯❸曰：「秦封君以陶❹，藉君天下❺數年矣。攻齊之事成，陶為萬乘❻，長小國❼，率以朝天子，天下必聽，五伯❽之事也；攻齊不成，陶為鄰恤❾，而莫之據❿也。故攻齊之於陶也，存亡之機也。君欲成之，何不使人謂燕相國曰：『聖人不能為時⓫，時至而弗失。舜雖賢，不遇堯也，不得為天子；湯、武雖賢，不當桀、紂不王。故以舜、湯、武之賢，不遭時不得帝王。今攻齊⓬，此君之大時也已⓭。因天下之力，伐讎國之齊，報惠王之恥⓮，成昭王⓯之功，除萬世之害，此燕之長利，而君⓰之大名也。書⓱云：「樹德莫如滋⓲，除害莫如盡。」吳不亡越，越故亡吳⓳；齊不亡燕，燕故亡齊⓴。齊亡於燕㉑，吳亡於越，此除疾不盡也。以非㉒此時也，成君之功，除君之害，秦卒㉓有他事而從齊，齊、趙㉔合，其讎君必深矣。挾君之讎㉕以誅㉖於燕，後雖悔之，不可得也已。君悉㉗燕兵而疾僭㉘之，天下之從君也，若報父子之仇。誠能亡齊，封君於河南㉙，為萬乘，達途於中國，南與陶為鄰，世世無患。願君之專志於攻齊，而無他慮也。』」

【注釋】❶客卿　外來的卿。❷造　是客卿的名。《史記．穰侯列傳》作「竈」。❸穰侯　指秦相魏冉，是秦昭王的舅父，封在穰（在今河南鄧縣），號稱穰侯。❹陶　是增加給魏冉的封地，在今山東定陶。❺藉君天下　假借你治理天下。藉，通「借」。帛書作「假」，也是「借」的意思。❻萬乘　萬輛。指能出一萬兵車。❼長小國　作為小國之長。❽五伯　即五霸。指春秋時的五個霸主。❾陶為鄰恤　是說陶因與齊為鄰而憂。恤，憂。❿據　守。⓫為時　製造時機。⓬令攻齊　帛書作「今天下攻齊」。令，鮑彪本作「今」，是。⓭已　句末語氣詞。⓮惠王之恥　指燕惠王被齊國田單所敗的恥辱。⓯昭王　指燕昭王。燕昭王二十八年（西元前二八四年）以樂毅為上將軍，聯合秦、楚、韓、趙、魏等國共同攻齊，齊湣王外逃，燕軍進入臨淄，盡取齊寶，焚燒齊國的宮室宗廟。⓰君　指燕國的相。⓱書　吳師道引《尚書・泰誓》「樹德務滋，除惡務本」作注，然而〈泰誓〉屬偽古文《尚書》，不可靠。帛書及鮑彪本「書」作「詩」，然而《詩經》中又無「樹德」二句，只能作逸詩看待。⓲滋　增長。⓳吳不亡越二句　指春秋時吳王夫差大敗越王句踐，不聽伍子胥之諫及時滅越，而讓句踐棲會稽；二十年後，越王句踐滅吳，夫差悔不聽伍子胥之言，自殺而死。故，通「顧」。反而。⓴齊不亡燕二句　指齊宣王時「齊人伐燕，勝之」、「取之」（見《孟子・梁惠王下》），及燕昭王時，燕軍攻入齊都臨淄，焚燒齊國的宮室宗廟。㉑亡於燕　被燕所亡。㉒以非　帛書及鮑彪本作「非以」。以，通「於」。㉓卒　通「猝」。忽然。㉔趙　鮑彪本作「秦」。㉕讎　通「仇」。指齊。㉖誅　討。㉗悉　盡；全部。㉘僭　帛書作「贊」，助的意思。㉙河南　黃河以南。

【語　譯】秦國的客卿名叫造的告訴秦相魏冉說：「秦國把陶這個地方封給你，假借你來治理天下已經幾年了。進攻齊國這件事成功了，陶就將變成萬乘之國，作為小國之長，率領小國朝拜周天子，天下諸侯定會聽從，這是五霸之業啊；進攻齊國不成功，陶將因為是齊國的近鄰而擔憂，無法據守。所以攻齊這件事對於陶來說，乃是存亡的關鍵所在啊。你想攻齊成功的話，為什麼不派人告訴燕相國說：『聖人也不能製造時機，只是時機來到而不會錯過罷了。舜雖然賢能，不遇到堯也不能做天子；商湯、周武王雖然賢能，不碰上有夏桀和商紂那樣的暴君也不能做帝王。所以憑藉虞舜、商湯、周武王這樣的賢人，不碰上時機也不能做帝王。現在天下諸侯進攻齊國，這是你的大好時機啦。憑藉天下諸侯的力量，攻打仇敵齊國，洗雪燕惠王的恥辱，成就燕昭王沒有亡齊的未竟之功，以除掉萬世之害，這不但使燕國獲得長久利益，也成就了你的大名啊。書中說：「培養美德不如讓它不斷滋長，剷除禍害不如斬草除根。」有了時機，吳國不消滅越國，越國反而滅亡了吳國；齊國不亡掉燕國，燕國反而滅亡了齊國。齊國被燕所亡，吳國被越所亡，這就是因為除害沒有除盡的緣故啊。不在這個時候，完成你的大功，剷除你的禍害，如果秦國突然因為有了別的事情而聽從齊國，齊國和秦國聯合起來，齊國仇恨你的程度必定加深。秦國挾持你的仇敵齊國來討伐燕國，你日後即使懊悔，也不可能補救了啊。你如果出動燕國全部的軍隊而加緊援助天下攻齊，那麼天下諸侯跟隨你，就會像報父子之仇一樣。如果真的消滅了齊國，就把黃河以南的地方封給你，你就成為萬乘之主，直達中原地帶，南邊與陶為鄰，世世代代太平無事。希望你專心致志去進攻齊國，而不要有其他的顧慮。』」

## 魏謂魏冉

【題　解】這章文字上當有訛誤，有些地方難以讀通。大意是說有人為了替魏國阻止秦、楚聯盟，告訴秦相魏冉：東方國家擔心秦、楚和好會帶來禍患，你不如停止楚國之行，回到秦國而觀其變，設法取信於韓、魏、齊三國，提高自己的聲望。

魏❶謂魏冉❷曰：「公聞東方❸之語乎？」曰：「弗聞也。」曰：「辛張、陽毋澤❹說魏王❺、薛公❻、公叔❼也，曰：『臣戰❽載主❾契國❿以與王⓫約，必無患矣。若有敗⓬之者，臣請挈領⓭。然而臣有患⓮也。夫楚王之以其臣請挈領然而臣有患也⓯。夫楚王⓰之以其國依冉也，而事臣之主⓱，此臣之⓲甚患也。』今公東而因言於楚⓳，是令張儀⓴之言為禹㉑，而務㉒敗公之事㉓也。公不如反公國㉔，德楚㉕而觀薛公之為公㉖也；觀三國之所求於秦而不能得者，請以號三國以自信㉗也；觀張儀㉘與澤之所不能得於薛公者也㉙，而公請之以自重㉚也。」

【注　釋】❶魏　鮑彪本「魏」字上補「為」字。而「為」上當有「或」字。❷魏冉　秦相，詳見上篇注。❸東方　指殽山以東的諸侯國。❹辛張陽毋澤　或讀作「辛、張陽、毋澤」。今據金正煒《戰國策補釋》讀作「辛張、陽毋澤」。此二人當是說客，事跡不詳。❺魏王　指魏哀王。❻薛公　指孟嘗君田文，齊國田嬰的兒子，襲封在薛，所以叫薛公。曾任齊國的相。❼公叔　即韓公叔，是韓公族的成員。按，辛張、陽毋澤可能是分別遊說過魏王、薛公、公叔三人，但現在無法證明薛公、公叔同時在魏國。❽戰　是衍文，當刪去。❾載主　載著木主。木主是為死者立的牌位。❿契國　是說以國為約。契，約。⓫王　可能是分別指魏、齊、韓三國的君主。⓬敗　指敗約。⓭挈領　王念孫讀為「絜領」。即斷頸。⓮有患　指擔心秦、楚聯合。⓯夫楚王句　這句是衍文，當刪，譯文略去。⓰楚王　指楚懷王。⓱事臣之主　征伐我國的君主。事，征伐。臣之主，指辛張、陽毋澤所代表的國家的君主。⓲之　鮑彪本「之」字下面有「所」字。⓳言於楚　指與楚言和。⓴張儀　姚宏注說有一個本子沒有「儀」字，當刪。張，指辛張。㉑言為禹　禹善謀，如果魏冉去與楚言和，就證明辛張的預言是對的，辛張也就像禹一樣善謀。㉒務　務必；一定。㉓敗公之事　指韓、魏、齊三國必定會破壞魏冉和楚聯盟之事。㉔反公國　回到秦國。反，同「返」。公國，你的國家。即秦國。㉕德楚　感激楚國以其國依靠魏冉。㉖為公　對待你。㉗以號三國以自信　是說要魏冉將三國的請求轉請秦王而未得秦王同意的情況向三國公開，以表明自己是守信的。號，宣言；公開說出來。三國，指韓、魏、齊三國。㉘儀　據姚宏說「儀」字當刪去。㉙也　衍文，當刪去。㉚公請之以自重　是說辛張、陽毋澤向田文提出請求沒有得到田文的許可，而魏冉向田文提出請求得到了許可，這樣便提高了魏冉的地位。

【語　譯】有人為了魏國告訴秦相魏冉說：「你聽說過殽山以東的人的話嗎？」魏冉說：「沒有聽到。」那人說：「辛張、陽毋澤遊說魏哀王、田文、韓公叔，說：『我們載著木主，用國家的信譽來和大王訂立盟約，必定沒有什麼可憂慮的了。如果有破壞盟約的人，請讓我卡斷他的脖子。然而我還是有所憂慮啊。楚懷王將他的國家投靠魏冉，而征伐我國的君主，這便是我最憂慮的事了。』現在你到東邊去與楚言和，這便使得辛張的話像禹的話一樣明智，而山東諸國也必定會破壞你與楚和好的事情。你不如回到秦國，感謝楚國，看看田文怎樣對待你；看看韓、魏、齊三國向秦提出什麼要求，並把你將他們的要求轉請秦王而得不到許可的情況公開告訴韓、魏、齊三國，以表明你守信；看看辛張和陽毋澤的要求得不到田文許可，而你的請求卻得到了田文的同意，以此來提高自己的聲望。」

## 謂魏冉曰和不成

【題　解】秦將白起攻趙，有人告訴秦相魏冉，要他與趙講和，否則不利於他，而有利於白起。

謂❶魏冉曰：「和❷不成，兵必出。白起者，且❸復將。戰勝，必窮公❹；不勝，必事趙從公❺。公又輕❻，公不若毋多❼，則疾到❽。」

【注　釋】❶謂　「謂」上當有「或」字。❷和　指秦與趙和。❸且　將。❹窮公　使你陷入困境。❺事趙從公　恐字有誤，疑「從」是「窮」之誤。事趙，指白起如果戰敗則秦將事趙。❻輕　因為秦國打了敗仗再與趙講和，所以魏冉的地位便顯得輕。❼毋多　不要顧慮太多。❽疾到　快到。鮑彪注「趙歸我也」。指現在和談，趙便能很快歸秦。

【語　譯】有人對秦相魏冉說：「和談不成，必定出兵打仗。白起將再次擔任將軍。他戰勝了，必定使你陷入困境；沒有戰勝，秦國必定侍奉趙國，同樣也使你陷入困境。那時你的地位就將顯得更輕了，你不要顧慮太多，現在就去和談，那麼趙國便會很快歸向秦國。」

## 謂穰侯

【題　解】有人勸魏冉，要他將陶這個地方作為自己的封地。這段文字和〈趙策一・齊攻宋奉陽君不欲〉、〈趙策四・齊將攻宋而秦楚禁之〉在基本上相同。

謂❶穰侯❷曰：「為君慮封❸，若❹於除❺。宋罪重❻，齊怒須❼，殘伐❽亂宋，德❾強齊，定身❿封⓫，此亦百世之時也已⓬！」

【注釋】❶謂 「謂」上當有「或」字。❷穰侯 即魏冉，因始封於穰，故稱穰侯。❸慮封 考慮選擇封地。❹若 「若」上當有「莫」字。❺除 當作「陶」。宋邑，魏冉的封地之一。❻宋罪重 《史記・宋微子世家》說宋君偃東敗齊、南敗楚、西敗魏，好酒好色，群臣進諫，他便將其射死。諸侯稱之為「桀宋」，認為他重複了紂王的所作所為，不可不誅。❼須 據〈趙策一・齊攻宋奉陽君不欲〉當作「深」。❽殘伐 相當於「攻伐」。殘，毀壞。❾德 感激。❿身 自身。⓫封 封地。⓬已 句末語氣詞。

【語譯】有人對魏冉說：「為你選擇封地，不如選擇宋國的陶邑為好。宋國罪惡重大，齊國很惱火它，攻打作亂的宋國，讓強大的齊國感激你，定下自身的封地，這也是千載難逢的好時機啊！」

## 謂魏冉曰楚破秦

【題解】據《史記・楚世家》記載，懷王二十六年（西元前三〇三年），楚國背叛山東諸侯合縱聯盟，與秦國和好，齊、韓、魏三國便聯合攻楚。楚國向秦國求救，並且將太子送去做人質。在這樣的背景下，有人勸秦相魏冉，如果楚國被三國打敗，齊國便占有楚地，力量大大增強，秦國將無法和齊國抗衡，韓國、魏國也將趁機而動，瓜分楚地。這樣便會戰爭再起，傷害秦國，因此秦國不能坐觀齊國將楚國打敗。

謂❶魏冉曰：「楚破，秦不能與齊縣衡❷矣。秦三世積節❸於韓、魏，而齊之德新加與❹，齊、秦交爭，韓、魏東聽❺，則秦伐❻矣。齊有東國之地，方千里。楚苞❼九夷❽，又方千里，南有符離❾之塞，北有甘魚❿之口。權縣⓫宋、衛，宋、衛乃當阿⓬、甄⓭耳。利有千里者二⓮，富擅越隸⓯，秦烏能與齊縣衡？韓、魏支分方城⓰膏腴之地以薄鄭⓱，兵休復起，足以傷秦，不必待齊⓲。」

【注　釋】❶謂　「謂」上當有「或」字。❷縣衡　抗衡。❸積節　積事。指累有戰事。❹與　一作「焉」。❺東聽　聽從東邊的。即聽從齊國的。齊國在韓、魏的東邊。❻秦伐　即伐秦。❼苞　通「包」。這裡有併吞的意思。❽九夷　指被楚併吞的東方少數民族。❾符離　楚邑名，故城在今安徽宿縣符離集。❿甘魚　楚地名，在今湖北天門西北。⓫權縣　掂量輕重。⓬阿　齊邑名，故城在今山東東阿西。⓭甄　一作「鄄」，故城在今山東鄄城北。⓮千里者二　齊地有方千里，楚地又有方千里，若楚敗，齊兼併了楚，齊地便有兩個方千里。⓯富擅越隸　越地為楚所有，如楚被齊所敗，則越所屬之地的豐富物產，專為齊所有。擅，專有。隸，徒隸。對人的賤稱。⓰方城　楚國北邊的長城。⓱薄鄭　迫近鄧邑。薄，迫近。鄭，當是「鄧」的錯字。鄧，楚邑，在今河南鄧縣。⓲待齊　指等待齊國打敗楚國。

【語　譯】有人告訴魏冉說：「楚國被打敗，秦國便不能和齊國抗衡了。秦國三代以來，與韓國、魏國發生多次戰事，而齊國剛剛對韓國、魏國有恩德，齊國、秦國如果打起仗來，韓國、魏國便會聽東邊齊國的話，進攻秦國。齊國有東方之地，方圓千里。楚國併吞了九夷，又是方圓千里，南邊有符離要塞，北邊有甘魚關口。估量一下宋國、衛國的輕重，宋國、衛國只是相當於齊國的東阿、鄄城罷了。齊國有兩個方圓二千里之利，專有越地的財富，秦國哪能和齊國抗衡？韓國、魏國瓜分楚國方城一帶的肥沃土地而迫近鄧邑，部隊休整後再打仗，足以傷害秦國，因此秦國絕對不可坐待齊國打敗楚國。」

# 五國罷成睪

【題解】秦昭王想請求韓國、魏國讓成陽君為相，他的母親宣太后對他說：你讓成陽君陷入困境，住在齊國，現在他顯達了，你卻想羅致他，恐怕他不會為你所用。

五國罷成睪❶。秦王❷欲為成陽君❸求相韓、魏，韓、魏弗聽。秦太后❹為魏冉❺謂秦王曰：「成陽君以王之故，窮而居於齊。今王見其達而收之，亦能翕❻其心乎？」王曰：「未也。」太后曰：「窮而不收，達而報之，恐不為王用；且收成陽君，失韓、魏之道❼也。」

【注釋】❶五國罷成睪　五國攻秦的軍隊在成皋停止進攻。五國，指韓、趙、魏、燕、齊五國。罷，罷兵；停止進攻。成睪，即成皋，春秋時又名「虎牢」或「制」，戰國時為韓國所有，舊址在今河南滎陽汜水鎮西。〈趙策四・齊欲攻宋〉：「李兌約五國以伐秦，無功，留天下之兵於成皋。」指的就是同一事件。❷秦王　指秦昭王。❸成陽君　是某人的封號。姓名不詳。從〈趙策四・五國伐秦無功〉秦王「內（納）成陽君於韓」這句話，可知他是韓國人。〈魏策四〉說「成陽君欲以韓、魏聽秦」，可見成陽君在韓國、魏國地位相當重要，秦昭王要他做兩國的相，原因在此。❹秦太后　秦惠王的妃子，秦昭王的母親。惠王已死，昭王執政，故稱太后。❺魏冉　秦太后的弟弟，昭王的舅父。據鮑彪說，太后怕成陽君會破壞魏冉與五國講和，所以替魏冉說話。❻翕　和順。❼失韓魏之道　因韓、魏反對用成陽君為相，所以會失去韓、魏。又據〈魏策四〉記載，成陽君要韓、魏兩國聽從秦國，魏國表示反對，可見魏國、韓國不親秦，所以秦王用了成陽君，便會失去韓、魏。

【語譯】韓、趙、魏、燕、齊五國攻秦的軍隊在成皋停止進攻。秦昭王想請求韓、魏兩國用成陽君為相，韓、魏兩國不同意。秦太后為了魏冉對秦昭王說：「成陽君因為大王的緣故，陷入困境而留居在齊國。現在大王見他顯達而想羅致他，這也能使他順心嗎？」昭王說：「不能。」太后說：「窮困時不羅致他，顯達了卻又報答他，恐怕他不會為王所用；況且羅致成陽君，也是失去韓、魏兩國的做法啊！」

## 范子因王稽入秦

**【題　解】**據《史記・范雎蔡澤列傳》記載，魏人范雎，受到魏相魏齊的侮辱、迫害，死裡逃生，改名張祿，投靠秦國的使者王稽，來到秦國。當時秦國魏冉專權，「私家富重於王室」，排斥山東各國的士人。范雎到秦後，秦昭王讓他用草具進食，一年多不接見他。范雎便上了這封書，中心意思是要秦昭王接見他，重用他。結果達到了目的。

范子❶因王稽❷入秦，獻書昭王曰：「臣聞明主莅正❸，有功者不得不賞，有能者不得不官，勞大者其祿厚，功多者其爵尊，能治眾者其官大。故不能者不敢當其職焉，能者亦不得蔽隱。使以臣之言為可，則行而益利❹其道❺；若將弗行，則久留臣無為❻也。語曰：『人主❼賞所愛，而罰所惡；明主則不然，賞必加於有功，刑必斷於有罪。』今臣之胸不足以當椹質❽，要❾不足以待斧鉞❿，豈敢以疑事嘗試於王乎？雖以臣為賤而輕辱臣，獨不重任臣者⓫後無反覆於王前⓬耶！臣聞周有砥厄⓭，宋有結綠⓮，梁有懸黎⓯，楚有和璞⓰，此四寶者，工⓱之所失⓲

也，而為天下名器。然則聖王之所棄者，獨不足以厚⑲國家乎？臣聞善厚家者，取之於國；善厚國者，取之於諸侯。天下有明主，則諸侯不得擅厚⑳矣。是何故也？為其凋榮㉑也。良醫知病人之死生，聖主明於成敗之事，利則行之，害則舍之，疑則少嘗之，雖堯、舜、禹、湯復生，弗能改已㉒！語之至㉓者，臣不敢載之於書，其淺者又不足聽也。意者，臣愚而不闔㉔於王心耶？已其㉕言臣者將賤而不足聽耶？非若是也，則臣之志㉖，願少賜游觀之間㉗，望見足下㉘而入之。」

書上，秦王說之，因謝王稽說㉙，使人持車召之。

【注釋】❶范子　指范雎，名叔，魏國人。入秦後，說秦昭王，受到重用，被拜為相，封為應侯。❷王稽　秦謁者令，出使魏國，暗中將死裡逃生的范雎帶進秦國。❸莅正　相當於「臨政」。治理政事。正，同「政」。❹利　達。❺道　辦法。❻無為　無所作為。即無用。❼人主　《史記・范雎蔡澤列傳》作「庸主」。❽椹質　砧板。❾要　即「腰」字。❿鉞　古代的一種兵器，比斧大，用於斫殺。⓫任臣者　保舉我的人。指王稽。⓬反覆於王前　在王的面前反過來加罪於我。⓭砥厄　寶玉名。⓮結綠　寶玉名。⓯懸黎　寶玉名。⓰和璞　即和氏璧，為楚國的玉工卞和所獻。美玉包孕在石中叫璞。⓱工　指玉工。⓲失　錯。⓳厚　使富厚。⓴擅厚　擅自富厚。㉑凋榮　《史記・范雎蔡澤列傳》作「割榮」，分割榮華，不使榮華為某幾個人所專有。即要「強公室、杜私門」的意思。㉒已　句末語氣詞。㉓至　最。㉔闔　合。㉕已其　當作「亡其」。「無乃」的意思。㉖志　在心為志。即心中沒有發表出來的想法。㉗間　空暇時間。㉘足下　相當於「陛下」，是表示敬意的詞。㉙說　一本無此字。

【語譯】范雎通過王稽進入秦國，獻上一封信給秦昭王說：「我聽說賢明的君主治理政事，有功的人不能不受賞，有能的人不能不做官，功勞大的人俸祿便豐厚，戰功多的人爵位便尊貴，能治理眾人的人官便做得大。

所以無能的人不敢任職，有能的人也不會埋沒。假使認為我的話是可行的，那麼就實行它而更從中取益；如果不準備實行，那麼久留我也沒有用。俗話說：『平庸的君主便獎賞他所寵愛的人，而處罰他所憎恨的人；賢明的君主就不是這樣，獎賞必定加給有功的人，刑罰必定判給有罪的人。』現在我的胸膛不能夠抵上砧板，腰身不能夠承受斧頭，怎麼敢拿有疑問的事在大王的面前作試驗呢？雖然大王認為我低賤而輕視我、侮辱我，難道就不重視保舉我的人日後不反過來在大王面前加罪於我嗎？我聽說周朝有砥厄，宋國有結綠，梁國有懸黎，楚國有和氏璧，這四種寶玉，玉工都不識貨，錯看了它們，卻都是天下的名貴寶器。這樣看來，聖王所遺棄的人，難道就不能夠使國家富有嗎？我聽說善於使大夫之家富有的，是從國家那裡取來的；善於使國家富有的，是從別的諸侯國那裡取來的。天下有了賢明的君主，那麼諸侯就不能擅自富有了。這是什麼緣故呢？因為他能分割榮華啊。高明的醫生知道病人的生死，聖明的君主瞭解事業的勝敗，有利的便實行它，有害的便捨棄它，有疑問的便稍稍試驗它，即使是唐堯、虞舜、夏禹、商湯再生，也不能改變呀！最關重要的話，我不敢寫在信上，那些淺陋的話又不值得聽信。我猜想：是因為我的愚蠢之見不符合大王心中的想法呢？該不是說我壞話的人認為我的見解淺陋而不值得聽信呢？不是這樣的話，那麼我的心願是：希望您在遊觀的空暇中能賜給我一次機會，讓我拜見陛下將這些想法告訴您。」

這封信呈上後，秦昭王感到很高興，便感謝王稽，並派人驅車去召見范雎。

# 范雎至秦

【題　解】范雎進見秦昭王，先是唯唯諾諾，欲言又止。在得知秦王對他深信不疑後，便直言指出秦之所以沒有成霸王之業，是由於魏冉謀國不忠，實行了越韓、魏而遠攻強齊的錯誤政策的緣故。此外還分析了秦國國內的形勢，說明了宣太后、魏冉、涇陽君、華陽君等「四貴」擅權，對秦王所造成的危害。

范雎至秦，王庭❶迎，謂范雎曰：「寡人宜以身受令久矣。今者❷義渠之事❸急，寡人日自請太后。今義渠之事已，寡人乃得以身受命。躬竊❹閔然❺不敏❻，敬執賓主之禮。」范雎辭讓。

是日見范雎，見者無不變色易容者。秦王屏❼左右，宮中虛無人，秦王跪而請曰：「先生何以幸❽教寡人？」范雎曰：「唯唯。」有間❾，秦王復請，范雎曰：「唯唯。」若是者三。

【章旨】秦昭王接見范雎，范雎「唯唯」連聲，欲言又止。

【注釋】❶庭　通「廷」。朝廷。❷今者　「會」字之誤。❸義渠之事　指消滅義渠的事件。義渠，古代西戎國名，在今甘肅合水、正寧、環縣、寧縣、涇川等縣地。❹竊　私自。❺閔然　昏昧糊塗的樣子。❻不敏　不才。❼屏　使退避。❽幸　表敬副詞。❾有間　停了一會。

【語譯】范雎到了秦國，秦昭王在朝廷上迎接范雎，對他說：「寡人好久以前就應當接受你的教誨了。碰上處理義渠事件緊急，寡人天天去向太后請示。現在義渠事件已經了結，寡人方能親自接受教誨。我私下覺得自己糊塗愚蠢，恭敬地執守賓主之禮，請你賜教。」范雎辭謝謙讓一番。

這天秦昭王接見范雎，看見的人沒有一個不變了臉色。秦昭王叫左右退下去，宮中空無他人，秦昭王跪下請教，說：「先生怎麼樣教導寡人？」范雎說：「嗯嗯。」過了一會，秦昭王再請教，范雎又說：「嗯嗯。」像這樣重複了三次。

秦王跽❶曰：「先生不幸教寡人乎？」

范雎謝曰：「非敢然也。臣聞始時呂尚❷之遇文王也，身為漁父而釣於渭陽之濱❸耳。若是者，交疏也。已❹一說❺而立為太師❻，載與俱歸者，其言深也。故文王果收功於呂尚，卒擅天下而身立為帝王。即❼使文王疏呂望❽而弗與深言，是周無天子之德，而文、武無與❾成其王也。今臣，羈旅之臣也，交疏於王，而所願陳者，皆匡君之❿之事，處人骨肉之間⓫，願以陳臣之陋忠，而未知王心也，所以王三問而不對者是也。臣非有所畏而不敢言也，知今日言之於前，而明日伏誅於後，然臣弗敢畏也。大王信行臣之言，死不足以為臣患，亡不足以為臣憂，漆身而為厲⓬，被髮而為狂，不足以為臣恥。五帝之聖⓭而死，三王之仁⓮而死，五伯⓯之賢⓰而死，烏獲⓱之力⓲而死，奔、育⓳之勇焉而死。死者，人之所必不免也。處必然之勢，可以少有補於秦，此臣之所大願也，臣何患乎？伍子胥⓴橐載㉑而出昭關㉒，夜行而晝伏，至於蔆水㉓，無以餌㉔其口，坐行㉕蒲服㉖，乞食於吳市㉗，卒興吳國，闔廬㉘為霸。使臣得進謀如伍子胥，加之以幽囚，終身不復見，是臣說之行也，臣何憂乎？箕子㉙、接輿㉚，漆身而為厲，被髮而為狂，無益於殷、楚。使臣得同行於箕子、接輿，漆身可以補所賢之主，是臣之大榮也，臣又何恥乎？臣之所恐者，獨恐臣死之後，天下見臣盡忠而身蹶㉛也，是以杜口裹足，莫肯即秦㉜耳。足下上畏太后之嚴，下惑姦臣之態，居深宮之中，不離保傅㉝之手，終身闇惑，無與㉞照姦。大者宗廟滅覆，小者身以孤危。此臣之所恐耳！若夫窮辱之事，死亡之患，臣弗敢畏也。臣死而秦治，賢於生也。」

【章旨】范雎說明不願立即發表政見，不是為了個人的生死榮辱，而是和秦王交不深，怕不能實行，說了也沒有用。

【注釋】❶跽　長跪；伸著腰跪在地上。❷呂尚　即姜子牙。周文王遇見他後，說：「吾太公望子久矣。」因號為太公望，又稱呂望。❸渭陽之濱　渭水北面的河邊。❹已　即「已而」。不久。❺一說　一次談話。❻太師　周官名，天子所師。❼即　如果。❽呂望　即呂尚。❾無與　當作「無以」。無從、無法的意思。❿匡君之　匡君，糾正君主錯誤。之，是衍文。⓫處人骨肉之間　宣太后是昭王的母親，魏冉是昭王的舅父，所以范雎這樣說。處，在。骨肉之間，指牽涉到骨肉之親。⓬漆身而為厲　有毒的漆，塗在身上，便生膿瘡，像長癩瘡一樣。漆身，用漆塗身。厲，通「癩」。⓭聖　「聖」下當有「焉」字。⓮仁　「仁」下當有「焉」字。⓯五伯　即「五霸」。⓰賢　「賢」下當有「焉」字。⓱烏獲　古代的大力士。⓲力　「力」下當有「焉」字。⓳奔育　孟奔和夏育。兩人都是古代的大力士。⓴伍子胥　春秋時楚國人，名員。楚平王聽信費無忌讒言，囚殺伍子胥的父親伍奢，追捕伍子胥。伍子胥逃亡，過昭關，入吳國，投靠吳國闔廬，進攻楚國，以報殺父之仇。楚昭王出逃，伍子胥鞭楚平王之屍。㉑橐載　裝在牛皮袋裡。橐，牛皮袋。㉒昭關　關名，在今安徽含山北，是吳、楚之間的重要關口。㉓蔆水　一作陵水，又叫溧水。在今江蘇溧陽，發源於安徽蕪湖，流入太湖。㉔餌　這裡作動詞用，餬口的意思。㉕坐行　膝行。㉖蒲服　同「匍匐」。在地上爬行。㉗乞食於吳市　《史記·伍子胥列傳》說伍子胥在往吳道中乞食。㉘闔廬　吳王。㉙箕子　商紂王的臣子。紂王無道，比干進諫，紂王剖其腹而觀其心，箕子害怕，佯狂為奴。㉚接輿　春秋時楚國人，佯狂避世。㉛蹶　倒下去。即死去。㉜即秦　就秦；到秦國去。㉝保傅　指女保、女傅。㉞無與　無以。

【語　譯】秦昭王伸著腰跪下說：「先生不願教導寡人嗎？」

范雎說：「不敢這樣啊。我聽說姜子牙起初遇見周文王時，自身是個漁夫，在渭水北岸釣魚。他所以這樣，是因為和文王交情疏遠啊。不久經過一次談話，文王便封他為太師，讓他同乘一輛車回來，那是因為他們談得很深入啊。所以文王果然得力於姜子牙，終於據有天下而被立為帝王。假若文王疏遠姜子牙，而不和他深談，這樣一來，周便沒有天子的美德，而文王、武王也就無法成就他們的帝王之業啊。現在的我，是個旅居在外的臣子，和大王交情疏遠，而所要陳述的，都是糾正君主錯誤的事情，牽涉到人家的骨肉之間的親情，雖然我願意陳述我淺陋的愚忠，卻不知道大王內心真正的想法，大王三問而我不答的原因就在這裡。我不是有什麼害怕的事情而不敢說，就是知道今天我先說了，然後明天便被殺死，我也不敢存有一絲害怕的心理。大王真的會實行我的話，那麼我死也不值得憂慮，我逃亡也不值得憂慮，把漆塗在身上而長癩瘡，披頭散髮而假裝瘋狂，也不值得我認為是恥辱。五帝這樣聖明也死了，三王這樣仁愛也死了，五霸這樣賢能也死了，烏獲這樣有力氣也死了，孟奔、夏育這樣勇敢也死了。死，對於人來說，是必定免不了的。處在這種必死的地位，可以稍稍有益於秦國，這是我最大的願望啊，我還憂慮什麼呢？伍子胥被裝在牛皮袋裡而逃出昭關，晚上走路，白天躲起來，到了溧水，無法餬口，餓得站不起來，只靠雙膝行走，在地上爬行，在吳市乞食，結果復興了吳國，使闔廬做了霸主。假使我能夠像伍子胥一樣進謀獲得成功，就是將我囚禁起來，一輩子不能再見君王，而我進說的計謀卻得以實行，那我還憂慮什麼呢？箕子、接輿，將漆塗在身上而生癩瘡，披頭散髮，假裝成狂人，對商朝和楚國是毫無益處的。假使我能採用箕子、接輿同樣的行為，將漆塗在身上，可以有助於我所認為的賢明君主，這便是我最大的榮耀，我又怎麼會感到可恥呢？我所擔心的，只是擔心我死了以後，天下之士看見我盡忠而死，因此閉起嘴來，綁住雙腿，沒有誰肯到秦國來罷了。陛下上怕太后的威嚴，下被姦臣的媚態所迷惑，住在深宮裏面，離不開女保、女傅的撫養，終身糊塗，無法明察姦人。這樣下去，說得嚴重點便是宗廟毀滅，國家覆亡；輕一點也將孤身無援，處境危險。這就是我所擔心的事。至於我個人的窮困恥辱，死亡禍患，我是不敢存有害怕心理的。如果我死了而能治好秦國，我也就比活著要好啊。」

秦王跽曰：「先生是何言也！夫秦國僻遠，寡人愚不肖，先生乃幸至此，此天以寡人慁❶先生，而存先王之廟也。寡人得受命於先生，此天所以幸❷先王而不棄其孤也。先生奈何而言若此！事無大小，上及太后，下至大臣，願先生悉以教寡人，無疑寡人也。」范睢再拜，秦王亦再拜。

范睢曰：「大王之國，北有甘泉❸、谷口❹，南帶涇、渭❺，右隴❻、蜀❼，左關❽、阪❾；戰車千乘，奮擊❿百萬。以秦卒之勇，車騎之多，以當諸侯，譬若馳韓盧⓫而逐蹇兔⓬也，霸王之業可致。今反閉⓭而不敢窺兵於山東者，是穰侯為國謀不忠，而大王之計有所失也。」

王曰：「願聞所失計。」

睢曰：「大王越韓、魏而攻強齊，非計也。少出師，則不足以傷齊；多之則害於秦。臣意王之計欲少出師，而悉韓、魏之兵則不義⓮矣。今見與國⓯之不⓰可親，越人之國而攻，可乎？疏於計矣！昔者，齊人伐楚⓱，戰勝，破軍殺將，再辟⓲千里，膚寸之地⓳無得者，豈齊不欲地哉，形弗能有也。諸侯見齊之罷露⓴，君臣之不親，舉兵而伐之㉑，主辱㉒軍破，為天下笑。所以然者，以其伐楚而肥韓、魏也。此所謂藉賊兵而齎盜食者也。王不如遠交而近攻㉓，得寸則王之寸，得尺亦王之尺也。今舍此而遠攻，不亦繆㉔乎？且昔者，中山㉕之地，方五百里，趙獨擅之㉖，功成、名立、利附，則㉗天下莫能害。今韓、魏，中國之處，而天下之樞㉘也。王若欲霸，必親中國而以為天下樞，以威楚、趙。趙彊則楚附，楚彊則趙附㉙。楚、趙附則齊必懼，懼必卑辭重幣以事秦，齊附而韓、魏可虛㉚也。」

【章旨】在秦昭王的再三要求下，范雎發表政見，指出秦國有不少有利條件，卻沒有成霸王之業，是由於魏冉為國不忠，錯誤地執行了「越韓、魏而攻強齊」的外交政策，而沒有親韓、魏以威脅楚、趙的緣故。

【注釋】❶慁　煩擾。❷幸　當作「哀」字。〈燕策三・燕太子丹質於秦亡歸〉：「此天所以哀燕不棄其孤也。」❸甘泉　山名，在陝西淳化西北，俗名磨石嶺。❹谷口　仲山之谷口，又叫寒門，在今陝西禮泉東北。❺涇渭　即陝西的涇水和渭水。❻隴　即隴山，又叫隴坻或隴坂，在今陝西隴縣至甘肅平涼一帶，地勢險峻。❼蜀　古國名，為秦所滅，設置蜀郡，在今四川一帶。❽關　函谷關。❾阪　指商阪，即商山，在今陝西商縣東。❿奮擊　奮力出擊的勇士。⓫韓盧　俊犬名。⓬蹇兔　跛腿的兔子。⓭閉　當作「閉關」。⓮義　宜。自己少出兵而想韓、魏都全部出征，便不適宜。⓯與國　盟國。指韓、魏。⓰不　據姚宏所見錢藻本，「不」字當刪。⓱齊人伐楚　指齊宣王十九年（西元前三〇一年）聯合秦國一起打敗楚國。⓲辟　通「闢」。⓳膚寸之地　指極小的土地。古代以一指寬為一寸，四指寬為膚。⓴罷露　疲敗。罷，通「疲」。露，敗。㉑舉兵而伐之　指燕昭王二十八年（西元前二八四年），用樂毅為上將軍，和秦、楚、韓、魏、趙等國聯合攻齊，齊大敗，湣王出逃，燕軍進入齊都臨淄，取走全部齊國寶器，焚燒齊國宮室宗廟。㉒主辱　指齊湣公出逃。㉓遠交而近攻　是以後秦國兼併諸侯的基本外交政策。㉔繆　通「謬」。㉕中山　指中山國，在今河北定縣、唐縣一帶。㉖趙獨擅之　指趙武靈王時趙國獨自滅中山國。㉗則　相當於「而」。㉘樞　戶樞。比喻交通要道。㉙附　親附。㉚虛　同「墟」。作動詞用，成為丘墟的意思。

【語譯】秦昭王伸著腰跪下說：「先生，這是什麼話呀！秦國在偏僻的遠方，寡人愚蠢不像樣，幸虧先生來到這裡，這是老天爺用我來煩擾先生，以保存先王的宗廟啊。寡人能夠接受先生的教誨，這是老天爺可憐我的先王而不拋棄他的遺孤啊。先生為何要說這種話！事無論大小，上到太后，下到大臣，希望先生有什麼想法都全部告訴寡人，不要懷疑寡人啊。」范睢再次拜謝，秦昭王也再次拜謝。

范睢說：「大王的國家，北邊有甘泉山、谷口，南邊有涇水、渭水，右邊有隴山、蜀郡，左邊有函谷關、商阪，戰車千輛，勇士百萬。憑著秦卒的勇敢，車騎數量之多，以對付諸侯，就像讓猛狗韓盧去追跛腳兔一樣，可以成就霸王之業。現在秦國之所以閉關而不敢向殽山以東進兵，是因為穰侯魏冉沒有為國忠心謀劃，而大王的政策也有所失誤啊。」

秦昭王說：「願意知道我政策失誤的地方。」

范睢說：「大王越過韓國、魏國去進攻強大的齊國，這不是好的計策。出兵少了，便不能夠傷害齊國；多了，秦國便要受害。我猜想大王的計策是想讓秦國少出兵，而讓韓國、魏國出動全部軍隊增援，這樣做就不適宜了。現在看到盟國韓、魏可親，便越過別人的國家而去進攻齊國，這樣做行嗎？那是考慮不周到了！過去齊國攻打楚國，打了勝仗，戰敗了楚軍，殺了楚將，再擴大疆土一千里，可是結果寸地也沒有得到，這難道是齊國不想要土地，而是因為形勢上不能讓它占有啊。諸侯看到齊國疲敗，君臣不和，便起兵攻打它，結果齊國君主受辱，部隊打了敗仗，被天下人所嗤笑。齊國所以弄成這個樣子，是因為它進攻楚國反而肥了韓國、魏國啊。這就是所謂的把兵器借給敵寇而把糧食贈送給盜賊了。大王不如遠交近攻，得到一寸地便是大王的一寸地，得到一尺土地也便是大王的一尺土地。現在捨棄這種正確的政策而進攻遠方的國家，不是錯了嗎？再說過去中山國的土地，方圓五百里，趙國獨自吞併了它，成就了功業，樹立了名聲，得到了實利，而天下沒有人能傷害它。現在韓國、魏國，地處中原，是天下的交通樞紐。大王如果想稱霸，必然要親近中原地區的國家，把它們作為天下的樞紐，來威脅楚國和趙國。趙國強大，楚國便會歸附；楚國強大，趙國便會歸附。楚、趙二國歸附秦國，齊國就必定害怕，齊國害怕就必定會用謙卑的言辭、貴重的禮物來侍奉秦國，齊國歸附秦國，那麼韓、魏兩國就可以成為丘墟了。」

王曰：「寡人欲親魏，魏多變之國也，寡人不能親。請問親魏奈何？」范雎曰：「卑辭重幣以事之；不可，削地而賂之；不可，舉兵而伐之。」於是舉兵而攻邢丘❶，邢丘拔❷而魏請附。

曰❸：「秦、韓之地形，相錯如繡。秦之有韓，若木之有蠹，人之病心腹。天下有變，為秦害者莫大於韓。王不如收韓。」王曰：「寡人欲收韓，不聽，為之奈何？」范雎曰：「舉兵而攻滎陽❹，則成睪❺之路不通；北斬太行之道❻，則上黨之兵不下。一舉而攻滎陽，則其國斷而為三❼。魏❽、韓見必亡，焉得不聽？韓聽而霸事可成也。」王曰：「善。」

【章旨】范雎向秦昭王說明對付韓、魏兩國的政策：對魏是軟硬兼施，對韓則只能來硬的。

【注釋】❶邢丘　魏邑，在今河南溫縣東。❷拔　攻下。秦昭王四十一年（西元前二六六年）取邢丘。❸曰　上省去「范雎」二字。❹滎陽　韓邑，在今河南滎陽。❺成睪　即成皋，在今河南滎陽汜水鎮西。❻太行之道　指太行山上的羊腸坂。❼三　指韓國被斷為三。新鄭以南為一段，宜陽為一段，澤潞為一段。❽魏　是衍文，當刪。

【語譯】秦昭王說：「寡人想親近魏國，可是魏國是個多變的國家，因此寡人不能和魏相親。請問怎樣才能和魏相親？」范雎說：「用謙卑的言辭、貴重的禮物去侍奉它；不行，就割地去賄賂它；再不行，就出兵去攻打它。」於是秦國便出兵去攻打邢丘，邢丘被攻下來，魏國也就請求歸附秦國。

范雎說：「秦國、韓國的地形，像錦繡一樣交錯在一起。秦國有韓國在旁邊，就像樹木有蠹蟲，人有心腹之病一樣。天下如果有變亂，給秦國為害最大的，沒有哪個國家可以超過韓國。大王不如先收服韓國。」秦昭王說：「寡人想收服韓國，韓國不聽從，該怎麼辦？」范雎說：「出兵進攻滎陽，這樣成皐的道路便不通；北邊切斷太行山上的羊腸坂，這樣韓國上黨的駐軍便下不來。一舉進攻滎陽，那麼韓國便被切成三段。韓國眼見勢必滅亡，怎能不聽從？韓國聽從，秦國也就可以成就霸王之業啊。」秦昭王說：「說得好。」

范雎曰：「臣居山東，聞齊之內有田單❶，不聞其王❷；聞秦之有太后、穰侯、涇陽❸、華陽❹，不聞其有王。夫擅國❺之謂王，能專利害之謂王，制殺生之威之謂王。今太后擅行不顧❻，穰侯出使不報❼，涇陽、華陽擊斷無諱❽。四貴備而國不危者，未之有也。為此四者，下乃所謂無王已。然則權焉得不傾，而令焉得從王出乎？臣聞：『善為國者，內固其威，而外重其權。』穰侯使者操王之重，決裂❾諸侯，剖符❿於天下，征敵伐國，莫敢不聽。戰勝攻取，則利歸於陶⓫，國弊⓬御⓭於諸侯⓮；戰敗，則結怨於百姓，而禍歸社稷。詩⓯曰：『木實繁者披⓰其枝，披其枝者傷其心。大其都⓱者危其國，尊其臣者卑其主。』淖齒⓲管齊之權⓳，縮⓴閔王之筋，縣之廟梁，宿昔㉑而死。李兌㉒用趙㉓，減食主父㉔，百日而餓死㉕。今秦，太后、穰侯用事，高陵㉖、涇陽佐之，卒無秦王，此亦淖齒、李兌之類已。臣今見王獨立於廟朝矣，且臣將恐後世之有秦國者，非王之子孫也。」

秦王懼，於是乃廢太后，逐穰侯，出高陵，走涇陽於關外。

昭王謂范雎曰：「昔者，齊公㉗得管仲㉘，時以為仲父㉙。今吾得子，亦以為父㉚。」

【章旨】范雎又向昭王說明秦國「四貴」擅權，有架空君主的危險。昭王於是採取了廢太后、逐穰侯等措施，像齊桓公信任管仲那樣信任范雎。

【注釋】❶田單　齊國將軍，用火牛陣大敗燕軍，收復齊國七十多個城市，迎齊襄王入臨淄，恢復了齊國，被封為安平君。❷王　指齊襄王。❸涇陽　指涇陽君，宣太后的弟弟，秦昭王的舅父。❹華陽　指華陽君，也是宣太后的弟弟，秦昭王的舅父。❺擅國　獨攬國政。❻擅行不顧　獨斷專行，毫無顧忌。擅行，獨自專行。不顧，指不顧及秦昭王。❼不報　不告訴秦昭王。❽擊斷無諱　向犯人用刑，沒有顧忌。❾決裂　分割諸侯土地。❿剖符　將一個符分為兩半，以作憑證。符，兵符。使者拿著兵符去徵發諸侯的軍隊，征伐敵國。⓫陶　穰侯魏冉的另一處封地，在今山東定陶。⓬國弊　即「國幣」，也就是下文所說的「國之幣帛」。弊，通「幣」。⓭御　進；入。⓮諸侯　指涇陽君、華陽君。⓯詩　當是指逸詩。⓰披　折。⓱都　都邑，指諸侯分封給其下屬的邑城。《左傳》隱公元年：「都城過百雉，國之害也。」⓲淖齒　楚將，楚國派他帶兵去救齊，因而做了齊湣王的相。⓳管齊之權　指為齊相。管，掌管。⓴縮　通「摍」。抽。㉑宿昔　一夕之間。齊湣王死於周赧王三十一年（西元前二八四年）。㉒李兌　趙國的司寇，和公子成一起圍困趙武靈王，讓他餓死在沙丘宮中。㉓用趙　在趙國當權。㉔主父　即趙武靈王，自號為主父。㉕百日而餓死　《史記・趙世家》說趙武靈王被圍，「欲出不得，又不得食，探爵鷇（幼雀）而食之，三月餘而餓死」。㉖高陵　即高陵君，宣太后的弟弟，秦昭王的舅父。㉗齊公　即齊桓公。㉘管仲　齊桓公的相。㉙仲父　叔父。齊桓公像對待父親一樣對待管仲。㉚父　據《史記・范雎蔡澤列傳》當作「叔父」。

【語譯】范雎說：「我在殽山以東的時候，聽說齊國有個田單，沒有聽說它有王；聽說秦國有太后、穰侯、涇陽君、華陽君，沒有聽說它有王。能獨攬國政的叫做王，能獨自決定利害的叫做王，能控制生殺之權的叫做王。現在太后獨斷專行，毫無顧忌；穰侯派出使者，也不向你報告；涇陽君、華陽君對人用刑，肆無忌憚。有了這『四貴』而國家不危險，是沒有的事。有了這『四貴』，下面便所謂沒有大王了。既然這樣，那麼權力怎能不失去，政令怎能從大王這裡發出呢？我聽說：『善於治理國家的君王，對內要鞏固自己的權威，對外要加重自己的大權。』穰侯的使者仗恃大王的威重，分割諸侯的土地，拿著兵符調動天下的軍隊，征伐敵國，沒有人敢不聽從。打了勝仗，奪取了土地財物，好處歸於穰侯的封地陶，國家的幣帛，進入涇陽君、華陽君家中；打了敗仗，便引起百姓的怨恨，災禍歸於國家。有詩說：『樹上結的果實多了便會折斷樹枝，折斷樹枝，便會傷害樹心。擴大臣下的封地便會危害他的國家，尊崇大臣便會降低君主的地位。』淖齒掌管齊國的大權，抽齊閔王的筋，把他吊在宗廟的樑上，一個晚上便死去了。李兌在趙國掌權，減少趙武靈王的飲食，一百天以後，趙武靈王便餓死了。現在秦國，太后、穰侯當權，高陵君、涇陽君做幫手，結果不把秦王放在眼裡，這也和淖齒、李兌事件相類似呀！我現在看到大王在朝廷裡孤立無援，我還擔心後世擁有秦國的人不是大王的子孫啊。」

秦昭王聽後感到害怕，於是廢除了太后，將穰侯、高陵君、涇陽君三人趕出關外。

秦昭王對范雎說：「過去，齊桓公得到管仲，時時將管仲當成他的叔父。現在我得到你，也將你當成我的叔父。」

## 應侯謂昭王

【題　解】范雎告訴秦昭王，要他不要大權旁落，不要讓太后、穰侯、華陽君等三貴專權，胡作非為，損國自利，否則將有「危主滅國」之禍。

應侯❶謂昭王曰：「亦聞恆思❷有神叢❸與？恆思有悍少年，請與叢博❹，曰：『吾勝叢，叢籍❺我神三日；不勝叢，叢困我。』乃左手為叢投，右手自為投，勝叢❻，叢籍其神。三日，叢往求之，遂弗歸。五日而叢枯，七日而叢亡。今國者，王之叢；勢者，王之神。籍人以此，得無危乎？臣未嘗聞指大於臂，臂大於股，若有此，則病必甚矣。百人輿❼瓢而趨，不如一人持而走疾。百人誠輿瓢，瓢必裂。今秦國，華陽用之，穰侯用之，太后用之，王亦用之。不稱瓢❽為器，則已；已稱瓢為器，國必裂矣。臣聞之也：『木實繁者枝必披，枝之披者傷其心。都大者危其國，臣強者危其主。』其令❾邑中自斗食❿以上，至尉⓫、內史⓬及王左右，有非相國⓭之人者乎？國無事，則已；國有事，臣必聞⓮見王獨立於庭⓯也。臣竊為王恐，恐萬世之後有國者，非王子孫也。

臣聞古之善為政也，其威⓰內扶，其輔⓱外布，四⓲治政不亂不逆，使者直道而行，不敢為非。今太后使者分裂諸侯，而符布天下⓳，操大國之勢，強徵⓴兵，伐諸侯。戰勝攻取，利盡歸於陶；國之幣帛，竭入太后之家；竟㉑內之利，分移華陽。古之所謂『危主滅國之道』必從此起。『三貴』㉒竭國以自安㉓，然則令何得從王出？權何得毋分？是我㉔王果處三分之一㉕也。」

【注釋】❶應侯　范雎被封在應，號為應侯。應，在今河南魯山東。❷恆思　地名，其地不詳。❸神叢　神樹。叢，樹。古時以為有神靈寄託在某一樹上，這樹便是「神叢」，近代江西偏僻鄉間還有此風俗。❹博　古代的一種博戲，共十二棋，六黑六白，兩人相博，每人六棋，又叫「六博」。❺籍　通「借」。❻勝叢　左手力小，右手力大，故勝叢。❼輿　抬。❽瓢　依鍾鳳年說當作「國」。下同。❾其令　當依鮑彪本作「且令」。❿斗食　指俸祿較低的官吏，一年的俸祿不到一百石，一天的俸祿為一斗二升。⓫尉　武官名，即軍尉。⓬內史　秦官名，掌管治理京師。⓭相國　指穰侯魏冉，當時是秦國的相。⓮聞　當是衍文。⓯庭　通「廷」。⓰威　聲威。⓱輔　股肱之臣；輔佐君主的大臣。⓲四　當依鮑彪本作「而」。⓳符布天下　即上文所言「剖符於天下」。⓴徵　徵調。㉑竟　即「境」。㉒三貴　指太后、穰侯、華陽君。㉓安　安逸。㉔我　當是衍文。㉕三分之一　在這裡是三對一的意思。

【語譯】范雎對秦昭王說：「聽說過恆思那地方有個樹神嗎？恆思有個強悍的少年，請求和樹神博戲，說：『我贏了樹神，樹神就將神借給我三天；我輸了，樹神就困住我。』說完便左手為樹神投子，右手為自己投子，結果他贏了樹神，樹神便將神借給他。過了三天，樹神前去找神，就沒有回來。五天以後，樹便枯了；七天以後，樹便死了。現在國家就是大王的樹，權勢就是大王的神，將權借給別人，能沒有危險嗎？我沒有聽說過人的手指比手臂大，手臂比大腿大，假使有這種情況，病就已經很嚴重了。用一百個人抬一個瓢快步往前走，不如一個人拿著瓢走得快。假使真的用一百個人抬一個瓢，瓢必定會破裂。現在的秦國，華陽君用它，穰侯用它，太后用它，大王也用它。不把秦國比作用器也就罷了，把秦國比作用器，那秦國必定要破裂了。我聽說：『樹結的果實多了，樹枝必定會折斷，樹枝折斷，就會傷害樹心。都邑大的就會危害他的國家，臣子強大的就會危害他的君主。』況且現在城中從俸祿低的官吏到軍尉、內史以及大王的身邊官員，有不是相國穰侯的人嗎？國家沒有事也就罷了；一旦國家有事，我一定會見到大王在朝廷上孤立無援的後果。我私下替大王擔心，恐怕大王謝世以後，擁有秦國的不是大王的子孫呀。

我聽說古代善於治理政事的君主，他的聲威在內得到扶持，他的輔佐大臣向外宣布他的政令，而治理政事不紛亂，不倒行逆施，使者按正道行事，不敢為非作歹。現在太后的使者分割諸侯的土地，拿著兵符號令天下，仗恃大國的威勢，強行徵調軍隊，進攻諸侯國。打了勝仗，奪取了土地財物，好處全歸穰侯的封地陶；國家的幣帛，盡入太后之家；境內的財富，分散轉移到華陽君那裏。古代所說的『危害主上滅亡國家的道路』，必定從這裡開始。『三貴』損害國家而自求安逸，既然這樣，那麼政令怎能從大王這裡發出？權力怎能不分散？這樣大王真的是處於三比一的地位呀。」

## 秦攻韓圍陘

**【題　解】** 秦國進攻韓國，包圍陘地。范睢對秦昭王說，不能只攻地而不攻人，現在秦國圍陘，不如說是為了攻張平。張平在韓勢力大，就會割地自贖；他勢力小，你就放棄張平，而和另一個不如張平的人做交易，這樣方能達到求地的目的。

秦攻韓，圍陘❶。范睢謂秦昭王曰：「有攻人者，有攻地者。穰侯十攻而魏不得傷者，非秦弱而魏強也，其所攻者，地也。地者，人主所甚愛也；人主者，人臣之所樂為死也。攻人主之所愛，與樂死者鬥，故十攻而弗能勝也。今王將攻韓圍陘，臣願王之毋獨攻其地，而攻其人也。王攻韓圍陘，以張儀❷為言。張儀之力多，且❸削地而以自贖於王，幾❹割地而韓不盡？張儀之力少，則王逐張儀，而更與不如❺張儀者市。則王之所求於韓者，言❻可得也。」

【注釋】❶陘　韓地名，在今山西聞喜西北。❷張儀　當作「張平」，下同。張儀死於魏襄王十年（西元前三〇九年），秦攻韓圍陘在秦昭王四十三年（西元前二六四年），即范睢說此話時，張儀已死去四十五年，不可能是張儀。據《史記・留侯世家》，張良的父親叫張平，做韓釐王、韓悼惠王（即韓桓惠王）的相，秦圍陘發生在韓桓惠王九年，所以「張儀」可能是「張平」之誤。❸且　將。❹幾　同「豈」。❺不如　指智力不如。❻言　當從鮑彪本作「盡」。

【語譯】秦國進攻韓國，包圍陘地。范睢告訴秦昭王說：「有進攻人的，有進攻地的。穰侯魏冉十次進攻魏國卻不能傷害魏國，不是因為秦國弱小而魏國強大，而是因為他所進攻的是土地。土地，是君主極喜愛的；君主，是臣子樂意為他拚死命的。進攻人家所喜愛的土地，和樂意拚死命的人戰鬥，所以進攻十次卻不能獲勝。現在大王將進攻韓國，包圍陘地，我希望大王不要只攻其地，而還要攻其人。大王進攻韓國，包圍陘地，要說是進攻張平。張平勢力大，便將割地向大王贖罪，難道韓國會有割不完的土地？張平的勢力小，大王便棄逐張平，再同一個智力不及張平的人做交易。那麼大王向韓國提出的要求，便全部可以得到。」

## 應侯曰鄭人謂玉未理者璞

【題解】范睢用周人賣鼠的故事，說明趙國的平原君名不副實。

應侯曰：「鄭人謂玉未理❶者璞，周人謂鼠未腊❷者朴。周人懷璞❸過鄭賈❹曰：『欲買朴乎？』鄭賈曰：『欲之。』出其朴，視之，乃鼠也。因謝❺不取。今平原君❻自以賢，顯名於天下，然降其主父沙丘而臣之❼。天下之王尚猶尊之，是天下之王不如鄭賈之智也，眩❽於名，不知其實也。」

【注釋】❶理　治玉。❷腊　曬乾。❸璞　當作「朴」。❹賈　坐商。❺謝　推辭。❻平原君　趙勝，趙惠文王弟，孝成王的相。❼降其主父沙丘而臣之　其事不詳。主父，趙武靈王自號為主父。沙丘，地名，在今河北廣宗境內。❽眩　迷惑。

【語　譯】范睢說：「鄭國人叫沒有加工的玉為『璞』，周國人叫沒有曬乾的老鼠為『朴』。周國人懷裡藏著沒有曬乾的老鼠經過鄭國商人那裡，問道：『想買「朴」嗎？』鄭國商人說：『想買。』周國人拿出他的『朴』，鄭國商人注視了一眼，乃是一隻老鼠，因而推辭不買。現在平原君自以為賢能，在天下名聲顯赫，然而他卻讓趙武靈王在沙丘向他投降，做他的臣子。天下的君王尚且還尊敬他，這說明天下的君王不如鄭國商人聰明，被他的名聲所迷惑，卻不知道他的真實面目。」

## 天下之士合從相聚於趙

【題　解】天下士人，在趙國聚合，共謀攻秦。范睢用投骨鬥狗這一小事，說明秦國可以用重金收買的方法去破壞。並且派唐雎去施行，獲得了預期的效果。

天下之士，合從❶相聚於趙，而欲攻秦。秦相應侯曰：「王勿憂也，請令❷廢❸之。秦於天下之士非有怨也，相聚而攻秦者，以己欲富貴耳。王見大王之狗，臥者臥，起者起，行者行，止者止，毋相與鬥者；投之一骨，輕起相牙❹者，何則？有爭意也。」於是❺唐雎❻載音樂，予之五十❼金，居武安❽，高會❾相與飲，謂：「邯鄲人❿，誰來取者？」於是其謀者⓫固⓬未可得予也，其可得與⓭者與之，昆弟⑭矣。

「公與秦計功者⑮，不問金之所之⑯，金盡者功多矣。今令人復載五十⑰金隨公。」唐雎行，行至武安，散不能⑱三千金，天下之士，大相與鬥矣。

【注釋】❶合從　即合縱。❷令　據王念孫《讀書雜志・戰國策第一》說當作「今」。「即」的意思。❸廢　止。❹相牙　互相以牙相咬。❺於是　下依鮑彪說當補一「使」字。❻唐雎　人名，有說即唐且，魏國人，秦昭王時，已九十歲，曾出使秦國，使秦、魏結盟。❼五十　依鮑彪及黃丕烈說當作「五千」。❽武安　趙地，在今河北西南部，靠近山西，離邯鄲不遠。❾高會　盛會。❿邯鄲人　指相聚在趙的天下之士。邯鄲，趙國的首都，當時天下之士相會於此。⓫其謀者　指相謀合縱攻秦者。⓬固　決。⓭與　當作「予」。⓮昆弟　兄弟。⓯公與秦計功者　這句話是范雎說的。公，你。指唐雎。與，為。⓰之　往。⓱五十　當作「五千」。⓲不能　不及；不到。

【語　譯】天下的士人，相聚在趙國，商議合縱，準備進攻秦國。秦相國范雎說：「大王不必憂慮，請讓我馬上去制止它。秦國對於天下的士並沒有積怨，他們相聚一起計畫進攻秦國，只是因為他們想富貴罷了。大王看看你的那些狗，睡的睡，起的起，走的走，停的停，相安無事；如果投去一塊骨頭，便輕易地起來相咬，為甚麼呢？是因為牠們有爭意呀。」於是派出唐雎，車上載著樂隊，並給了他五千金，住在趙國的武安，舉行盛大宴會，和賓客一起飲酒。唐雎說：「邯鄲人，有誰來領取賞金？」於是那些計畫攻秦的人，除了決不可能給予賞金者外，那可能給予賞金的就給他們，就和他們成為兄弟了。

范雎對唐雎說：「你是為秦國謀取事功的人，不必過問賞金到哪裡去了，賞金散光了，功勞就大。現在再派人載五千金跟著你去。」唐雎再次出發，走到武安，還沒有散到三千金，天下的士人，就相互大鬥起來了。

# 謂應侯曰君禽馬服乎

【題解】秦將白起在長平大敗趙軍以後，又將圍攻趙都邯鄲。有人為了阻止秦軍的進攻，遊說秦相范雎，離間他和白起的關係，並且說進攻趙國，秦國得不到多大好處，不如讓趙國割地向秦國求和為好。

謂應侯曰❶：「君❷禽❸馬服❹乎？」曰：「然。」「又即圍邯鄲❺乎？」曰：「然。」「趙亡，秦王王矣，武安君❻為三公❼。武安君所以❽為秦戰勝攻取者七十餘城，南亡鄢郢❾、漢中，禽馬服之軍，不亡一甲，雖周❿、呂望之功，亦不過此矣。趙亡，秦王王，武安君為三公，君能為之下乎？雖欲無為之下，固不得之矣。秦嘗攻韓邢⓫，困於上黨⓬，上黨之民皆返為趙⓭。天下之民，不樂為秦民之日固久矣。今攻趙，北地入燕，東地入齊，南地入楚、魏⓮，則秦所得不一⓯幾何。故不如因而割之⓰，因⓱以為武安功。」

【注釋】❶謂應侯曰　這句話省去了主語。據《史記・白起王翦列傳》記載，這次是蘇代受韓、趙二國派遣去遊說范雎。❷君　《史記・白起王翦列傳》作「武安君」，指白起。白起攻破郢都後，被封為武安君。❸禽　通「擒」。❹馬服　《史記・白起王翦列傳》作「馬服子」，即趙括，是歷史上有名的紙上談兵者。他的父親趙奢有戰功，賜號馬服。趙括在長平之戰（西元前二六〇年）中被秦軍射死，趙卒四十多萬被白起活埋。❺邯鄲　趙國都。秦國準備圍邯鄲在昭王四十八年（西元前二五九年）十月，真正圍邯鄲在兩年之後。❻武安君　即白起。❼三公　周朝立太師、太傅、太保，合稱三公。這裡是泛指輔佐國君掌軍政大權的最高官員。❽以　是衍文，當刪。❾鄢郢　鄢城和郢城。鄢城在今湖北宜城西南。郢城是楚都，舊址在今湖北江陵郊區紀南城，城基猶存。白起在秦昭王二十八年（西元前二七九年）攻下楚鄢城，次年攻下郢都。❿周　指周公姬旦，佐周武王伐紂，後又輔佐成王，平定管叔、蔡叔之亂，是周朝開國大臣。⓫邢　當作「陘」。上篇說「秦攻韓，圍陘」。《史記・白起王翦列傳》也說「昭王四十三年（西元前二六四年），白起攻韓陘城」。陘，在今山西聞喜西北。⓬困於上黨　據《史記・秦本紀》記載，秦昭王四十七年（西元前二六〇年），秦國進攻韓國的上黨，上黨投降趙國，秦國因而進攻趙國，趙國調兵攻秦，秦、趙相持不下。⓭上黨之民皆返為趙　這句是指秦進攻韓國上黨，上黨太守馮亭和百姓商議後向趙國投降。見《史記・白起王翦列傳》。為，助。⓮楚魏　趙和楚不相鄰，當從《史記》作「韓魏」。⓯不一　當作「亡」。「亡」一字錯成「不一」二字。亡，無。⓰因而割之　因白起的進攻，而割取韓、趙兩國的土地。⓱因　《史記》作「無」，不要的意思。

【語　譯】有人問范雎：「武安君白起俘虜了趙括嗎？」范雎回答說：「是的。」那人又問：「馬上還要圍攻邯鄲嗎？」范雎再回答說：「是的。」那人說：「趙國滅亡，秦昭王便會稱帝稱王了，武安君便要做三公。武安君為秦國打勝仗，奪取了七十多座城市，南邊攻下了鄢城、郢都和漢中，北邊俘虜了趙括的全部軍隊，而自己沒有丟失一件鎧甲，即使周公、姜子牙的功勞，也不能超過他了。趙國滅亡，秦昭王稱帝稱王，武安君做三公，你能屈居下位嗎？即使不想屈居下位，本來也不可能了。秦國曾經進攻韓國的陘地，困在上黨，上黨的百姓反而幫助趙國。天下的百姓不樂意做秦國的百姓本來已經很久了。現在秦國進攻趙國，趙國北面的土地會併入燕國，東面的土地會併入齊國，南面的土地會併入韓國、魏國，秦國所得到的卻沒有多少。所以不如藉此機會讓趙國割地求和，不要再讓武安君有立功的機會。」

## 應侯失韓之汝南

【題　解】范雎丟失了封地汝南，謊稱不愁，秦昭王懷疑這不是真情。蒙驁設計證實了秦昭王的懷疑是對的。

從此以後，范雎談到有關韓國的事，秦昭王便不聽。

應侯失韓之汝南❶。秦昭王謂應侯曰：「君亡❷國，其憂乎？」應侯曰：「臣不憂。」王曰：「何也？」曰：「梁人有東門吳者，其子死而不憂，其相室❸曰：『公之愛子也，天下無有，今子死不憂，何也？』東門吳曰：『吾嘗無子。無子之時不憂，今子死，乃即與無子時同也，臣奚憂焉？』臣亦嘗為子❹，為子❺時不憂。今亡汝南，乃與即為❻梁餘子❼同也。臣何為憂？」

秦王以為不然，以告蒙傲❽曰：「今也，寡人一城圍，食不甘味，臥不便席；今應侯亡地而言不憂，此其情❾也？」蒙傲曰：「臣請得其情。」

蒙傲乃往見應侯，曰：「傲欲死。」應侯曰：「何謂也？」曰：「秦王師君，天下莫不聞，而況於秦國乎！今傲勢得秦，為王將，將兵，臣以韓之細也，顯逆❿誅，奪君地，傲尚奚生？不若死。」應侯拜蒙傲曰：「願委之卿。」蒙傲以報於昭王。

自是之後，應侯每言韓事者，秦王弗聽也，以其為汝南虜⓫也。

【注釋】❶汝南　汝水之南，當時可能曾為韓國所有。《韓非子・定法》：「應侯攻韓八年，成其汝南之封。」范雎的封地應在汝水之南。關於韓奪去范雎封地一事，其他史書沒有記載。❷亡　丟失。指丟失汝南。❸相室　室家的相。這裡指女家臣。❹為子　據上文當作「無子」。❺為子　亦當作「無子」。❻即為　姚宏所見劉敞本一無「即為」二字。❼梁餘子　即上文所說的梁人東門吳。餘子，古代對嫡長子以外兒子的稱呼。❽蒙傲　疑即蒙驁。齊國人，事秦昭王，官至上卿，是蒙恬的祖父。❾情　真情。❿顯逆　明顯的叛逆。⓫虜　姚宏所見錢藻本無「虜」字。

【語　譯】范雎丟失了韓國的汝水以南的封地。秦昭王問范雎說：「你丟失了汝水以南的封地，會難過嗎？」范雎回答說：「我不難過。」秦昭王說：「什麼緣故呢？」范雎說：「大梁東門有個姓吳的人，兒子死了他卻不難過，他的家臣問他：『像你那樣愛兒子，天下沒有第二個，現在兒子死了，你卻不難過，這是什麼緣故呢？』東門姓吳的回答說：『我曾經是沒有兒子的人。沒有兒子的時候不難過，現在兒子死了，便和沒有兒子時一樣，我難過什麼呢？』我也曾經沒有兒子，沒有兒子時不難過。現在丟失了汝水以南的封地，便同大梁東門外那個姓吳的人一樣呀。我為什麼要難過？」

秦昭王不以為然，將這事告訴了蒙驁，說：「現在寡人的一個城市被圍，便吃不好飯，睡不好覺；現在范雎丟失封地卻說不難過，這是他的真情嗎？」蒙驁說：「請讓我去探得他的真情。」

蒙驁於是前去見范雎，說：「我想去死。」范雎說：「說的什麼呀？」蒙驁說：「秦昭王把你當成老師，天下沒有誰不知道，何況在秦國呢？現在我蒙驁在秦國得勢，做秦王的將軍，帶兵打仗。我認為韓國是個小國，明目張膽地叛逆，真該誅伐。而它竟又搶奪了你的封地，我蒙驁還有什麼面目活在人世？不如去死。」范雎拜謝蒙驁說：「願意將此事委託給你。」蒙驁將這些情況報告秦昭王。

從此以後，范雎每談到韓國的事，秦昭王便不聽從，認為他是為了汝水以南的封地。

## 秦攻邯鄲

【題　解】秦軍攻不下邯鄲，軍吏因為得不到范雎的舉薦人王稽的賞賜，控告他夥同杜摯謀反。秦昭王因此大怒，想誅殺范雎。范雎巧進說辭，秦昭王便赦免了他。

秦攻邯鄲❶，十七月不下。莊❷謂王稽❸曰：「君何不賜軍吏乎？」王稽曰：「吾與王也，不用人言。」莊曰：「不然。父之於子也，令有必行者，必不行者。曰：『去貴妻，賣愛妾。』此令必行者也；因曰：『毋敢思也。』此令必不行者也。守閭嫗❹曰：『其夕，某懦子❺內某士❻。』貴妻已去，愛妾已賣，而心不有❼。欲教之者，人心固有❽。今君雖幸於王，不過父子之親；軍吏雖賤，不卑於守閭嫗。且君擅主輕下之日久矣。聞：『三人成虎❾，十夫楺椎❿。眾口所移⓫，毋翼而飛。』故曰：不如賜軍吏而禮之。」王稽不聽。軍吏窮，果惡⓬王稽、杜摯⓭以反。

【章旨】范雎的舉薦人王稽不聽諫戒，拒絕賞賜軍吏，軍吏因而控告他和杜摯一起謀反。

【注釋】❶秦攻邯鄲　據《史記》，秦在長平大敗趙軍以後的一段時間內，曾先後派遣王陵、王齕、鄭安平圍攻邯鄲，但沒有派王稽圍攻邯鄲的記載。❷莊　人名，姓氏及事跡不詳。❸王稽　秦謁者令。他先是范雎的舉薦人，後來由於范雎的推薦，被提拔為河東守。因和山東諸侯私通，於秦昭王五十二年（西元前二五五年）被誅。❹嫗　老女人。❺懦子　當據姚宏所見劉敞本作「孺子」。古代貴族妾的稱號。❻內某士　讓某男進去。內，納；入。士，男子。❼心不有　心中不是沒有。也就是心中還在想貴妻、愛妾。用來比喻軍吏想要賞賜。❽人心固有　人心本來就有這種想法。指總想知道別人的隱私。比喻君主總是想知道臣子是否謀反。❾三人成虎　說明人言可畏。〈魏策二・龐葱與太子質於邯鄲〉記載，一個人說市有虎，魏王不信；兩人說有，魏王懷疑；三個人說有，魏王就相信了。⑩十夫楺椎　十個男子漢可以將椎木彎曲。楺，使木彎曲。椎，木名，似栗而小，見《集韻》。⑪移　移動、流傳的意思。⑫惡　詆毀。⑬杜摯　王稽的助手。

【語　譯】秦國進攻邯鄲，攻了十七個月還沒有攻下來。有個名叫莊的人對王稽說：「你為什麼不賞賜下級軍官呢？」王稽說：「我是聽從秦王的，用不著別人多嘴。」那個名叫莊的人說：「不對。父親對兒子，有的指示必定能實行，有的則必定不能實行。父親說：『將貴妻休棄，將愛妾賣掉。』這指示必定能實行；父親又說：『不要想她們。』這指示則必定不能實行的呀。守里巷門的老女人說：『那天晚上，某個女人讓某個男人進去了。』貴妻已經休棄，愛妾已經賣掉，心中卻不能不想她們。想要別人將知道的事告訴他，這是人之常情。現在你雖然得到秦王的寵幸，但是你和秦王的親密關係不超過父親和兒子的關係；下級軍官雖然地位低賤，但是不會比守里巷門的老女人低賤。況且你很久以來就專靠君上，輕視下級。聽說有這樣的話：『三個人說有老虎就信以為真，說十個男子漢能使椎木彎曲也有人相信。眾口所流傳的事，沒有翅膀也能起飛。』所以說你不如賞賜下級軍官，以禮遇他們。」王稽不聽諫言。下級軍官由於窮困，果然詆毀王稽、杜摯謀反。

秦王大怒，而欲兼誅❶范雎。范雎曰：「臣，東鄙❷之賤人也，開罪於楚、魏，遁逃來奔。臣無諸侯之援，親習❸之故，王舉臣於羈旅之中，使職事❹，天下皆聞臣之身與王之舉也。今遇惑❺，或❻與罪人同心，而王明誅之，是王過舉❼顯於天下，而為諸侯所議也。臣願請藥賜死，而恩❽以相❾葬臣，王必不失臣之罪❿，而無過舉之名。」王曰：「有之⓫。」遂弗殺而善遇之。

【章　旨】秦昭王想藉王稽事株連范雎，范雎用過去舉用他、現在又誅殺他會暴露出昭王犯有用人不當的錯誤，巧說秦昭王，於是秦昭王便沒有殺他。

【注　釋】❶兼誅　同時誅殺。范雎入秦是王稽舉薦，後來王稽被提升為河東守，又是范雎向秦昭王舉薦的，按照秦法，「任人而所任不善者，各以其罪罪之」，所以秦昭王要株連范雎。❷東鄙　東部邊邑。指魏國，魏在秦東。❸親習　親狎；親近。❹職事　主管國事。指做秦相。職，主。❺遇惑　即「愚惑」。愚蠢糊塗。遇，通「愚」。❻或　當是衍文。❼過舉　錯誤地舉用我。❽恩　加恩。❾相　指相國的葬禮。❿失臣之罪　赦免我的罪。⓫有之　指有用人不當的錯誤。

【語　譯】秦昭王大為惱火，而想株連范雎。范雎說：「我是東部邊邑的一個賤人，得罪了楚國、魏國，逃出來投奔大王。我沒有諸侯的援助，也沒有親近大王的故舊，大王從客舍中舉用了我，讓我主管國事，天下人都知道我的身世和大王舉用我的事。現在我愚蠢糊塗，和有罪的人同心，大王如果殺掉我，這樣大王錯用我一事就會顯露於天下，而被諸侯所議論。我願意請你賜毒藥給我自殺，恩准用相國葬禮安葬我，這樣，大王必定沒有赦免我的罪過，而且又沒有錯用人的壞名聲。」秦昭王說：「我是有這樣的錯誤。」於是不誅殺范雎，反而好好地對待他。

## 蔡澤見逐於趙

【題　解】王稽、鄭安平獲罪，范雎因薦人不當，深自感愧。蔡澤趁機來到秦國，勸說范雎功成身退，及時讓賢。范雎便稱病將相位讓給蔡澤。蔡澤相秦數月，遭讒懼誅，也稱病讓位。

蔡澤❶見逐於趙，而入韓、魏，遇奪釜❷鬲❸於塗❹。聞應侯任鄭安平、王稽，皆負重罪❺，應侯內慚，乃西入秦。將見昭王，使人宣言以感怒應侯曰：「燕客蔡澤，天下駿雄弘辯之士也。彼一見秦王，秦王必相之而奪君位。」

【章　旨】蔡澤趁機入秦，揚言要奪取范雎的相位。

【注　釋】❶蔡澤　燕國人。❷釜　古代的一種鍋，無腳。❸鬲　古代炊具，有三腳。❹塗　同「途」。❺負重罪　指王稽謀反，鄭安平降趙。這兩個人都是由於范雎的推薦而得到重用。

【語　譯】蔡澤被趙國驅逐，進入韓國、魏國，途中遭搶，就連釜鬲等炊具也被奪走。聽說范雎任用的鄭安平、王稽，都犯了重罪，范雎內心慚愧，便西行進入秦國。就在準備去見秦昭王之前，派人公開傳話，以激怒范雎說：「燕國來的客人蔡澤，是天下傑出的大辯士呀。他一旦見到秦王，秦王一定會用他做相，而奪去你的相位。」

應侯聞之，使人召蔡澤。蔡澤入，則揖應侯。應侯固不快，及見之，又倨，應侯因讓❶之曰：「子常❷宣言代我相秦，豈❸有此乎？」對曰：「然。」應侯曰：「請聞其說。」蔡澤曰：「吁！何君❹見之晚也。夫四時之序，成功者去。夫人生手足堅強，耳目聰明聖知❺，豈非士之所願與？」應侯曰：「然。」蔡澤曰：「質❻仁秉義，行道施德於天下，天下懷樂敬愛，願以為君王，豈不辯智之期與？」蔡澤復曰：「富貴顯榮，成理❼萬物，萬物各得其所；生命壽長，終其年而不夭傷；天下繼其統❽，守其業，傳之無窮，名實純粹❾，澤流千世，稱之而毋絕，與天下終⑩。豈非道之符⑪，而聖人所謂吉祥善事與？」應侯曰：「然。」澤曰：「若秦之商君⑫，楚之吳起⑬，越之大夫種⑭，其卒⑮亦可願矣⑯？」應侯知蔡澤之欲困己以說，復曰：「何為不可？夫公孫鞅事孝公，極身⑰毋二，盡公不還⑱私，信賞罰以致治，竭智能，示情素⑲，蒙⑳怨咎㉑，欺舊交，虜魏公子卬㉒，卒為秦禽㉓將，破敵軍，攘㉔地千里。吳起事悼王㉕，使私不害公，讒不蔽忠，言不取苟合，行不取苟容，行義不固㉖毀譽，必有㉗伯主強國，不辭禍凶。大夫種事越王㉘，主離㉙困辱㉚，悉忠而不解㉛，主雖亡絕，盡能而不離㉜，多功而不矜，貴富不驕怠。若此三子者，義之至，忠之節也。故君子殺身以成名，義之所在，身雖死，無憾悔，何為不可哉？」蔡澤曰：「主聖臣賢，天下之福也；君明臣忠，國之福也；父慈子孝，夫信婦貞，家之福也。故比干㉝忠，不能存殷；子胥知㉞，不能存吳；申生㉟孝，而晉惑㊱亂。是有忠臣孝子，國家滅亂，何也？無明君賢父以聽之。故天下以其君父為戮辱㊲，憐其臣子。夫待死而後可以立忠成名，是微子不足仁，孔子不足聖，管仲不足大也。」於是應侯稱善。

【章　旨】范雎召見蔡澤，蔡澤說一個人總是願意自己好，不願意像商君、吳起、大夫種那樣沒有好的結果，范雎最後表示同意。

【注釋】❶讓 責備。❷常 當從鮑彪本作「嘗」。❸豈 表詢問，有「是不是」的意思。❹何君 當從姚宏所見劉敞本作「君何」。❺聖知 《史記・范雎蔡澤列傳》「聖知」上有「而心」二字。知，通「智」。❻質 本。❼理 治。❽統 傳統；道統。❾名實純粹 即名實雙全。純粹，沒有雜質；完美。❿與天下終 當從《史記・范雎蔡澤列傳》作「與天地終始」。即與天地同存，永留人世。⓫符 合。⓬商君 即商鞅，姓公孫氏，佐秦孝公變法，富國強兵。孝公死後，商鞅遭讒，被車裂而死。⓭吳起 魏國人，為楚相，佐楚悼王變法，限制楚國貴族利益，富國強兵。楚悼王死後，吳起被楚貴族射死。⓮大夫種 春秋時越王句踐的大夫，佐句踐滅吳，有人誣告他將作亂，句踐賜劍讓他自刎而死。⓯卒 結果；下場。⓰矣 當作「與」。即「歟」。⓱極身 相當於「竭己」。⓲還 顧。⓳情素 即「情愫」。忠誠的心情。⓴蒙 受。㉑怨咎 怨恨和罪過。㉒虜魏公子卬 商鞅本是衛國人，在魏國做過官，和公子卬有交往。入秦後，率領秦軍攻魏，用欺騙的方法俘虜魏公子卬，逼得魏國從安邑遷都到大梁。㉓禽 通「擒」。㉔攘 奪。㉕悼王 指楚悼王。㉖固 曾鞏本作「顧」。㉗必有 《史記》作「然為」。㉘越王 指越王句踐。㉙離 通「罹」。遭。㉚困辱 句踐被吳王夫差所敗，與吳議和，困守會稽，向夫差稱臣。㉛解 通「懈」。㉜離 離開。㉝比干 商紂王的忠臣。㉞子胥知 夫差打敗句踐後，要與句踐講和，伍子胥反對。後來又反對夫差不及時消滅句踐而要進攻齊國，富有遠見。夫差不但沒有採納他的正確意見，反而賜劍讓他自刎，結果吳被句踐所滅。子胥，伍子胥，吳王夫差的臣子。知，通「智」。㉟申生 春秋時晉獻公的太子。驪姬作亂，誣陷他要毒死晉獻公，他出於愚孝，不向晉獻公辯白，自殺而死。㊱惑 當據《史記・范雎蔡澤列傳》作「國」。㊲戮辱 恥辱。

【語譯】范雎聽到蔡澤要奪他的相位，便派人去召來蔡澤。蔡澤進來，向范雎行了個拱手禮而沒有下拜。范雎本來就不高興，等到見了面，蔡澤又傲慢無禮，范雎因而責怪他說：「你曾經揚言要接替我做秦相，有這樣的事嗎？」蔡澤回答說：「有這回事。」范雎說：「請讓我聽聽你的高見。」蔡澤說：「咦！你為何見識這麼遲鈍呀。好像一年四季順著次序更換一樣，成功了就要離去，將位置讓給他人。一個人活在世上，手腳強健，耳聰目明，內心睿智，這難道不是每個人的願望嗎？」范雎說：「是的。」蔡澤說：「以仁愛為本，堅持禮義，在天下施行道德，天下人懷念他、喜歡他、尊敬他、愛護他，願意讓他做君王，這難道不是雄辯智慧的人的期望嗎？」范雎說：「是的。」蔡澤又說：「富貴顯赫，成功地治理萬物，使萬物各得其所；長命百歲，享盡天年而不中途夭折；天下繼承他的傳統，守住他的基業，永遠傳下去，名實雙全，恩澤流傳千世，稱頌不斷，同天地永存。這難道不是與道相合，聖人所說的吉祥善事嗎？」范雎說：「是的。」蔡澤說：「像秦國的商鞅、楚國的吳起、越國的大夫種，他們的下場也可以成為人們的願望嗎？」范雎知道蔡澤要使他陷入困境而提到這些人，故意又說：「為什麼不可以？商鞅侍奉秦孝公，奮不顧身，沒有二心，盡力為公而不顧私，信賞必罰，使秦國達到治平的境地，竭盡智能，顯示真誠，蒙受怨恨和罪過，欺騙舊友，俘虜了魏國的公子卬，終於為秦國擒拿了敵將，打敗了敵軍，奪得一千多里土地。吳起侍奉楚悼王，使私事不得妨害公事，讒臣不得遮擋忠臣，說話不隨便附和，行為不討好君主，按道義行事而不顧別人說壞說好，然而為了能使主上稱霸、國家強盛，卻不避災禍凶險。大夫種侍奉越王句踐，主上遭困受辱，依然竭盡忠心而不鬆懈；主上雖然亡國稱臣，還是竭盡自己的能力而不離去，功勞多卻不自尊自大，富貴卻不驕傲怠慢。像這三個人的行為，表現的正是義的極致、忠的節操。因此君子犧牲性命以成就名聲，只要自己的所作所為是合宜的，雖然死了也沒有悔恨，為什麼他們的結局不可以成為人們的願望呢？」蔡澤說：「君主聖明，臣子賢能，是天下的幸福；君主明智，臣子忠誠，是國家的幸福；父親慈愛，兒子孝順，丈夫親信，妻子貞節，是家庭的幸福。然而比干忠心，卻不能保存商朝；伍子胥智慧，卻不能保存吳國；申生孝順，晉國卻大亂。這樣有忠臣孝子，國家反而滅亡、大亂，那是什麼原因呢？是因為沒有英明的君主和賢能的父親來聽從他們的忠言啊。天下認為他們的君主和父親的所作所為是種恥辱，而同情他們的臣子、兒子。等到他們死了以後才可以成為忠臣、孝子，獲得美名。這樣看來，微子稱不上是仁人，孔子稱不上是聖人，管仲也稱不上是偉人呀。」於是范雎稱讚蔡澤說得好。

蔡澤得少間❶，因曰：「商君、吳起、大夫種，其為人臣，盡忠致功，則可願矣。閎夭❷事文王，周公輔成王也，豈不亦忠乎？以君臣論之，商君、吳起、大夫種，其可願孰與閎夭、周公哉？」應侯曰：「商君、吳起、大夫種不若也。」蔡澤曰：「然則君之主，慈仁任忠，不欺舊故，孰與秦孝公、楚悼王、越王乎？」應侯曰：「未知何如也。」蔡澤曰：「主固親忠臣，不過秦孝、越王、楚悼；君之為主，正亂、批患❸、折難，廣地殖穀，富國、足家、強主，威蓋海內，功章❹萬里之外，不過商君、吳起、大夫種。而君之祿位貴盛，私家之富過於三子，而身不退，竊為君危之。語曰：『日中則移，月滿則虧。』物盛則衰，天之常數也；進退、盈縮變化，聖人之常道也。昔者，齊桓公九合❺諸侯，一匡❻天下，至葵丘之會❼，有驕矜之色，畔❽者九國。吳王夫差無適❾於天下，輕諸侯，凌❿齊、晉，遂以殺身亡國。夏育⓫、太史啟⓬叱呼⓭駭三軍，然而身死於庸夫。此皆乘至盛不及⓮道理也。夫商君為孝公平權衡、正度量、調輕重，決裂阡陌⓯，教民耕戰，是以兵動而地廣，兵休而國富，故秦無敵於天下，立威諸侯。功已成，遂以車裂。楚地持戟百萬，白起率數萬之師，以與楚戰，一戰舉鄢、郢，再戰燒夷陵⓰，南并蜀、漢，又越韓、魏攻強趙，北坑馬服⓱，誅屠四十餘萬之眾，流血成川，沸聲若雷，使秦業帝⓲。自是之後，趙、楚懾服，不敢攻秦者，白起之勢也。身所服者，七十餘城。功已成矣，賜死於杜郵⓳。吳起為楚悼罷無能，廢無用，損不急之官，塞私門之請，壹楚國之俗，南攻楊越⑳，北并陳、蔡，破橫散從㉑，使馳說之士無所開其口。功已成矣，卒支解㉒。大夫種為越王墾草剏㉓邑，辟地殖穀，率四方士，上下之力㉔，以禽勁吳，成霸功。句踐終棓而殺之㉕。此四子者，成功而不去，禍至於此。此所謂信㉖而不能詘㉗，往而不能反㉘者也。范蠡知之，超然避世，長為陶朱㉙。君獨不觀博㉚者乎？或欲分㉛大投㉜，或欲分功㉝。此皆君之所明知也。今君相秦，計不下席，謀不出廊廟，坐制諸侯，利施三川㉞，以實宜陽，決羊腸之險，塞太行之口㉟，又斬范、中行之途㊱，棧道千里，於㊲蜀、漢，使天下皆畏秦。秦之欲得矣，君之功極矣，此亦秦之分功之時也！如是不退，則商君、白公、吳起、大夫種是也。君何不以此時歸相印，讓賢者授之？必有伯夷之廉，長為應侯，世世稱孤，而有喬、松㊳之壽，孰與以禍終哉？此則君何居焉？」應侯曰：「善。」乃延入㊴坐為上客。

【章　旨】蔡澤引用大量歷史事件，說明不知道盛衰興亡、進退盈縮的變化，功成而不身退，必有殺身之禍，要范雎及時讓賢。

【注　釋】❶得少間　《史記・范雎蔡澤列傳》作「少得間」。間，空暇。❷閎夭　周文王、周武王的臣子。❸批患　排除禍患。❹章　明顯表露。❺九合　多次會合。《論語・憲問》有「桓公九合諸侯」、「一匡天下」等話。❻匡　匡正；糾正。❼

葵丘之會　指魯僖公九年（西元前六五一年）齊桓公在葵丘和諸侯會盟。葵丘，古邑名，在今山東臨淄西。❽畔　通「叛」。❾適　通「敵」。❿淩　侵犯。⓫夏育　古代勇士，力舉千鈞。⓬太史啟　古代勇士。⓭叱呼　大聲叫罵。⓮及　當是「反」字之誤。《史記・范雎蔡澤列傳》作「返」。⓯決裂阡陌　分割田間小路。秦孝公十二年（西元前三五〇年），商鞅「為田開阡陌」。⓰燒夷陵　楚頃襄王二十一年（西元前二七八年），秦將白起攻楚，燒夷陵。夷陵，楚先王墓地，在今湖北宜昌境內。⓱馬服　即「馬服子」趙括，在長平之戰中被白起所殺。⓲業帝　成帝業。⓳杜郵　在今陝西咸陽。白起因為反對秦國圍攻邯鄲，秦昭王將他趕出咸陽，白起出咸陽西門十里，到達杜郵，秦昭王又賜劍逼他自殺。⓴楊越　即揚越。揚，古代九州之一。《爾雅・釋地》：「江南曰揚州。」越，古族名，住在江蘇、浙江、福建、兩廣一帶，有「百越」之稱。《史記・孫子吳起列傳》說吳起「南平百越，北并陳蔡」。㉑破橫散從　破壞連橫，拆散合縱。橫，連橫。從，通「縱」。即合縱。㉒支解　分解四肢。《史記・孫子吳起列傳》說吳起被楚國的宗室大臣射死。㉓刱　創。㉔率四方士二句　《史記・范雎蔡澤列傳》作「率四方之士，專上下之力」。㉕棓而殺之　言越王背德而殺之。棓，王念孫說「棓」當作「倍」。倍，通「背」。㉖信　通「伸」。㉗詘　通「屈」。㉘反　同「返」。㉙陶朱　陶朱公，即范蠡。范蠡幫助句踐消滅吳王夫差後，認為句踐「可與共患難，不可與共樂」，便離開越國，改換姓名，來到陶地（今山東定陶）經商，成為富翁，世稱為陶朱公。㉚博　古代的一種遊戲，這裡指賭博。㉛分　是衍文，當刪。㉜大投　下大賭注，孤注一擲。㉝分功　贏了以後分采。㉞施三川　擴展到三川。施，展；擴展。三川，洛陽西南一帶的地方。因為有伊河、洛河、黃河流過而得名。㉟決羊腸之險二句　這二句和〈范雎至秦〉所說的「北斬太行之道」意思相同。決，斷。羊腸，即羊腸坂，太行山上的險道。㊱范中行之途　指韓、趙、魏三國間的通道。范，范氏。中行，中行氏。范氏、中行氏是晉國六卿中的二卿，他們的土地被韓、趙、魏三卿所瓜分，所以這裡用范氏、中行氏代表韓、趙、魏三國。㊲於　「於」字上當據《史記・范雎蔡澤列傳》補「通」字。㊳喬松　指王子喬、赤松子，相傳二人長命不死。㊴延入　引進；請進。

**【語　譯】** 蔡澤稍稍停了一會，接著又說：「商鞅、吳起、大夫種，作為人臣，盡忠立功，你是願意做這種人了。閎夭侍奉周文王，周公輔助周成王，是不是也可以稱為忠呢？從君臣關係來說，商君、吳起、大夫種和閎夭、周公比起來，哪個更值得成為你的願望呢？」范雎說：「商鞅、吳起、大夫種比不上閎夭、周公啊。」蔡澤說：「既然這樣，那麼你的君主，從講仁慈、信任忠臣、不欺騙故舊等方面看，比起秦孝公、楚悼王、越王句踐來，誰強呢？」范雎說：「我不知道比的結果如何。」蔡澤說：「你的君主親信忠臣，不會超過秦孝公、越王句踐、楚悼王；你替君主撥亂反正，排除患難，擴大疆土，種植百穀，使得國富家足，主上勢力強大，聲威壓倒海內，功業顯揚於萬里之外，不會超過商鞅、吳起、大夫種。可是你的俸祿豐盛，地位高貴，私家的富盛超過商鞅、吳起、大夫種三人，你卻不退休，我私下替你感到危險。俗話說：『太陽正中就要偏移，月亮圓了就要虧缺。』萬物到了極盛便會衰落，是自然不變的道理；進退、升降的變化，是聖人遵守的永恆規律。過去齊桓公多次會合諸侯，匡正天下，到了葵丘會盟，他有驕傲表功的神色，背叛他的便有九個國家。吳王夫差無敵於天下，輕視諸侯，侵犯齊國、晉國，於是遭殺身亡國之禍。夏育、太史啟大聲叫罵便能嚇退三軍，然而卻死在庸夫手上。這些都是由於他們到了極盛時期卻不回頭的緣故呀。商鞅替秦孝公統一度量衡，劃分田間小路，教育百姓發展生產，準備戰爭，因此軍隊出動，疆土便擴大；士兵休息，國家便富裕，所以秦國能無敵於天下，在諸侯中建立了威信。等到功業已經完成，他便被車裂而死。楚地拿著武器的戰士有百萬，秦將白起率領幾萬部隊，和楚國交戰，第一次交戰，攻下了鄢城、郢都，第二次交戰，焚燒了楚先王墓地夷陵，往南邊兼併了蜀、漢，又越過韓國、魏國進攻強大的趙國，往北邊坑殺了趙括，殺死了四十多萬趙國的士兵，血流成河，叫喊的聲音像雷鳴一般，使秦國奠定了帝業。從此以後，趙國、楚國膽顫心驚，只好屈服，不敢進攻秦國，那是由於白起的威勢所造成的啊。白起自身征服七十多座城市，成功以後，卻被秦昭王賜劍在杜郵自刎而死。吳起替楚悼王罷免無能的人，廢除無用的人，去掉無關緊要的官員，杜死私門的請託，整治了楚國的風氣，向南進攻了揚州、百越，往北兼併了陳國、蔡國，破壞連橫，拆散合縱，使那班奔走遊說的士人沒處開口。雖說已經成功了，卻終於被分解四肢而死。大夫種替句踐開墾荒地，創建城邑，開闢田土，種植百穀，率領四方之士，集中上下的力量，打敗了強大的吳國，成就了霸業，句踐終究忘恩負義殺害了他。這四個人，成功了卻不隱退，所以造成了這種災禍。這些就是所謂的伸直了便不會彎曲，往前走了便不會回頭的人呀。范蠡懂得這個道理，成功以後便超然避開塵世，長期做陶朱公。你難道沒有見過那班賭徒嗎？有的想孤注一擲，有的贏了以後就分采。這都是你知道得一清二楚的呀。現在你做秦國的相，用計不離開座席，出謀不離開朝廷，安坐不動，便能控制諸侯，利益擴展到了三川，充實了宜陽，切斷羊腸坂險道，堵死太行山山口，又斬斷韓、魏、趙三國的通途，修建千里棧道，通到蜀、漢，使天下都害怕秦國。秦國的欲望達到了，你的功勞已登峰造極了，這也是秦國人分功的時候呀！如果你還不隱退，那麼就將遭到商鞅、白起、吳起、大夫種一樣的結果呀。你為什麼不在這個時候歸還相印，讓給賢人，將相位交給他？這樣你必定會有伯夷那樣的廉潔美名，永遠做應侯，世世代代長期稱孤，而且還能像王子喬、赤松子那樣長壽，與大禍臨頭的下場比起來，究竟哪種好呢？結局是這樣不同，那你選擇哪一種呢？」范雎說：「講得好。」於是便請蔡澤入座，當作上賓款待。

後數日，入朝，言於秦昭王曰：「客新有從山東來者蔡澤，其人辯士。臣之見人甚眾，莫有及者，臣不如也。」秦昭王召見，與語，大說之，拜為客卿❶。應侯因謝病❷，請歸相印。昭王彊起應侯，應侯遂稱篤❸，因免相。昭王新說蔡澤計畫，遂拜為秦相❹，東收周室❺。

【章旨】范雎向秦昭王推薦蔡澤，並稱病讓位。

【注釋】❶客卿　秦官名。外來人在秦國做官，用客禮對待，所以叫客卿。❷謝病　稱病辭職。❸篤　病重。❹拜為秦相　蔡澤為秦相在秦昭王五十二年（西元前二五五年）。❺東收周室　秦昭王五十二年，周朝的九鼎入秦，西周滅亡。

【語譯】過了幾天以後，范雎上朝，主動對秦昭王說：「有個不久前從殽山以東來的客人蔡澤，是個能言善辯之士。我見的人很多，沒有人趕得上他，就是我也不如他。」秦昭王便召見蔡澤，和他交談，非常喜歡他，封他為客卿。

范雎因而稱病辭職，請求歸還相印。秦昭王勉強要范雎留職，范雎便稱病重，於是免去了相位。秦昭王剛喜歡蔡澤的計畫，於是便任用他做秦國的相，向東滅了西周。

蔡澤相秦王數月，人或惡之，懼誅，乃謝病歸相印，號為剛成君。秦❶十餘年，昭王❷、孝文王、莊襄王。卒事始皇帝，為秦使於燕，三年❸而燕使太子丹入質於秦。

【章　旨】蔡澤任秦相數月，也稱病讓位。

【注　釋】❶秦　「秦」字上當據《史記》補「居」字。❷昭王　「昭王」二字上當據《史記》補「事」字。❸三年　指居燕三年。

【語　譯】蔡澤做了幾個月秦相，有人詆毀他，他害怕被誅殺，便稱病歸還相印，號稱剛成君。在秦國住了十多年，侍奉過秦昭王、孝文王、莊襄王。最後侍奉始皇帝，為秦國出使燕國，在燕國住了三年，使燕國派太子丹到秦國做人質。

# 卷六 秦策四

## 秦取楚漢中

**【題解】** 齊、韓、魏三國策劃進攻楚國，但是擔心秦國會出兵救援楚國。有人遊說齊國的薛公田文，要他派遣使者前往楚國去離間秦國和楚國的關係。田文採納了這一建議，使三國攻楚取得了勝利。

秦取楚漢中❶，再戰於藍田❷，大敗楚軍。韓、魏聞楚之困，乃南襲至鄧❸，楚王引歸❹。後❺三國❻謀攻楚，恐秦之救也。或說薛公❼：「可發使告楚曰：『今三國之兵且❽去楚，楚能應而共攻秦，雖藍田豈難得哉！況於楚之故地❾？』楚疑於秦之未必救己也，而今三國之辭去❿，則楚之應之也必勸⓫，是楚與三國謀出秦兵⓬矣。秦為⓭知之，必不救也。三國疾攻楚，楚必走秦以急⓮，秦愈不敢出⓯，則是我離秦⓰而攻楚也，兵必有功⓱。」薛公曰：「善。」遂發重使之楚，楚之應之果勸。於是三國并力攻楚，楚果告急於秦，秦遂不敢出兵。大臣⓲有功。

【注　釋】❶漢中　郡名，包括今陝西東南部和湖北西北隅及河南西南隅一帶。秦惠王十三年（西元前三一二年）秦國在丹陽大敗楚軍，奪取楚國的漢中。❷藍田　秦縣名，舊城在今陝西藍田西，靠近長安。楚懷王十七年（西元前三一二年）失去漢中，懷王調動全國軍隊，深入藍田擊秦，又被秦國打敗。❸鄧　地名，在今河南鄧縣，當時屬楚。❹楚王引歸　懷王聽說韓、魏偷襲鄧，便引兵歸楚。❺後　具體時間難以確定。《史記・楚世家》說懷王二十六年（西元前三〇三年）齊、韓、魏三國因為楚國違背了合縱盟約和秦國聯合，便共同伐楚，秦國出兵救援，三國退兵。和本篇秦不救楚、三國大勝的記載不符。❻三國　指齊、韓、魏三國。❼薛公　齊國的田文，即孟嘗君。三國策劃攻楚在齊宣王十七年（西元前三〇三年）或十八年（西元前三〇二年），當時田文在齊國，但他過了五、六年後（齊湣王三年）才做齊國的相，見《史記・六國年表》。❽且　將。❾楚之故地　指被秦國奪去的漢中之地。❿辭去　據鮑彪本當作「辭云」，指上面準備派出的使者所說的話。⓫勸　努力；積極。⓬出秦兵　使秦出兵與齊、韓、魏、楚四國為敵。⓭為　如果。⓮急　據下文，「急」字上當補「告」字。⓯不敢出秦害怕四國事先有陰謀，所以不敢出兵。⓰離秦　實指離間秦、楚。⓱必有功　因為沒有秦國的救援，所以攻楚必有功。⓲大臣　當據姚宏所見曾鞏本作「大勝」。

【語　譯】秦國奪取了楚國的漢中，再在藍田和楚國作戰，大敗了楚國軍隊。韓國、魏國聽說楚國陷入困境，便趁機向南面偷襲楚國的鄧地，楚懷王因此率領部隊從秦國回到楚國。後來齊、韓、魏三國策劃進攻楚國，擔心秦國會救楚國。有人勸齊國的田文說：「可以派遣使者告訴楚國說：『現在我們三國將離開楚國，楚國如果能響應我們共同去進攻秦國，即使是秦國的藍田，難道怕不易到手嗎！何況收復楚國的舊地呢？』楚國本來就懷疑秦國未必會援救自己，而今又通過使者傳去了三國將退兵的話，那麼楚國的響應必定是積極的。這樣一來，便等於是楚國和三國共同謀劃讓秦國出兵與四國為敵了。秦國如果知道了，一定不會救楚國。三國就趕快去進攻楚國，楚國必定跑到秦國去告急，秦國便更加不敢出兵救楚，這樣我們三國便離間了秦、楚關係而向楚國進攻，出兵必定有功。」田文說：「說得對。」於是便派遣重要的使者前往楚國，楚國果然積極響應。於是三國協力進攻楚國，楚國果然向秦國告急，秦國於是不敢出兵。齊、韓、魏三國大勝楚國，立下了戰功。

# 薛公入魏而出齊女

【題　解】薛公田文在齊國遭讒，來到魏國做了魏相，為了報復齊國，便將嫁到魏國的齊女（魏公子負蒭的母親）驅逐出魏國。韓春勸秦昭王娶這個齊女做妻子，藉此拉攏齊國，脅迫魏國，使魏國處在秦國的控制中。

薛公❶入魏而出齊女❷。韓春❸謂秦王❹曰：「何不取為妻？以齊、秦劫❺魏，則上黨❻，秦之有也。齊、秦合而立負蒭❼，負蒭立，其母在秦❽，則魏，秦之縣也已。呡❾欲以齊、秦劫魏而困薛公，佐❿欲定其弟⓫，臣請為王因呡與佐⓬也。魏懼，而復之⓭，負蒭必以魏歿世⓮事秦。齊女入魏而怨薛公，終以齊奉事王⓯矣。」

【注　釋】❶薛公　田文，即孟嘗君。❷齊女　魏公子負蒭的母親。齊國是她的娘家，所以稱齊女。❸韓春　秦臣。❹秦王　指秦昭王。❺劫　脅迫；劫制。❻上黨　指的是魏國的上黨。❼負蒭　魏國的公子，他的母親是齊女。❽其母在秦　如果秦昭王娶負蒭的母親為妻，她便在秦。❾呡　魏臣。❿佐　魏公子負蒭的哥哥。⓫定其弟　立他的弟弟負蒭為君主。⓬因呡與佐　通過呡和佐來脅迫魏國，並使田文陷入困境。⓭復之　返之。指將齊女送回魏國。⓮歿世　終身。⓯以齊奉事王　齊女為了感謝秦國，而齊國又是她的娘家，所以她便會使齊國侍奉秦昭王以作回報。

【語　譯】田文到了魏國便將齊女驅逐出境。韓春對秦昭王說：「為什麼不娶齊女做妻子？憑藉齊國、秦國的勢力去脅迫魏國，那麼魏國的上黨便為秦國所有。齊國、秦國聯合起來立魏公子負蒭做君主，負蒭做了魏國的君主，他的母親又在秦國，那麼魏國就成為秦國的一個縣啦。呡想用齊國、秦國脅迫魏國而使田文陷入困境，佐想立他的弟弟負蒭做君主，請讓我替大王通過呡和佐來辦成這件事。魏國如果害怕，我們便將齊女送回魏國去，負蒭必定會終身用魏國侍奉秦國。齊女回到魏國埋怨田文驅逐了她，終將用齊國來侍奉大王了。」

## 三國攻秦入函谷

【題解】齊、韓、魏三國攻進函谷關，秦昭王就是否割地講和一事徵求樓緩的意見，樓緩要他去問公子池。公子池說講不講和，你都要懊悔，言外之意是要秦昭王捨大悔而取小悔，與三國講和。秦昭王採納了他的意見。

三國❶攻秦，入函谷❷。秦王❸謂樓緩❹曰：「三國之兵深矣，寡人欲割河東而講❺。」對曰：「割河東，大費也；免於國患，大利也。此父兄之任也。王何不召公子池❻而問焉？」王召公子池而問焉，對曰：「講亦悔，不講亦悔。」王曰：「何也？」對曰：「王割河東而講，三國雖去，王必曰：『惜矣！三國且❼去，吾特❽以三城❾從之❿。』此講之悔也。王不講，三國入函谷，咸陽⓫必危，王又曰：『惜矣！吾愛⓬三城而不講。』此又不講之悔也。」王曰：「鈞⓭吾悔也，寧亡三城而悔，無危咸陽而悔也，寡人決講矣。」卒使公子池以三城講於三國，之兵⓮乃退。

【注　釋】❶三國　指齊、韓、魏三國。❷函谷　函谷關，秦國東邊的門戶，在今河南靈寶南。據《史記・六國年表》，秦昭王九年（西元前二九八年）齊、韓、魏三國進攻秦國，十一年（西元前二九六年）講和。❸秦王　指秦昭王。❹樓緩　秦臣，秦昭王十年（西元前二九七年）任秦相。❺講　講和。❻公子池　秦惠王的兒子，昭王的哥哥。❼且　姑且。❽特　獨；專。❾三城　秦國黃河以東的三個縣。❿從之　聽從他們。⓫咸陽　秦國的都城。⓬愛　吝惜；捨不得。⓭鈞　同「均」。衡量、比較的意思。⓮之兵　「之兵」二字上面當據鮑彪本補「三國」二字。

【語　譯】齊、韓、魏三國進攻秦國，攻進了函谷關。秦昭王對樓緩說：「三國的軍隊深入到秦國了，寡人想割讓黃河以東的土地和他們講和。」樓緩回答說：「割讓黃河以東的土地，是很大的損失；但免於亡國，卻又是大吉大利的事。就這樣的大事發表意見，是父兄的事。大王為何不召見公子池詢問他的意見呢？」秦昭王便召見公子池，詢問他的看法，公子池回答說：「講和也會懊悔，不講和也會懊悔。」秦昭王說：「為什麼呢？」公子池回答說：「大王割讓黃河以東的土地講和，三國的軍隊雖然走了，大王必定要說：『可惜了！三國暫且走了，可是我特地用了三座城去滿足他們。』這是講和的懊悔。大王不講和，三國已進函谷關，咸陽必定危險，大王又要說：『可惜了！我因為捨不得三座城而不講和。』這又是不講和的懊悔。」秦昭王說：「衡量一下我的兩種懊悔，情願丟失三座城而懊悔，不要使咸陽危險而懊悔。寡人決心講和了。」終於讓公子池用三座城向三國講和，三國的軍隊便退回去了。

## 秦昭王謂左右

【題　解】秦昭王驕傲自滿，中期獨排眾議，提醒他重視智伯身死國亡的歷史教訓，不要輕視韓、魏二國。

秦昭王謂左右曰：「今日韓、魏，孰與始強❶？」對曰：「弗如❷也。」王曰：「今之如耳❸、魏齊❹，孰與孟嘗❺、芒卯❻之賢？」對曰：「弗如也。」王曰：「以孟嘗、芒卯之賢，帥強韓、魏之兵以伐秦，猶無奈寡人何也；今以無能之如耳、魏齊，帥弱韓、魏以攻秦，其無奈寡人何，亦明矣！」左右皆曰：「甚然。」

【章旨】秦昭王和左右近臣議論韓、魏兩國現在和過去的強弱，流露出自大輕敵的意思。

【注釋】❶孰與始強　和開始時比較起來，哪個時候強大。❷弗如　不如。指今不如初。❸如耳　韓國的臣。❹魏齊　魏國的相。❺孟嘗　孟嘗君，即薛公田文，魏昭王時曾任魏相。❻芒卯　魏將。

【語譯】秦昭王對左右近臣說：「今天的韓國、魏國和開始時的韓國、魏國相比，哪個時候強大？」左右回答說：「現在不如過去。」秦昭王說：「現在韓國的如耳、魏國的魏齊和魏相田文、魏將芒卯相比，哪個強？」左右回答說：「如耳、魏齊比不上田文、芒卯。」秦昭王說：「憑藉田文、芒卯的賢能，率領強大的韓國、魏國的軍隊來攻打秦國，對寡人還無可奈何；現在用無能的如耳、魏齊，率領弱小的韓國、魏國來進攻秦國，那對寡人無可奈何，也就明顯了。」左右都說：「很對。」

中期❶推琴❷對曰：「三❸之料❹天下過❺矣。昔者六晉❻之時，智氏❼最強，滅破范、中行❽，帥韓、魏❾以圍趙襄子於晉陽❿。決晉水⓫以灌晉陽，城不沉者三板⓬耳。智伯出行水⓭，韓康子御⓮，魏桓子驂乘⓯。智伯曰：『始，吾不知水之可亡人之國也，乃今⑯知之。汾水利以灌安邑⑰，絳水利以灌平陽⑱。』魏桓子肘⑲韓康子，康子履⑳魏桓子，躡㉑其踵。肘足接於車上，而智氏分㉒矣。身死㉓國亡㉔，為天下笑。今秦之強，不能過智伯；韓、魏雖弱，尚賢在晉陽之下㉕也。此乃方其用肘足時也，願王之勿易㉖也。」

【章旨】中期用智伯驕傲自大、自取滅亡的歷史，告誡秦昭王不能輕敵。

【注釋】❶中期　秦臣。《韓非子・難三》說他以主管琴瑟侍奉秦昭王。❷推琴　推開琴。❸三　是「王」字之誤，指秦昭王。❹料　估量。❺過　錯。❻六晉　指晉國的六卿，即韓康子、趙襄子、魏桓子、范獻子、中行文子、智伯。❼智氏　即智伯，當時晉國的政事都由他決定，晉哀公成了傀儡。❽范中行　即范獻子、中行文子。❾韓魏　指韓康子、魏桓子。❿晉陽　趙邑，在今山西太原。智伯向趙索取土地，趙襄子不給他，他便和韓康子、魏桓子一起圍攻晉陽。⓫晉水　發源於山西太原西南懸甕山，分北、中、南三渠東流入汾河。⓬板　牆板。築牆用的工具，寬二尺。⓭行水　巡視水勢。⓮御　駕車。⓯驂乘　即車右。站在車上右邊的衛士。⓰乃今　而今。⓱汾水利以灌安邑　一說此句有誤，因為汾水在新絳已西折入黃河，未流經安邑。汾水，又稱汾河，發源於山西寧武管涔山，南流到新絳，西折入黃河。安邑，魏邑，在山西西南隅，靠近運城。⓲絳水利以灌平陽　一說此句有誤，絳水不流經平陽，汾水才流經平陽。譯文從原文，不作改動。絳水，發源於今山西南部絳縣境內絳山。平陽，韓邑，在今山西臨汾。⓳肘　臂彎凸起的部分。這裡作動詞用，以附相觸的意思。⓴履　鞋。這裡作動詞用，踩的意思。㉑躡　踩。㉒智氏分　指趙襄子、韓康子、魏桓子共殺智伯而分其地。事在周定王十六年（西元前四五三年）。㉓身死　指智伯被殺。㉔國亡　指智氏滅亡。㉕晉陽之下　指和智伯一起圍攻晉陽時的韓、魏。㉖易　輕視。

【語譯】中期推開琴回答說：「大王對天下的估量錯了。過去晉國有六卿的時候，智伯最強，消滅了范獻子、中行文子，率領韓康子、魏桓子到晉陽圍攻趙襄子。放晉水淹晉陽，晉陽城不被淹的地方只不過三板高罷了。智伯出去巡視水情，韓康子給他駕車，魏桓子做車右保衛他。智伯說：『當初我不知道水可以滅亡別人的國家，現在知道了。汾水可用來淹安邑，絳水可用來淹平陽。』魏桓子用肘碰了一下韓康子，韓康子用腳去踩魏桓子，踩在他的腳後跟上。肘和腳在車上接觸，智伯的土地就被瓜分了。智伯被殺、國家滅亡，被天下人所譏笑。現在秦國的強大，不能超過智伯；韓國、魏國雖然弱小，還是比在晉陽城下時強。這正是他們用肘和腳相碰的時候，希望大王不要輕視他們。」

## 楚魏戰於陘山

【題　解】魏國為了進攻楚國，答應割上洛給秦國，可是戰勝楚國以後，卻自食其言，不割地給秦國。秦臣營淺建議秦國和楚國聯合起來共同對付魏國。魏國害怕，只好將上洛獻給秦國。

楚、魏戰於陘山❶。魏許秦以上洛❷，以絕秦於楚❸。魏戰勝，楚敗於南陽❹。秦責❺賂於魏，魏不與。營淺❻謂秦王❼曰：「王何不謂楚王❽曰：『魏許寡人以地，今戰勝，魏王❾倍❿寡人也。王何不與寡人遇⓫？魏畏秦、楚之合，必與秦地矣。是魏勝楚而亡地於秦也，是王以魏地德寡人，秦之楚者多資⓬矣。魏弱，若不出地，則王攻其南，寡人絕⓭其西，魏必危。』」秦王曰：「善。」以是告楚。楚王揚言與秦遇，魏王聞之恐，效⓮上洛於秦。

【注　釋】❶陘山　在今河南省新鄭西南。據《史記・六國年表》，魏惠王後元六年（西元前三一九年）敗楚於陘山。❷上

洛　在今陝西商縣。一說商縣早已歸秦所有，是商鞅的封地。據《史記・魏世家》，魏惠王後元七年（西元前三二八年）「魏盡入上郡於秦」，「上洛」當是「上郡」之誤。上郡在今陝西延安、榆林一帶。❸絕秦於楚　使秦和楚絕交。❹南陽　在今河南南陽地區。❺責　求。❻營淺　一作「管淺」，秦國人。❼秦王　指秦惠王。❽楚王　指楚懷王。《史記・楚世家》記載楚威王於十一年（西元前三二九年）死亡，懷王初立，魏國趁機進攻楚國，奪取陘山。❾魏王　指魏惠王。❿倍　通「背」。⓫遇　會合。即聯盟。⓬秦之楚者多資　意思是說秦國要派人給楚國送去很多財物。之，往。資，財幣。⓭絕　鮑彪本作「攻」。⓮效　獻。

【語　譯】楚國與魏國在陘山交戰。魏國答應將上洛這塊地方割給秦國，以使秦國與楚國絕交。魏國戰勝了，楚國在南陽打了敗仗。秦國便向魏國要上洛這塊地方，魏國不給它。營淺對秦惠王說：「大王為何不告訴楚懷王說：『魏國答應給寡人土地，現在它打了勝仗，魏惠王卻忘恩負義背棄寡人。大王為何不和我聯合起來？魏國害怕秦國、楚國的聯合，必定會將地割給秦國。這樣便是魏國打了勝仗，卻將自己的土地給了我們秦國，這是大王用魏國的土地給寡人送了人情，那麼以後秦國到楚國的人帶去的財物就多了。魏國弱小，如果不交出土地，那麼大王就進攻它的南邊，寡人就進攻它的西邊，魏國必定危險。』」秦惠王說：「好。」因此便將上面這些話告訴了楚國。楚懷王便揚言和秦國聯合，魏惠王聽說後感到恐懼，便將上洛那塊地方獻給秦國。

## 楚使者景鯉在秦

【題　解】本篇要與〈韓策一・韓公仲相〉對照起來閱讀，方能讀通。它記載楚國的使者景鯉參加了秦國和魏國聯盟的邊境會議，楚懷王因此怨怒景鯉，並將加罪於他。於是秦國便派周最去遊說楚懷王，說景鯉參加這次會議是件好事，可以引起齊國的懷疑，使齊國不和秦國、魏國聯盟，對楚國有利。楚懷王因此不加罪景鯉，並且感謝周最和秦國。

楚使者景鯉❶在秦，從秦王❷與魏王遇❸於境。楚怒❹。秦合❺周冣❻為❼楚王❽曰：「魏請無與楚遇而合於秦，是以鯉與之遇也。弊邑❾之於與遇善之❿，故齊不合⓫也。」楚王因不罪景鯉而德周、秦。

【注　釋】❶景鯉　姓景，名鯉，楚懷王相。❷秦王　指秦惠王。❸與魏王遇　《史記・六國年表》記載魏襄王六年（西元前三一三年）與秦王會臨晉。魏王，指魏哀王。遇，相見；會盟。❹楚怒　〈韓策一・韓公仲相〉作「楚王怒景鯉」。楚懷王之所以怨怒景鯉，是擔心景鯉參加了這次秦、魏會盟，會使齊國懷疑楚國和秦、魏兩國私下有交易。❺合　當作「令」。❻周冣　周最，周之公子，仕於秦。冣，同「最」。❼為　當作「謂」。❽楚王　指楚懷王。❾弊邑　即敝邑。指秦國。❿善之　認為景鯉參加這次會盟是好事。因為這會引起齊國對魏國的懷疑，同時害怕楚國與秦、魏兩國私下有交易，便會重視楚國。⓫齊不合　秦、魏兩國本想拉攏齊國，使齊國與楚國絕交，現在景鯉參加了這次會盟，引起齊國的懷疑，所以齊國不會和魏國、秦國聯合。

【語　譯】楚國的使者景鯉在秦國，隨從秦惠王和魏哀王在邊境會盟。楚懷王因此怨怒景鯉。秦國便派出周最去告訴楚懷王說：「魏國請求不和楚國會盟而要和秦國會盟，因此景鯉參與了這次會盟。敝國認為景鯉參與這次會盟是件好事，所以齊國就不會和秦國、魏國聯合。」楚懷王因此不加罪於景鯉，並且感謝周最和秦國。

## 楚王使景鯉如秦

【題　解】秦惠王為了得到楚國的土地扣留了楚使景鯉。景鯉使人遊說秦惠王，說這樣會使秦國各方面都不利。秦惠王因而釋放了他。

楚王❶使景鯉如❷秦。客謂秦王❸曰：「景鯉，楚王使景❹所甚愛，王不如留之以市❺地。楚王聽，則不用兵而得地；楚王不聽，則殺景鯉，更不❻與不如景鯉留❼，是便計❽也。」秦王乃留景鯉。景鯉使人說秦王曰：「臣見王之權❾輕天下，而地不可得也。臣之來使也，聞齊、魏皆且割地以事秦。所以然者，以秦與楚為昆弟國。今大王留臣，是示天下無楚❿也，齊、魏有何重於孤國⓫也！楚知秦之孤，不與地，而外結交諸侯以圖⓬，則社稷必危，不如出臣。」秦王乃出之。

【注　釋】❶楚王　指楚懷王。❷如　往。❸秦王　指秦惠王。❹使景　是衍文，當刪去。❺市　交換。❻不　是衍文，當刪去。❼留　據姚宏所見曾鞏本、劉敞本是「者」字之誤。又王念孫據〈秦策三・秦攻韓圍陘〉「張儀之力少，則王逐張儀，而更與不如張儀者市」，認為「者」字下當補一「市」字。❽便計　有利的計策。❾權　權勢。❿無楚　指楚國不和秦國結盟。⓫孤國　秦國失去了楚國便成為孤立的國家。⓬圖　指圖謀秦國。

【語　譯】楚懷王派景鯉前往秦國。有個外來人對秦惠王說：「景鯉是楚懷王最喜愛的人，大王不如扣留他做人質來交換楚國的土地。楚懷王如果答應，那麼我們秦國不動用軍隊便得到了土地；楚懷王如果不答應，便殺掉景鯉，再和不如景鯉的人做交易，這是有利的計策。」秦惠王於是扣留了景鯉。景鯉使人去勸說秦惠王：「我看大王的權勢要被天下人所忽視，而土地也不可能得到了。我來出使的時候，聽說齊國、魏國都將割地侍奉秦國。它們所以這樣做，是因為秦和楚是兄弟國家。現在大王扣留我，這是向天下表明楚國不是秦國的盟國，齊國、魏國有什麼必要重視孤立的秦國呢！楚國知道秦國孤立，便不會給秦國土地，而且要四處結交諸侯圖謀秦國，秦國就必定危險，不如放我回去。」秦惠王於是釋放了景鯉。

# 秦王欲見頓弱

【題解】頓弱進見秦王政，批評他對母親施威卻對山東諸侯無可奈何，建議他聯絡韓、魏、燕、趙等國，通過連橫，兼併天下。

秦王❶欲見頓弱❷，頓弱曰：「臣之義不參拜❸，王能使臣無拜，即可矣。不，即不見也。」秦王許之。於是頓子曰：「天下有❹其實而無其名者，有無其實而有其名者，有無其名又無其實者，王知之乎？」王曰：「弗知。」頓子曰：「有其實而無其名者，商人是也，無把銚推耨❺之勢❻，而有積粟之實，此有其實而無其名者也。無其實而有其名者，農夫是也，解凍而耕，暴背而耨，無積粟之實，此無其實而有其名者也。無其名又無其實者，王乃是也，已立為萬乘，無孝之名；以千里養，無孝之實。」秦王悖然❼而怒。

【章旨】頓弱批評秦王政既無孝之名，又無孝之實。

【注釋】❶秦王　即秦王政。❷頓弱　秦國人。❸參拜　古時下級見上級要下拜，叫參拜。❹有　「有」字下據姚宏注還有一「有」字。❺把銚推耨　握住銚，推動耨。銚，大鋤，除草用。耨，除草的農具。❻勢　當作「勞」。❼悖然　發怒的樣子。

【語　譯】秦王政想見頓弱，頓弱說：「我的原則是見人不下拜，大王能讓我不下拜，就可見您，否則就不見。」秦王政答應了他。於是頓弱說：「天下有有其實而沒有其名的人，有沒有其實而有其名的人，有沒有其名又沒有其實的人，大王知道嗎？」秦王政說：「不知道。」頓弱說：「有其實而沒有其名的是商人，他們沒有握銚推耨的辛勞，卻有積糧滿倉的實惠，這就是有其實而沒有其名的人。沒有其實而有其名的是農民，一解凍就耕田，露著背除草，卻沒有積糧滿倉的實惠，這就是沒有其實而有其名的人。沒有其名又沒有其實的便是大王，您已經做了萬乘之主，卻沒有孝順之名；用一千里地去奉養母親，卻沒有孝順之實。」秦王政聽了，氣得怒火衝天。

頓弱曰：「山東戰國有六，威不掩❶於山東，而掩於母❷，臣竊為大王不取也。」秦王曰：「山東之建國❸可兼與？」頓子曰：「韓，天下之咽喉；魏，天下之胸腹。王資❹臣萬金而遊，聽❺之❻韓、魏，入其社稷之臣於秦，即❼韓、魏從。韓、魏從，而天下可圖❽也。」秦王曰：「寡人之國貧，恐不能給也。」頓子曰：「天下未嘗無事也，非從即橫也。橫成，則秦帝；從成，即楚王。秦帝，即以天下恭❾養；楚王，即❿王雖有萬金，弗得私也。」秦王曰：「善。」乃資萬金，使東遊韓、魏，入其將相；北遊於燕、趙，而殺李牧⓫。齊王入朝，四國⓬必⓭從，頓子之說也。

【章　旨】頓弱建議秦王政用重金收買韓、魏之臣，實行連橫政策，以兼併山東六國。

【注　釋】❶掩　覆蓋。❷掩於母　秦王政的母親本是富商呂不韋的愛姬，呂不韋知道她有了身孕以後，將她送給子楚做夫人，生了政。後來子楚做了秦國君主（即莊襄王），呂不韋做丞相。秦王政即位後，他的母親成了皇太后，又繼續和相國呂不韋通姦，又和嫪毒通姦，生了兩個兒子。有人告發此事，秦王政便將他的母親放逐到雍。「威掩於母」指的就是這件事。❸建國　據鮑彪本當作「戰國」。❹資　給。❺聽　聽任；任憑。❻之　往。❼即　則。❽圖　謀取。❾恭　通「供」。❿即　即使。⓫李牧　趙國良將，屢建奇功，被封為武安君。趙王遷七年（西元前二二九年），李牧迎戰秦國王翦的部隊，秦國用重金收買趙王的寵臣郭開，誣陷李牧想反叛，李牧因而被殺。⓬四國　指韓、魏、燕、趙四國。⓭必　通「畢」。全部。

【語　譯】頓弱說：「殽山以東從事戰爭的國家有六個，大王的聲威覆蓋不到殽山以東，卻覆蓋到了母親身上，我私自認為大王這樣做不對。」秦王政說：「殽山以東從事戰爭的國家可以兼併嗎？」頓弱說：「韓國是天下的咽喉，魏國是天下的胸部和腹部。大王給我萬金去出遊，任憑我到韓國、魏國去，使它們的社稷大臣到秦國來，那麼韓國、魏國就會聽從秦國。韓國、魏國聽從秦國，秦國就可以謀取天下。」秦王說：「寡人的國家貧窮，恐怕不能給你萬金。」頓弱說：「天下不曾沒事過，不是在搞合縱，就是在搞連橫。連橫搞成了，就是秦國稱帝；合縱搞成了，便是楚國稱王。如果秦國稱了帝，便是整個天下來供養大王；楚國稱了王，大王即使有萬金，也不能私有。」秦王政說：「講得好。」於是給頓弱萬金，讓他東遊韓國、魏國，勸它們的將相到秦國來；北遊燕國、趙國，使趙國殺了李牧。於是齊王到秦國來朝拜，韓、魏、燕、趙四國全都聽從秦國，這都是頓弱遊說的結果。

## 頃襄王二十年

【題　解】秦國將進攻楚國，春申君黃歇遊說秦王，告誡他不要進攻楚國，否則將有利於山東諸侯而不利於秦國。說辭中講到的戰功，屬於秦王政時期，高誘也已經指出其中說的秦王是秦王政，所以黃歇遊說的對象是秦王政，而不是秦昭王。開始介紹遊說背景那段文字，與說辭反映的時間不相符，當是後人加上去的。遊說者是否真的就是黃歇，也還是一個疑問。

頃襄王二十年❶，秦白起拔楚西陵❷，或拔鄢、郢、夷陵❸，燒先王之墓。王徙東北，保于陳城❹。楚遂削弱，為秦所輕。於是白起又將兵來伐❺。楚人有黃歇❻者，游學博聞，襄王❼以為辯，故使於秦。說昭王❽曰：

「天下莫強於秦、楚，今聞大王欲伐楚，此猶兩虎相鬥而駑犬❾受❿其弊⓫，不如善楚。臣請言其說。臣聞之⓬：『物至⓭而⓮反，冬夏是也；致⓯至⓰而⓱危，累碁⓲是也。』今大國之地半天下，有二垂⓳，此從生民以來，萬乘之地未嘗有也。先帝⓴文王㉑、莊王㉒，王㉓之身，三世㉔而不接地於齊㉕，以絕從親之要㉖。今三㉗王使盛橋㉘守事㉙於韓，成橋以北入燕㉚。是王不用甲，不伸威，而出㉛百里之地，王可謂能矣。王又舉甲兵而攻魏㉜，杜大梁㉝之門，舉㉞河內㉟，拔㊱燕㊲、酸棗㊳、虛㊴、桃人㊵，楚、燕㊶之兵云翔㊷不敢校㊸，王之功亦多矣。王申㊹息眾二年，然後復㊺之，又取蒲㊻、衍㊼、首垣㊽，以臨㊾仁㊿、平兵(51)，小黃、濟陽嬰城(52)，而魏氏服矣。王又割濮(53)、磨(54)之北屬之燕(55)，斷齊、秦之要(56)，絕楚、魏之脊㊼。天下五合、六聚㊽而不敢救也，王之威亦憚㊾矣。王若能持功守威，省㊿攻伐之心而肥(61)仁義之誡(62)，使無復後患，三王不足(63)四(64)，五伯不足六也。

【章旨】有人用物極必反的道理勸秦王政，在他的功業和聲威已達頂點時，如果「持功守威」，停止攻伐，便可以超過三王、五霸。

【注釋】❶頃襄王二十年　相當於西元前二七九年。頃襄王二十年白起攻下西陵和鄢城，次年攻下郢都，焚燒楚先王墓夷陵。❷西陵　當是指西陵峽一帶而言。❸或拔鄢郢夷陵　又攻下楚國的鄢城、郢都、夷陵。或，又。鄢，鄢城，在今湖北宜城。郢，楚都，在今湖北江陵郊區之紀南城遺址處。夷陵，楚先王墓地所在，在今湖北宜昌東部。❹陳城　在今河南淮陽。❺白起又將兵來伐　事在頃襄王二十二年（西元前二七七年）。《史記．白起王翦列傳》：「武安君因取楚，定巫、黔中郡。」❻黃歇　楚人，姓黃，名歇，先事楚頃襄王，後為考烈王相，封為春申君。考烈王二十五年（西元前二三八年，即秦王政九年）被李園所殺。《史記．春申君列傳》說頃襄王時，黃歇上書說秦昭王，因說辭中涉及到頃襄王死後二十五年的事，《史記》所載當有誤。❼襄王　指楚頃襄王，死於周赧王五十二年（西元前二六三年）。❽昭王　指秦昭王，死於西元前二五一年，即秦王政即位前四年秦昭王便已死去。說辭中說的都是秦王政時期的事，所以遊說的對象不可能是秦昭王。❾駑犬　劣犬。這裡比喻韓、魏二國。❿受　承受；接受。在這裡有制服的意思。⓫弊　疲困。指因鬥而疲困的虎，比喻秦、楚二國。⓬臣聞之　鮑彪本沒有「頃襄王二十年」到「臣聞之」這一百一十字，有「說秦王曰」四字。⓭至　極。⓮而　則。⓯致　使達到。⓰至　極。⓱而　則。⓲碁　同「棋」。指棋子。⓳二垂　二邊陲。指秦有西北兩邊陲。⓴先帝　已去世的帝王。㉑文王　指孝文王，秦王政的祖父。㉒莊王　指莊襄王，秦王政的父親，死於西元前二四七年。㉓王　指秦王政。㉔三世　三代。㉕接地於齊　與齊地相接。㉖要　同「腰」。秦地如果能與齊地相接，便可以將南北合縱攔腰切斷。㉗三　當是衍文。㉘盛橋　當作「成橋」。《史記．秦始皇本紀》作「成蟜」，是秦王政的弟弟。㉙守事　待事。即駐軍於韓以防不測。㉚以北入燕　當從《史記．春申君列傳》作「以其地入秦」。㉛出　當從《史記．春申君列傳》作「得」。㉜攻魏　秦王政五年（西元前二四二年）派將軍蒙驁擊魏，取酸棗、燕、虛、長平、雍丘、山陽等二十城，設置東郡。㉝大梁　魏國都城，在今河南開封。㉞舉攻拔。㉟河內　魏國黃河以北的地方，即今河南濟源、沁陽一帶。㊱拔　攻下。㊲蕪　縣名，即南蕪，在今河南延津。㊳酸棗　魏邑，秦改為縣，舊城在今河南延津北。㊴虛　地名。㊵桃人　邑名，在今河南延津內。㊶楚蕪　《史記・春申君列傳》作「魏」。㊷云翔　《史記・春申君列傳》作「雲翔」，比喻散開。㊸校　較量。㊹申　當據《史記・春申君列傳》作「休甲」，停戰的意思。甲，甲兵。㊺復　再。指再向魏用兵。㊻蒲　魏邑，在今河南長垣境內，靠近山東。㊼衍　魏地，在黃河以南，鄭州北邊。㊽首垣　即長垣。今河南有長垣縣。《史記・六國年表》記載，秦王政九年（西元前二三八年）秦國攻取魏國的垣、蒲陽、衍等地，這時秦昭王已死去十三年，所以這篇說辭不可能是遊說秦昭王的。㊾臨　至。㊿仁　魏地，有說在今河南寧陵，靠近商丘。(51)平兵　《史記・春申君列傳》作「平丘」，在今河南長垣西南。(52)小黃濟陽嬰城　是說小黃、濟陽二邑環城設兵自守。小黃，魏地，在古考城縣東。今考城縣與蘭封縣合併為蘭考縣。濟陽，魏邑，在今河南蘭考境內。嬰城，鮑彪注：「嬰，猶縈也，蓋二邑環兵自守。」(53)濮　古水名，流經今河南封丘、原陽，因黃河改道，已湮沒。(54)磿　地名，司馬貞說可能靠近濮水。(55)屬之蕪　《史記・春申君列傳》沒有這三個字，應當刪去。(56)齊秦之要　疑字有誤，遊說秦王，不應有「斷齊、秦之要」這樣的話，「秦」字可能是「韓」字。要，同「腰」。(57)楚魏之脊　當據《史記・春申君列傳》作「楚趙之脊」。(58)五合六聚　言天下諸侯多次聚合。(59)憚　通「殫」。盡。(60)省　減少。(61)肥　厚；重視。(62)誠　當據《史記・春申君列傳》作「地」。高誘注：「地，猶道。」(63)不足　高誘用《周易・小畜》解釋「不足」二字，似難講通。疑「不足」是夠不上、比不上的意思。(64)四　和「三王」並列的第四個王，即秦王政。

【語　譯】楚頃襄王二十年，秦將白起攻下楚國的西陵，又攻下楚國的鄢城、郢都、夷陵，焚燒了楚國先王的墳墓。頃襄王往東北遷都，守在陳城。於是楚國國勢削弱，被秦國瞧不起。這時候白起又率領軍隊來進攻楚國。楚國人黃歇，四處遊學，見聞廣博，頃襄王認為他善於言辭，所以派他出使秦國。黃歇遊說秦昭王說：

「天下沒有哪個國家比秦國、楚國強大，現在我聽說大王想進攻楚國，這就好像兩隻老虎相鬥，疲困了，反而會被劣狗所制服，倒不如與楚國和好。請讓我說說其中的道理。我聽說：『事物發展到了頂點就會走向它的反面，冬天和夏天的變化就是這樣；凡事達到了最大限度就危險，堆積棋子便是如此。』現在貴國的土地占了天下的一半，擁有西北兩邊陲，這是自從開天闢地以來，能出一萬輛兵車的國家所未曾有過的。已經去世的孝文王、莊襄王和大王本人，三代以來都不能將土地和齊國相連，將山東諸侯合縱聯盟攔腰切斷。現在大王派成橋駐守在韓國以防不測，成橋將韓國的土地併入秦國。這是大王不動用甲兵，不伸張威力，便得到了百里土地，大王真可說是有能耐了。大王又起兵進攻魏國，堵塞大梁的門戶，攻下河內，奪取南燕、酸棗、虛、桃人等魏地，魏國的軍隊像雲一樣聚合以後又散開，不敢與秦軍較量，大王的功業也可說是盛大的了。接著大王停止進攻，讓民眾休息兩年，然後再進攻魏國，又奪取了蒲、衍、首垣等地，軍隊開到了仁和平丘，逼得魏國的小黃、濟陽環城設兵自守，魏國算是屈服於大王了。大王又割取了濮水和磨以北的地方，像是切斷了齊、韓兩國的腰身，斷絕了楚、趙兩國的脊梁。天下諸侯五次聯合、六次相聚卻不敢救援，大王的聲威也可說達到極點了。大王如果能在這時候保持功威，減少進攻別國的打算，重視仁義之道，使不再有後患，那麼『三王』就比不上您這第四個王，『五霸』也就敵不過您這第六個霸主了。

「王若負❶人徒之眾，材❷兵甲之強，壹❸毀魏氏之威，而欲以力臣❹天下之主，臣恐有後患。《詩》云：『靡不有初，鮮克有終❺。』《易》曰：『狐濡其尾❻。』此言始之易，終之難也。何以知其然也？智氏❼見伐趙之利❽，而不知榆次之禍❾也；吳❿見伐齊之便，而不知干隧之敗⓫也。此二國者，非無大功也，設利⓬於前，而易⓭患於後也。吳之信越⓮也，從而伐齊，既勝齊人於艾陵⓯，還為越王⓰禽⓱於三江之浦⓲。智氏信韓、魏，從而伐趙，攻晉陽之城，勝有日矣，韓、魏反之，殺智伯瑤⓳於鑿臺⓴之上。今王妬楚之不毀也，而忘毀楚之強魏㉑也，臣為大王慮而不取。詩云：『大武遠宅不涉㉒。』從此觀之，楚國，援也；鄰國㉓，敵㉔也。

《詩》云：『他人有心，予忖度之。躍躍毚兔，遇犬獲之㉕。』今王中道而信韓、魏之善王也，此正吳信越㉖也。臣聞，敵不可易，時不可失。臣恐韓、魏之卑辭慮患㉗，而實欺大國㉘也。此何也？王既無重世㉙之德於韓、魏，而有累世之怨矣，韓、魏父子兄弟接踵而死於秦者，百世矣。本國殘㉚，社稷壞，宗廟隳，刳腹折頤㉛，首身分離，暴㉜骨草澤，頭顱僵仆，相望於境。父子老弱係虜㉝，相隨於路，鬼神狐祥㉞，無所食㉟。百姓不聊生，族類離散，流亡為臣妾㊱，滿海內矣。韓、魏之不亡，秦社稷之憂也。今王之攻楚，不亦失乎！是㊲王攻楚之日，則惡㊳出兵？王將藉㊴路於仇讎之韓、魏乎？兵出之日而王憂其不反㊵也，是王以兵資於仇讎之韓、魏。王若不藉路於仇讎之韓、魏，必攻陽、右壤㊶。隨陽、右壤，此皆廣川大水，山林谿谷不食之地㊷，王雖有之，不為得地。是王有毀楚之名，無得地之實也。

【章　旨】告誡秦王政：如果倚仗武力，進攻楚國，忽視韓、魏，便將蹈智伯、夫差覆轍，「有毀楚之名，無得地之實」。

【注　釋】❶負　倚仗。❷材　「杖」的錯字，通「仗」。❸壹　當據《史記・春申君列傳》作「乘」。❹臣　臣服。❺靡不有初二句　這二句詩見《詩經・大雅・蕩》。靡，沒有。有初，有個好的開端。鮮，少。克，能。有終，有個好的結果。❻狐

濡其尾　這句話見《周易・未濟》。原文為「小狐汔濟，濡其尾」。意思是小狐渡水，幾乎就要渡過的時候，卻浸濕了尾巴。這裡用來說明沒有好的結果。濡，浸濕。❼智氏　智伯，春秋時晉國的六卿之一。❽伐趙之利　指為了得到趙襄子的土地。❾榆次之禍　指殺身之禍。榆次，是智伯的葬身之地，在今山西榆次境內。智伯為了得到趙襄子的土地，聯合魏桓子、韓康子一起攻打趙襄子，後來趙襄子反而和韓康子、魏桓子一起滅了智伯。❿吳　指吳王夫差。⓫干隧之敗　指被越王句踐所敗。干隧，句踐俘虜夫差的地方，在今江蘇吳縣西北。夫差在夫椒打敗句踐後，不聽伍子胥的勸告，與句踐講和，又乘齊景公剛死，大臣爭寵，新君弱小，進攻齊國，結果被句踐打敗，做了俘虜，自殺而死。⓬設利　當據劉敞本及《史記》作「沒利」，即貪利的意思。⓭易　交換。⓮信越　相信越王句踐卑辭稱臣。⓯艾陵　齊邑名，在今山東萊蕪東北。⓰越王　指句踐。⓱禽　通「擒」。⓲三江之浦　即干隧。三江，指婁江、東江、松江。浦，水邊。干隧在三江之濱。⓳智伯瑤　智伯姓荀，名瑤，故稱智伯瑤，也稱荀瑤。⓴鑿臺　晉陽下臺名。智伯為了引水淹晉陽，鑿地為渠，將挖出的土築成臺，故稱鑿臺，在今山西榆次內。㉑強魏　使魏強大。㉒大武遠宅不涉　這句當是逸詩。大武，張守節解為「大軍」。遠宅，遠居；遠地。不涉，不涉其地。㉓鄰國　指韓、魏。㉔敵　仇敵。㉕他人有心四句　見《詩經・小雅・巧言》。用來暗示秦若攻楚則會被韓國、魏國所敗。躍躍，跳走的樣子。毚兔，狡兔。獲之，獵獲牠。㉖吳信越　指夫差相信句踐。句踐卑辭向吳稱臣，是為了復仇，夫差反而相信他。㉗慮患　憂禍；擔心遭災。㉘大國　指秦國。㉙重世　累世；歷代。㉚殘　毀壞。㉛折頤　折斷下巴。㉜暴露。㉝係虜　捆綁俘虜。㉞狐祥　狐狸變成的妖怪。㉟無所食　當依《史記・春申君列傳》作「無所血食」。血食，宰殺牲口祭神。㊱臣妾　指男為臣，女為妾。㊲是　當依《史記・春申君列傳》作「且」。㊳惡　何。㊴藉　借。㊵反　還。㊶陽右壤　據《史記・春申君列傳》、《資治通鑑・周紀》當作「隨水右壤」，下同。隨水在今湖北隨縣。㊷不食之地　不能耕種的地方。

【語譯】「大王如果依靠人卒的眾多，仗恃軍力的強大，趁著打敗了魏國的威勢，便想用武力使天下的君主臣服，我擔心會有後患。《詩》上說：『沒有一個好的開始，便很少能有好的結果。』《周易》上說：『小狐浸濕了牠的尾巴。』這是說開始容易，要有個好的結果就難了。怎麼知道是這樣的呢？智伯看到了進攻趙襄子的好處，卻不知道有榆次的殺身之禍；吳王夫差看到了進攻齊國的好處，卻不知道會在干隧打敗仗。這兩個國家，不是沒有大功，而是先前貪利，以後便換來了禍患啊。吳王夫差相信越王句踐，從而進攻齊國，已經在艾陵打敗齊國，回來以後，卻在三江邊上被越王句踐俘虜。智伯相信韓康子、魏桓子，從而進攻趙襄子，圍攻晉陽城，勝利指日可待，韓康子、魏桓子卻背叛了他，在鑿臺上面殺死了智伯荀瑤。現在大王妒忌楚國沒有被摧毀，卻忘掉了摧毀楚國反而會使魏國強大起來，我為大王考慮，認為不能採取這種做法。詩上說：『大軍不到遠地去打仗。』由此看來，楚國是秦國的後援，鄰國韓、魏才是秦國的仇敵。《詩》上說：『別人有什麼壞心事，我揣度得出來。跳跑如飛的狡兔，碰上獵狗是跑不掉的。』現在大王置身中途，相信韓、魏對你友好，這正是吳王夫差相信越王句踐啊。我聽說仇敵不可輕視，時機不可錯過。我擔心韓國、魏國是憂慮遭遇禍患而使用謙卑的言辭，而實際上是在欺騙貴國。這是怎麼說的呢？大王對韓、魏沒有多年的恩德，卻有多年的怨恨，韓、魏的父子兄弟一個接一個被秦國殺死，已經有很長的一段時間了。國家殘破，社稷毀壞，宗廟焚毀，人被挖去內臟，折斷下巴，腦袋和身子分開，骨頭暴露在草澤裡，頭顱倒覆在地上，邊境上四處可見。父親、兒子、老人、小孩被捆起來做了俘虜，一個跟著一個走在道路上。鬼神狐妖，也沒有牲口當祭品。民不聊生，家族離散，四處流亡，男人當別國的臣民，婦女做人家的婢妾，這樣的情形，四海之內，比比皆是。所以韓國、魏國不滅亡，才是秦國的憂患啊。現在大王進攻楚國，不也是錯誤的嗎！況且大王進攻楚國的時候，從哪條路出兵才好？大王將向仇敵韓國、魏國借路嗎？這樣，從出兵的那一天開始大王便要擔心軍隊回不來了，這等於是大王用兵去資助仇敵韓國、魏國啊。大王如果不向仇敵韓國、魏國借路，那就必定要進攻隨水南面的地方。隨水南面的地方盡是大川大水、山林溝壑等不能耕種的土地，大王即使占有了它，也不能算是得到了土地。這樣說來，大王便是有摧毀楚國的名聲，卻沒有得到土地的實惠呀。

「且王攻楚之日，四國❶必應❷悉起應王。秦、楚之❸構❹而不離，魏氏❺將出兵而攻留❻、方與❼、銍❽、胡陵❾、碭❿、蕭⓫、相⓬，故宋⓭必盡⓮。齊人南面，泗北⑮必舉。此皆平原四達，膏腴之地也，而王使之獨攻⑯。王破楚於⑰以肥韓、魏於中國而勁⑱齊。韓、魏之強足以校⑲於秦矣。齊南以泗為境，東負⑳海，北倚河，而無後患，天下之國，莫強於齊。齊、魏得地葆㉑利，而詳㉒事㉓下吏㉔，一年之後，為帝若未能，於以禁㉕王之為帝有餘。夫以王壤土之博，人徒之眾，兵革之強，一舉眾㉖而注地於楚㉗，詘㉘令韓、魏歸帝重於齊㉙，是王失計也。

【章旨】告誡秦王政攻楚將使韓、魏、齊三國強大，對秦國不利。

【注釋】❶四國　指韓、魏、趙、齊四國。❷應　當是衍文。❸之　據《史記・春申君列傳》「之」下有「兵」字。❹構　交戰。❺魏氏　指魏國。❻留　原宋邑名，在今江蘇沛縣東南。❼方與　原宋邑名，在今山東魚臺境內。❽銍　原宋邑名，在今安徽宿縣西南。❾胡陵　原宋邑名，在今山東魚臺東南。❿碭　原宋邑名，在今安徽碭山境內。⓫蕭　原宋附庸國，後為宋邑，在今安徽蕭縣西北。⓬相　原宋邑名，在今安徽濉溪西北。⓭故宋　舊宋，因為這時宋國已亡。以上七個宋邑，當時已為楚所有。⓮盡　全部丟失。⓯泗北　泗水以北地區。泗水在今山東西南部。⓰獨攻　獨自攻取，無人爭搶。⓱於　是衍文，當刪。⓲勁　強。⓳校　較量。⓴負　背靠。㉑葆　通「保」。㉒詳　通「佯」。假裝。㉓事　侍奉。㉔下吏　下級官吏，實際是指秦王政。不直稱秦王而稱他的下吏，同「左右」、「足下」、「執事」一類詞用法相同。㉕禁　禁止。㉖眾　《史記・春申君列傳》作「事」，指戰事。㉗注地於楚　把疆土擴大到楚國。注，屬；連接。㉘詘　反。㉙歸帝重於齊　吳師道《補正》：「歸為帝之重於齊。」意思是說讓韓、魏再尊齊為帝。

【語譯】「況且大王進攻楚國的時候，韓、魏、趙、齊四國必定都起來對大王作出反應。秦、楚兩國戰得不可開交，魏國便將出兵進攻留、方與、銍、胡陵、碭、蕭、相等地，楚國過去取得的那些宋地必定全部丟失。齊國向南面進軍，泗水以北的楚地必定被攻下來。這些都是平原地帶，四通八達，土地肥沃，大王卻讓他們獨自去攻取。大王打敗楚國，卻肥了中原地帶的韓國、魏國，而使齊國更加強大。韓國、魏國的強盛便足以和秦國較量了。齊國南面將泗水作為邊界，東面背靠大海，北面憑藉黃河，沒有後顧之憂，天下的諸侯國，沒有哪國比齊國更強大。齊國、魏國得到楚地以後，保住既得的利益，假裝侍奉大王，一年以後，即使不能稱帝，然而禁止大王稱帝卻綽綽有餘。憑藉大王土地的廣大，人卒的眾多，軍力的強盛，一舉發動戰爭而把疆土擴大到楚國，反而使得韓國、魏國再尊重齊國稱帝，這是大王失策的地方啊。

「臣為王慮，莫若善楚。秦、楚合而為一臨以❶韓，韓必授首❷。王襟❸以山東之險，帶❹以河曲之利，韓必為關中❺之候❻。若是，王以十❼成❽鄭❾，梁氏❿寒心⓫，許⓬、鄢陵⓭嬰城⓮，上蔡⓯、召陵⓰不往來⓱也。如此，而魏亦關內候矣。王一善楚，而關內二萬乘之主⓲注地於齊，齊之右壤可拱手⓳而取也。是王之地一任⓴兩海㉑，要㉒絕天下也，是燕、趙無齊、楚，無㉓燕、趙也。然後危動㉔燕、趙，持㉕齊、楚，此四國者，不待痛㉖而服矣。」

【章旨】勸說秦王政如果和楚國友好，便可制服山東諸侯。

【注釋】❶臨以　據姚宏所見劉敞本當作「以臨」。臨，至。❷授首　交出腦袋。指投降。❸襟　作動詞用，當作衣襟的意思。❹帶　作動詞用，當作衣帶的意思。❺關中　指秦國。❻候　候人，整治道路、迎送賓客的小官。❼十　當依鮑彪本作「十萬」。❽成　當從《史記・春申君列傳》作「戍」。❾鄭　韓哀侯二年（西元前三七五年）滅鄭，並將韓國的國都遷到鄭。鄭，在今河南新鄭。❿梁氏　指魏國，因遷都大梁，故稱梁氏。⓫寒心　害怕。⓬許　在今河南許昌。⓭鄢陵　在今河南鄢陵北。⑭嬰城　環城設兵自守。⑮上蔡　在今河南上蔡境內。⑯召陵　在今河南郾城東。⑰不往來　指不能和魏都大梁往來。⑱關內二萬乘之主　指韓、魏二國。⑲拱手　斂手；不費力氣。⑳任　《史記・春申君列傳》作「經」，通「徑」。直通的意思。㉑兩海　西海和東海。秦地和齊地相連，便是從西海直通東海。㉒要　同「腰」。㉓無　「無」字上當據鮑彪本及《史記・春申君列傳》補「齊楚」二字。因為秦國控制了韓、魏，便使齊、楚、燕、趙四國不能相互救援，所以說「燕、趙無齊、楚，齊、楚無燕、趙」。㉔危動　鮑彪注：「以危亡之事恐動之。」就是用亡國進行威脅。㉕持　劫持。㉖痛　急攻。

【語　譯】「我為大王考慮，不如和楚國友好。秦、楚結合在一起，出兵到韓國，韓國必定投降。大王把殽山一帶險要之地當作衣襟，將彎曲的黃河的有利地勢作為衣帶，韓國就必定成為秦國的小吏侯人了。假若這樣，大王用十萬大軍駐守在韓國的首都鄭，魏國便要害怕，許和鄢陵就將環城設兵自守，上蔡、召陵便不能同魏都大梁往來。這樣，魏國也就成為秦國的小吏侯人了。大王一和楚國友好，因為韓、魏兩國和齊地相連，齊國右邊的土地便可以不費力氣地奪取。這樣大王的土地便從西海通到東海，攔腰切斷天下諸侯的合縱聯盟，這樣燕國、趙國無法和齊國、楚國聯絡，齊國、楚國也無法救援燕國、趙國。然後用亡國去威脅燕國和趙國，劫持齊國和楚國，那麼這四國不用秦國加緊攻擊也就歸服了。」

## 或為六國說秦王

【題　解】有人為山東六國遊說秦王，以趙、魏、齊、楚為例，說明誰最強大，誰就要遭到其他諸侯國的攻擊，暗示秦也不會例外。

或為六國❶說秦王❷曰：「土廣不足以為安，人眾不足以為強。若土廣者安，人眾者強，則桀、紂之後將存。昔者，趙氏亦嘗強矣。曰趙強何若？舉左❸案齊❹，舉右案魏，厭案❺萬乘之國二❻，國❼千乘之宋❽也。築剛平❾，衛無東野❿，芻牧⓫薪采⓬莫敢闚東門。當是時，衛危於累卵，天下之士相從謀曰：『吾將還其委質⓭，而朝於邯鄲⓮之君乎！』於是天下有稱伐邯鄲者，莫⓯不⓰令朝行。魏伐邯鄲⓱，因退為逢澤之遇⓲，乘夏⓳車，稱夏王，朝為天子，天下皆從⓴。齊太公㉑聞之，舉兵伐魏，壤地兩分，國家大危。梁王㉒身抱質㉓執璧㉔，請為陳侯㉕臣，天下乃釋梁。郢威王㉖聞之，寢不寐，食不飽，帥天下百姓，以與申縛㉗遇於泗水之上，而大敗申縛。趙人聞之至枝桑㉘，燕人聞之至格道㉙。格道不通，平際㉚絕。齊戰敗㉛不勝，謀則不得，使陳毛㉜釋劍掫㉝，委南聽罪㉞，西說趙，北說燕，內喻其百姓，而天下乃齊釋㉟。於是夫積薄而為厚，聚少而為多，以同言郢威王㊱於側紂之間㊲。臣豈以郢威王為政衰謀亂以至於此哉？郢為㊳強臨天下諸侯，故天下樂伐之也！」

【注釋】❶六國　指山東六國。❷秦王　指秦王政。❸舉左　向左舉兵。即進攻左邊。❹案齊　打敗齊國。案，抑止。趙敬侯二年（西元前三八五年）、三年分別在靈丘、廩丘打敗齊國。❺厭案　抑止；打敗。厭，抑。❻萬乘之國二　兩個有萬輛兵車的國家。即齊、魏。❼國　當是「由」字之誤。由，通「猶」。❽千乘之宋　當時宋是個千乘小國。❾剛平　衛地，在今河南清豐境內。趙敬侯四年（西元前三八三年）築剛平。❿衛無東野　衛國當時的都城在帝丘（今河南濮陽），剛平在帝丘東邊，被趙奪去，所以說「衛無東野」。⓫芻牧　放牧牛羊。⓬薪采　採薪；砍柴。⓭委質　稱臣的意思。委，放置。質，通「贄」。古時臣子見君主所送的禮物。臣子初次見君主，先獻上禮物，然後稱臣。禮物不能讓君親手接，要放在地上，所以叫「委質」。⓮邯鄲　趙國國都，在今河北邯鄲。⓯莫　同「暮」。⓰不　據黃丕烈說當是衍文。⓱魏伐邯鄲　魏惠王十六年（西元前三五四年）魏國圍攻邯鄲，第二年攻下邯鄲。按，趙築剛平與魏伐邯鄲相距二十多年，恐記事有誤。⓲逢澤之遇　指魏惠王二十六年（西元前三四四年）的諸侯之會。逢澤，在今河南開封東南。遇，會。⓳夏　中國。即中原地區。⓴天下皆從　天下諸侯都跟隨魏國。據〈齊策五・蘇秦說齊閔王〉記載，有十二諸侯和魏國一起朝天子。㉑齊太公　即田和，齊莊公的兒子。按，田和在齊康公二十年（西元前三八五年）已去世，離逢澤之遇已四十多年，「齊太公」當是「齊威王」之誤。㉒梁王　魏惠王。㉓抱質　帶上稱臣的禮物。餘見「委質」注。㉔璧　圓餅形而中間有孔的玉，也是作稱臣禮物用。㉕陳侯　指齊威王。陳氏（即田氏）篡齊，故稱陳侯。魏惠王十七年（西元前三五三年）攻拔趙都邯鄲，趙向齊威王求救，齊威王派田忌、孫臏救趙，在桂陵打敗魏軍，第三年（西元前三五一年）魏將邯鄲歸還趙國。㉖郢威王　指楚威王。因為楚都在郢，故稱為郢威王。楚威王七年（西元前三三三年）在徐州打敗齊國。㉗申縛　齊將。㉘枝桑　其地不詳。㉙格道　其地不詳。趙至枝桑，燕至格道，是準備進攻齊國。㉚平際　疑為「平陸」之誤。平陸，齊邑，在今山東汶上。㉛敗　據王念孫說是「則」字之誤。㉜陳毛　人名。㉝釋劍撅　放棄自衛，準備稱臣。謙卑示弱的表示。釋，放下。撅，巡夜打更。㉞委南聽罪　放棄南面之尊，聽從楚國加罪。㉟齊釋　當作「釋齊」。㊱同言郢威王　共同說楚威王的壞話，商議攻楚。㊲側紂之間　據高誘注當作「側牖之間」。牖，窗戶。㊳為　因為。

【語　譯】有人替山東六國遊說秦王政：「土地廣大不能夠認為就是平安，人口眾多不能認為就是強大。假使土地廣大可以算是平安，人口眾多可以算是強大，那麼夏桀、商紂的後代便將保有他們的國家。過去，趙國也曾經是強大了。趙國的強大是個什麼樣子呢？它向左邊進攻，打敗了齊國，向右邊進攻，打敗了魏國，打敗兩個可以出一萬輛兵車的國家，就像打敗只能出一千輛兵車的宋國一樣。趙國侵占剛平，在那裡築城邑，衛國便沒有東面的原野，放牧和砍柴的人就不敢再向東門偷看一眼。當這個時候，衛國就比疊起來的蛋還危險，天下的士人互相商量說：『我們準備拋棄原來的主子，而向邯鄲的君主朝拜吧！』於是天下有誰聲稱要進攻邯鄲的，晚上發出命令，第二天早上便馬上執行。魏國進攻邯鄲，退而參加了在逢澤舉行的諸侯之會，魏惠王乘著中夏的車子，自稱是中夏之王，要朝拜天子，天下諸侯都跟從他。齊太公威王聽說了，便出兵攻打魏國，魏國的土地兩次被分割，國勢非常危險。魏惠王自身帶上稱臣的禮物，拿著玉璧，請求做齊威王的臣子，天下諸侯才不再進攻魏國。楚威王聽說了，睡不著覺，吃不飽飯，率領天下百姓，和齊將申縛在泗水之上會戰，大敗申縛。趙國聽說了，把軍隊開到枝桑，燕國聽說了，把軍隊開到格道。格道道路不通，平陸交通斷絕。齊國戰下去贏不了，策劃別的對策又不可能，只好派陳毛放下手中武器，謙卑示弱，放棄南面之尊，向楚國請罪，去西邊向趙國解釋，去北邊向燕國解釋，在國內向百姓講明情況，天下諸侯才不再進攻齊國。於是乎積薄變成厚，聚少變成多，天下諸侯又一起在窗戶旁邊說楚威王的壞話，商議進攻楚國。我認為哪裡是由於楚威王政治腐敗、謀略錯亂以致弄到這個地步呢？那是由於楚國以強大的姿態出現在天下諸侯面前，所以天下諸侯才樂於進攻它啊！」

# 卷七 秦策五

## 謂秦王

【題解】有人勸秦武王，在取得宜陽之戰的勝利後，不能恃強驕忿，否則將沒有好的結果。

謂秦王❶曰：「臣竊惑王之輕齊易楚，而卑畜❷韓也。臣聞，王兵勝而不驕，伯❸主約❹而不忿❺。勝而不驕，故能服世；約而不忿，故能從鄰❻。今王廣德❼魏、趙，而輕失齊，驕也；戰勝宜陽❽，不恤楚交❾，忿也❿。驕忿非伯主⓫之業⓬也，臣竊為大王慮之而不取也。」

【章旨】有人遊說秦武王，對他輕視齊、楚，重視魏、趙，驕忿自滿，感到迷惑不解。

【注釋】❶秦王　秦武王。高誘注說是秦始皇，這不對，因為說辭中說到「今王破宜陽」，並說到宋國還存在，「破宜陽」是秦武王時的事，宋國在西元前二八六年就被齊所亡，離秦王政（即始皇）即位早四十年。❷卑畜　謙卑地奉養。❸伯　同「霸」。❹主約　主盟。❺忿　怒；生氣。❻從鄰　使鄰國服從。❼廣德　大施恩德。❽戰勝宜陽　秦武王三年（西元前三〇八年）秦左丞相甘茂攻下韓國的宜陽。宜陽在今河南宜陽境內。❾不恤楚交　不顧及和楚國的友好關係。恤，顧。❿忿也　當時楚國曾派景翠援救韓國，所以秦王生氣。⓫主　當據鮑彪本作「王」。⓬業　事。

【語　譯】有人對秦武王說：「我私自對大王輕視楚國、齊國，謙卑地奉養韓國的做法感到迷惑。我聽說稱王的人，軍隊打了勝仗不會驕傲，稱霸的人，主持盟約不會生氣。勝了不驕傲，所以能使世人歸服；主持盟約不生氣，所以能使鄰國服從。現在大王對魏國、趙國廣施恩德，卻輕視齊國，這是驕傲的表現；在宜陽打了勝仗，卻不顧及到和楚國的友好關係，這是生氣的表現。驕傲和生氣不是稱霸稱王的人所該有的事，我私下替大王考慮，認為不應當這樣。

「《詩》❶云：『靡❷不有初，鮮❸克❹有終。』故先王之所重者，唯始與終。何以知其然？昔智伯瑤❺殘❻范❼、中行❽，圍逼晉陽❾，卒為三家笑❿；吳王夫差棲越⓫於會稽⓬，勝齊於艾陵⓭，為黃池之遇⓮，無禮於宋⓯，遂與⓰句踐禽，死於干隧⓱；梁君⓲伐楚勝齊，制趙、韓之兵，驅十二諸侯以朝天子於孟津⓳，後子死⓴，身布冠而拘於秦㉑。三者非無功也，能始而不能終也。

【章　旨】用智伯、夫差、梁惠王的事例，說明行事要注重後果。

【注　釋】❶詩　在這裡指《詩經・大雅・蕩》。❷靡　沒有。❸鮮　少。❹克　能。❺智伯瑤　春秋時晉國六卿之一，姓荀，名瑤。❻殘　滅。❼范　范氏，晉卿。❽中行　中行氏，晉卿。❾晉陽　舊城在今山西太原。當時智伯向趙襄子要地，趙襄子不給他，他便聯合魏桓子、韓康子攻趙，趙襄子退守晉陽，智伯便圍晉陽，引汾水灌城。❿三家笑　智伯和韓、魏圍晉陽，趙襄子暗中與韓康子、魏桓子合謀，滅智伯。三家，指趙、韓、魏三家。⓫越　越王句踐。⓬會稽　山名，在今浙江紹興東南。夫差在夫椒打敗句踐，不聽伍子胥的勸諫，與句踐議和，讓他棲息在會稽山上，臥薪嚐膽，發憤圖強，終於滅吳。⑬艾陵　齊邑名，在今山東萊蕪東北。⑭黃池之遇　即黃池之會。吳王夫差十四年（西元前四八二年）到北邊和諸侯會盟於黃池，想稱霸中國。黃池，在今河南封丘西南。⑮無禮於宋　指夫差十四年黃池之會後，夫差想進攻宋國的事。⑯與　為。⑰干隧　句踐俘虜夫差的地方，在今江蘇吳縣西北。句踐想將被俘的夫差遷到甬東，夫差悔不聽伍子胥之言，自殺而死。⑱梁君　梁惠王，亦即魏惠王。⑲孟津　在今河南孟縣南。在逢澤之會以後，梁惠王率十二諸侯朝拜周天子。⑳子死　魏惠王二十九年（西元前三四一年）齊國的田忌、田嬰、孫臏救趙擊魏，大敗魏於馬陵，殺死魏將龐涓，俘虜魏太子申。《孟子・梁惠王上》記載魏惠王的話說：「東敗於齊，長子死焉。」可見太子申被處死了。㉑布冠而拘於秦　別的書上沒有魏惠王在秦受拘的記載。《呂氏春秋・不屈》有「惠王布冠而拘於鄄（在今山東鄄城），齊威王幾弗受」等語，可能「秦」字是「齊」字之誤。

**【語譯】**「《詩》上說：『沒有好的開始，很少能有好的結果。』所以以往的聖王所重視的，只是開始和結果。怎麼知道是這樣？過去智伯荀瑤滅范氏、中行氏，在晉陽圍逼趙襄子，終於為韓、趙、魏三家所笑；吳王夫差讓越王句踐棲息在會稽山上，在艾陵戰勝齊國，參加黃池會盟，對宋國無禮，於是被句踐所俘虜，死在干隧；魏惠王進攻楚國，戰勝齊國，制服趙國、韓國的軍隊，驅使十二諸侯在孟津朝見周天子，後來他的長子喪生，自己戴著布冠，拘押在齊國。這三個人不是沒有戰功，只是能有好的開始卻不能有好的結果呀。

「今王破宜陽，殘三川❶，而使天下之士不敢言；雍❷天下之國，徙兩周❸之疆，而世主❹不敢交❺陽侯之塞❻；取黃棘❼，而韓、楚之兵不敢進。王若能為此尾❽，則三王不足四，五伯不足六。王若不能為此尾，而有後患❾，則臣恐諸侯之君，河、濟❿之士，以王為吳、智⓫之事也。

【章　旨】告誡秦武王取得宜陽、三川之地，要就此止步，爭取一個好的結果，否則將和夫差、智伯一樣，不得善終。

【注　釋】❶殘三川　奪取三川之地。殘，滅。三川，指伊河、洛河、黃河流經之地，在今河南西部，宜陽在其中。❷雍　通「擁」。擁有。❸兩周　戰國時的東、西周。宜陽靠近東、西周所在地，秦攻下宜陽後可能改變了東、西周邊界。❹世主　諸侯。❺交　交會。❻陽侯之塞　《淮南子・覽冥》說武王伐紂，渡孟津，受到陽侯波神的衝擊。高誘注說陽侯國靠近水，也許陽侯國在黃河之濱孟津一帶。陽侯，古代諸侯國名。塞，要塞。❼黃棘　在今河南新野東北。❽尾　終。❾患　指亡國之禍。❿河濟　黃河、濟水流過的地區，大致相當於今黃河流經的河南、山東地區。濟，古四瀆之一，今大部分已和黃河合流，不復存在。⓫吳智　吳王夫差和智伯。

【語　譯】「現在大王攻下了宜陽，奪取了三川之地，使得天下士人不敢吭聲；擁有天下之國，移動了東、西周的疆界，而諸侯卻不敢在陽侯要塞相會；奪取了黃棘，而韓國、楚國的兵卻不敢前進。大王如果能就此罷手，那麼古代的三王就趕不上你這第四個王，五霸也就趕不上你這第六個霸。大王如果不能就此罷手，而有了後患，那麼我擔心各國的君主和東方的士人，會認為大王將像夫差、智伯那樣自取滅亡。

「詩❶云：『行百里者半於九十。』此言末路之難。今大王皆有驕色，以臣之心觀之，天下之事，依❷世主之心，非楚受兵，必秦也。何以知其然也？秦人援魏以拒楚，楚人援韓以拒秦，四國❸之兵敵❹，而未❺能復戰也。齊、宋在繩墨之外❻以為權❼，故曰先得齊、宋者伐秦❽。秦先得齊、宋，則韓氏鑠❾，韓氏鑠，則楚孤而受兵也；楚先得齊，則魏氏鑠，魏氏鑠，則秦孤而受兵矣。若隨此計而行之，則兩國❿者必為天下笑矣。」

【章旨】分析天下形勢，要秦國爭取有個好的結果。

【注釋】❶詩　當是逸詩，也可能是古語。❷依　依據；按照。❸四國　指秦、魏、楚、韓四國。❹敵　匹敵；旗鼓相當。❺未　無。❻繩墨之外　指四國組合以外的國家。繩墨，本是匠人畫線的工具，在這裡喻指規劃。❼權　秤錘。稱物時秤錘可以自由移動，這裡用它比喻可以變動的政治力量，舉足輕重。❽伐秦　「秦」字當是衍文。伐，功。❾鑠　銷亡。❿兩國　指秦、楚兩國。

【語譯】「詩上說：『行程百里，走到九十里，才算走到一半。』這是說最後一段路程走起來特別困難。現在大王處處有驕傲的樣子，以我的想法看來，天下的事，按照諸侯的推測，不是楚國承受戰爭，就必定是秦國承受戰爭。為什麼知道是這樣呢？秦國人援助魏國來抗拒楚國，楚國人援助韓國來抗拒秦國，四國的兵力旗鼓相當，不能再戰。齊國、宋國在這種規劃之外作為一種可以變動的政治力量，所以說先得到齊國、宋國的便有功。秦國先得到齊國、宋國，韓國就會被消滅，韓國滅亡了，那麼楚國便孤立無援而承受戰爭；楚國先得到齊國，魏國就會被消滅，魏國滅亡了，那麼秦國便孤立無援而承受戰爭了。假若隨著這種推測發展下去，那麼秦、楚兩國必定為天下諸侯所取笑了。」

## 秦王與中期爭論

【題解】秦王因爭論不贏中期而生氣。有人巧為勸說，使秦王不加罪於中期。寓莊於諧，意味深長。

秦王❶與中期❷爭論，不勝。秦王大怒，中期徐行而去。或為中期說秦王曰：

「悍人也，中期！適遇明君故也。向者遇桀、紂，必殺之矣。」秦王因不罪。

【注釋】❶秦王　秦武王或秦昭王。❷中期　秦臣，主管琴瑟，是個敢於直言的辯士。

【語譯】秦王和中期爭論，爭不贏。秦王大為惱火，中期慢慢地走開。有人替中期勸說秦王：「強悍的人呀，中期！恰巧碰上了一個英明的君主所以才能這樣。如果剛才他碰上的是夏桀、商紂，一定殺掉了他。」秦王因而不給中期加罪。

## 獻則謂公孫消

【題解】獻則勸公孫消，要他幫助芈戎做東周的相以討好宣太后，使自己能做秦相。表面上是為公孫消得到相位出謀獻策，實際是在為芈戎遊說。

獻則❶謂公孫消❷曰：「公，大臣之尊❸者也，數伐❹有功，所以不為相者，太后❺不善公也。辛戎❻者，太后之所親也，今亡於楚❼，在東周❽。公何不以秦、楚之重，資❾而相之於周❿乎？楚必便之⓫矣。是辛戎有秦、楚之重，太后必悅公，公相必矣。」

【注釋】❶獻則　楚國人，事跡不詳。❷公孫消　秦國的大臣。❸尊　尊貴；重要。❹數伐　多次出戰。❺太后　姓芈，叫芈八子，祖先是楚國人。她是秦惠王的妃子，秦昭王的母親。昭王即位，她號為宣太后。由此可見這次遊說發生在秦昭王時。❻辛戎　當是「芈戎」之誤，下同。是宣太后的同父弟。❼亡於楚　從楚國逃出來。亡，逃。❽東周　戰國時，周室愈加衰微，赧王時，東、西周分治，名雖為周，實際連小的諸侯國也不如。❾資　助。❿相之於周　使之為周相。⓫便之　利之。因為芈戎是楚國人，做了東周的相對楚國有利。

【語　譯】獻則對公孫消說：「你是尊貴的大臣，屢次出征有功，卻沒有做秦國的相，這是由於太后不喜歡你的緣故。芈戎，是太后的親人，而今從楚國逃出來，住在東周。你為何不用你在秦國、楚國的威望，幫助他做東周的相呢？楚國必定會認為對它有利。這樣芈戎被秦國、楚國所重視，太后一定喜歡你，你做秦國的相就成為必然的事了。」

## 樓啎約秦魏

【題　解】樓啎想用魏太子做人質，使魏國和秦國締結盟約。由於紛彊的破壞，魏王猶豫不決。昭衍告訴魏王，如果不和秦國締約，秦國就將進攻魏國，東周也將受害。魏王是否採納了昭衍的意見，本文未作交代。

樓啎❶約秦、魏❷，魏太子為質❸。紛彊❹欲敗❺之，謂太后曰：「國與❻還❼者也，敗秦而利魏，魏必負❽之。負秦之日，太子為糞❾矣。」太后坐王❿而泣。王因疑於太子⓫，令之留於酸棗⓬。樓子⓭患之。昭衍⓮為周之梁⓯，樓子告之。昭衍見梁王，梁王曰：「何聞？」曰：「聞秦且伐魏。」王曰：「為期⓰與我約矣。」曰：「秦疑於王之約，以太子之留酸棗而不之秦。秦王之計曰：『魏不與我約，必攻我；我與其處而待之見攻，不如先伐之。』以秦彊折節⑰而下⑱與國⑲，臣恐其害於東周⑳。」

【注釋】❶樓許　魏國人，事跡不詳。❷約秦魏　使秦、魏兩國會約。據《史記・六國年表》，秦、魏兩國在魏惠王十五年（西元前三五五年），魏惠王後元六年（西元前三二九年），魏襄王九年（西元前三一〇年）、十一年（西元前三〇八年）、十七年（西元前三〇二年）曾多次相會，不知這裡指的是哪一次。魏襄王十一年秦、魏在應相會，第二年魏太子往朝秦，本文涉及「魏太子為質」，也許指的就是這次相會。❸質　人質。❹紛彊　魏臣，事跡不詳。❺敗　破壞。❻國與　與國；盟國。❼還　猶「反」。循環不定；不斷變化。❽負　背。背棄盟約。❾糞　糞土。❿坐王　使王坐。⓫疑於太子　對太子為質一事表示懷疑。⓬酸棗　魏邑，在今河南延津北。⓭樓子　指樓許。⓮昭衍　楚同姓，事跡不詳。⓯梁　大梁，魏國國都，在今河南省開封。⓰為期　約好了日期。⓱折節　降低身分，屈己下人。⓲下　動詞，和「謙恭下士」的「下」用法相同，謙恭對待的意思。⓳與國　盟國。指東周。⓴害於東周　對東周有害。東周在洛陽，秦伐魏必經過東周，所以有害東周。

【語譯】樓許想使秦國和魏國會盟締約，便讓魏太子去做人質。紛彊想破壞這件事，就對魏太后說：「盟國是變化不定的，一旦能破壞秦國而有利於魏國，魏國必定背棄盟國。到了背棄秦國那一天，太子便成為糞土了。」魏太后聽了，便讓魏王坐下，自己哭泣起來。魏王因而對太子做人質一事有了疑慮，便讓太子留在酸棗。樓許為此憂心。昭衍為了周國前往大梁，樓許把這事告訴了他。昭衍去見魏王，魏王說：「聽到了什麼消息？」昭衍回答說：「聽說秦國將進攻魏國。」魏王說：「秦國已經確定了日期和我約會。」昭衍說：「秦國對於和大王的約會有了懷疑，因為太子留在酸棗而不前往秦國。秦王的計畫是：『魏國不和我約會，必定會進攻我；我與其等著看見它的進攻，不如先發制人去進攻它。』憑著秦國的強大，降低身分謙恭地對待東周，我擔心那對東周是有害的。」

# 濮陽人呂不韋賈於邯鄲

【題　解】本文記載了商人呂不韋遊說秦、趙兩國，謀立在趙國當人質的子異人做秦國的太子，從而使自己取得了相位的事件。和《史記・呂不韋列傳》的記載出入很大。

濮陽❶人呂不韋賈❷於邯鄲，見秦質子異人❸，歸而謂父曰：「耕田之利幾倍？」曰：「十倍。」「珠玉之贏❹幾倍？」曰：「百倍。」「立國家之主贏幾倍？」曰：「無數。」曰：「今力田疾作，不得煖衣餘食；今建國立君，澤可以遺世❺，願往事❻之。」

【章　旨】呂不韋因為耕田、販賣珠寶的贏利趕不上「立國家之主」，故願進行扶立國君的政治買賣。

【注　釋】❶濮陽　在今河南濮陽。❷賈　行商。❸子異人　秦孝文王的兒子，夏姬所生，就是後來的莊襄王，秦始皇的父親。子，王子。❹贏　利。❺遺世　遺留後世。❻事　從事。

【語　譯】濮陽人呂不韋在趙國的都城邯鄲經商。見到了秦國在此做人質的王子異人，回到家裡對父親說：「耕田的贏利有多少倍？」父親說：「十倍。」呂不韋又說：「販賣珠玉的贏利有多少倍？」父親說：「一百倍。」呂不韋又說：「扶立國家的君主贏利多少倍？」父親說：「無數倍。」呂不韋說：「現在努力耕田，辛苦勞作，不能穿暖吃飽；如果建立一個國家，扶立一個君主，恩澤可以遺留後世，我願意去從事這件事。」

秦子異人質於趙，處於[戶+卯]城❶。故往說之曰：「子傒❷有承國之業❸，又有母在中❹。今子無母於中❺，外託於不可知之國，一日倍❻約，身為糞土。今子聽吾計事❼，求歸，可以有秦國。吾為子❽使秦，必來請子。」

【章　旨】呂不韋遊說王子異人，要他請求回秦國去，聲稱可以使他擁有秦國。

【注　釋】❶[戶+卯]城　趙邑。《史記・呂不韋列傳》張守節《正義》引作「聊城」。聊城在今山東聊城。❷子傒　王子異人的異母兄。❸業　基業。❹中　內。❺無母於中　王子異人的母親夏姬當時在秦國，但她的丈夫安國君（即孝文王）愛華陽夫人，不愛她，所以像沒有母親一樣。❻倍　背。❼計事　謀事。❽子　您。指王子異人。

【語　譯】秦國的王子異人在趙國做人質，住在[戶+卯]城。呂不韋特意前往勸他說：「你的哥哥子傒有繼承秦國基業的權利，又有母親在宮內支持他。現在你的母親不受寵愛，等於沒有母親在宮內支持你，又在外面一個吉凶難以預料的國家託身，一旦背棄舊約，你自身就將成為糞土。現在您聽從我的計謀行事，請求回到秦國去，你便可以擁有秦國。我為你到秦國去，一定會來請你回去。」

乃說秦王后❶弟陽泉君曰：「君之罪至死，君知之乎？君之門下無不居高尊位，太子❷門下無貴者。君之府藏珍珠寶玉，君之駿馬盈外廄，美女充後庭。王❸之春秋❹高，一日山陵崩❺，太子用事❻，君危於累卵，而不壽於朝生❼。說有可以一切❽，而使君富貴千萬歲，其寧於太山四維❾，必無危亡之患矣。」陽泉君避席⑩，請聞其說。不韋曰：「王年高矣，王后⑪無子，子傒有承國之業，士倉又輔之。王一日山陵崩，子傒立，士倉用事，王后之門，必生蓬蒿。子異人賢材也，棄在於趙，無母於內，引領西望，而願一得歸。王后誠請而立之，是子異人無國而有國，王后無子而有子也。」陽泉君曰：「然。」入說王后，王后乃請趙而歸之。

【章　旨】呂不韋遊說陽泉君，請秦王后立子異人做太子，讓趙國歸還王子異人。

【注　釋】❶秦王后　秦孝文王的皇后，即華陽夫人。❷太子　即子傒。❸王　指孝文王。❹春秋　年歲；年事。❺山陵崩　古代稱君死亡叫「山陵崩」。❻用事　即位治理國事。❼朝生　木槿花，又叫舜英，朝花夕落，花期短。又「朝菌」亦朝生暮死。《莊子．逍遙遊》：「朝菌不知晦朔。」「朝生」解為「朝菌」亦通。❽一切　權宜；變通的辦法。❾維　繫物的大繩。古代認為地的四角有四條大繩繫著，起固定作用。❿避席　離開坐席，表示尊敬。⓫王后　即華陽夫人。

【語　譯】於是呂不韋便遊說孝文王的王后的弟弟陽泉君道：「你犯了死罪，你知道嗎？你門下的人沒有一個不身居高位，而太子門下的人沒有一個是尊貴的。你的府庫裡藏著珍珠寶玉，你的駿馬填滿了外馬房，美女充滿了後宮。國王的年事已高，一旦駕崩，太子即位治理朝政，你就比疊起來的蛋還要危險，而壽命也超不過朝開夕落的木槿花。我認為有一個可以變通的辦法，使你長命富貴，安穩超過泰山，一定沒有危亡之憂。」陽泉君聽了便離開坐席站起來，請求知道那變通的辦法。呂不韋說：「國王年事已高，王后沒有兒子，子傒有繼承秦國基業的權利，又有士倉輔助他。國王一旦駕崩，子傒做了國君，士倉掌權，王后的門庭，必定會生長蓬蒿。王子異人是位賢材，被遺棄在趙國，在內沒有母親支持，他伸長脖子望著西邊，希望回到秦國。王后如果請求立他做太子，這樣王子異人便由沒有國家變為有了國家，王后也由沒有兒子變為有了兒子呀。」

陽泉君說：「對。」便進宮勸說王后，王后便請求趙國歸還王子異人。

趙未之遣，不韋說趙曰：「子異人，秦之寵子也，無母於中，王后欲取而子之❶。使秦而欲屠趙，不顧一子以留計❷，是抱空質也。若使子異人歸而得立，趙厚送遣之，是不敢倍德畔施，是自為德講❸。秦王老矣，一日晏駕❹，雖有子異人，不足以結❺秦。」趙乃遣之。

【章旨】呂不韋遊說趙王，要求趙國將王子異人遣送回秦國。

【注釋】❶子之　認他做兒子。❷留計　留意。❸講　和好。❹晏駕　古代諱言帝王死亡，而言晏駕。❺結　固。

【語譯】趙國沒有遣還王子異人，呂不韋勸趙國說：「王子異人是秦王的寵子，在國中沒有母親，王后想讓他回去做自己的兒子。假使秦國想進攻趙國，不會顧慮有個王子在趙國，這樣趙國便是抱著一個無用的人質啊。如果讓王子異人回去能立為君主，趙國又隆重地遣送他回去，這樣王子便不敢忘恩負義，必定自認為趙國有恩於他而與趙國和好。秦王已經老了，一旦駕崩，趙國雖然有個王子異人做人質，也不能夠鞏固和秦國的關係。」趙國於是遣送王子異人回國。

異人至，不韋使楚服❶而見。王后悅其狀，高其知❷，曰：「吾楚人❸也。」而❹自子之❺，乃變其名曰楚。王使子誦❻，子曰：「少棄捐在外，嘗無師傅❼所教學，不習❽於誦。」王罷之，乃留止❾。間❿曰：「陛下嘗軔車⓫於趙矣，趙之豪桀，得知名者不少。今大王反⓬國，皆西面⓭而望。大王無一介⓮之使以存⓯之，臣恐其皆有怨心，使邊境早閉晚開⓰。」王以為然，奇其計。王后勸立之。王乃召相，令之曰：「寡人子莫若楚。」立以為太子。

【章旨】王子異人回國見秦王和王后，王后認他做兒子，改名為楚，被立為太子。

【注釋】❶楚服　楚國的服裝。❷知　通「智」。❸吾楚人　因為王后是楚女，所以說自己是楚人。❹而　乃；於是。❺子之　認王子異人做兒子。❻誦　誦讀書籍。❼師傅　太師和太傅。❽習　曉。❾留止　指將王子異人留在宮中。❿間　政事空隙之時。⓫軔車　停車。軔，古代停車時塞在車輪下面的木頭。⓬反　同「返」。⓭西面　臉朝西。面，臉。⓮一介　一人。⓯存　慰問。⓰早閉晚開　邊境有警報時所採取的措施。

【語譯】王子異人到了秦國，呂不韋讓他穿上楚國的服裝去見王后。王后喜歡他的相貌，誇獎他聰明，說：「我是楚國人。」於是便自認異人做兒子，給他改名叫楚。孝文王讓子楚朗誦書籍，子楚說：「年輕時被拋棄在外，沒有師傅教學，不知道朗誦書籍。」孝文王也就算了，便將子楚留在宮中。有次趁著孝文王處理政事的空閒時間，子楚說：「陛下曾經在趙國停留，趙國的豪傑，有不少人知道您的名字。現在大王回到秦國，他們都望著西邊想念您。大王沒有派一個使者去慰問，我怕他們都有怨心，以致使得邊境早上關閉，晚上開放。」孝文王認為他說得對，對他的計謀感到驚異。王后勸說立子楚做太子。孝文王便召見相國，命令他說：「寡人的兒子沒有哪個比得上子楚。」便立子楚做太子。

子楚立❶，以不韋為相，號曰文信侯，食❷藍田❸十二縣。王后為華陽太后，諸侯皆致秦邑❹。

【章旨】子楚做了秦國國君，用呂不韋做相。

【注釋】❶子楚立　子楚做了國君，即莊襄王。❷食　食邑。即封地，用封地的賦稅作為受封人的俸祿。❸藍田　在今陝西藍田境內。❹秦邑　依王念孫說當作「奉邑」。即養地。

【語譯】子楚做了國君，用呂不韋做秦相，號稱文信侯，將藍田十二縣作為他的封地。孝文王的王后做了華陽太后，諸侯都送養地給她。

## 文信侯欲攻趙以廣河間

【題解】文信侯呂不韋為了擴大河間之地，想聯合燕國進攻趙國，便派張唐去燕國做相，張唐不肯去。年輕的甘羅先說服張唐同意去燕國，又說服趙王送給秦國五座城市，表現出驚人的智慧和膽略。

文信侯❶欲攻趙以廣河間❷，使剛成君蔡澤❸事燕三年，而燕太子❹質於秦❺。文信侯因請張唐❻相燕❼，欲與燕共伐趙，以廣河間之地。張唐辭曰：「燕者必徑❽於趙，趙人得唐者，受百里之地❾。」文信侯去而不快❿。少庶子⓫甘羅⓬曰：「君侯何不快甚也？」文信侯曰：「吾令剛成君蔡澤事燕三年，而燕太子已入質矣。今吾自請張卿⓭相燕，而不肯行。」甘羅曰：「臣行之⓮。」文信君叱去⓯，曰：「我自行之而不肯，汝安能行之也？」甘羅曰：「夫項橐⓰生七歲而為孔子師，今臣生十二歲於茲矣！君其試臣，奚以遽⓱言叱也？」

【章旨】呂不韋派張唐去做燕國的相，張唐不去，十二歲的甘羅聲稱能讓他去。

【注釋】❶文信侯　秦相呂不韋，號稱文信侯。❷河間　在今河北河間境內，本為趙地，當時似已屬秦所有。❸剛成君蔡澤　燕國人，秦昭王時曾為秦相，數月後稱病離職，號為剛成君，歷事秦昭王、孝文王、莊襄王、秦始皇。❹燕太子　燕王喜之子，名丹。❺質於秦　到秦國去做人質，事在燕王喜二十三年（西元前二三二年）。❻張唐　秦將軍，秦昭王時曾領軍隊攻魏、攻鄭，又拔趙邑寧新中，更名安陽。❼相燕　做燕相。❽徑　通「經」。❾趙人得唐者二句　因為張唐曾進攻趙國，趙國人怨恨他。❿快　愉快。⓫少庶子　官名。⓬甘羅　甘茂的孫子，呂不韋的家臣。⓭張卿　指張唐。⓮行之　使他成行。⓯叱去　罵他滾開。叱，大聲責罵。⓰項橐　《史記・樗里子甘茂列傳》作「項橐」。相傳他七歲時便難倒了孔子，成為孔子的老師。⓱遽　急忙。

【語譯】文信侯呂不韋想進攻趙國以求擴大河間的領土，便派剛成君蔡澤侍奉燕王三年，使得燕國派太子丹到秦國做人質。文信侯因而請張唐去做燕國的相，想和燕國一起進攻趙國，以擴大河間的領土。張唐推辭說：「去燕國必定要經過趙國。趙國人能抓到我張唐的，便可受封一百里土地。」文信侯只好離去，心裡卻感到不痛快。少庶子甘羅說：「君侯為什麼這樣不愉快呢？」文信侯說：「我派剛成君蔡澤去侍奉燕王三年，燕太子丹已經到秦國做人質了。現在我親自請張唐去燕國做相，張唐卻不肯去。」甘羅說：「我可以讓他去。」文信侯罵他滾開，說：「我親自請他去他都不去，你怎麼能讓他去呀？」甘羅說：「七歲的項橐做了孔子的老師，我出生至今已經十二歲了！希望你讓我去試試，為什麼急於責罵我呢？」

甘羅見張唐曰：「卿之功，孰與武安君❶？」唐曰：「武安君戰勝攻取，不知其數；攻城墮❷邑，不知其數。臣之功不如武安君也。」甘羅曰：「卿明知功之不如武安君歟？」曰：「知之。」「應侯❸之用秦也，孰與文信侯專❹？」曰：「應侯不如文信侯專。」曰：「卿明知為不如文信侯專歟？」曰：「知之。」甘羅曰：「應侯欲伐趙，武安君難之❺，去咸陽七里，絞而殺之❻。今文信侯自請卿相燕，而卿不肯行，臣不知卿所死之處矣！」唐曰：「請因❼孺子❽而行！」今庫具車，廄具馬，府具幣❾，行有日矣。

【章　旨】甘羅用不去將死來威脅張唐，張唐終於答應前往燕國。

【注　釋】❶武安君　秦將白起，被封為武安君。❷墮　同「隳」。毀壞。❸應侯　秦相范雎的封號。❹專　專權。❺難之　刁難他。秦昭王要白起領軍進攻趙都邯鄲，白起不去；又派秦相范雎請他去，他還是不去，而且多次稱病，臥床不起。❻絞而殺之　將白起絞死。《史記．白起列傳》說由於白起違抗命令，秦昭王將他趕出咸陽，走到離咸陽西門十里的地方——杜郵，秦昭王和范雎商議後賜劍讓他自殺。❼因　由於。❽孺子　童子。指甘羅。❾幣　財貨。

【語　譯】甘羅去見張唐，說：「你的功勞，比起武安君白起來怎麼樣？」張唐說：「武安君戰必勝，攻必取，不知道有多少次；攻下的城市，毀壞的都邑，不知道有多少個。我的功勞比不上武安君。」甘羅說：「你是清楚知道功勞比不上武安君嗎？」張唐說：「知道。」甘羅說：「應侯范雎在秦國掌權，比起文信侯呂不韋來哪個權大？」張唐說：「應侯比不上文信侯權大。」甘羅說：「你清楚知道是應侯比不上文信侯權大嗎？」張唐說：「知道。」甘羅說：「應侯想進攻趙國，武安君刁難他，結果走到離開咸陽七里的地方，便被絞殺了。現在文信侯親自請你去做燕國的相，而你卻不肯去，我不知道你要死在什麼地方了！」張唐說：「請讓我聽你的話前往吧。」便叫車庫備好車，馬棚備好馬，府庫備好財貨，並且把出發的日期也定下來了。

甘羅謂文信侯曰：「借臣車五乘，請為張唐先報趙。」見趙王❶，趙王郊迎。謂趙王曰：「聞燕太子丹之入秦與？」曰：「聞之。」「聞張唐之相燕與？」曰：「聞之。」「燕太子入秦者，燕不欺秦也；張唐相燕者，秦不欺燕也。秦、燕不相欺，則伐趙，危矣。燕、秦所以不相欺者，無異故❷，欲攻趙而廣河間也。今王齎❸臣五城以廣河間，請歸燕太子，與強趙攻弱燕。」趙王立割五城以廣河間，歸燕太子。趙攻燕，得上谷❹三十六縣，與秦什一。

【章　旨】甘羅在張唐成行前先遊說趙王，告訴趙王秦國已和燕國拉好關係，將共同進攻趙國，要趙王送五個城市給秦國，以便和秦國聯合進攻燕國。

【注　釋】❶趙王　指趙王遷。❷異故　別的緣故。❸齎　送。❹上谷　燕地，包括今河北省中、西部及西北部等地。

【語　譯】甘羅告訴文信侯說：「借給我五輛車，請讓我替張唐先給趙國報個信。」甘羅去見趙王遷，趙王遷到郊外迎接他。甘羅對趙王說：「聽說燕太子丹到秦國去了嗎？」趙王說：「聽說了。」甘羅說：「聽說張唐去做燕國的相了嗎？」趙王說：「聽說了。」甘羅說：「燕太子丹到秦國去，說明燕國不欺騙秦國；張唐去做燕國的相，說明秦國不欺騙燕國。秦國和燕國相互信任，就會進攻趙國，趙國便危險了。燕國和秦國不相互欺騙，沒有別的緣故，只是想進攻趙國以擴大河間的領土。現在大王送給我五座城市以擴大河間，請讓我將燕太子送回燕國去，然後秦國就和強大的趙國去進攻弱小的燕國。」趙王聽了立即割五座城市以擴大河間，秦國也將燕太子送回燕國。趙國進攻燕國，奪得上谷一帶的土地三十六縣，將其中的十分之一給了秦國。

## 文信侯出走

【題解】司空馬從秦國來到趙國，建議趙國將一半土地送給秦國以促成山東諸侯聯合抗秦，未被趙王採納。司空馬便離開趙國，預言趙將李牧將被害死，不到半年趙國便要滅亡。後來他的預言果然應驗。

文信侯出走❶。與❷司空馬❸之趙，趙以為守相❹。秦下甲❺而攻趙。司空馬說趙王❻曰：「文信侯相秦，臣事之，為尚書❼，習秦事。今大王使守小官❽，習趙事。請為大王設❾秦、趙之戰，而親觀其孰勝。趙孰與秦大？」曰：「不如。」「民孰與之❿眾？」曰：「不如。」「金錢粟孰與之富？」曰：「弗如。」「國孰與之治？」曰：「不如。」「相孰與之賢？」曰：「不如。」「將孰與之武？」曰：「不如。」「律令孰與之明？」曰：「不如。」司空馬曰：「然則大王之國，百舉⓫而無及秦者，大王之國亡。」趙王曰：「卿不遠趙⓬，而悉教以國事，願於因計⓭。」司空馬曰：「大王裂趙之半以賂⓮秦，秦不接刃而得趙之半，秦必悅。內惡⓯趙之守⓰，外恐諸侯之救，秦必受之。秦受地而郄⓱兵，趙守半國以自存。

秦銜賂⑱以自強，山東必恐；亡趙⑲自危⑳，諸侯必懼。懼而相救，則從事㉑可成。臣請大王約從㉒。從事成，則是大王名亡趙之半，實得山東以敵秦，秦不足亡㉓。」趙王曰：「前日秦下甲攻趙，趙賂以河間十二縣，地削兵弱，卒不免秦患。今又割趙之半以強秦，力不能自存，因以亡矣。願卿之更計㉔。」司空馬曰：「臣少為秦刀筆㉕，以官長㉖而守小官，未嘗為兵首㉗，請為大王悉趙兵以遇㉘。」趙王不能將㉙。司空馬曰：「臣效愚計，大王不用，是臣無以事大王，願自請㉚。」

【章旨】秦國進攻趙國，司空馬遊說趙王將一半領土送給秦國以促成山東諸侯合縱抗秦，保住趙國，趙王沒有聽從他。

【注釋】❶文信侯出走　指秦王政十年（西元前二三七年）呂不韋被免去相國職務，趕出咸陽，到他的封地河南去。文信侯，原秦相呂不韋。❷與　據吳師道、黃丕烈說可能是衍文。❸司空馬　從下文看，在呂不韋任相國時，司空馬擔任尚書。❹守相　守，鮑彪注：「守，假官也。」即現在所謂代理的意思。「相」字，各家不注，從下文看，當是某小官，疑為《論語・先進》「願為小相」之「相」，即贊禮人。❺下甲　出兵。甲，兵。❻趙王　指趙悼襄王。❼尚書　秦官，掌管文書章奏。❽守小官　代理小官。❾設　假設。❿之　指代秦。⓫百舉　舉出一百件事。⓬不遠趙　不以趙為遠。⓭因計　受計。⓮賂　贈送。⓯惡　恨。⓰守　防守。⓱郄　當作「卻」。⓲銜賂　接受賄賂。銜，領受。⓳亡趙　指趙國丟失土地。亡，失。⓴自危　指諸侯自危。㉑從事　即縱事。合縱之事。㉒約從　約諸侯合縱。㉓不足亡　不能夠滅亡趙國。㉔更計　改變計畫，另謀良策。㉕刀筆　刀筆吏。古代用筆將文字寫在簡上，如有不當的字句，便用刀削去，故稱刀筆。司空馬任尚書，所以是刀筆吏。㉖官長　指現在任命司空馬做小官的長官。㉗兵首　帶兵的將軍。㉘遇　接戰。㉙將　任命為將。㉚自請　自己請求離去。

【語譯】文信侯呂不韋被趕出了咸陽。司空馬到了趙國，趙國安排他做了臨時贊禮人。秦國出兵攻打趙國。司空馬遊說趙王：「文信侯做秦相時，我侍奉他，擔任尚書，熟悉秦國的事。現在大王讓我做臨時小官，熟悉趙國的事。請讓我替大王作個假設，秦國和趙國打仗，大王親自看看哪個打勝仗。趙國和秦國相比哪國大？」趙王說：「趙國不如秦國大。」司空馬說：「趙國和秦國相比，哪個國家人口多？」趙王說：「趙國不如秦國人口多。」司空馬說：「金錢糧食，趙國和秦國相比，哪國豐富？」趙王說：「趙國不如秦國豐富。」司空馬說：「趙國和秦國相比，哪國治理得好？」趙王說：「趙國不如秦國治理得好。」司空馬說：「趙國和秦國相比，哪國的相國賢能？」趙王說：「趙國的相國不如秦國的賢能。」司空馬說：「趙國和秦國相比，哪國的將軍勇武？」趙王說：「趙國的將軍不如秦國的勇武。」司空馬說：「趙國和秦國相比，哪國的紀律號令嚴明？」趙王說：「趙國的紀律號令不如秦國的嚴明。」司空馬說：「這樣看來，大王的國家，列舉一百件事也沒有一件趕得上秦國，大王的國家是要滅亡了。」趙王說：「你不怕路途遙遠，來到趙國，詳盡地將國家大事告訴我，我願接受你的計策。」司空馬說：「大王割趙國的一半領土去賄賂秦國，秦國不用打仗就得到了趙國的一半，秦國必定高興。秦國內恨趙國的防守，外怕諸侯的救援，秦國必定會接受土地。秦國接受土地而退了兵，趙國就可守住半壁河山，保住國家不被滅亡。秦國由於接受了趙國的一半領土而強大起來，山東諸侯必然恐慌；趙國丟失了土地，別國自危，諸侯必然害怕。由於害怕便會相互救援，那麼合縱的事便可辦成。請大王讓我去約諸侯合縱。合縱的事辦成了，那麼大王名義上是丟了趙國的一半領土，實質上是得到了山東諸侯來共同抗拒秦國，秦國便不足以滅亡趙國。」趙王說：「不久前秦國出兵攻打趙國，趙國用河間十二個縣賄賂它，喪失了土地，削弱了兵力，最後免不了秦國的禍害。現在又割趙國的一半領土以加強秦國國力，趙國便沒有力量保存自己，因而便要亡國了。希望你另謀良策。」司空馬說：「我年輕時是秦國的刀筆吏，官長安排我做個臨時小官，我不曾做過將領，請讓我替大王帶領全部趙國的軍隊去迎戰秦軍。」趙王卻不肯任命他為將。司空馬說：「我獻上愚計，大王不用它，這樣我就無法侍奉大王，願意自己請求離開趙國。」

司空馬去趙，渡平原❶。平原津令郭遺勞而問：「秦兵下趙，上客❷從趙來，趙事何如？」司空馬言其為趙王計而弗用，趙必亡。平原令曰：「以上客料之，趙何時亡？」司空馬曰：「趙將武安君❸，期年❹而亡；若殺武安君，不過半年。趙王之臣有韓倉者，以曲❺合於趙王，其交甚親，其為人疾賢妬功臣。今國危亡，王必用其言，武安君必死。」

【章旨】平原令詢問趙國情況，司空馬預言趙將李牧將被韓倉害死，趙國不超過半年將要滅亡。

【注釋】❶平原　齊郡名，在今山東平原南。❷上客　尊客；貴客。❸武安君　指李牧。❹期年　一周年。❺曲　邪曲；不正。

【語譯】司空馬離開趙國，在平原郡過渡，平原渡口的官員郭遺慰勞他，並問道：「秦國的軍隊進攻趙國，貴客從趙國來，趙國的事態怎麼樣？」司空馬說他為趙王獻計不被採納，趙國必定滅亡。平原郡的行政長官說：「依貴客預料，趙國幾時滅亡？」司空馬說：「趙國用李牧為將，就一年滅亡；如果殺了李牧，不超過半年就滅亡。趙王的臣子有個名叫韓倉的，阿諛奉承，迎合趙王，他們的交情很親密。韓倉為人嫉恨賢能，妒忌功臣。現在趙國面臨危亡，趙王必定聽他的話，李牧必定被害死。」

韓倉果惡之❶，王❷使人代❸。武安君至，使韓倉數❹之曰：「將軍戰勝，王觴❺將軍，將軍為壽❻於前而捍❼匕首，當死。」武安君曰：「繓❽病鉤❾，身大臂短，不能及地，起居不敬⑩，恐懼⑪死罪於前，故使工人為木材⑫以接⑬手。上若不信，縪請以出示。」出之袖中，以示韓倉，狀如振捆⑭，纏之以布。「願公入明之。」韓倉曰：「受命於王，賜將軍死，不赦。臣不敢言。」武安君北面再拜⑮賜死，縮⑯劍將自誅，乃曰：「人臣不得自殺宮中。」遇司空馬門⑰，趣⑱甚疾，出諔門⑲也。右舉劍將自誅，臂短不能及，銜劍⑳徵㉑之於柱以自刺。武安君死。五月趙亡㉒。

【章旨】韓倉果然害死李牧，過了五個月，趙國就滅亡。

【注釋】❶惡之 詆毀李牧。❷王 指趙王遷。❸使人代 當時秦國派王翦進攻趙國，趙國派李牧、司馬尚抵抗秦軍，由於郭開受秦國賄賂，誣蔑李牧、司馬尚想造反，趙王遷派趙蔥和齊將顏聚去接替李牧。❹數 責備；數說。❺觴 酒杯。用作動詞，賜酒的意思。❻為壽 祝酒。❼捍 保護。說李牧保護匕首，是為了刺殺趙王。❽縪 李牧的名。❾病鉤 一種病，手臂彎曲，不能伸直。❿起居不敬 指向趙王請安時手不及地，態度不恭敬。起居，行動舉止。不敬，是種罪名。⓫懼 據王念孫說疑作「獲」。⓬木材 據王念孫說疑作「木杖」。⓭接 接長。⓮振捆 當作「振梱」，振動的門橛。梱，門橛，門中豎立以為限隔的短木樁。⓯北面再拜 古代君主坐北朝南，又臣子接受君主命令必須下拜，趙王下達要李牧死的詔令，所以李牧受命時向北下拜。北面，臉朝北。再拜，拜兩次。⓰縮 取。⓱遇司空馬門 姚宏所見劉敞本作「過司馬門」。司馬門，宮中外門。⓲趣 通「趨」。⓳諔門 未詳。一說當作「誎門」。「誎門」即是「棘門」。古代宮門插棘，故稱宮門為棘門。⓴銜劍 將劍銜在口中。㉑徵 驗證。指驗證不能用手持劍自殺。㉒趙亡 當是指趙王遷被俘而言。趙王遷被俘後，趙公子嘉自立為代王，六年後（即西元前二二二年）趙國滅亡。

【語譯】韓倉果然詆毀李牧，趙王便派人去接替李牧。李牧回到邯鄲，趙王派韓倉去責備他說：「過去將軍打了勝仗，趙王賜酒給將軍，將軍在趙王面前祝酒，手護著匕首，應當是死罪。」李牧說：「我李繓得了一種手不能伸直的病，身子高大，手臂短，行禮時手不能觸到地上，舉止不恭敬，害怕在趙王面前犯死罪，所以讓工人做了兩根木杖接在手上。主上如果不相信，我李繓請求露出來給您看。」說完便將手中的木杖露出來給韓倉看，樣子像振動的短木椿，用布纏在手上。李牧又說：「希望你能進去講明真相。」韓倉說：「我從趙王那裏接受的詔令，是賜給將軍死罪，不能赦免。我不敢說。」李牧便將臉朝北拜了兩拜，接受趙王賜死的詔令，取劍將自殺，卻說：「人臣不能在宮中自殺。」便走過司馬門，跑得很快，跑出了宮門。右手舉起劍將自殺，因為手臂短，刺不到頸上，他便將劍銜在口中藉著柱子自殺，以證明真的是臂短刺不到頸上。李牧死了，過五個月趙國便滅亡。

平原令見諸公❶，必為言之曰：「嗟嗞❷乎，司空馬！」又以為：司空馬逐於秦，非不知❸也；去趙，非不肖❹也。趙去司空馬而國亡。國亡者，非無賢人，不能用❺也。

【章　旨】平原令認為趙亡是由於沒用司空馬的緣故。

【注　釋】❶諸公　各位長者。❷嗟嗞　憂歎聲。❸知　通「智」。❹不肖　不像樣；不中用。❺不能用　按，平原令將趙亡的原因歸之於沒有用司空馬，後人多有非議，鮑彪便認為「非篤論」。

【語　譯】平原郡的行政長官見到諸位長者，必定談起司空馬說：「唉呀，司空馬！」又認為：司空馬被秦國驅逐，不是他不聰明；離開趙國，不是他不中用。趙國離開了司空馬便亡國。國家滅亡的原因，不是沒有賢人，而是不能用賢人。

## 四國為一將以攻秦

【題解】四國聯合攻秦，姚賈出使四國，使它們停止攻秦，卻遭到韓非的讒毀。姚賈一一辯解，取得了秦王政的信任。韓非因而被殺。

四國❶為一，將以攻秦。秦王召群臣賓客六十人而問焉，曰：「四國為一，將以圖秦，寡人屈❷於內，而百姓靡❸於外，為之奈何？」群臣莫對。姚賈❹對曰：「賈願出使四國，必絕其謀❺，而安其兵❻。」乃資❼車百乘，金千斤，衣以其衣冠，舞以其劍❽。姚賈辭行，絕其謀，止其兵，與之為交以報❾秦。秦王大悅。賈封千戶，以為上卿❿。

【章旨】燕、趙、吳、楚四國聯合起來，將進攻秦國，秦王政召集群臣賓客商量對策，姚賈請准出使四國，以停止其進攻。結果姚賈因完成使命而受封。

【注釋】❶四國　指燕、趙、吳、楚四國。❷屈　窮盡。❸靡　盡。❹姚賈　魏都大梁守門人的兒子，做過趙國的臣子，後入秦。❺絕其謀　停止四國圖謀攻秦的活動。❻安其兵　使四國停止進攻。安，止。❼資　供給。❽衣以其衣冠二句　這二句參考〈齊策一・靖郭君善齊貌辨〉「衣威王之衣冠，舞（當作「帶」）其劍」斷句。第一個「衣」字作動詞用，穿戴的意思。其衣冠，秦王的衣冠。舞，當依劉敞本作「帶」。❾報　報命；還報。❿上卿　官名，卿分上卿、下卿，上卿更尊貴。

【語譯】燕、趙、吳、楚四國結成一個整體，將要進攻秦國。秦王政召集群臣賓客六十多人，詢問他們的意見，說：「四國結成一個整體，將要圖謀秦國。寡人在內財力匱乏，在外民力耗盡，該怎麼辦？」群臣沒有人回答。姚賈回答說：「我願意出使四國，一定能夠制止它們的陰謀，停止它們的軍事活動。」於是給了他車子一百輛，金一千斤，讓他穿上秦王的衣服，戴上秦王的帽子，帶上秦王的佩劍。姚賈就這樣辭別秦王出發了，結果真的制止了四國的陰謀，停止了四國的進攻，和四國結為朋友，回來向秦王彙報。秦王非常高興。於是姚賈受封一千戶，做了上卿。

韓非知❶之，曰：「賈以珍珠重寶，南使荊、吳，北使燕、代❷之間三年，四國之交未必合也，而珍珠重寶盡於內。是賈以王之權、國之寶，外自交於諸侯，願王察之。且梁❸監門子❹，嘗盜於梁，臣於趙而逐。取世❺監門子，梁之大盜，趙之逐臣，與同知❻社稷之計，非所以厲❼群臣也。」

**【章　旨】**韓非詆毀姚賈用王權、國寶去結交諸侯，攻擊姚賈是「監門子」、「逐臣」、「大盜」，不能重用。

**【注　釋】**❶知　是「短」字之誤。短，揭短處；詆毀。❷代　古國名，被趙襄子所滅。在這裡實際上指的是趙國。❸梁　魏都大梁。❹監門子　守門人的兒子。❺世　世世代代。❻知　告知；商議。❼厲　同「勵」。勉勵。

**【語　譯】**韓非詆毀姚賈，說：「姚賈用珍珠和貴重的寶器，向南出使楚、吳，向北出使燕、趙，歷時三年，這四國和秦國的邦交關係未必融洽，而國內的珍珠和貴重的寶器卻已耗盡。這樣看來，是姚賈用大王的權勢、國家的珍寶，在外面自己結交諸侯，希望大王明察。況且這個大梁守門人的兒子，曾經在大梁盜竊，在趙國做過臣子而被驅逐出境。大王用這個世代做守門人的子孫、大梁的大盜、被趙國棄逐的臣子，和他一起商議國家大計，這不是勉勵群臣的做法。」

王召姚賈而問曰：「吾聞子以寡人財交於諸侯，有諸❶？」對曰：「有。」王曰：「有何面目復見寡人！」對曰：「曾參❷孝其親，天下願以為子；子胥❸忠於君，天下願以為臣；貞女工❹巧，天下願以為妃。今賈忠王而王不知也。賈不歸❺四國，尚焉之？使賈不忠於君，四國之王尚焉用賈之身？桀聽讒而誅其良將❻，紂聞讒而殺其忠臣❼，至身死國亡。今王聽讒，則無忠臣矣。」

【章旨】秦王政就用珠寶結交諸侯事盤問姚賈，姚賈用忠而遭讒為自己辯解。

【注釋】❶諸　之乎。❷曾參　字子輿，孔子的學生，著名的孝子。❸子胥　伍員，是吳王夫差的忠臣，受太宰嚭的讒害，夫差賜劍讓他自殺而死。❹工　手工技藝，所謂婦功。❺歸　通「饋」。❻良將　指關龍逢。被夏桀所殺。❼忠臣　指比干。紂王淫亂，比干強諫，被紂王剖腹觀心而死。

【語譯】秦王召見姚賈，問道：「我聽說你用寡人的財物去結交諸侯，有這回事嗎？」姚賈回答說：「有。」秦王說：「你有什麼臉面再見寡人！」姚賈回答說：「曾參對父母孝順，天下人願意他做自己的兒子；伍子胥對國君忠誠，天下的君主願意他做自己的臣子；貞女手工靈巧，天下人願意娶她做妻子。可是我現在忠於大王，大王卻不知道啊。我姚賈不把財物送給四國，還送到哪裡去？假使我姚賈對君王不忠，四國的君主怎麼還會認為我姚賈這個人有用呢？夏桀聽信讒言，誅滅了他的良將，商紂王聽信讒言，殺死了他的忠臣，以致毀了自己，毀了國家。現在大王如果聽信讒言，那就再沒有忠臣了。」

王曰：「子監門子，梁之大盜，趙之逐臣。」姚賈曰：「太公望齊之逐夫❶，朝歌之廢屠❷，子良❸之逐臣❹，棘津之讎不庸❺，文王用之而王。管仲，其鄙人之賈人❻也，南陽❼之弊幽❽，魯之免囚❾，桓公用之而伯。百里奚❿，虞之乞人⓫，傳賣以五羊之皮⓬，穆公相之而朝西戎⓭。文公⓮用中山盜⓯，而勝於城濮⓰。此四士者，皆有詬醜⓱，大誹天下⓲，明主用之，知其可與立功。使若卞隨⓳、務光⓴、申屠狄㉑，人主豈得其用哉！故明主不取其汙，不聽其非，察其為己用。故可以存社稷者，雖有外誹者不聽；雖有高世之名，無咫尺㉒之功者不賞。是以群臣莫敢以虛㉓願望於上㉔。」秦王曰：「然。」乃可㉕復使姚賈而誅韓非㉖。

【章旨】秦王政就「監門子」、「大盜」、「逐臣」等事盤問姚賈。姚賈用周文王、齊桓公、秦穆公、晉文公等用人不問出身而成功的事例作答，說明用人要重實用而不要圖虛名。秦王聽後便處死了韓非。

【注釋】❶太公望二句　姜太公是齊國被老婦驅逐的丈夫。太公望，即呂尚，又稱姜太公。逐夫，被逐的丈夫。相傳姜子牙被老婦所逐。❷朝歌之廢屠　相傳姜太公在朝歌當屠夫，肉發臭賣不出去，故稱。朝歌，商朝的都城，在今河南淇縣。廢屠，無用的屠夫。❸子良　不詳。❹逐臣　被棄逐不用的臣子。❺棘津之讎不庸　相傳姜太公在棘津釣魚，魚不上鉤，他便去當傭工，出賣勞力，也沒人僱用。讎不庸，依孫詒讓說當作「不讎庸」。讎，通「售」。這裡指出賣勞力。庸，通「傭」。受僱於人。❻管仲二句　相傳管仲和鮑叔牙到南陽做過生意。管仲，齊桓公的相。鄙人，高誘注說是邑名。有說「人」字是衍文，鄙，邊邑。❼南陽　在今山東泰山以南、汶河以北一帶。❽弊幽　不為世所用，隱藏在草野。弊，隱。幽，潛藏。❾免囚　赦免的囚犯。管仲起初侍奉齊公子糾，因為齊襄公無道，公子糾和管仲逃到魯國，弟弟小白和鮑叔牙逃到莒國，後來齊襄公被殺，公子糾和小白爭做齊國的君主，管仲出兵阻攔小白回國，射中小白的帶鉤。小白做了君主（即齊桓公），叫魯國殺了公子糾，並將管仲囚禁起來，送回齊國。經過鮑叔牙勸解，齊桓公不但沒殺管仲，反而用他主持政事，使齊桓公成了霸主。❿

百里奚　虞國的大夫。晉獻公滅虞國，百里奚作為秦穆公夫人的陪嫁人來到秦國，後逃跑到宛，被楚人俘獲。⓫乞人　乞食的人。即叫化子。⓬傳賣以五羊之皮　百里奚被楚人俘獲，秦穆公聽說他賢能，想用重金贖回，怕楚人不肯，便故意派人去告訴楚國，願意用五張羊皮贖他，結果楚人同意了。傳，轉告。賣，指楚人賣百里奚。五羊之皮，《史記・秦本紀》說是「五羖羊皮」。羖，公羊。⓭朝西戎　使得西戎來朝秦。西戎，西方的戎族。⓮文公　晉文公。⓯用中山盜　不詳。中山，國名，春秋時白狄族所建立，又稱鮮虞，在今河北正定東北。⓰城濮　春秋時衛地，故地在今河南范縣南。魯僖公二十八年（晉文公五年，西元前六三二年）晉敗楚於城濮。⓱詬醜　恥辱。⓲大誹天下　在天下遭到大的毀謗。誹，毀謗。⓳卞隨　據《莊子・讓王》記載，商湯要與卞隨商量伐桀，卞隨說這不是他的事。夏桀滅亡，商湯要將天下讓給卞隨，卞隨不接受，自投椆水而死。⓴務光　《莊子・讓王》作「瞀光」。他同樣不和商湯商量伐桀，卞隨不肯接受天下，商湯又想把天下讓給瞀光，瞀光認為這是非義、非仁、非廉的事，便負石自沉廬水而死。㉑申屠狄　商朝人。據《莊子・外物》記載，申屠狄因為被許由不接受堯讓天下、務光不接受商湯讓天下等事所感動而投水自殺。㉒咫尺　形容很小。周時八寸為咫。㉓虛　虛名；徒有虛名而無實功。㉔願望於上　希望君主獎賞。上，主上。㉕可　當是衍文。㉖誅韓非　韓非死於秦王政十四年（西元前二三三年）。《史記・老莊申韓列傳》記載他的死因是李斯、姚賈讒毀他是韓國的諸公子，終將「為韓不為秦」，秦王便將他下獄，李斯派人送藥去逼他自殺。和這裡的記載大不相同。

【語　譯】秦王政說：「你是守門人的兒子，魏國的大盜，被趙國棄逐的臣子。」姚賈說：「姜太公是齊國被老婦驅逐的丈夫，朝歌地方無用的屠夫，子良棄逐的臣子，在棘津出賣勞力卻無人僱用的人，周文王用他使周擁有天下。管仲是邊邑中的商人，南陽地方被埋沒的人，魯國送回來的囚犯，齊桓公用他而成為霸主。百里奚是虞國的叫化子，楚國用五張羊皮的價錢將他賣給秦國，秦穆公用他做相國，使得西戎來朝拜秦國。晉文公用中山國的盜賊，在城濮之戰中戰勝了楚國。這四個人，都有恥辱，大受天下人的毀謗，英明的君主用他們，是知道他們可以立功。假使像卞隨、務光、申屠狄那樣有虛名而無實用的人，君主難道還能用他們嗎！所以英明的君主不取他們的汙點，不聽他們的過錯，而看到他們能為自己所用的本事。因此可以保存社稷的人，即使別人有毀謗，君主也不聽信；雖然在世上有高名的人，卻沒有一點功勞，君主也不給予獎賞。這樣群臣就沒有誰敢用虛名而希望得到主上的獎賞。」秦王說：「對。」於是再任用姚賈而誅殺了韓非。

# 卷八 齊策一

〈齊策〉記載了與齊國有關的事件。西周初年，武王封姜子牙於營丘（後稱臨淄），建立齊國。春秋初年，齊桓公用管仲革新政治，國力強大，成為五霸之一。春秋末年，田氏（即陳氏）篡奪了齊國政權。到了戰國，齊威王稱王，成為戰國七雄之一。齊國的疆土逐步擴大，包括今山東東部、北部、河北東南角。西元前二二一年，齊國為秦國所滅。

## 楚威王戰勝於徐州

【題解】楚威王在徐州戰勝了齊國，想要齊國放逐田嬰。張丑遊說楚威王，說田嬰用了申縛，才使楚國打了勝仗。如放逐了田嬰，齊國就會起用盼子，將對楚國不利。田嬰於是沒有被放逐。

楚威王❶戰勝於徐州❷，欲逐嬰子❸於齊。嬰子恐，張丑❹謂楚王曰：「王戰勝於徐州也，盼子❺不用也。盼子有功於國，百姓為之用。嬰子不善❻，而用申縛❼。申縛者，大臣與百姓弗為用❽，故王勝之也。今嬰子逐，盼子必用。復整其士卒以與王遇，必不便❾於王也。」楚王因弗逐。

【注釋】❶楚威王　楚宣王的兒子，楚懷王的父親。❷徐州　當作「徐州」。古薛國，在山東滕縣東南。孟嘗君的父親田嬰做齊國的相，當時齊威王和魏惠王相會，互相稱王，因而惹怒了楚威王，歸罪於田嬰，所以在西元前三三三年出兵伐齊，在徐州打敗齊軍，命令齊國必須放逐田嬰。❸嬰子　即田嬰，是齊威王的小兒子，孟嘗君的父親，號靖郭君，為齊相，封在薛。❹張丑　齊臣。❺盼子　齊臣，齊威王認為他是國寶。《史記・田敬仲完世家》記齊威王的話說：「吾臣有盼子者，使守高唐，則趙人不敢東漁於河。」❻不善　不友善；關係不好。指田嬰與盼子不友善。❼申縛　據〈秦策四・或為六國說秦王〉當作「申縛」，齊將。❽弗為用　不為他所用。❾便　利。

【語譯】楚威王在徐州戰勝了齊國，想要齊國放逐田嬰。田嬰恐懼不安，張丑對楚威王說：「大王所以在徐州戰勝齊國，是由於齊國沒有任用盼子的緣故。盼子對齊國有功，老百姓願意為他所用。田嬰和盼子的關係不好，不用盼子而用了申縛。申縛這個人，齊國的大臣和百姓不為他所用，所以大王戰勝了他。現在如果放逐了嬰子，齊國就必定會任用盼子。盼子重整齊國的士卒和大王交戰，必定對大王不利。」楚威王因而沒有要齊國放逐田嬰。

## 齊將封田嬰於薛

【題解】齊國要將薛地封給田嬰，遭到楚王反對。公孫閈遊說楚王，說封薛可以弱齊，楚王便不再反對此事。

齊將封田嬰於薛❶。楚王❷聞之，大怒，將伐齊。齊王有輟志❸。公孫閈❹曰：「封之成與不❺，非在齊也，又將在楚。閈說楚王，令其欲封公❻也又甚於齊。」嬰子曰：「願委之於子。」公孫閈為謂楚王曰：「魯、宋事楚而齊不事者，齊大而魯、宋小。王獨利魯、宋之小，不惡齊大何也？夫齊削地❼而封田嬰，是其所以弱也，願勿止。」楚王曰：「善。」因不止。

【注釋】❶薛　齊地，在今山東滕縣東南。《史記・六國年表》載齊湣王三年「封田嬰於薛」。但據司馬貞《索隱》引《紀年》，封田嬰於薛，當在齊威王時。❷楚王　指楚懷王。❸輟志　停止的意向。❹公孫閈　齊人。古代諸侯的兒子叫公子，孫子叫公孫。公孫閈是田氏後代。❺不　通「否」。❻公　指田嬰。❼削地　分地。

【語譯】齊國將要把薛地封給田嬰。楚懷王聽說這件事，大為惱火，準備要進攻齊國，使得齊威王有了停止賜封的意向。公孫閈說：「這次賜封能辦成還是不能辦成，不僅在齊國，又將在楚國。我去遊說楚王，讓他比齊王更想賜封你。」田嬰說：「願意將此事委託給您。」公孫閈為了田嬰對楚懷王說：「魯國、宋國侍奉楚國，而齊國不侍奉楚國，是由於齊國強大而魯國、宋國弱小的緣故。大王只認為魯國、宋國弱小對自己有利，卻不憎恨齊國強大，那是什麼原因呢？齊國分割土地封給田嬰，這是促使齊國弱小的做法呀，希望大王不要制止它。」楚懷王說：「說得好。」因而不制止齊國將薛地封給田嬰。

## 靖郭君將城薛

【題解】田嬰將要在薛地修築城牆，有人巧妙地諫阻他不要這樣做。

靖郭君❶將城薛，客多以諫❷。靖郭君謂謁者❸：「无為客通❹。」齊人有請者曰：「臣請三言❺而已矣！益❻一言，臣請烹❼。」靖郭君因見之。客趨而進曰：

「海大魚。」因反走❽。君曰：「客有於此❾。」客曰：「鄙臣不敢以死為戲。」君曰：「亡❿，更言之⓫。」對曰：「君不聞大魚乎？網不能止⓬，鉤不能牽⓭，蕩⓮而失水，則螻蟻⓯得意焉。今夫齊，亦君之水也。君長有齊陰⓰，奚以薛為？夫⓱齊，雖隆薛之城到於天，猶之無益也。」君曰：「善。」乃輟⓲城薛。

【注　釋】❶靖郭君　田嬰的封號。❷諫　指諫阻修築薛城。❸謁者　掌管傳達的官員。❹旡為客通　不要為客通報。旡，同「无」。亦即「無」。通，通報；傳達。❺三言　三個字。❻益　增加；超過。❼烹　烹刑，即所謂的「就湯鑊」之類。❽反走　即「返走」。回過頭就跑。❾客有於此　鮑彪注：「言此言外應復有。」意為你只說這三個字，應該還有其他意思沒有講清。《韓非子・說林下》作「請聞其說」。❿亡　同「無」。⓫更言之　再說下去。⓬止　網住。⓭牽　引；拉住。⓮蕩　蕩出水面。《莊子・庚桑楚》：「吞舟之魚，碭而失水，則蟻能苦之。」碭，通「蕩」。⓯螻蟻　螻，昆蟲名，俗名土狗子。蟻，螞蟻。⓰陰　據《韓非子・說林下》及鮑彪本，「陰」是衍文，當刪。⓱夫　依黃丕烈說當作「失」。⓲輟　停止。

【語　譯】靖郭君田嬰將要在薛地修築城牆，他門下的食客多數諫阻他。靖郭君告訴負責傳達的官員：「不要替食客通報。」齊國有個求見靖郭君的食客說：「我只請求說三個字罷了！如果增加了一個字，我就請求去受烹刑。」靖郭君因而召見他。這個求見的食客急步進來說了三個字：「海大魚。」回過頭就跑。靖郭君說：「你只說了三個字，還有別的話沒有講完。」食客說：「鄙臣不敢用死來開玩笑。」靖郭君說：「不會的，再說下去。」食客回答說：「你沒有聽說過海裡的大魚嗎？網不能網住牠，鉤不能拉住牠，可是牠蕩出了水面，離開了水，那麼小小的土狗子和螞蟻就可以得意地制服牠。現在，齊國也就是你的水。你如能長期擁有齊國，要那個薛幹什麼？你如果丟掉了齊國，即使將薛城築到天一樣高，也等於無用。」靖郭君說：「講得好。」於是停止修築薛城。

## 靖郭君謂齊王

【題　解】田嬰巧說齊王，將處理政事的大權交給他。

靖郭君❶謂齊王❷曰：「五官❸之計❹，不可不日聽也而數覽❺。」王曰：「說。五而厭之❻，今❼與靖郭君❽。」

【注　釋】❶靖郭君　田嬰的封號。❷齊王　齊威王。如果依《韓非子‧外儲說右下》所載，田嬰當時已相齊，齊王當是指齊宣王，因為田嬰為相是在宣王時。❸五官　胡三省說是典事五大夫，即主管國事的官員。❹計　簿書。即文書簿冊。❺不可不日聽也而數覽　《資治通鑑‧周紀二》作「不可不日聽而數覽也」。數，多次。田嬰之所以勸齊王聽覽簿書，據《韓非子‧外儲說右下》的記載是為了讓齊王知道官吏的姦邪得失。按，實際是要齊王去嚐嚐處理煩碎政務的滋味。❻王曰三句　此當有缺誤。《資治通鑑‧周紀二》作「王從之，已而厭之」。說，依金正煒說當作「諾」。五而，當依《資治通鑑》作「已而」。❼今　當作「令」。❽與靖郭君　《資治通鑑》作「悉以委嬰」。

【語　譯】靖郭君田嬰對齊王說：「五官送來文書簿冊，你不可不天天聽他們彙報，反覆閱覽。」齊王說：「是的。」不久齊王便厭煩了，於是下令將這些事交給靖郭君去辦理。

## 靖郭君善齊貌辨

【題　解】靖郭君田嬰不顧門人和兒子田文的反對，敬重齊貌辨。齊貌辨因而不忘田嬰知遇之恩，捨生忘死、不避患難去見齊宣王，使田嬰得到齊宣王的信任，出任齊相。

靖郭君善齊貌辨❶。齊貌辨之為人也多疵❷，門人弗說❸。士尉❹以証❺靖郭君，靖郭君不聽，士尉辭而去。孟嘗君❻又竊❼以諫，靖郭君大怒曰：「剗而類❽，破吾家❾，苟❿可慊⓫齊貌辨者，吾無辭⓬為之。」於是舍⓭之上舍⓮，令長子御⓯，旦暮進食。

【章旨】田嬰不顧門人和兒子的責難，敬重齊貌辨。

【注釋】❶齊貌辨　齊人。《呂氏春秋．知士》作「劑貌辨」。❷疵　毛病；過失。❸說　同「悅」。❹士尉　齊人。❺証　諫。❻孟嘗君　田嬰的兒子田文。❼竊　私下。❽剗而類　這句罵人的話是針對門人說的。剗，消滅。而類，你們。而，通「汝」。❾破吾家　這句是針對兒子田文說的。❿苟　如果。⓫慊　滿意；滿足。⓬辭　推辭。⓭舍　作動詞用，安排住宿的意思。⓮上舍　相當於今天說的高級賓館。⓯御　駕車。

【語譯】靖郭君田嬰喜愛齊貌辨。齊貌辨這個人不拘小節，毛病多，門客不喜歡他。士尉向靖郭君進諫，要他不要喜愛齊貌辨，靖郭君不聽從他的，士尉便告辭而去。靖郭君的兒子田文又私下向靖郭君進諫，田嬰大怒說：「就是消滅你們，毀了我這個家，如果能使齊貌辨滿意的話，我也在所不辭。」於是安排齊貌辨住高級賓館，讓長子給他駕車，早晚送飯給他吃。

數年，威王薨❶，宣王❷立。靖郭君之交，大不善於宣王，辭而之❸薛，與齊貌辨俱留。無幾何❹，齊貌辨辭而行❺，請見宣王。靖郭君曰：「王之不說❻嬰甚，公往必得死焉。」齊貌辨曰：「固❼不求生也，請必行。」靖郭君不能止。

【章　旨】齊威王死後，田嬰和齊宣王關係不好，便離開齊國回到薛地，不久齊貌辨堅決請求離開薛地去見齊宣王。

【注　釋】❶威王薨　齊威王田因齊，死於西元前三二〇年。薨，古代諸侯死叫「薨」。❷宣王　齊宣王田辟彊，西元前三一九年即位，是齊威王的兒子。❸之　往。❹幾何　不久。❺行　指離開薛地去齊國的都城。❻說　同「悅」。❼固　本來。

【語　譯】過了幾年，齊威王死了，齊宣王即位。靖郭君和齊宣王的交情很不好，便辭別齊國，到了他的封地薛，和齊貌辨一起留在薛地。沒有多久，齊貌辨告辭靖郭君去齊國，請求去見齊宣王。靖郭君說：「齊宣王很不喜歡我，你去見他必定會死在那裡。」齊貌辨說：「本來就沒想求生，一定要請你讓我前往。」靖郭君無法阻止他。

齊貌辨行至齊，宣王聞之，藏怒以待之。齊貌辨見宣王，王曰：「子，靖郭君之所聽愛夫❶！」齊貌辨曰：「愛則有之，聽則無有。王之方為太子之時，辨謂靖郭君曰：『太子相不仁，過頤❷豕視❸，若是者信反❹。不若廢太子，更立衛姬❺嬰兒郊師❻。』靖郭君泣而曰：『不可，吾不忍也。』若聽辨而為之，必無今日之患❼也。此為一。至於薛，昭陽❽請以數倍之地易薛，辨又曰：『必聽之。』

靖郭君曰：『受薛於先王❾，雖惡於後王❿，吾獨謂先王何乎！且先王之廟在薛，吾豈可以先王之廟與楚乎！』又不肯聽辨。此為二。」宣王大息，動⓫於顏色，曰：「靖郭君之於寡人一⓬至此乎！寡人少，殊不知此。客肯為寡人來⓭靖郭君乎？」齊貌辨對曰：「敬諾。」

【章旨】齊貌辨見齊宣王，舉出田嬰從前不同意廢去宣王的太子之位，現在又不肯和楚交換薛地，暗示田嬰沒有對不起宣王的地方，宣王大為感動。

【注釋】❶所聽愛夫　所聽從、喜愛的人吧。夫，語氣詞，在這裡表示不滿語氣。❷過頤　即俗話所說的耳後見腮。❸豕視　像豬那樣下斜偷視。❹信反　當作「倍反」，即「背反」。不遵循道理，胡作非為的意思。❺衛姬　當是齊威王之妻妾。❻郊師　衛姬的兒子。❼患　禍患。指和宣王關係不好，出走到薛地。❽昭陽　楚將。❾先王　當是指齊威王。《史記・孟嘗君列傳》說宣王死後，齊湣王三年「封田嬰於薛」，和這裡所說的時間不合，當依司馬貞《索隱》引《紀年》「齊威王封田嬰于薛」的記載。❿後王　指齊宣王。⓫動　激動。指激動之情，形於顏色。⓬一　副詞，表示出乎意料，有「竟然」的意思。⓭來　使之來；請他來。

【語譯】齊貌辨到了齊國，齊宣王聽說他來了，憋著一肚子怒氣等著他。齊貌辨進見齊宣王，齊宣王說：「你就是靖郭君所聽從、喜愛的人吧！」齊貌辨說：「喜愛是有那麼一回事，聽從卻沒有。當大王做太子的時候，我對靖郭君說：『太子的相貌不仁慈，耳後見腮，像豬那樣往下偷看，像這樣的人一定會不講道理而胡作非為。不如廢掉這個太子，改立衛姬所生的嬰兒郊師做太子。』靖郭君哭泣著說：『不行，我不忍心這樣做。』假若聽了我的話廢掉您這個太子，一定沒有今天的禍患啊。這是一。至於說到薛，楚將昭陽請求用多幾倍的土地交換薛，我又說：『一定要答應他。』靖郭君說：『我從先王那裡接受了薛地，雖然後王憎恨我，我獨自怎樣向先王交代呢！況且先王的宗廟在薛，我難道可以拿先王的宗廟和楚國交換嗎！』又不肯聽取我的。這是二。」宣王聽了歎息起來，激動之情，形於顏色，說：「靖郭君對待寡人竟然到了這個地步呀！寡人年輕，這些事一點也不知道。你能替寡人將靖郭君請來嗎？」齊貌辨回答說：「遵命。」

靖郭君衣威王之衣冠，舞❶其劍，宣王自迎靖郭君於郊，望之而泣。靖郭君至，因請相之❷。靖郭君辭，不得已而受。七日，謝病強辭❸。靖郭君辭不得，三日而聽❹。

【章　旨】田嬰回到齊國，出任齊相。

【注　釋】❶舞　當據劉敞本作「帶」。❷相之　請他出任齊相。之，指代田嬰。❸強辭　堅決辭去。❹聽　聽政；處理政事。鮑彪注為：「王聽其辭。」非是。《史記・孟嘗君列傳》說：「田嬰相齊十一年。」可見田嬰沒有辭去相位。

【語　譯】靖郭君穿著齊威王的衣服，戴著齊威王的帽子，並且佩著他的劍，從薛地回到齊國，齊宣王親自到郊外迎接靖郭君，望著靖郭君泣不成聲。靖郭君來到，齊宣王便請他出任齊相，靖郭君推辭，不得已才接受。過了七天，又聲稱有病，堅決要求辭職。靖郭君辭職辭不掉，三天以後開始處理政事。

當是時，靖郭君可謂能自知人矣！能自知人，故人非之不為沮❶。此齊貌辨之所以外生❷、樂患、趣❸難者也。

【章　旨】讚揚田嬰有知人之明。

【注　釋】❶沮　沮喪。《莊子・逍遙遊》：「舉世非之而不加沮。」❷外生　將生死置之度外。❸趣　趨赴的意思。

【語　譯】當時，靖郭君可說是能知人了！自己能知人，所以別人非議他，他也不沮喪。這就是齊貌辨之所以置生死於度外、甘冒災禍、奔赴患難的原因啊。

## 邯鄲之難

【題　解】魏國圍攻趙國的都城邯鄲，趙國向齊國求救。齊國的鄒忌主張不救趙，而段干綸則主張救趙。其實段干綸的所謂救趙，只是趙、魏二國兩敗俱傷後，齊國便趁機打敗魏國罷了。結果在桂陵大敗魏軍。

邯鄲之難❶，趙求救於齊。田侯❷召大臣而謀曰：「救趙孰與勿救？」鄒子❸曰：「不如勿救。」段干綸❹曰：「弗救，則我不利。」田侯曰：「何哉？」「夫魏氏兼邯鄲，其於齊何利哉？」田侯曰：「善。」乃起兵，曰：「軍❺於邯鄲之郊。」段干綸曰：「臣之求利且❻不利者，非此也。夫救邯鄲，軍於其郊，是趙不拔而魏全❼也。故不如南攻襄陵❽以弊魏❾，邯鄲拔而承❿魏之弊，是趙破而魏弱也。」田侯曰：「善。」乃起兵南攻襄陵。七月，邯鄲拔。齊因承魏之弊，大破之桂陵⓫。

【注　釋】❶邯鄲之難　指魏惠王十六年（西元前三五四年）魏國圍攻趙都邯鄲的事件。❷田侯　即齊侯，指齊威王。❸鄒

子　指鄒忌，齊威王的相，被封在下邳（在今江蘇宿縣境內），號為成侯。❹段干綸　姓段干，名綸，齊臣。《史記‧田敬仲完世家》「綸」作「朋」。❺軍　駐軍。❻且　抑；還是。❼趙不拔而魏全　因為齊國駐軍在邯鄲郊外，魏國便不敢進攻，所以「趙不拔而魏全」。段干綸的意思是齊軍不要駐在邯鄲郊外，而要去進攻魏國的襄陵。❽襄陵　高誘注：「魏邑也，河東縣。」今山西臨汾西邊有襄陵。按，此處襄陵當是指宋襄公葬地，在今河南東部睢縣。❾弊魏　使魏弊。弊，疲。❿承　趁機。下同。⓫桂陵　魏邑，在今河南長垣西。一說在今山東菏澤東北。齊威王四年（西元前三五三年），齊將田忌，用孫臏之謀，在桂陵大敗魏軍。詳見《史記‧孫子吳起列傳》。

【語　譯】邯鄲被圍，趙國向齊國求救。齊威王召集大臣商議，說：「救趙國還是不救趙國好？」鄒忌說：「不如不救。」段干綸說：「不救，對我們齊國不利。」齊威王說：「為什麼呢？」段干綸回答說：「魏國兼併了邯鄲，那對我們齊國有什麼好處呢？」齊威王說：「好。」於是便出兵，下令：「駐軍在邯鄲郊外。」段干綸說：「我所尋求的利或不利，不是如此。救援邯鄲，駐軍在它的郊外，這樣趙都既不會被攻下，而魏國也將完好如初啊。所以我們不如往南進攻魏國的襄陵，以使得魏國疲困，等到邯鄲被魏國攻下以後，我們便趁機利用魏國的疲困，這樣趙國被打敗而魏國也被削弱了。」齊威王說：「好。」於是便出兵進攻襄陵。七月，邯鄲被魏國攻下。齊國便趁機利用魏國的疲困，在桂陵大敗魏軍。

## 南梁之難

【題　解】魏國進攻韓國，韓國向齊國求救。齊宣王問大臣：早救好還是晚救好？張丏主張早救；田臣思主張晚救，以便暗中和韓國聯盟，趁魏國疲困，打敗魏國。結果真的在馬陵大敗魏軍。

南梁之難❶，韓氏求救於齊。田侯❷召大臣而謀曰：「早救之孰與晚救之便❸？」張丐❹對曰：「晚救之，韓且折❺而入於魏，不如早救之。」田臣思❻曰：「不可。夫韓、魏之兵未弊，而我救之，我代韓而受魏之兵，顧反❼聽命於韓也。且夫魏有破韓之志，韓見且❽亡，必東愬❾於齊。我因陰❿結韓之親，而晚承⓫魏之弊，則國可重，利可得，名可尊矣。」田侯曰：「善。」乃陰告韓使者而遣之。

韓自以⓬專有齊國⓭，五戰五不勝⓮，東愬於齊，齊因起兵擊魏，大破之馬陵⓯。魏破韓弱，韓、魏之君因⓰田嬰⓱北面⓲而朝田侯。

【注釋】❶南梁之難　指魏國進攻韓國的事件。《史記・魏世家》、〈田敬仲完世家〉說是「魏伐趙」，當有誤。梁，韓邑，在今河南臨汝西南。魏都大梁在北，韓邑梁在南，所以叫南梁。難，兵難，指魏國進攻南梁而言。《資治通鑑・周紀二》說周顯王二十八年（西元前三四一年）「魏龐涓伐韓」。❷田侯　指齊威王。❸便　利。❹張丐　當是齊臣。《史記・田敬仲完世家》作「田忌」。❺折　屈服。❻田臣思　齊臣。《史記・田敬仲完世家》作「孫子」。❼顧反　反而。顧，也是反的意思。❽且　將。❾愬　告。❿陰　暗中。⓫承　趁機。⓬以　以為。⓭專有齊國　鮑彪本無「專」字。有齊國，指有齊國可依賴。《史記・田敬仲完世家》作「韓因恃齊」。⓮五戰五不勝　韓國有恃無恐，所以五戰五不勝。⓯馬陵　古地名，在今河北大名東南。齊威王十六年（西元前三四一年）敗魏於馬陵。魏將龐涓自殺，齊軍俘虜了魏太子申。詳見《史記・孫子吳起列傳》。⓰因　通過。⓱田嬰　齊孟嘗君的父親。⓲北面　臉朝北。古代君主面南而治，別國君主向其稱臣便要臉朝北。

【語譯】魏國進攻韓國的南梁，韓國向齊國求救。齊威王召集大臣商議說：「早救它有利，還是晚救它有利？」張丐說：「如果晚救，韓國將屈服而併入魏國，不如早救它。」田臣思說：「不行。韓國、魏國的軍隊還沒有疲困，我們齊國就去救它，便是我們齊國代替韓國承受魏軍的攻擊，反而要受韓國所擺布啊。再說魏國有打敗韓國的意圖，韓國看到將要滅亡，必定向東邊的齊國告急。我們便藉此暗中和韓國聯盟，遲些時，趁著魏國疲困了，再攻擊魏國，那麼就可以增厚國力、得到好處、提高名望了。」齊威王說：「好。」便暗中告訴韓國的使者齊國同意出兵，並打發使者回去。韓國自以為有齊國做靠山，五次作戰，五次都沒有取得勝利，便向東邊的齊國告急，齊國因而起兵攻擊魏國，在馬陵大破魏軍。這樣一來，魏國戰敗，韓國衰弱，韓國、魏國的君主便通過田嬰臉向北邊朝拜齊威王。

## 成侯鄒忌為齊相

【題解】鄒忌任齊相，田忌為齊將，將相不和。公孫閈替鄒忌設計陷害田忌，逼得田忌出逃。

成侯❶鄒忌為齊相，田忌為將，不相說❷。公孫閈❸謂鄒忌曰：「公何不為王謀伐魏？勝，則是君之謀也，君可以有功；戰不勝，田忌不進，戰而不死，曲撓❹而誅。」鄒忌以為然，乃說王而使田忌伐魏。田忌三戰三勝，鄒忌以告公孫閈，公孫閈乃使人操十金❺而往卜於市，曰：「我田忌之人也，吾三戰而三勝，聲威❻天下，欲為大事❼，亦吉否？」卜者出，因令人捕為人卜者，亦驗❽其辭於王前。田忌遂走。

【注釋】❶成侯　齊相鄒忌的封號。❷說　同「悅」。❸公孫閈　齊人。《史記・田敬仲完世家》作「公孫閱」。❹曲撓　沒有勇往直前而敗歸。❺金　古代的貨幣單位。有說一金等於二十兩。❻威　震。❼大事　指謀反稱王事。❽驗　驗證；證實。

【語　譯】成侯鄒忌擔任齊國的相，田忌做齊國的將軍，互相鬧矛盾。公孫閈告訴鄒忌說：「你為何不替齊王謀劃攻打魏國？如果打了勝仗，那是你的謀劃，你可以享有功勞；沒有戰勝，田忌不能進軍，即使戰鬥中沒有死去，也會因為打了敗仗而被誅殺。」鄒忌認為他說得對，於是勸說齊王派遣田忌進攻魏國。田忌三戰三勝，鄒忌把這消息告訴公孫閈，公孫閈便派人帶上十金到市上去占卜，說：「我是田忌的人。我的主人田忌三戰三勝，聲威震動天下，現在還想幹大事，不知道也吉利嗎？」求卜的人一出來，公孫閈便派人逮捕了替人占卜的人，這人也在齊王面前證實了求卜的人所說的那些話。田忌於是出逃。

## 田忌為齊將

【題　解】齊將田忌在馬陵大敗魏軍以後，孫臏慫恿他謀反，田忌不肯聽從。

田忌為齊將，係❶梁太子申❷，禽龐涓❸。孫子❹謂田忌曰：「將軍可以為大事❺乎？」田忌曰：「奈何？」孫子曰：「將軍無解兵❻而入齊。使彼罷弊於❼先❽弱守於主❾。主者，循軼之途❿也，鎋擊摩車而相過⓫。使彼罷弊先⓬弱守於主，必一而當十⓭，十而當百，百而當千。然後背太山⓮，左濟⓯，右天唐⓰，軍重⓱踵⓲高宛⓳，使輕車銳騎衝雍門⓴。若是，則齊君可正㉑，而成侯㉒可走。不然，則將軍不得入於齊矣。」田忌不聽，果不入齊。

【注　釋】❶係　俘虜。❷梁太子申　梁惠王的太子申。❸禽龐涓　馬陵之戰中，魏國由龐涓為將，太子申為上將軍，被齊軍所敗，龐涓被擒。《史記·魏世家》、〈田敬仲完世家〉說龐涓被殺，〈孫子吳起列傳〉說龐涓自殺，和這裡的記載不同。禽，通「擒」。❹孫子　指孫臏。馬陵之戰，齊國由田忌、田嬰為將，孫臏為軍師。❺大事　指謀反之事。❻解兵　解除武裝。❼於　依吳師道說當是衍文。❽先　當依曾鞏本作「老」。這裡的「罷弊老弱」是指齊軍中經過馬陵之戰後的疲困老弱的士卒。❾主　當是指某一要地。一說「主」是「王」之誤。「王」通「任」，即任城，在今山東濟寧南，亦即亢父。〈齊策一·蘇秦為趙合從說齊宣王〉：「徑亢父之險，車不得方軌，騎不得並行，百人守險，千人不能過也。」高誘注：「亢父，今任城縣也。」錄以備考。❿循軼之途　順著車跡前進的道路。是說其地險狹，後車只能沿著前車的車跡前進。軼，車跡。⓫錯擊摩車而相過　是說車子因路窄，致車轄相撞擊、車身相摩擦而經過主地。錯，同「轄」。車軸兩端的小鐵鍵。摩，摩擦。⓬先　當依曾鞏本作「老」。⓭一而當十　因為地險的緣故。⓮背太山　背靠太山。太山，即泰山，在今山東泰安北。⓯左濟　左邊是濟水。濟水發源於河南濟源王屋山，下游為今黃河所奪，已不復存在。⓰天唐　即高唐，齊邑，在今山東禹縣西南。⓱軍重　軍隊的輜重。即行軍時攜帶的器械、糧草等。⓲踵　至。⓳高宛　在今山東博興西南。⓴雍門　齊都臨淄的西門名。㉑正　整治；制服。㉒成侯　齊相鄒忌的封號。

【語　譯】田忌擔任齊國的將軍，俘虜了魏國的太子申，擒住了魏將龐涓。孫臏對田忌說：「將軍可以幹大事嗎？」田忌說：「什麼大事？」孫臏說：「將軍不能解除武裝回齊國去。可以派那些疲困老弱的士卒守住主這個險要之地。主這個險要之地，是個後車只能順著前車車跡前進的險道，車子經過主地時，車轄必相撞擊，車身必相摩擦。因此讓那些疲困老弱的士卒把守主地，必定一個抵十個，十個抵百個，百個抵千個。然後你的部隊背靠泰山，左邊是濟水，右邊是高唐，軍隊的輜重運到高宛，再派遣輕便的車輛、精銳的騎兵衝向齊都的雍門。如果這樣，便可制服齊君，趕跑成侯鄒忌。不然的話，那將軍就不能回齊國了。」田忌不聽從孫臏的話，結果真的不能回齊國。

# 田忌亡齊而之楚

【題解】田忌從齊國逃到楚國，鄒忌害怕他會回到齊國來。杜赫特地為鄒忌遊說楚王，使田忌留在楚國。

田忌❶亡❷齊而之楚，鄒忌代之相❸齊，恐田忌欲以楚權❹復❺於齊。杜赫❻曰：「臣請為留楚。」謂楚王❼曰：「鄒忌所以不善楚者，恐田忌之以楚權復於齊也。王不如封田忌於江南，以示田忌之不返齊也，鄒忌以齊厚❽事楚。田忌亡人也，而得封，必德❾王。若復於齊，必以齊事楚。此用二忌❿之道也。」楚果封之於江南。

【注釋】❶田忌　齊將。❷亡　逃走。❸鄒忌代之相　前二章已明白交代：「鄒忌為齊相，田忌為將，不相說。」現在又說鄒忌代田忌為齊相，當有誤。譯文省去「代之」二字，不予譯出。❹權　權勢。❺復　還；返回。❻杜赫　鮑彪說是周人，但從〈東周策·杜赫欲重景翠於周〉、〈楚策一·楚杜赫說楚王以取趙〉看，他當是楚人。❼楚王　指楚宣王。馬陵之戰發生在楚宣王二十九年（西元前三四一年）。❽厚　重。❾德　感激。❿二忌　指鄒忌和田忌。

【語譯】田忌從齊國逃到楚國，鄒忌任齊相，害怕田忌將依靠楚國的權勢返回齊國。杜赫說：「我請求替你設法使田忌留在楚國。」於是杜赫對楚宣王說：「鄒忌和楚國關係不好的原因，是害怕田忌會依靠楚國的權勢回到齊國。大王不如將田忌封到江南，以表示田忌不會回到齊國來，鄒忌便會用齊國來侍奉楚國。田忌是個逃亡出來的人，得到封地，必定會感激大王。假若他能再回到齊國，必定也會用齊國來侍奉楚國。這是使用「二忌」的辦法呀。」楚國果然將田忌封到江南去。

## 鄒忌事齊宣王

【題解】向齊宣王舉薦做官的人數，鄒忌多於晏首。經過鄒忌解說，齊宣王以為晏首在堵塞別人的仕途。

鄒忌事宣王，仕人❶眾，宣王不悅；晏首❷貴而仕人寡，王悅之。鄒忌謂宣王曰：「忌聞以為有一子之孝，不如有五子之孝。今首之所進仕者，以❸幾何人？」宣王因以晏首壅塞❹之。

【注釋】❶仕人　使人仕；舉薦別人做官。❷晏首　齊人。❸以　通「已」。❹壅塞　堵塞。

【語譯】鄒忌侍奉齊宣王，舉薦做官的人多，宣王不高興；晏首顯貴，舉薦做官的人卻少，宣王高興。鄒忌對宣王說：「我聽說有一個兒子的孝順，不如有五個兒子的孝順。而現在晏首所舉薦來做官的人，已經有幾個人？」宣王因而認為晏首堵塞別人的仕途。

## 鄒忌脩八尺有餘

【題解】鄒忌用自己本來不如徐公美，而妻、妾、客卻都說他比徐公美的事例，現身說法，告誡齊威王要警惕受人蒙蔽。齊威王接受了他的意見，廣開言路，獲得了好的效果。

鄒忌脩❶八尺有餘，身體昳麗❷。朝服衣冠，窺鏡，謂其妻曰：「我孰與城北徐公美？」其妻曰：「君美甚，徐公何能及公❸也！」城北徐公，齊國之美麗者也。忌不自信，而復問其妾曰：「吾孰與徐公美？」妾曰：「徐公何能及君也！」旦日❹，客從外來，與坐談，問之客曰❺：「吾與徐公孰美？」客曰：「徐公不若君之美也！」

【章　旨】鄒忌本來不如徐公美，但是妻、妾、客都稱讚他比徐公美。

【注　釋】❶脩　通「修」。長；身高。❷昳麗　豔麗。❸公　鮑彪本作「君」。❹旦日　明日。❺問之客曰　姚宏注：「一無『客』字。」

【語　譯】鄒忌身高八尺多，體貌豔麗。早上穿上禮服，戴上禮帽，暗自對著鏡子端詳，問他的妻子說：「我和城北的徐公比，哪個漂亮？」他的妻子回答說：「你漂亮多了，徐公怎能比得上你呀！」城北徐公，是齊國的美男子。鄒忌不相信自己比他漂亮，便再問他的妾說：「我和徐公比，哪個漂亮？」妾回答說：「徐公怎能比得上你呢！」第二天有客人從外面來，鄒忌和他坐談，問他說：「我和徐公比，哪個漂亮？」客人回答說：「徐公不如你漂亮呀！」

明日，徐公來。孰❶視之，自以為不如；窺鏡而自視，又弗如遠甚。暮，寢而思之曰：「吾妻之美我者，私❷我也；妾之美我者，畏我也；客之美我者，欲有求於我也。」

【章　旨】鄒忌反思妻、妾、客稱讚他比徐公美的原因。

【注　釋】❶孰　通「熟」。仔細。❷私　偏愛。

【語　譯】第二天，徐公來了。鄒忌仔細注視他，認為自己不如徐公美；暗自對著鏡子注視自己，更覺得遠比不上徐公。晚上睡在床上思索這件事，恍然大悟說：「我的妻子說我漂亮，是因為偏愛我；妾說我漂亮，是因為怕我；客人說我漂亮，是因為想有求於我。」

於是入朝見威王曰：「臣誠知不如徐公美，臣之妻私臣，臣之妾畏臣，臣之客欲有求於臣，皆以美於徐公。今齊地方千里，百二十城，宮婦左右，莫不私王；朝廷之臣，莫不畏王；四境之內，莫不有求於王。由此觀之，王之蔽甚❶矣！」王曰：「善。」乃下令：「群臣吏民，能面刺❷寡人之過者，受上賞；上書諫寡人者，受中賞；能謗議❸於市朝，聞寡人之耳者，受下賞。」

【章　旨】鄒忌推己及人，告誡齊威王，指出他已深受蒙蔽。齊威王因而下令獎賞能夠指出他錯誤的人。

【注　釋】❶甚　很。❷面刺　當面指責。❸謗議　指責君主的過錯和議論朝政的得失。謗，在這裡不是貶義詞。

【語　譯】鄒忌於是上朝見齊威王，說：「我的確知道自己不如徐公漂亮，可是由於我的妻子偏愛我，我的妾害怕我，我的客人想有求於我，便都認為我比徐公漂亮。現在齊國的土地有一千里大，城市有一百二十座，宮中的婦女、左右的近臣，沒有誰不偏愛大王；朝廷的臣子，沒有誰不害怕大王；四境之內，沒有誰不是有求於大王。由此看來，大王所受的蒙蔽已是很深了。」齊威王說：「講得好。」便下令：「群臣、官吏、百姓，能當面指責寡人過錯的，受上等的獎賞；能上書糾正寡人過錯的，受中等的獎賞；能夠在大庭廣眾之中議論寡人的過錯，傳到我的耳朵裡的人，受下等的獎賞。」

令初下，群臣進諫，門庭若市。數月之後，時時而間進❶。期年❷之後，雖欲言，無可進者。燕、趙、韓、魏聞之，皆朝於齊。此所謂戰勝於朝廷❸。

【章旨】齊威王收到廣開言路的效果。

【注釋】❶間進　斷斷續續有人進諫。❷期年　一周年。❸戰勝於朝廷　不待兵刃，在朝廷上戰勝了敵國。

【語譯】命令開始下達的時候，群臣都前來進諫，門庭像市場一樣熱鬧。幾個月以後，還斷斷續續有人進諫。一年以後，即使想進諫也沒有可進諫的事情。燕、趙、韓、魏等國聽說了，都來齊國朝拜。這就是所謂的在朝廷上戰勝了敵國。

## 秦假道韓魏以攻齊

【題解】齊國的章子迎戰秦軍，故意變換徽章，偵探因此說他要投降秦國。齊威王卻深知章子的為人，堅信他不會背叛。

秦假❶道韓、魏以攻齊，齊威王使章子❷將而應❸之。與秦交和❹而舍❺，使者數❻相往來，章子為變其徽章❼，以雜秦軍❽。候者❾言章子以齊入秦，威王不應❿。頃之間⓫，候者復言章子以齊兵降秦，威王不應。而⓬此者三⓭。有司⓮請曰：「言章子之敗者，異人而同辭，王何不發將而擊之？」王曰：「此不叛寡人明矣，曷為⓯擊之！」

【章旨】秦國進攻齊國，齊威王派章子去應戰，偵探多次報告，章子要投降秦國，齊威王不信。

【注釋】❶假　借。❷章子　即匡章。章是名，如田盼稱為盼子，是以名相稱。❸應　應戰。❹交和　兩軍對壘。《孫子兵法．軍爭》：「交和而舍。」曹操注：「兩軍相對為交和。」❺舍　住宿。即駐紮。❻數　多次。❼徽章　旗幟。❽雜秦軍　雜混到秦軍中去，目的是為了偷襲。❾候者　偵探。❿應　答。⓫頃之間　即頃間。不久。⓬而　通「如」。⓭三　表示多數。⓮有司　官員。⓯曷為　何為。即為何。

【語譯】秦國向韓國、魏國借路去進攻齊國，齊威王派章子率領部隊應戰。齊軍和秦軍對壘駐紮，使者多次互相往來。章子讓齊軍變換旗幟標記，混雜到秦軍中去。齊國的偵探說章子讓齊軍加入秦軍，齊威王不答理。不久，偵探又說章子讓齊軍向秦軍投降，齊威王還是不答理。這樣反覆多次。官員請求說：「說章子失敗的，人不相同而言辭相同，大王為何不派將軍去討伐他？」齊威王說：「這分明不是背叛寡人，為何要討伐他！」

頃間，言齊兵大勝，秦軍大敗。於是秦王拜❶西藩❷之臣而謝❸於齊。左右曰：「何以知之？」曰：「章子之母啟❹，得罪其父，其父殺之而埋馬棧❺之下。吾使者❻章子將也，勉之曰：『夫子之強，全兵而還，必更葬將軍之母。』對曰：『臣非不能更葬先妾❼也。臣之母啟得罪臣之父，臣之父未教❽而死。夫不得父之教而更葬母，是欺死父也。故不敢。』夫為人子而不欺死父，豈為人臣欺生君❾哉？」

【章旨】齊威王說明他堅信章子不會背叛的原因。

【注釋】❶拜　鮑彪本作「稱」。❷西藩　指秦國。秦國在西，故稱「西藩」。西藩，即西番，也寫作「西蕃」。藩，藩籬，即籬笆。古代稱邊遠地區為藩。❸謝　謝罪。❹啟　匡章母名。❺馬棧　馬棚。❻者　當是衍文。❼先妾　這裡是指匡章已去世的母親。❽未教　未有教命。指沒有叫他改葬母親。❾生君　活著的君主。

【語譯】不久，說齊兵打了大勝仗，秦軍打了大敗仗。於是秦王自稱是西藩的臣子向齊威王謝罪。左右大臣說：「怎麼知道章子不會背叛？」齊威王說：「章子的母親得罪了他的父親，他的父親殺了她，將她埋在馬棚下面。我派遣章子為將的時候，勉勵他說：『你身強力壯，如果不損兵折將，勝利而歸，我一定改葬將軍的母親。』章子回答說：『我不是沒有能力改葬母親。我的母親啟得罪了我的父親，我的父親沒有叫我改葬母親便死了。沒有得到父親的教命便改葬母親，這是欺騙死了的父親。所以不敢改葬。』作為兒子而不欺騙死了的父親，難道作為人臣還會欺騙活著的君主嗎？」

## 楚將伐齊

【題解】張丏遊說魯國的君主，使魯國在齊、楚之戰中保持中立。

楚將伐齊，魯親之❶，齊王患之。張丐❷曰：「臣請令魯中立。」乃為齊見魯君。魯君曰：「齊王懼乎？」曰：「非臣所知也。臣來弔❸足下。」魯君曰：「何弔？」曰：「君之謀過矣。君不與❹勝者而與不勝者，何故也？」魯君曰：「子以齊、楚為孰勝哉？」對曰：「鬼且❺不知也。」「然則子何以弔寡人？」曰：「齊、楚之權敵❻也，不用有魯與無魯。足下豈如令❼眾❽而合二國之後❾哉？楚大勝齊，其良士選卒❿必殪⓫，其餘兵足以待天下；齊為勝，其良士選卒亦殪。而君以魯眾合戰勝後⓬，此其為德⓭也亦大矣。其見恩德亦其大也⓮。」魯君以為然，身⓯退師⓰。

【注釋】❶之　指代楚國。❷張丐　齊臣。❸弔　弔唁。對遭喪事或災禍的人表示哀悼、慰問。❹與　助。❺且　尚且。❻權敵　勢均力敵。❼令　一作「全」，完整。❽眾　指齊眾。即齊軍。❾合二國之後　在二國交戰之後再和一國聯合。❿選卒　挑選出來的士卒。⓫殪　死。⓬合戰勝後　和打了勝仗以後的國家聯合。⓭德　感激。⓮其見恩德亦其大也　依王念孫說這句是高誘注解中的話，誤入正文，當刪去。譯文不譯。⓯身　自身；親自。⓰師　軍隊。

【語　譯】楚國將要進攻齊國，魯國親近楚國，齊王為此擔憂。張丐說：「請允許我設法讓魯國中立。」於是替齊王去見魯國的君主。魯國的君主說：「齊王害怕嗎？」張丐回答說：「這不是我所曉得的。我是來這裏弔唁您。」魯國的國君說：「弔唁什麼？」張丐回答說：「您的盤算錯了。您不幫助打勝仗的國家卻幫助打敗仗的國家，是什麼緣故呀？」魯國的國君說：「你認為齊國、楚國交戰，哪個國家會打勝仗呢？」張丐回答說：「就是鬼也不知道呀。」魯國的國君說：「這樣說來，那你為什麼弔唁我？」張丐回答說：「齊國是和楚國勢均力敵的國家，不會在意有魯國的幫助或沒有魯國的幫助。您怎麼不先保全魯國的軍隊而在兩國交戰之後再和一國聯合呢？楚國大勝齊國的話，它的精選出來的士卒必定死亡，剩下的部隊還足以應付天下諸侯；齊國打了勝仗的話，它的精選出來的士卒也已死亡。而您用魯國的軍隊和打了勝仗以後的國家聯合，這樣，那個國家也就會大大感激您了。」魯國的君主認為張丏說得對，便親自去將魯國的軍隊撤回來。

## 秦伐魏

【題解】秦國進攻魏國，策士陳軫聯合魏、韓、趙三國以後，往東遊說齊王，勸齊國和三國一起聯合抵抗秦國，被齊王採納。

秦伐魏，陳軫❶合三晉❷而東謂齊王曰：「古之王者之伐也，欲以正天下而立功名，以為後世也。今齊、楚、燕、趙、韓、梁六國之遞❸甚也，不足以立功名，適足以強秦而自弱也，非山東之上計也。能危山東者，強秦也。不憂強秦，而遞相罷弱❹，而兩❺歸其國於秦，此臣之所以為山東之患❻。天下為秦相割，秦曾❼不出力❽；天下為秦相烹，秦曾不出薪。何秦之智而山東之愚耶？願大王之察也。

【章旨】分析形勢，指出山東六國自相攻伐，只能有利於秦國。

【注釋】❶陳軫　策士，曾仕秦、楚兩國。這時可能在魏國。❷三晉　指韓、魏、趙三國。❸遞　更遞；輪番。這裡指相互輪番攻伐。❹相罷弱　互相削弱。罷，通「疲」。❺兩　指山東各國互相交戰的雙方。❻患　憂；擔心。❼曾　竟。❽力　依黃丕烈說當是「刀」字之誤。

【語譯】秦國進攻魏國，陳軫聯合了韓、趙、魏三國並往東對齊王說：「古代王者的征伐，是想整治天下、建立功名，以利後世。現在齊、楚、燕、趙、韓、魏六國輪番攻伐，越來越厲害，不但不能夠建立功名，恰好足以使秦國強大而使自己衰弱，這不是山東六國的上策。真正能夠危害山東六國的，是強大的秦國。可是山東六國卻不擔心強大的秦國，反而輪番削弱自己，終至兩敗俱傷，都歸入秦國，這是我為山東六國所憂慮的事。天下各國為了秦國而互相分割，秦國竟然不必出一把刀；天下各國為了秦國而互相烹煮，秦國竟然不必出一束柴。為什麼秦國就這麼聰明，而山東六國卻這麼愚蠢呀？希望大王仔細考慮啊。

「古之五帝、三王、五伯之伐也，伐不道者。今秦之伐天下不然，必欲反之❶，主必死辱❷，民必死虜❸。今韓、梁之目未嘗乾❹，而齊民獨不❺也，非齊親❻而韓、梁疏❼也，齊遠秦而韓、梁近。今齊將近矣！今秦欲攻梁絳❽、安邑❾，秦得絳、安邑以東下河，必表裏河❿而東攻齊，舉⓫齊屬⓬之海⓭，南面而孤楚、韓、梁，北向而孤燕、趙，齊無所⓮出其計矣。願王孰⓯慮之。

【章旨】進一步分析形勢，指出秦國進攻魏國的計畫實現後，便將進攻齊國。

【注釋】❶反之　和五帝、三王、五霸的攻伐相反。❷死辱　受辱而死。❸死虜　被俘而死。❹目未嘗乾　眼淚未曾乾。❺不　通「否」。❻親　指親秦。❼疏　指疏秦。❽絳　魏地，在今山西曲沃西南。❾安邑　原來的魏都，在今山西夏縣。❿

表裏河　黃河內外。表，外。裏，內。河，黃河。對秦來說，黃河以西是內，以東是外。絳、安邑在黃河東，秦得到絳和安邑，黃河內外均為其所有，所以說「表裏河」。⓫舉　攻取。⓬屬　連接；到達。⓭海　東海。⓮無所　無處。⓯熟　仔細。

【語　譯】「古代五帝、三王、五霸的攻伐，是攻伐無道的國家。現在秦國攻伐天下卻不是這樣，一定想要和古代的攻伐相反，它所攻伐的國家，君主必定受辱而死，人民必定被俘而亡。現在韓國、魏國的人民，眼淚一直沒有流乾過，而唯獨齊國的人民卻不是這樣，這不是因為在政治上齊國親近秦國，韓國、魏國疏遠秦國，而是因為在地理上齊國遠離秦國，韓國、魏國靠近秦國啊。現在齊國在地理上也將靠近秦國了。如今秦國想進攻魏國的絳和安邑，秦國得到絳和安邑，向東直下黃河，必定占據黃河內外，向東進攻齊國，攻取齊國，直達東海，向南孤立楚國、韓國、魏國，向北孤立燕國、趙國，那時齊國便無計可施了。希望大王仔細考慮一番。

「今三晉已合矣，復為兄弟約，而出銳師以戍❶梁絳、安邑，此萬世之計也。齊非急以銳師合三晉，必有後憂。三晉合，秦必不敢攻梁，必南攻楚。楚、秦構難❷，三晉怒齊不與❸己也，必東攻齊。此臣之所謂齊必有大憂，不如急以兵合於三晉。」齊王敬諾❹，果以兵合於三晉。

【章　旨】指出齊國現在不和韓、趙、魏三國聯合，三國便將進攻齊國。齊王聽後，同意和三國聯合。

【注　釋】❶戍　防守。❷構難　構怨；交戰。❸與　助。❹敬諾　答應。敬，表示敬意的副詞。諾，允許。

【語　譯】「現在韓、魏、趙三國已經聯合了，再次締結兄弟般的盟約，派出精銳部隊去防守魏國的絳和安邑，這是長久之計啊。齊國如果不趕緊用精銳部隊和三國聯合，必定有後患。三國聯合了，秦國就必定不敢進攻魏國，一定向南面進攻楚國。楚國、秦國交戰，三國惱火齊國不幫助自己，必定向東進攻齊國。這便是我所說的齊國必定有大患之所在。大王不如趕緊用部隊和三國聯合。」齊王表示同意，真的用部隊和三國聯合。

## 蘇秦為趙合從說齊宣王

【題解】蘇秦遊說齊宣王合縱抗秦。

蘇秦為趙合從❶，說齊宣王曰：「齊南有太山❷，東有琅邪❸，西有清河❹，北有渤海❺，此所謂四塞❻之國也。齊地方❼二千里，帶甲數十萬，粟如丘山。齊車之良，五家之兵❽，疾如錐矢❾，戰如雷電，解如風雨❿。即有軍役，未嘗倍⓫太山、絕⓬清河、涉⓭渤海也。臨淄⓮之中七萬戶，臣竊度⓯之，下戶⓰三男子，三七二十一萬，不待發於遠縣，而臨淄之卒，固以⓱二十一萬矣。臨淄甚富而實，其民無不吹竽⓲、鼓瑟⓳、擊筑⓴、彈琴、鬥雞㉑、走犬㉒、六博㉓、蹹踘㉔者；臨淄之途㉕，車轂㉖擊，人肩摩㉗，連衽㉘成帷㉙，舉袂㉚成幕，揮汗成雨；家敦㉛而富，志高而揚㉜。夫以大王之賢與齊之強，天下不能當㉝。今乃㉞西面事秦，竊為大王羞之。

【章旨】齊國有良好的地理條件、精銳的部隊、大量的人力和財富，不該侍奉秦國。

【注釋】❶合從 即合縱。山東六國連成一條縱線，共同抗秦。❷太山 即泰山，在今山東泰安北。❸琅邪 山名，在今山東諸城東南，靠近黃海。❹清河 古河名，在當時的齊國西部。❺渤海 即今之渤海。❻四塞 四面有險塞。❼方 見方，古代稱土地面積大小的用語。❽五家之兵 齊國的一種軍制，管仲所建立。《史記・齊太公世家》記載管仲與鮑叔等「修齊國政，連五家之兵」。《集解》引《國語》：「管子制國，五家為軌，十軌為里，四里為連，十連為鄉，以為軍令。」❾錐矢 鋒銳的小箭。❿解如風雨 散開時像風雨那麼迅速。解，散開。風雨，比喻迅速。⓫倍 《說文》：「及也。」及，至。⓬絕 渡。⓭涉 徒步過水。按，《史記・蘇秦列傳・正義》：「言臨淄自足也。」「齊有軍役，不用度河取二部。」因為難以講通以上三句，所以這裡沒有採用其說。⓮臨淄 齊國國都，在今山東淄博東北的舊臨淄。⓯度 忖度；估量。⓰下戶 《史記・蘇秦列傳》作「不下戶」。⓱以 通「已」。⓲竽 樂器名，似笙，用三十六根長短不同的簧管製成。⓳瑟 樂器名，似琴，有二十五根絃。⓴筑 樂器名，似箏，有十三根絃，演奏時，左手按絃的一端，右手執竹尺擊絃發音。㉑鬥雞 使雞鬥以為戲。㉒走犬 使犬跑。㉓六博 古代的一種遊戲，兩人相博，黑白子各六。㉔蹹踘 《史記・蘇秦列傳》作「蹋鞠」。古代軍隊中的練武遊戲，類似今天的足球賽。蹹，踢。踘，類似皮球，用牛皮製成，裡面用物填實。㉕途 道路。㉖轚 「轂」的異體字。車輪中心，有孔可以插軸的部分。㉗摩 摩擦。㉘衽 衣襟。㉙帷 圍在四周的帳幕。㉚袂 衣袖。㉛敦 厚實。㉜志高而揚 意志高昂。猶今言精神狀態好。㉝當 匹敵。㉞乃 竟然。

【語譯】蘇秦為了趙國推行合縱政策，遊說齊宣王說：「齊國南面有泰山，東面有琅邪山，西面有清河，北面有渤海，這就是所謂的四面有險塞的國家。齊國的領土方圓二千里，軍隊幾十萬，糧食堆積如山。齊國的車子良好，五家建制的部隊，進攻時像鋒銳的小箭那麼快，交戰時像雷電那麼威猛，散開時像風雨那麼迅速。即使有戰事，也沒有哪個國家能到達泰山、渡過清河、跨過渤海。臨淄城裡，有七萬戶居民，我私自估量一下，每戶不少於三個男子，三七二十一萬，不須徵調遠縣的部隊，單是臨淄的士卒，本來就已經有二十一萬了。臨淄是很富足而充實的，其中的百姓，沒有誰不喜歡吹竽、鼓瑟、擊筑、彈琴、鬥雞、賽狗、下棋、踢球等遊樂；臨淄的路上，車轂撞擊，肩膀摩擦，連起衣襟可成帷幔，舉起衣袖可成布幕，揮灑汗水可成雨水；

各個家庭，厚實豐裕，人人意志高昂，精神煥發。憑著大王的賢能和齊國的強大，天下沒有誰能夠比得上。現在竟然要向西去侍奉秦國，我私自替大王感到羞恥。

「且夫韓、魏之所以畏秦者，以與秦接界也。兵出而相當❶，不至十日，而戰勝❷存亡之機❸決矣。韓、魏戰而勝秦，則兵半折❹，四境不守；戰而不勝，以亡隨其後。是故韓、魏之所以重與秦戰而輕為之臣也。今秦攻齊則不然，倍❺韓、魏之地，至闈❻陽晉之道❼，徑❽亢父❾之險，車不得方軌❿，馬不得並行，百人守險，千人不能過也。秦雖欲深入，則狼顧⓫，恐韓、魏之議其後也。是故恫疑⓬虛猲⓭，高躍⓮而不敢進，則秦不能害齊，亦已明矣。夫不深料秦之不奈我何也，而欲西面事秦，是群臣之計過也。今無臣事秦⓯之名⓰，而有強國之實，臣固⓱願大王之少⓲留計⓳。」齊王曰：「寡人不敏⓴，今主君㉑以趙王之教詔㉒之，敬奉㉓社稷㉔以從㉕。」

【章旨】齊國與韓、魏兩國不同。秦國要進攻齊國，困難重重，對齊國無可奈何。

【注釋】❶當　依劉敞本當作「攻」。❷戰勝　依文意當作「勝敗」。❸機　轉機；變化的關鍵。❹半折　折損一半。❺倍　《說文》：「反也。」❻至闈　《史記・蘇秦列傳》作「過衛」。❼陽晉之道　陽晉險道。陽晉，在山東曹縣北，原來是衛地，當時屬魏國。❽徑　通「經」。❾亢父　古地名，舊址在今山東濟南南。❿方軌　並行。⓫狼顧　後顧之憂。相傳狼性怯，走時常還顧。顧，回頭看。⑫恫疑　恐懼。⑬虛猲　虛張聲勢，進行威脅、恐嚇。指秦國對付齊國而言。⑭高躍　跳得很高。⑮臣事秦　向秦稱臣、侍奉秦國。⑯名　名聲。⑰固　通「故」。⑱少　稍。⑲留計　留心合計。⑳不敏　不敏捷；不聰明。㉑主君　指蘇秦。㉒詔　告。㉓奉　進獻。㉔社稷　國家。㉕從　聽從。

【語　譯】「再說韓國、魏國之所以害怕秦國，是因為和秦國接壤的關係。出兵相攻，不到十天，勝敗存亡的重要關鍵就已經決定了。韓國、魏國要是戰勝了秦國，那麼兵也要折損一半，四面的邊境也就守不住；要是沒有戰勝，滅亡就隨之而來。因為這個緣故，所以韓國、魏國重視向秦國開戰而不輕易地做秦國的臣子。現在秦國進攻齊國，情況就不是這個樣子，進入韓國、魏國的土地，穿過衛國的陽晉要道，經過亢父險塞，車子不能並駕，馬不能並排行走，一百人守住險要的地方，一千人也不能過去。秦軍即使想深入齊國，卻有後顧之憂，害怕韓國、魏國在後面圖謀它。這樣一來，秦國便恐懼不安，虛聲恐嚇，跳得很高卻不敢前進。這樣看來，秦國不能為害齊國，也就已經明顯了。不深入預計秦國對齊國無可奈何，就想向西侍奉秦國，這是群臣計謀的錯誤。現在齊國可以沒有向秦國稱臣的醜名，而有強國的實力，希望大王稍微留心合計一下。」

齊宣王聽了以後說：「寡人不聰明，現在你把趙王的教導告訴我，我願意恭敬地獻上齊國來聽從你的。」

## 張儀為秦連橫齊王

【題　解】張儀為秦國連橫遊說齊湣王。

張儀為秦連橫❶齊王❷曰：「天下強國無過齊者，大臣父兄❸殷❹眾富樂無過齊者。然而為大王計者，皆為一時說而不顧萬世之利。從人❺說大王者，必謂齊西有強趙，南有韓、魏，負海之國也，地廣人眾，兵強士勇，雖有百秦，將無奈我何！大王覽❻其說，而不察其至實❼。

【章旨】合縱之說，不切實際。

【注釋】❶連橫　山東六國和秦聯合，結成橫線，共同侍奉秦國。❷齊王　指齊湣王。「齊」字上當補「說」字。❸父兄　同姓大臣。❹殷　眾多。❺從人　主張合縱的人，指蘇秦等。❻覽　接受。❼至實　即「實」。至，也是「實」的意思。

【語譯】張儀替秦國連橫遊說齊湣王說：「天下強大的國家沒有超過齊國的，同姓大臣和父兄眾多、富裕安樂的國家也沒有超過齊國的。然而替大王出謀獻策的人，都是為了一時的遊說，卻不顧及長遠的利益。主張合縱的人遊說大王，一定說齊國西邊有強大的趙國，南邊有韓國、魏國，齊國本身是背靠大海的國家，土地廣大，人口眾多，兵卒強壯，戰士勇敢，即使有一百個秦國，對齊國也將無可奈何！大王接受他們的遊說，卻不願考察一下實際情況。

「夫從人朋黨❶比周❷，莫不以從為可。臣聞之，齊與魯三戰而魯三勝，國以危，亡隨其後，雖有勝名而有亡之實，是何故也？齊大而魯小。今趙之與秦也，猶齊之於魯也。秦、趙戰於河漳❸之上，再戰而再勝秦；戰於番吾❹之下，再戰而再勝秦。四戰之後，趙亡卒數十萬❺，邯鄲僅存❻。雖有勝秦之名，而國破矣！是何故也？秦強而趙弱也。今秦、楚嫁子❼取婦❽，為昆弟之國；韓獻宜陽❾，魏效河外⑩，趙入朝黽池⑪，割河間⑫以事秦。大王不事秦，秦驅韓、魏攻齊之南地，悉趙⑬涉河關⑭，指⑮摶關⑯，臨淄、即墨⑰非王之有也。國一日被攻，雖欲事秦，不可得也。是故願大王熟計之。」

【章　旨】先以魯、趙二國為例，說明小不可敵大、弱不可敵強，再指出楚、魏、韓、趙四國都已經倒向秦國，齊國也要及時侍奉秦國，以免後悔莫及。

【注　釋】❶朋黨　同類人為私利勾結在一起。❷比周　勾結。❸河漳　即漳河，發源於山西東部，流經河南、河北兩省邊境。❹番吾　趙地名，在今河北磁縣境內。據《史記・趙世家》，趙王遷「四年（西元前二三二年），秦攻番吾，李牧與之戰，卻之」。又據《史記・六國年表》張儀死於魏襄王十年（西元前三〇九年），即番吾之戰時張儀已死七十七年，他不可能知道有秦、趙番吾之戰，所記當有誤。❺亡卒數十萬　指西元前二六〇年秦將白起在長平大敗趙軍，坑殺趙卒四十多萬。這時張儀已死去四、五十年。❻邯鄲僅存　由於楚國、魏國來救，趙孝成王九年（西元前二五七年）才解邯鄲之圍。這時張儀已死五十二年。❼嫁子　指將兒子送到秦國去做人質。楚懷王二十六年（西元前三〇三年），齊、韓、魏三國伐楚，楚使太子到秦國去做人質，向秦國求救。這時張儀已死六年。❽取婦　即娶婦。楚懷王二十四年（西元前三〇五年）往秦迎婦。❾韓獻宜陽　據《史記・六國年表》韓襄王五年（西元前三〇七年）秦國攻拔韓國的宜陽。這時張儀已死兩年。❿魏效河外　魏惠王後元十三年（西元前三二二年），秦國奪取魏國的曲沃、平周。效，獻。河外，就秦國而言，黃河東岸稱河外。曲沃、平周在黃河東岸。⓫趙入朝黽池　據《史記・六國年表》趙惠文王二十年（西元前二七九年）與秦昭王會於黽池。這時張儀已死三十年。入，進入秦國。黽池，在今河南澠池境內。⓬河間　趙地，在黃河與永定河之間。⓭悉趙　使趙軍全部出動。⓮河關　《史記・張儀列傳》作「清河」。清河在齊國西部。⓯指　指向。⓰摶關　當據曾鞏本作「博關」，在今山東茌平境內。⓱即墨　齊邑，在今山東平度東南，因靠近墨水，故稱即墨。

【語　譯】「那班主張合縱的人結黨營私，沒有誰不認為合縱是可行的。我聽說：齊國和魯國交戰三次，魯國戰勝了三次，可是魯國卻因而陷入險境，隨後它就滅亡了，雖然有戰勝的名義，實際上卻是亡國，這是什麼緣故呢？因為齊國是大國，魯國是小國。現在趙國與秦國相比，就好像魯國和齊國一樣啊。秦國與趙國在漳河邊上交戰，交戰兩次，趙國兩次戰勝秦國；在番吾城下交戰，交戰兩次，趙國兩次戰勝秦國。四次交戰之後，趙國損失士卒幾十萬，首都邯鄲才保存下來。雖然有戰勝秦國的名義，而國家卻已殘破了！這是什麼緣故呢？是因為秦國強大而趙國弱小啊。現在秦國和楚國，一方送出太子去做人質，一方娶回婦女來做夫人，結成兄弟之國；韓國獻上宜陽，魏國獻出河外，趙王進入黽池朝見秦王，割讓河間以侍奉秦國。大王如果不侍奉秦國，秦國便將驅使韓國、魏國來進攻齊國的南部，出動全部趙軍渡過清河，直指博關，那麼臨淄、即墨就不是大王所有啊。國家一旦被攻，即使想侍奉秦國，也就不可能啦。因此希望大王仔細考慮這件事。」

齊王曰：「齊僻陋隱居，託於東海之上，未嘗聞社稷之長利。今大客❶幸而教之，請奉社稷以事秦。」獻魚鹽之地三百❷於秦也。

【章旨】齊湣王聽後，決定侍奉秦國，並獻地三百里。

【注釋】❶大客　相當於貴客。❷三百　曾鞏本「三百」下有「里」字。

【語譯】齊湣王說：「我作為齊國的君主，隱居在偏僻的地方，託身在東海邊上，不曾聽過有關國家長遠利益的言論。現在有幸得到貴客的教導，請允許我獻上齊國以侍奉秦國。」便獻上有魚鹽之利的土地三百里給秦國。

# 卷九　齊策二

## 韓齊為與國

【題解】秦國、魏國進攻韓國，齊宣王採納田臣思的建議，不救援韓國，卻趁山東諸侯忙於救韓之機，攻取了燕國。

韓、齊為與國❶。張儀以秦、魏伐韓❷。齊王❸曰：「韓，吾與國也。秦伐之，吾將救之。」田臣思❹曰：「王之謀過矣，不如聽❺之。子噲與子之國❻，百姓不戴，諸侯弗與❼。秦伐韓，楚、趙必救之，是天下❽以燕賜我❾也。」王曰：「善。」乃許韓使者而遣❿之。韓自以得交於齊，遂與秦戰。楚、趙果遽⓫起兵而救韓。齊因起兵攻燕，三十日而舉⓬燕國。

【注釋】❶與國　盟國。❷秦魏伐韓　《史記・田敬仲完世家》：「桓公午五年（西元前三七〇年），秦、魏攻韓，韓求救於齊。」據後人研究，當是齊宣王時。❸齊王　高誘注：「宣王也。」是。《孟子・梁惠王下》：「齊人伐燕，勝之。宣王問曰：「或謂寡人勿取，或謂寡人取之。以萬乘之國伐萬乘之國，五旬而取之。」」可證。❹田臣思　齊臣。一說即田忌。❺聽　聽任；隨他的便。❻子噲與子之國　蘇代（《史記・燕召公世家》說是鹿毛壽）勸子噲將國家讓給子之。子噲，燕易王的兒子，燕昭王的父親。與，讓與。子之，燕相。❼與　助。❽天下　據劉敞本「下」字是衍文。❾我　指齊國。❿遣　打發。⓫遽　急忙。⓬舉　攻取。《史記・燕召公世家》說齊伐燕是齊湣王時，而〈田敬仲完世家〉又說是齊桓公午時。按，據上引《孟子・梁惠王下》及〈公孫丑下〉：「孟子曰：『子噲不得與人燕，子之不得受燕於子噲。』」「為天吏，則可以伐之。」這次當是齊宣王伐燕。

【語　譯】韓國與齊國結為盟國。張儀聯合秦國、魏國進攻韓國。齊宣王說：「韓國是我們齊國的盟國。秦國進攻韓國，我將救援韓國。」田臣思說：「大王的想法錯了，不如聽其自然的好。子噲將燕國給了子之，百姓不擁戴他，諸侯不幫助他。秦國攻打韓國，楚國、趙國必定救援韓國，這是老天爺將燕國賜給我們齊國啊。」齊宣王說：「好。」便假裝答應韓國的使者同意救援韓國，打發他回去。韓國自以為結交了齊國，便和秦國交戰。楚國、趙國果然急忙起兵救援韓國。齊國因而起兵進攻燕國，三十天便攻取了燕國。

## 張儀事秦惠王

【題　解】據《史記・張儀列傳》，秦武王做太子時就不喜歡張儀。秦惠王死後，秦武王即位，大臣不斷說張儀的壞話，齊國又派人來責備秦國不該重用張儀。張儀害怕受誅，為擺脫困境，便巧說秦武王讓他離開秦國去魏國。到魏國後張儀又派馮喜去遊說齊王，停止進攻魏國。

張儀事秦惠王❶。惠王死，武王❷立。左右惡張儀，曰：「儀事先王❸不忠。」言未已❹，齊讓❺又至。張儀聞之，謂武王曰：「儀有愚計，願効❻之王。」王曰：

「奈何？」曰：「為社稷計者，東方有大變❼，然後王可以多割地❽。今齊王甚憎張❾儀，儀之所在，必舉兵而伐之。故儀願乞不肖身❿而之梁，齊必舉兵而伐之。齊、梁之兵連⓫於城下⓬，不能相去⓭，王以其間⓮伐韓，入三川⓯，出兵函谷⓰而無伐，以臨周⓱，祭器⓲必出，挾天子，案圖籍⓳，此王業⓴也。」王曰：「善。」乃具革車㉑三十乘㉒，納之梁㉓。

【章旨】張儀對秦武王說，齊王很恨我，如果讓我去大梁，齊國就會進攻魏國。秦國便可趁機進攻韓國，窺伺周室，以圖王業。

【注釋】❶秦惠王　秦孝公的兒子，名駟。❷武王　秦惠王的兒子，名蕩。❸先王　指秦惠王。據《史記・張儀列傳》，惠王死後，秦國的群臣說張儀「無信，左右賣國以取容」。❹已　停止。❺讓　責備。齊國恨張儀，所以責備秦國不該重用張儀。❻効　獻。❼大變　大的軍事行動。❽割地　指割取山東諸侯土地。❾張　當是衍文，宜刪。❿不肖身　相當於賤軀、不中用的人。⓫連　接；交戰；分不開。⓬城下　指魏都大梁城下。⓭去　離開；擺脫。⓮間　間隙；空檔。⓯三川　指黃河以南伊河、洛河流經之地，在今河南西部。⓰函谷　指函谷關，在今河南靈寶南。⓱臨周　開到周國。臨，至。⓲祭器　指周國用作祭祀的禮器。⓳案圖籍　按著地圖。案，用手壓著。圖籍，地圖。⓴王業　稱王的事業。㉑革車　兵車。㉒乘　輛。㉓納之梁　把張儀送進大梁。納，入。梁，魏都大梁。

【語譯】張儀侍奉秦惠王。惠王去世，武王即位。秦王的左右大臣憎恨張儀，說：「張儀侍奉先王不忠。」這些壞話還沒有停止，齊國又派人來責備秦國不該重用張儀。張儀知道這些情況以後，便對武王說：「我有一個愚蠢的計策，願意獻給大王。」武王說：「什麼計策？」張儀說：「為國家著想，東方有重大的軍事行動，然後大王才可以多割取土地。現在齊宣王很恨我，我所在的地方，他就必定起兵去攻打它。所以我願意請求讓我這不中用的人到大梁去，齊國就一定會起兵進攻大梁。齊國、魏國的軍隊在大梁城下戰得不可開交，不能脫身，大王便利用這個空檔攻打韓國，進入三川地帶，出兵函谷關卻不進攻，把軍隊開到周國，周國必定會交出祭器，大王便可挾持天子，按著地圖，攻取天下，這是稱王的大業啊。」武王說：「好。」於是備好三十輛兵車，將張儀送進大梁去。

齊果舉兵伐之。梁王❶大恐，張儀曰：「王勿患，請令罷齊兵。」乃使其舍人❷馮喜之楚，藉使之齊❸。齊、楚之事❹已畢，因謂齊王：「王甚憎張儀，雖然，厚矣王之託儀於秦王也❺。」齊王曰：「寡人甚憎儀，儀之所在，必舉兵伐之，何以託儀也？」對曰：「是乃王之託儀也。儀之出秦，因❻與秦王約曰：『為王計者，東方有大變，然後王可以多割地。齊王甚憎儀，儀之所在，必舉兵伐之。故儀願乞不肖身而之梁，齊必舉兵伐梁。梁、齊之兵連於城下不能去，王以其間伐韓，入三川，出兵函谷而無伐，以臨周，祭器必出，挾天子，案圖籍，是王業也。』秦王以為然，與革車三十乘而納儀於梁。而果伐之，是王內自罷❼而伐與國❽，廣鄰敵以自臨❾，而信儀於秦王❿也。此臣之所謂託儀也。」王曰：「善。」乃止⓫。

【章旨】張儀到了大梁，齊國果然進攻魏國。張儀派馮喜通過楚國出使齊國，將他這次到大梁的內情告訴齊宣王，齊國便停止進攻魏國。

【注　釋】❶梁王　即魏襄王。❷舍人　戰國時左右親近的通稱。❸藉使之齊　即藉楚使之齊。借助楚國派馮喜前往齊國。這樣做可能是因為當時魏國和齊國關係緊張，不便直接派遣使者。藉，通「借」。之，往。❹齊楚之事　指齊國和楚國之間的外交事務。❺厚矣句　這句相當於「王之託儀於秦王也，厚矣」。厚，深。託，委託。❻因　當依劉敞本作「固」。❼罷　通「疲」。❽與國　盟國。❾臨　繆文遠君懷疑是「孤」字之誤。譯文暫從其說。❿信儀於秦王　使張儀取信於秦武王。⓫止　指停止進攻魏國。

【語　譯】齊國果然起兵進攻魏國。魏襄王很害怕。張儀說：「大王不要憂慮，請允許我讓齊軍停止進攻。」於是派他的親信馮喜前往楚國，借助楚國派他前往齊國。齊國和楚國之間的外交事務辦完以後，馮喜便告訴齊宣王說：「大王很恨張儀，雖然如此，大王受張儀的委託去對付秦武王也陷得夠深了呀！」齊宣王說：「我很恨張儀，張儀所在的地方，我一定起兵去攻打它，怎麼說我受張儀的委託呢？」馮喜回答說：「這便是大王受張儀的委託啊。張儀從秦國出來的時候，本來就和秦武王約定說：『為大王著想，東方有重大的軍事行動，然後大王才可以多割取土地。齊王很恨我，我所在的地方，齊王必定起兵去攻打。所以我願意請求讓我這不中用的人到大梁去，齊國必定會起兵進攻大梁。魏國和齊國的軍隊在大梁城下戰得不可開交，大王便利用這個空檔攻打韓國，進入三川地帶，出兵函谷關，毋需進攻，軍隊開到周國，周國必定會交出祭器，大王便可挾持周天子，按著地圖，攻取天下，這是稱王的大業啊。』秦武王認為他說得對，便給兵車三十輛，將張儀送進大梁。而齊國果然進攻大梁，這是大王對內使自己疲困而去攻打盟國，增多鄰近的敵人以使自己孤立，而使張儀取信於秦武王啊。這就是我所說的大王受張儀的委託的緣由。」齊宣王說：「講得好。」於是停止進攻魏國。

# 犀首以梁為齊戰於承匡而不勝

【題解】魏惠王後元十三年（西元前三二二年）用張儀為相，張儀準備遊說齊威王，使秦、魏、齊三國連橫。犀首（公孫衍）為了破壞張儀連橫，故意顯示出和張儀關係親密，以激怒齊威王，使他不聽張儀的話。

犀首❶以梁❷為❸齊戰於承匡❹而不勝。張儀謂梁王❺：「不用臣言以危國❻。」梁王因相儀❼。儀以秦、梁之齊合橫親，犀首欲敗，謂衛君曰：「衍非有怨於儀❽也，值❾所以為❿國者不同耳。君必解衍⓫。」衛君為告儀，儀許諾，因與之參⓬坐於衛君之前。犀首跪行，為儀千秋之祝⓭。明日張子⓮行，犀首送之至於齊疆。齊王聞之，怒於儀，曰：「衍也吾讎⓯，而儀與之俱⓰，是必與衍鬻⓱吾國矣。」遂不聽。

【注釋】❶犀首　即公孫衍，魏國陰晉人，與張儀關係不好。當時張儀在魏國，後出任魏相。犀首為魏相後，張儀便離開魏國。詳見《史記·張儀列傳》。❷梁　即魏。❸為　當從鮑彪本作「與」。❹承匡　春秋時宋邑名，在今河南睢縣西。❺梁王　即魏惠王。❻不用臣言以危國　據《史記·張儀列傳》，張儀在秦惠王十年（西元前三二八年）便做了秦相，後來來到魏國，想使魏國先侍奉秦國，以便山東諸侯仿效，曾為此勸說魏惠王，魏惠王不聽他的。所謂「不用臣言」可能指此。❼相儀　任命張儀為相。據《史記·六國年表》、〈魏世家〉魏惠王後元十三年（西元前三二二年）張儀出任魏相。❽非有怨於儀　對張儀沒有怨仇。按，這是假話。《史記·張儀列傳》說公孫衍「與張儀不善」。❾值　當作「直」，相當於現在說的「只不過」。❿

為 助。⓫解衍 向張儀解說公孫衍不怨恨他。⓬參 三。指衛君、張儀、公孫衍三人。⓭千秋之祝 祝他活一千歲。⓮張子 即張儀。⓯讎 仇；仇敵。公孫衍不久曾在承匡與齊國作戰，所以齊威王說是他的仇敵。⓰俱 在一起。⓱鬻 賣。

【語 譯】公孫衍率領魏軍在承匡與齊軍交戰，沒有戰勝齊軍。張儀對魏惠王說：「不聽我的話以致國家危險。」魏惠王因而任命張儀為相。張儀依靠秦國、魏國前往齊國推動連橫政策，公孫衍想破壞它，便對衛國的君主說：「我公孫衍對張儀沒有個人恩怨，只不過兩人幫助國家的辦法不同罷了。你一定要替我向張儀解說。」衛國的君主將這個意思轉告張儀，張儀答應與公孫衍和好，於是和公孫衍一起坐在衛君面前。公孫衍雙膝著地跪著行走，祝張儀活一千歲。第二天張儀起程去齊國，公孫衍送他到齊國的邊界上。齊威王知道了，對張儀惱火，說：「公孫衍是我的仇敵，而張儀和他在一起，這一定是和公孫衍一起合謀出賣我國了。」於是不聽從張儀的話。

## 昭陽為楚伐魏

【題 解】楚國的將軍昭陽大敗魏國以後，移兵進攻齊國。陳軫為了齊國遊說昭陽，說他已「官為上柱國，爵為上執珪」，做了令尹，無法再加官爵，現在又進攻齊國，只不過是畫蛇添足罷了。昭陽因而撤軍，不攻齊。

昭陽❶為楚伐魏❷，覆軍殺將得八城，移兵而攻齊。陳軫❸為齊王使，見昭陽，再拜賀戰勝，起而問：「楚之法，覆軍殺將，其官爵何也？」昭陽曰：「官為上柱國❹，爵為上執珪❺。」陳軫曰：「異貴於此者何也？」曰：「唯令尹❻耳。」陳軫曰：「令尹貴矣！王非置兩令尹也，臣竊為公❼譬可也❽？楚有祠者❾，賜其舍人⑩卮⑪酒。舍人相謂曰：『數人飲之不足，一人飲之有餘。請畫地為蛇，先成者飲酒。』一人蛇先成，引酒且⑫飲之，乃左手持卮，右手畫蛇，曰：『吾能為之足。』未成，一人之蛇成，奪其卮曰：『蛇固無足，子安能為之足？』遂飲其酒。為蛇足者，終亡⑬其酒。今君相⑭楚而攻魏，破軍殺將得八城，不弱兵⑮，欲攻齊，齊畏公甚，公以是為名居⑯足矣，官之上非可重也。戰無不勝而不知止者，身且⑰死，爵且後歸⑱，猶為蛇足也。」昭陽以為然，解軍⑲而去。

【注釋】❶昭陽　楚懷王將。❷為楚伐魏　據《史記・楚世家》，事在楚懷王六年（西元前三二三年）。❸陳軫　策士，與齊王同姓，先和張儀事秦惠王，因受張儀讒毀而投奔楚國。❹上柱國　戰國時楚官名。有覆軍殺將之功才能授此官職，地位僅次於令尹。❺上執珪　執圭，爵名，將圭（舉行典禮時手中拿的一種玉器，上圓下方）賜給功臣，所以這種官爵叫執圭。執圭是楚國最高的官爵，所以叫上執圭。❻令尹　楚國最高的官職，相當於其他諸侯國的相。❼公　指昭陽。❽也　當依劉敞本作「乎」。❾祠者　祭祀的人。❿舍人　戰國時左右親近的通稱。⓫卮　古代的酒器。⓬且　將。⓭亡　失。⓮相　助。⓯不弱兵　指經過戰鬥，軍力沒有削弱。⓰居　當是衍文，宜刪去。⓱且　將。⓲後歸　指爵歸後面的人。後，照應前未畫蛇足的人。⓳解軍　撤軍。

【語譯】昭陽替楚國進攻魏國，消滅敵軍，殺死敵將，奪得八座城市，接著又移動部隊，進攻齊國。陳軫為齊威王出使，去見昭陽，再次跪拜祝賀昭陽打了勝仗。站起來便問道：「按照楚國的法律，消滅敵軍、殺死敵將的人，他們的官爵是什麼？」昭陽說：「官職是上柱國，爵位是上執珪。」陳軫說：「比這更尊貴的官爵是什麼？」昭陽說：「只有令尹了。」陳軫說：「令尹是最尊貴的了！楚王不能設置兩個令尹啊，我私下替你打個比方好嗎？楚國有個祭祀的人，賜給他的左右親信一杯酒。左右親信互相商量說：『幾個人都喝，酒不夠；一個人喝，酒有餘。請讓我們在地上畫蛇，先畫成的喝酒。』有一個人先畫成蛇，拿起酒將要喝下去，卻又左手拿著酒杯，右手再畫蛇，說：『我能替蛇畫足。』這個人還沒有畫好蛇足，另一個人的蛇畫成了，奪過他的酒杯說：『蛇本來沒有足，你怎麼能給蛇添足？』於是便將酒喝了。替蛇添足的人，終於失去了那杯酒。現在你幫助楚國，進攻魏國，打敗魏軍，殺死魏將，奪得八座城市，還沒有削弱自己的兵力，又想進攻齊國，齊國很害怕你，你因而出名也出夠了，你的官銜上面已不能再加官了。戰無不勝卻不知道滿足的人，將自取滅亡，爵位將歸於後來的人，就像畫蛇添足一樣啊。」昭陽認為陳軫說得對，便撤軍而去。

## 秦攻趙

【題解】秦國進攻趙國，引起連鎖反應，趙國、齊國紛紛爭著多割城邑與秦國講和。趙足遊說齊王，建議齊、趙兩國聯合起來抗秦。

秦攻趙，趙令樓緩❶以五城求講於秦❷，而與之伐齊。齊王❸恐，因使人以十城求講於秦。樓子❹恐，因以上黨❺二十四縣許秦王❻。趙足❼之齊，謂齊王曰：「王欲秦、趙之解乎？不如從❽，合於趙，趙必倍❾秦。倍秦則齊無患矣。」

【注釋】❶樓緩　趙人，秦昭王時為秦相。這時樓緩在趙國。❷求講於秦　據〈趙策三・秦攻趙於長平〉，秦軍在長平大敗趙軍（在西元前二六〇年）後，樓緩剛從秦國來到趙國，主張割城向秦求和。講，和。❸齊王　指齊王建。❹樓子　即樓緩。❺上黨　趙邑，在今山西長治。❻秦王　指秦昭王。❼趙足　趙人。❽從　通「縱」。❾倍　通「背」。

【語譯】秦國進攻趙國，趙國讓樓緩用五座城市向秦國求和，並且和秦國一起去攻打齊國。齊王害怕，因而派人用十座城市向秦國求和。樓緩也害怕，因而答應將上黨二十四縣割給秦王。趙足前往齊國，對齊王說：「大王想讓秦國、趙國的軍隊撤退嗎？不如參加合縱，和趙國聯合，這樣趙國就必定背棄秦國。趙國背棄秦國，齊國就沒有禍患了。」

## 權之難齊燕戰

【題解】齊國與燕國在權地交戰，秦國要趙國幫助燕國攻擊齊國。齊國的田文派魏處遊說趙國的當權大臣李向，要他按兵不動，保持中立，坐觀成敗以取利，實際上是為了阻止趙國幫助燕國進攻齊國。

權之難❶，齊、燕戰。秦使魏冉❷之趙，出兵助燕擊齊。薛公❸使魏處❹之趙，謂李向❺曰：「君助燕擊齊，齊必急；急必以地和於燕，而身❻與趙戰矣。然則是君自為燕東兵❼，為燕取地❽也。故為君計者，不如按兵勿出。齊必緩❾，緩必復與燕戰。戰而勝，兵罷❿弊，趙可取唐⓫、曲逆⓬；戰而不勝，命懸⓭於趙。然則吾⓮中立而割窮齊與疲燕也，兩國之權，歸於君⓯矣。」

【注釋】❶權之難　〈齊策五・蘇秦說齊閔王〉有「齊、燕戰，而趙氏兼中山」的記載，據《史記・六國年表》、〈田敬仲完世家〉，趙惠文王四年（西元前二九五年）趙、齊、燕共滅中山國。權之戰，當在此前不久。權，地名，在今河北正定北。難，兵難。❷魏冉　秦昭王的母親宣太后的弟弟。秦昭王十二年（西元前二九五年）魏冉為秦相，後又封為穰侯。❸薛公　指田文，即孟嘗君。齊湣王三年（西元前二九八年）為齊相。❹魏處　人名，事跡不詳。❺李向　趙國的當權大臣。據《史記・趙世家》，當時趙惠文王年少，公子成和李兌專政，因此有說李向即李兌。錄以備考。❻身　自身。指齊國。❼東兵　向東用兵。即向東進攻齊國。❽地　指齊地。❾緩　不危急。❿罷　通「疲」。⓫唐　高誘注：「今盧奴北盧縣也。」盧奴即今河北定州，盧縣在其北，當是指今河北唐縣。唐是中山國的屬地。⓬曲逆　中山國屬地，在今河北完縣東南。⓭懸　繫。⓮吾　指趙。魏處特意用趙國人的口氣說話。一說「吾」是「君」之誤，指李向。⓯君　指李向。

【語　譯】齊國與燕國在權地交戰。秦國派魏冉前往趙國，要求趙國出兵幫助燕國攻擊齊國。齊國的田文，也派魏處前往趙國，對趙國的李向說：「你幫助燕國攻擊齊國，齊國必定感到危急；齊國感到危急，必定用土地向燕國求和，而自己就和趙國開戰了。這樣一來就是你自己替燕國向東方的齊國用兵，為燕國奪取齊國的土地啊。所以替你著想，不如按兵不出。這樣齊國必定不會感到危急；齊國不感到危急，就必定再與燕國交戰。齊國如果戰勝了，部隊也已疲勞，趙國可趁機奪取中山國的唐地和曲逆；齊國要是沒有戰勝，命運就懸在趙國手裏。這樣一來，我們趙國由於保持中立，而能割取窮困的齊國、疲勞的燕國的土地，齊、燕兩國的權力就歸你所有了。」

## 秦攻趙長平

【題　解】秦國在長平進攻趙國，趙國向齊國借糧，齊國不借。某策士遊說齊王建，稱趙國和齊國、燕國是唇齒關係，今天趙國滅亡，明天就將輪到齊國、燕國，因此齊國應該趕快救援趙國。據《史記・田敬仲完世家》記載，齊王建沒有採納這建議，以致秦國在長平大敗趙軍。

秦攻趙長平❶，齊、楚❷救之。秦計曰：「齊、楚❸救趙，親，則將退兵；不親，則且遂攻之❹。」趙無以食，請粟於齊，而齊不聽。蘇秦❺謂齊王❻曰：「不如聽之以卻❼秦兵，不聽則秦兵不卻，是秦之計中❽，而齊、燕之計過❾矣。且趙之於燕、齊，隱蔽❿也，齒之有脣也，脣亡則齒寒。今日亡趙，則明日及齊、楚矣。且夫救趙之務⓫，宜若奉⓬漏罋⓭，沃⓮燋釜⓯。夫救趙，高義也；卻秦兵，顯名也。義救亡趙，威卻強秦兵，不務為此，而務愛粟，則為國計者過矣。」

【注釋】❶長平　趙邑，在今山西高平西北。秦昭王四十七年（西元前二六〇年）秦將白起在長平大敗趙軍。❷楚　當作「燕」。《史記・田敬仲完世家》司馬貞《索隱》說：「《戰國策》……『楚』字皆作『燕』。」❸楚　亦當作「燕」。下同。❹不親二句　《史記・田敬仲完世家》這句作「不親遂攻之」，文意較順。且，將。❺蘇秦　據《史記・蘇秦列傳》，蘇秦死於齊湣王時，距離長平之戰，早數十年。蘇秦絕不能在此時向齊王建進諫。進諫者當是齊國某一策士。《史記・田敬仲完世家》作「周子」。❻齊王　指齊王建。❼卻　退。❽中　正好對了。❾過　錯。❿隱蔽　相當於「屏障」。⓫務　事。⓬奉　捧。⓭漏罋　即漏甕。漏水的陶器。罋，盛水的陶器。⓮沃　澆。⓯燋釜　燒焦了的鍋。燋，通「焦」。釜，古代的一種鍋。

【語譯】秦國進攻趙國的長平，齊國、燕國去救援趙國。秦國算計說：「齊國、燕國救援趙國，如果它們之間的關係親密，我們就將退兵；不親密，我們就準備進攻下去。」這時趙國沒有吃的，向齊國請求借糧，齊國卻不肯借。有人對齊王建說：「不如借給它，以使秦國退兵；不借，秦兵就不退，這樣，秦國的算計正好得逞，而齊國、燕國的算計卻錯了。況且趙國對於燕國、齊國來說，像屏障，像牙齒有嘴唇，損失了嘴唇，牙齒就要受凍。今天趙國滅亡，明天就輪到齊國、燕國了。再說，救趙的事，應當像捧著漏水的陶器去澆燒焦了的鍋那樣緊急。救援趙國，是高尚的正義的行動；使秦國退兵，是顯揚聲威的良機。堅持正義，救援將要滅亡的趙國；顯揚聲威，使強大的秦國退兵，不努力去做好這件事，卻拚命愛惜糧食，這便是為國家出謀獻策的人的錯誤了。」

# 或謂齊王

【題解】有人勸齊王，當日趙國、魏國應秦國的要求，進攻周國、韓國，後來免不了也受秦國的進攻；今天齊國應秦國的要求，進攻趙國、魏國，結果也會像當日的趙國、魏國一樣，遭受秦國的進攻。

或謂齊王曰：「周、韓西有強秦，東有趙、魏。秦伐周、韓之西，趙、魏不❶伐，周、韓為割❷，韓卻❸周害❹也。及韓卻周割之❺，趙、魏亦不免與秦為患❻矣。今齊❼秦伐趙、魏，則亦不果❽於趙、魏之應秦而伐周、韓。令❾齊入於秦而伐趙、魏，趙、魏亡之後，秦東面而伐齊，齊安得救❿天下乎！」

【注釋】❶不　疑「不」字是「亦」字之誤。從下文「趙、魏之應秦而伐周、韓」，可知趙、魏兩國也參加了攻伐周、韓的戰爭。❷為割　指被秦國割地。❸韓卻　韓兵退卻。❹周害　據下文當是「周割」之誤。指周地被秦國所割。❺之　據鮑彪本「之」下當補「後」字。❻與秦為患　以秦為患；把秦作為禍患。意即受到秦國攻伐。與，通「以」。介詞。❼齊　「齊」下當據鮑彪本補「應」字。❽果　依王念孫說當為「異」之誤。❾令　據吳師道《補正》疑當作「今」字。❿救　「救」字下當據鮑彪本補「於」字。

【語　譯】有人對齊王說：「周國、韓國的西邊有強大的秦國，東邊有趙國、魏國。秦國進攻周國、韓國的西邊，趙國、魏國也進攻周國、韓國。周國、韓國被秦國割地，說的是韓國軍隊敗退、周國割地啊。等到韓國軍隊敗退、周國割地以後，趙國、魏國也難免受到秦國的進攻了。現在齊國應秦國的要求進攻趙國、魏國，那也和趙國、魏國應秦國的要求進攻周國、韓國沒有什麼不同。現在齊國和秦國聯合而進攻趙國、魏國，趙國、魏國滅亡以後，秦國便向東進攻齊國，齊國那時怎麼能得到天下的救援呢！」

# 卷一〇 齊策三

## 楚王死

【題解】本篇分兩大部分。第一段為第一部分，記載楚懷王死後，蘇秦建議薛公田文，利用在齊國做人質的楚太子，要求楚國將下東國割給齊國。第二到第十段為第二部分，記載著書人就上述事件進行揣摩分析，認為這件事可以出現十種可能，表明策士的計謀層出不窮，變化莫測。雖然不一定是事實，但從中可以看出：那班好長短之術的人真可稱得上是巧言如簧、翻手為雲、覆手為雨了。

楚王❶死，太子❷在齊質。蘇秦謂薛公❸曰：「君何不留楚太子，以市❹其下東國❺？」薛公曰：「不可。我留太子，郢中❻立王❼，然則是我抱空質❽而行不義於天下也。」蘇秦曰：「不然。郢中立王，君因謂其新王曰：『與我下東國，吾為王殺太子；不然，吾將與三國❾共立之。』然則下東國必可得也。」

【章旨】楚懷王死，蘇秦建議薛公扣留在齊國做人質的楚太子，要求楚國割讓下東國。

【注釋】❶楚王　指楚懷王。楚懷王受秦國欺騙，於秦昭王八年（西元前二九九年）入秦會盟，被扣留在秦國，後三年（西元前二九六年）死在秦國。❷太子　指楚太子，名橫，楚懷王二十九年（西元前三〇〇年）入齊做人質。❸薛公　指田文，楚懷王死以前兩年，田文已經回到齊國為相。❹市　要求交換。❺下東國　指楚國東邊靠近齊國的那塊土地，在淮北。❻郢中　楚都，在今湖北江陵郊區的紀南城舊址。❼立王　指另立新王。據《史記・楚世家》，楚懷王被扣留在秦國期間，楚大臣曾經另謀立楚懷王的庶子為王，遭到昭睢的反對。當時齊湣王曾經對他的相說：「不若留太子以求楚之淮北。」齊相說：「不可，郢中立王，是吾抱空質而行不義於天下也。」有人說：「不然。郢中立王，因與其新王市曰：『予我下東國，吾為王殺太子；不然，將與三國共立之。』然則東國必可得矣。」齊湣王採用了相國計謀，將楚太子歸還楚國，立為頃襄王。和這裡的記載有相當大的出入。❽空質　沒有用的人質。如果楚國另立新王，在齊國做人質的楚太子便成了空質。❾三國　指秦、韓、魏三國。

【語　譯】楚懷王死了，當時楚太子在齊國做人質。蘇秦對薛公田文說：「你為何不扣留楚太子，以要求楚國割讓下東國呢？」薛公說：「不行。我們扣留太子，楚國便會另立新王，這樣一來，我們就抱著一個無用的人質而在天下做了不義的事啊。」蘇秦說：「不是這樣。楚國如果另立新王，你因而便可對新王說：『將下東國給我，我就替你殺掉楚太子；否則，我將和秦、韓、魏三國共同立楚太子做楚王。』這樣，下東國就一定可以得到了。」

蘇秦之事❶，可以請行❷；可以令楚王❸亟❹入下東國；可以益割❺於楚；可以忠太子❻而使楚益入地；可以為楚王走太子❼；可以忠太子使之亟去；可以惡蘇秦❽於薛公；可以為蘇秦請封於楚；可以使人說薛公以善❾蘇子；可以使蘇子自解❿於薛公。

【章旨】蘇秦建議薛公扣留楚太子一事，《戰國策》的著者分析，認為可以產生十種可能。以下各段，分別分析了各種可能。所說的事，當是虛構。

【注釋】❶蘇秦之事　鮑彪注：「此著書者敘說。」鮑說是，這確是著書人的口氣。❷請行　指請求前往楚國。❸楚王　當是著書人虛構的楚王。❹亟　急。❺益割　增加割地。❻忠太子　表示對楚太子沒有二心。❼走太子　趕跑楚太子。走，跑。❽惡蘇秦　詆毀蘇秦。❾善　親善；友好。❿解　和解。

【語譯】蘇秦建議薛公扣留楚太子以求楚地一事，蘇秦可以請求前往楚國；可以使楚王很快將下東國併入齊國；可以使楚國增加割地；可以向楚太子表示沒有二心而使楚國多割地給齊國；可以為楚王趕跑楚太子；可以向楚太子表示沒有二心使他趕快離開齊國；可以在薛公面前詆毀蘇秦；可以替蘇秦向楚王請求封賞；可以使人遊說薛公親善蘇秦；可以使蘇秦和薛公和解。

蘇秦謂薛公曰：「臣聞謀泄者事無功，計不決者名不成。今君留太子❶者，以市下東國也。非亟得下東國者，則楚之計變，變則是君抱空質而負名❷於天下也。」薛公曰：「善。為之奈何？」對曰：「臣請為君之楚，使亟入下東國之地。楚得成❸，則君無敗矣。」薛公曰：「善。」因遣之❹。

【章旨】說明蘇秦之事的第一種可能：蘇秦可以請求前往楚國。

【注釋】❶太子　指楚太子。❷負名　負不義之名。❸得成　得以講和。❹之　依曾鞏本「之」字下有「故曰『可以成行』也」七字。

【語譯】蘇秦對薛公說：「我聽說密謀泄露了的，不能成事；有計而不能決斷的，不能成名。現在你扣留楚太子，是用來交換下東國的。不很快得到下東國，那楚國的計策就可能變化，楚國發生變化，那你就抱著無用的人質，而在天下負不義之名啊。」薛公說：「說得好。該怎麼辦呢？」蘇秦回答說：「我請求替你前往楚國，使楚國將下東國趕快併入齊國。楚國得以講和，那你就不會失敗了。」薛公說：「說得好。」因而派遣蘇秦前往楚國。所以說「可以請求前往楚國」。

謂楚王❶曰：「齊欲奉❷太子而立之。臣觀薛公之留太子者，以市下東國也。今王不亟入下東國，則太子且❸倍❹王之割而使齊奉己。」楚王曰：「謹受命。」因獻下東國。故曰「可以使楚亟入地」也。

【章旨】說明蘇秦之事的第二種可能：可以使楚國趕快將下東國併入齊國。

【注釋】❶楚王　當是一個虛構的楚王。鮑彪說：「以為懷王，則上言已死；以為頃襄，則頃襄即太子也；以為新立王，則頃襄外無他王。」❷奉　尊奉。❸且　將。❹倍　加倍。

【語譯】蘇秦對楚王說：「齊國想擁護太子而立他做楚王。我看薛公扣留太子，是為了要交換下東國。現在大王不趕快將下東國併入齊國，那麼太子就將比大王割讓的土地增加一倍用來割給齊國，以便使得齊國尊奉他，立他做楚王。」楚王說：「恭謹地領教了。」於是便獻出了下東國。所以說「可以使楚王趕快將土地併入齊國」。

謂薛公曰：「楚之勢可多割也。」薛公曰：「奈何？」「請告太子其故❶，使太子謁❷之君❸，以忠太子❹，使楚王聞之，可以益入地。」故曰「可以益割於楚」。

【章　旨】說明蘇秦之事的第三種可能：可以使楚國增加割地。

【注　釋】❶其故　指蘇秦遊說楚王，楚王害怕齊國立太子為王而趕快割地一事。❷謁　告。❸君　指薛公。❹忠太子　對太子沒有二心。

【語　譯】蘇秦對薛公說：「照楚國的形勢看，可以多割出土地。」薛公說：「為什麼？」蘇秦說：「請讓我將楚王由於害怕齊國立楚太子為王而趕快割地一事告訴楚太子，使楚太子再告訴你，以表明我們對楚太子沒有二心，讓楚王知道這些，就可以增加割地。」所以說「可以使楚國增加割地」。

謂太子曰：「齊奉太子而立之，楚王請割地以留太子，齊少其地。太子何不倍楚之割地而資❶齊，齊必奉太子。」太子曰：「善。」倍楚之割而延❷齊。楚王聞之恐，益割地而獻之，尚恐事不成。故曰「可以使楚益入地」也。

【章　旨】說明蘇秦之事的第四種可能：可向楚太子表明無二心而使楚國多割地。

【注　釋】❶資　與；給予。❷延　饒；富足。

【語　譯】蘇秦對楚太子說：「齊國擁護太子而想立太子為王，楚王請求割地以使齊國扣留太子，齊國嫌楚王割的地少了。太子何不照楚王的割地加倍割給齊國，這樣齊國就一定會擁護太子為王。」楚太子說：「好。」

便照楚王的割地加倍割給齊國，以滿足齊國的要求。楚王聽到以後害怕起來，便增加割地獻給齊國，而且還怕事情辦不成呢！所以說「可以使楚國割更多的地給齊國」。

謂楚王曰：「齊之所以敢多割地者，挾太子也；今已得地而求不止者，以太子權❶王也。故臣能去❷太子。太子去，齊無辭❸，必不倍❹於王也。王因馳強齊而為交，齊辭❺必聽王。然則是王去讎❻而得齊交也。」楚王大悅，曰：「請以國因❼。」故曰「可以為楚王使太子亟❽去」也。

【章旨】說明蘇秦之事的第五種可能：可以為楚王趕跑楚太子。

【注釋】❶權　擺布。即〈趙策三〉「權使其士」的「權」。❷去　據上文「可以為楚王走太子」當為「走」之誤。下同。❸辭　藉口。❹倍　通「背」。❺辭　依金正煒說此「辭」字是衍文，當刪。❻讎　通「仇」。指楚太子。❼因　據下文「割地固約者又蘇秦也」，疑「因」為「固」之誤。固，即固約之義。❽亟　據上文「蘇秦之事……可以為楚王走太子」，「亟」字當刪。

【語譯】蘇秦對楚王說：「齊國之所以敢多割楚國的土地，是因為它挾持了楚太子；現在已經得到土地，卻還貪得無厭，是因為可用太子擺布大王。所以我能夠讓太子離開齊國。太子離開了齊國，齊國便沒有藉口，就一定不敢背棄大王。大王因而趕快前往強大的齊國和它結交，齊國必定答應大王。這樣一來，大王的仇人走了，大王便得以和齊國交好。」楚王聽後非常高興，說：「請讓我將楚國和齊國結交。」所以說「可以為楚王使太子離開齊國」。

謂太子曰：「夫剬❶楚者王也，以空名市者太子也，齊未必信太子之言也，而楚功❷見矣。楚交成，太子必危矣。太子其圖之。」太子曰：「謹受命。」乃約車❸而暮去。故曰「可以使太子急去」也。

【章旨】說明蘇秦之事的第六種可能：可以使楚太子趕快離開齊國。

【注釋】❶剬　制的意思。❷功　功效。指獻地而言。❸約車　套車。

【語譯】蘇秦對楚太子說：「真正能控制楚國的是楚王，用空名做交易的是你太子，齊國未必相信太子的話啊，而楚國獻地卻能見實效。這樣楚國和齊國的交易一成功，那太子就一定危險了。太子還是考慮考慮吧。」楚太子說：「恭謹地領教了。」於是套好車，當天晚上便離開了齊國。所以說「可以使楚太子趕快離開齊國」。

蘇秦使人請❶薛公曰：「夫勸留太子者蘇秦也。蘇秦非誠以為君也，且以便❷楚也。蘇秦恐君之知之，故多割楚以滅迹❸也。今勸太子者又蘇秦也，而君弗知，臣竊為君疑之。」薛公大怒於蘇秦。故曰「可使人惡蘇秦於薛公」也。

【章旨】說明蘇秦之事的第七種可能：可以派人在薛公面前詆毀蘇秦。

【注釋】❶請　疑為「謂」字之誤。❷便　利。❸迹　痕跡。指有利於楚的痕跡。

【語譯】蘇秦派人去對薛公說：「勸說扣留楚太子的是蘇秦。蘇秦不是誠心為你，而是將要藉此有利於楚國啊。蘇秦害怕你知道，所以便讓楚國多割地以消除痕跡。現在勸說太子的又是蘇秦，而你卻不知道，我私自替你懷疑蘇秦。」薛公聽了以後對蘇秦很惱火。所以說「可以派人在薛公面前詆毀蘇秦」。

又使人謂楚王曰：「夫使薛公留太子者蘇秦也，奉王❶而代立楚太子❷者又蘇秦也，割地固約❸者又蘇秦也，忠王而走太子者又蘇秦也。今人惡蘇秦於薛公，以其為齊薄而為楚厚也。願王之❹知之。」楚王曰：「謹受命。」因封蘇秦為武貞君。故曰「可以為蘇秦請封於楚」也。

【章旨】說明蘇秦之事的第八種可能：可以為蘇秦向楚王請求封賞。

【注釋】❶王　指楚王。❷代立楚太子　鮑彪注：「代太子立為王。」❸固約　指鞏固楚國和齊國的盟約。❹之　這個「之」字當據劉敞本刪去。

【語譯】蘇秦又使人對楚王說：「使薛公扣留太子的是蘇秦，擁護大王代替楚太子做王的又是蘇秦，使楚國割地以鞏固楚國和齊國結盟的又是蘇秦，忠於大王而讓楚太子離開齊國的又是蘇秦。現在有人在薛公面前說蘇秦的壞話，因為蘇秦為齊國著想少而為楚國著想多啊。希望大王知道這些情況。」楚王說：「恭謹地領教了。」因而封蘇秦為武貞君。所以說「可以替蘇秦向楚王請求封賞」。

又使景鯉❶請❷薛公曰：「君之所以重於天下者，以能得天下之士而有齊權也。今蘇秦天下之辯士也，世與❸少有。君因不善蘇秦，則是圍塞❹天下士而不利說途❺也。夫不善君者且奉蘇秦，而於君之事殆❻矣。今蘇秦善於楚王，而君不蚤❼親，則是身與楚為讎也。故君不如因而親之，貴而重之，是君有楚也。」薛公因善蘇秦。故曰「可以為蘇秦說薛公以善蘇秦」。

【章旨】說明蘇秦之事的第九種可能：可以替蘇秦遊說薛公，使他和蘇秦親善。第十種可能「使蘇子自解於薛公」，文中沒有作說明。

【注釋】❶景鯉　姓景，名鯉，楚懷王的相。❷請　疑是「謂」字之誤。❸世與　疑當作「與世」。「與世」又疑為「舉世」之誤。❹圍塞　堵塞。❺說途　遊說之途。❻殆　危險。❼蚤　通「早」。

【語譯】蘇秦又派景鯉去對薛公說：「你所以被天下重視的原因，是由於得到了天下的士人而且擁有齊國的權勢啊。現在蘇秦是天下善辯之士，舉世少有。而你卻不親善蘇秦，這樣就堵塞了天下士人的遊說之途而不利於士人遊說啊。那些認為你不好的士人將去侍奉蘇秦，對於你的事業就危險了。現在蘇秦是楚王所親善的人，而你卻不早親善他，這樣你自己就和楚國為敵了。所以你不如因而親善他，提高他的地位，而且重視他，這樣你便有了楚國啊。」薛公因而和蘇秦親善。所以說「可以替蘇秦遊說薛公親善蘇秦」。

## 齊王夫人死

【題解】齊王的夫人死了，薛公用獻珥的辦法探測到齊王想再立誰做夫人。

齊王❶夫人死，有七孺子❷皆近❸。薛公❹欲知王之所欲立❺，乃獻七珥❻，美其一，明日視美珥所在，勸王立為夫人。

【注　釋】❶齊王　《韓非子·外儲說右上》說是齊威王。❷孺子　古代稱有品號的王妾為「孺子」。❸近　親近；親幸。❹薛公　《韓非子·外儲說右上》說是靖郭君，即孟嘗君的父親田嬰。❺立　立為夫人。❻珥　耳飾，用珠子或玉石製成。

【語　譯】齊威王的夫人死了，有七個妾都被他所親幸。薛公想知道齊威王想立哪個妾做夫人，便獻上七只耳環，將其中的一只做得很精美，第二天他便看精美的耳環在哪個妾的耳朵上戴著，便勸齊威王立這個妾做夫人。

## 孟嘗君將入秦

【題　解】蘇秦用土偶人和桃梗對話的寓言諫阻孟嘗君入秦。

孟嘗君將入秦❶，止者千數而弗聽。蘇秦❷欲止之，孟嘗君曰：「人事者，吾已盡知之矣；吾所未聞者，獨鬼事耳。」蘇秦曰：「臣之來也，固❸不敢言人事也，固且❹以鬼事見君。」孟嘗君見之。謂孟嘗君曰：「今者臣來，過於淄❺上，有土偶人❻與桃梗❼相與語。桃梗謂土偶人曰：『子，西岸之土也，挻❽子以為人，至歲八月❾，降雨下，淄水至，則汝殘❿矣。』土偶曰：『不然。吾西岸之土也，土則復西岸耳。今子，東國之桃梗也，刻削子以為人，降雨下，淄水至，流子而去，則子漂漂者將何如⑪耳？』今秦四塞之國⑫，譬若虎口，而君入之，則臣不知君所出矣。」孟嘗君乃止。

【注釋】❶孟嘗君將入秦　據《史記・孟嘗君列傳》記載，秦昭王聽說孟嘗君賢能，便先派涇陽君嬴悝到齊國做人質，以求見孟嘗君，因此孟嘗君準備到秦國去。孟嘗君，即田文。❷蘇秦　《史記・孟嘗君列傳》作「蘇代」。❸固　本來。❹且　將。❺淄　淄水，在今山東中部，北流與小清河匯合入渤海。❻土偶人　泥塑偶像。在這裡用來比喻涇陽君。❼桃梗　用桃枝雕成的木偶。在這裡用來比喻孟嘗君。❽挺　當是「挻」字之誤。「挻」是揉合黏土的意思。❾八月　指周曆八月，相當於夏曆六月，正是漲大水的時候。❿殘　壞。⓫如　往。⓬四塞之國　秦國四面有關山之固，所以被稱為「四塞之國」。

【語譯】孟嘗君將要到秦國去，勸他不要去的有一千多人，而他卻聽不進去。蘇秦想勸阻他，孟嘗君說：「人間的事，我已經都知道了；我沒有聽說的，只有鬼事了。」蘇秦說：「我來這裡，本來就不敢講人事，本來就準備用鬼事來見你。」孟嘗君接見蘇秦。蘇秦對孟嘗君說：「今天我來的時候，經過淄水，有一個泥塑偶像和一個桃枝雕成的木偶在那裡說話。桃枝雕成的木偶對泥塑偶像說：『你是西岸上的泥土，將你揉成一個人形。到了八月的時候，下大雨，淄水一來，你便爛了。』泥塑偶像說：『不對。我是西岸上的泥土，泥土爛了，還是回到西岸。現在你是東方國家的桃樹枝，將你刻削成人形，下了大雨，淄水來到，將你沖走，那你飄飄蕩蕩將到哪裡去？』現在秦國是個四面有關山的國家，好像虎口一樣，而你卻要到秦國去，那我就不知道你該從哪裡出來了。」孟嘗君聽了便不去秦國。

## 孟嘗君在薛

【題解】楚國進攻薛地，淳于髡巧說齊王救薛。《戰國策》的作者就此事發表議論，說明善於說辭的人自能因勢利導而不會用強力。

孟嘗君在薛❶，荊人❷攻之。淳于髡❸為齊使於荊，還反❹過薛。而孟嘗❺令人體貌❻而親郊迎之。謂淳于髡曰：「荊人攻薛，夫子❼弗憂，文❽無以復侍矣。」淳于髡曰：「敬聞命。」至於齊，畢報❾。王曰：「何見於荊？」對曰：「荊甚固❿，而薛亦不量其力。」王曰：「何謂也？」對曰：「薛不量其力，而為先王⓫立清廟⓬。荊固而攻之，清廟必危。故曰薛不量力，而荊亦甚固。」齊王⓭和其顏色曰：「譆⓮！先君之廟在焉！」疾興兵救之。

【章旨】淳于髡說齊王救薛。

【注釋】❶薛　本是孟嘗君的父親田嬰的封地，在今山東滕縣南。田嬰死後，孟嘗君代立於薛。後來孟嘗君做了齊相，因遭受讒言，稱病回到薛地養老。❷荊人　楚人。❸淳于髡　齊國的滑稽之士。❹反　同「返」。❺孟嘗　當作「孟嘗君」。❻體貌　相當於體面地對待。《漢書．賈誼傳》有「體貌大臣」的說法。❼夫子　這裡是對淳于髡的尊稱。❽文　孟嘗君的名。❾畢報　報告完畢。❿固　頑固。⓫先王　指齊威王。⓬清廟　宗廟。因為宗廟清淨，所以叫清廟。⓭齊王　指齊宣王。⓮譆　驚歎悲痛的聲音。

【語譯】孟嘗君住在薛地，楚國人進攻薛地。淳于髡替齊國出使到楚國，回來時經過薛地。孟嘗君派人體面地招待淳于髡，並且親自到郊外迎接他。孟嘗君對淳于髡說：「楚國人進攻薛地，夫子不憂愁，我田文沒有辦法再侍奉你了。」淳于髡說：「我恭敬地領教了。」回到齊國，報告完畢。齊宣王說：「你在楚國有何見聞？」淳于髡回答說：「楚國很頑固，而薛公也自不量力。」齊湣王說：「怎麼說呢？」淳于髡回答說：「薛公自不量力，替先王設立宗廟。楚國人頑固地進攻薛地，先王的宗廟必定危險。所以我說薛公自不量力，而楚國也很頑固。」齊宣王聽後和顏悅色地說：「咦！先王的宗廟在薛地！」便趕快起兵去救援薛地。

顛蹶之請，望拜之謁，雖得則薄矣❶。善說者，陳❷其勢❸，言其方❹，人之急也，若自在隘窘之中❺，豈用強力哉？

【章　旨】作者的議論。

【注　釋】❶顛蹶之請三句　高誘注：「言雖顛蹶而走，請救於齊，望仰而訴告之，而得齊救，比淳于之辭，則為薄也。」顛蹶，跌倒。形容求救之急。望拜，望而拜之。謁，告。得，指得到救援。薄，輕；被人瞧不起。❷陳　陳述。❸勢　形勢。❹方　方法。❺隘窘之中　高誘注：「言辯者之說人，急其如己自在阸窘之中，欲速免脫也。」隘窘，危困。

【語　譯】急急忙忙地踉蹌請救，卑恭屈膝地望拜告急，即使得到了救援也被人瞧不起。善於說辭的人，是要陳述形勢，說明方法，使被遊說的人急得像自己處在危困之中一樣，哪裡用得著強力呢？

## 孟嘗君奉夏侯章

【題　解】為了報答孟嘗君的厚養，夏侯章故意充當忘恩負義之徒，毀謗孟嘗君，以成就孟嘗君長者之名。

孟嘗君奉❶夏侯章❷以四馬❸百人之食❹，遇之甚懽❺。夏侯章每言未嘗不毀孟嘗君也。或以告孟嘗君，孟嘗君曰：「文有以事夏侯公矣，勿言！」董之繁菁❻以問夏侯公❼，夏侯公曰：「孟嘗君重非諸侯也，而奉我四馬百人之食。我無分寸之功而得此，然吾毀之以為之❽也。君❾所以得為長者❿，以吾毀之者也。吾以身為孟嘗君，豈得持言也⓫！」

【注　釋】❶奉　奉養。❷夏侯章　齊人，當是孟嘗君的食客。❸四馬　古代諸侯用四馬駕車。❹百人之食　百人的俸祿。❺懽　同「歡」。❻董之繁菁　齊人，事跡不詳。古代有在姓氏和名之間加「之」字的習慣。如佚之狐、燭之武之類。❼夏侯公　即夏侯章。❽為之　指立分寸之功。❾君　指孟嘗君。❿長者　有德行的人。⓫豈得持言也　這句當據劉敞本作「豈特言也哉」。得，是衍文，當刪。持，「特」字之誤。特，只。

【語　譯】孟嘗君用四馬駕車和一百人的俸祿奉養夏侯章，待他很好。可是夏侯章每次說話沒有一次不毀謗孟嘗君。有人把這情況告訴孟嘗君，孟嘗君說：「我田文奉養夏侯章是有原因的，不要再說！」董之繁菁問夏侯章，夏侯章說：「孟嘗君尊重的人不是諸侯，卻用四馬駕車和一百人的俸祿奉養我。我沒有寸功卻得到這樣的待遇，然而我用毀謗他來立功啊。孟嘗君之所以能成為德高望重的長者，是因為我毀謗了他的緣故。我用自身的名譽為孟嘗君立功，哪裡只是幾句話啊！」

## 孟嘗君讌坐

【題　解】孟嘗君和三個先生閒談，問他們有什麼辦法補救他的缺陷。三人作了回答：一個願為他殺死仇敵，一個願為他遊說他國，一個願為他招收士人。

孟嘗君讌坐❶，謂三先生❷曰：「願聞先生有以補❸之闕❹者。」一人曰：「訾❺！天下之主，有侵❻君者，臣請以臣之血湔❼其衽❽。」田瞀❾曰：「車軼❿之所能至，請掩足下之短者⓫，誦足下之長；千乘之君與萬乘之相，其欲有君也，如使而弗及也⓬。」勝⿱般目⓭曰：「臣願以足下之府庫財物，收天下之士，能為君決疑應卒⓮，若魏文侯⓯之有田子方、段干木⓰也，此臣之所為君取⓱矣。」

【注　釋】❶讌坐　即「燕坐」。閒居。❷先生　對比自己年長的人的敬稱。❸補　「補」字下當有一「文」字。❹闕　同「缺」。❺訾　通「咨」。嗟歎聲。❻侵　欺凌。❼湔　濺灑。❽衽　衣服的前襟。❾田瞀　某先生名，事跡不詳。❿車軼　即車轍。⓫者　鮑彪本無「者」字。⓬千乘之君三句　按，這三句疑當作「使千乘之君與萬乘之相欲有君而弗及也」。田瞀說他能遊說別國，替孟嘗君掩短誦長，所以能使別國的國君和相國急於想得到孟嘗君。譯文暫作此處理。欲有君，想得到你。如使而弗及，吳曾祺《戰國策補注》：「謂其欲有君以備任使，如弗及也。」⓭勝⿱般目　某先生名，事跡不詳。⓮應卒　應付突然事變。卒，通「猝」。⓯魏文侯　魏武侯的父親，名都，即用西門豹治鄴的那個君主。⓰田子方段干木　兩人都是魏文侯的師友。⓱取　錄取；錄用。

【語　譯】孟嘗君閒居無事，對三個先生說：「我願意知道先生們有什麼辦法補救我的缺陷。」一個先生說：「唉！天下的君主，如果有欺凌你的，就請讓我用自己的血濺到他的衣襟上。」田瞀先生說：「車跡所能到的國家，請允許我前往那裡掩飾你的短處，頌揚你的長處，使那些能出一千輛兵車的國家的君主和能出一萬輛兵車的國家的相國，都想得到你還擔心來不及。」勝⿱般目先生說：「我願意用你府庫裡的財物，去招收天下的士人，他們能夠替你決斷疑難，應付突然事變，就像魏文侯有田子方、段干木一樣，這就是我能替你招收的士人了。」

# 孟嘗君舍人有與君之夫人相愛者

【題解】孟嘗君的舍人和孟嘗君的夫人私通，孟嘗君沒有殺掉那個舍人，而將他送到衛國去。後來齊國和衛國的關係破裂，衛國國君想聯合天下諸侯進攻齊國，那個舍人勸阻衛君停止了這次行動。孟嘗君因而受到了齊人的稱讚。

孟嘗君舍人❶有與君❷之夫人相愛者。或以問❸孟嘗君，曰：「為君舍人而內與夫人相愛，亦甚不義矣，君其❹殺之。」君曰：「睹貌而相悅者，人之情也，其錯之勿言也。」居❺朞年❻，君召愛夫人者而謂之曰：「子與文游久矣，大官未可得，小官公又弗欲。衛君❼與文布衣交❽，請具❾車馬皮幣❿，願君以此從衛君遊。」於⓫衛甚重。齊、衛之交惡⓬，衛君甚欲約天下之兵以攻齊。是人⓭謂衛君曰：「孟嘗君不知臣不肖⓮，以臣欺君⓯。且臣聞齊、衛先君，刑馬壓羊⓰，盟曰：『齊、衛後世無相攻伐，有相攻伐者，令其命如此！』今君約⓱天下之兵以攻齊，是足下倍⓲先君盟約而欺孟嘗君也。願君勿以齊為心。君聽臣則可；不聽臣，若臣不肖也，臣輒⓳以頸血湔⓴足下衿㉑。」衛君乃止。齊人聞之曰：「孟嘗君可語㉒善為事矣，轉禍為功。」

【注釋】❶舍人　左右親近的通稱，在這裡是指門客。❷君　指孟嘗君。❸問　告。❹其　表示委婉語氣的副詞，有「還是」的意思。❺居　停。❻朞年　即期年。一周年。❼衛君　指衛嗣君，衛成侯的兒子。❽布衣交　平民之交。在這裡是指孟嘗君還沒有顯貴時和衛君的交情。❾具　備。❿皮幣　鹿皮和帛。在這裡是泛指財貨。⓫於　鮑彪本「於」字上面有「舍人遊」三字。⓬交惡　關係破裂，互相憎恨。⓭是人　此人。指那個舍人。⓮不肖　不像樣；不像話。⓯欺君　欺騙了你。⓰刑馬壓羊　古代盟誓時，要殺牲口取血。刑馬，殺馬。壓羊，殺羊。壓，殺。⓱約　結交；聯合。⓲倍　通「背」。⓳輒　則；就。⓴湔　濺灑。㉑衿　衣襟。㉒語　當據劉敞本、集賢院本作「謂」。

【語譯】孟嘗君的門客有和孟嘗君的夫人相愛的。有人把這件事告訴孟嘗君，並說：「做你的門客，卻暗中和你的夫人相愛，也太不講義氣了，你還是殺了他吧。」孟嘗君說：「看見人長得漂亮就相愛，是人之常情，還是擱在一邊不提它吧。」過了一年，孟嘗君將和他夫人相愛的那個門客叫來，對他說：「你和我交遊已經很久了，大官你不能做，小官你又不想做。衛君和我是布衣之交，請讓我為你備好車馬和財貨，希望你從今以後就隨同衛君交遊。」那個門客到了衛國，很受尊重。後來齊國和衛國關係破裂，衛君很想聯合天下諸侯的軍隊來進攻齊國。這個門客便對衛君說：「孟嘗君不知道我不像話，用我欺騙了你。況且我聽說齊國和衛國已經去世的君主宰馬殺羊，立下盟約說：『齊國和衛國後世不能互相攻打，如有互相攻打的，就讓他的性命像這馬和羊一樣！』現在你聯合天下諸侯的軍隊去進攻齊國，這是你背棄了已經去世的君主立下的盟約而欺騙孟嘗君啊。希望你不要老是打齊國的主意。你如果聽我的，也就罷了；如果不聽我的，像我這樣不像樣的人，便要將脖子上的血濺到你的衣襟上。」衛君聽後便停止進攻齊國。齊國人聽說這件事以後說：「孟嘗君可說是善於處理事情了，把壞事變成了好事。」

# 孟嘗君有舍人而弗悅

【題解】魯仲連勸孟嘗君，不要隨意棄逐門客，用人要用其所長，棄其所短，而不能相反。

孟嘗君有舍人而弗悅，欲逐之。魯連❶謂孟嘗君曰：「猿獮猴❷錯木❸據水❹，則不若魚鼈；歷險乘❺危，則騏驥不如狐狸。曹沫❻之❼奮三尺之劍，一軍不能當❽；使曹沫釋❾其三尺之劍，而操銚鎒❿與農夫居壟畝之中，則不若農夫。故物舍⓫其所長，之⓬其所短，堯亦有所不及⓭矣。今使人而不能，則謂之不肖；教人而不能，則謂之拙。拙則罷之，不肖則棄之，使人有棄逐，不相與處，而來害⓮相報⓯者，豈非世之立教首也哉⓰？」孟嘗君曰：「善。」乃弗逐。

【注釋】❶魯連　即魯仲連，齊人，品節高尚，有奇策，卻不願做官。❷獮猴　獸名，俗名猢猻。❸錯木　離開樹。錯，置，在這裡有捨棄的意思。❹據水　處在水中。據，處。❺乘　登。❻曹沫　春秋魯人，在魯莊公與齊桓公相會的柯之盟上，執匕首劫持齊桓公，逼迫齊桓公歸還侵占的魯地。❼之　當是衍文，應刪去。❽當　抵擋。❾釋　放下。❿銚鎒　農具。銚，古代的一種大鋤。鎒，古代的一種除草農具。⓫舍　通「捨」。⓬之　高誘注：「猶『用』也。」⓭不及　不及他人。⓮來害　回來相害。⓯報　報棄逐之怨。⓰豈非世之立教首也哉　這句很費解，當有訛誤。金正煒《戰國策補釋》疑「非」字是「用」字。「之」字在「教」字下，「首」字是「道」字的脫誤。全句當作「豈用世立教之道也哉」，譯文從此說。用世，治世。立教，建立教範。道，方法。

【語　譯】有個門客，孟嘗君不喜歡他，想將他趕走。魯仲連對孟嘗君說：「猿猴離開了樹處在水裡，就比不上魚鱉；經歷險地，登上危境，千里馬就比不上狐狸。曹沫舉起三尺之劍，一軍都不能抵擋；假使曹沫放下三尺之劍，拿起銚、鎒等農具，和農民一起在田畝之中耕作，就比不上農民。所以捨棄他的長處，使用他的短處，堯帝也有比不上別人的地方了。現在使人去做某件事，他做不好，就說他不中用；教人做某件事，他學不會，就說他笨拙。笨拙，就免他的職，不中用，就拋棄他，使得有的人遭到棄逐，不能和他相處，有朝一日，他便會回來害你，進行報復，這難道是治理天下、建立教範的做法嗎？」孟嘗君說：「說得好。」於是沒趕走那個門客。

## 孟嘗君出行國

【題　解】孟嘗君出行到楚國，楚國送給他象牙床，他的門客公孫戌勸他不要接受。孟嘗君表揚了公孫戌，體現了他具有納諫改過的好品德。

孟嘗君出行國❶，至楚，獻象床❷。郢❸之登徒❹，直❺使送之，不欲行❻。見孟嘗君門人公孫戌曰：「臣，郢之登徒也，直送象床。象床之直❼千金，傷此若髮漂❽，賣妻子不足償之。足下❾能使僕無行，先人有寶劍，願得獻之。」公孫❿曰：「諾。」

【章　旨】孟嘗君到楚國，楚國準備送給他象牙床，登徒子因怕會損壞而不願去送。

【注　釋】❶出行國　出遊各國。❷象床　象牙床。❸郢　楚都。在今湖北江陵郊區的紀南城舊址。❹登徒　即登徒子。登徒是姓。宋玉有〈登徒子好色賦〉。❺直　當值。相當於現在說的值班。《資治通鑑・周紀二》無「使」字。❻行　往。指前往送床。❼直　通「值」。❽髮漂　細如能飄起的髮絲。漂，通「飄」。《資治通鑑・周紀二》這句作「苟傷之毫髮」。❾足下　對人的敬稱。這裡是稱公孫戍。❿公孫　當作「公孫戍」。

【語　譯】孟嘗君出遊各國，來到楚國，楚國要獻給他象牙床。郢都的登徒子值班，該他送去，他不想去。於是去見孟嘗君的門客公孫戍，說：「我是郢都裡的登徒子，該我值班去送象牙床。象牙床價值千金，如果有絲毫損壞，就是賣掉老婆孩子也不能夠抵償。你如果能使我不去送，我的祖先還留下一把寶劍，願能將它獻給你。」公孫戍說：「好。」

入見孟嘗君曰：「君豈❶受楚象床哉？」孟嘗君曰：「然。」公孫戍曰：「臣願君勿受。」孟嘗君曰：「何哉？」公孫戍曰：「小國所以皆致相印於君者，聞君於齊能振達❷貧窮，有存亡❸繼絕❹之義。小國英桀❺之士，皆以國事累❻君，誠說❼君之義，慕君之廉也。今君到楚而受象床，所未至之國，將何以待君？臣戍願君勿受。」孟嘗君曰：「諾。」

【章　旨】公孫戍諫阻孟嘗君接受象牙床。

【注　釋】❶豈　表示詢問、推測的語氣詞。❷振達　使之奮起通達。❸存亡　使亡者存。❹繼絕　使絕者繼。❺桀　通「傑」。❻累　囑託。❼說　同「悅」。

【語　譯】公孫戍進去見孟嘗君，說：「你是不是要接受象牙床呢？」孟嘗君說：「是的。」公孫戍說：「我希望你不要接受。」孟嘗君說：「為什麼呢？」公孫戌說：「小國之所以都把相印交給你，是因為聽說你在齊國能夠使貧窮的人振奮通達，有著保存危亡的國家、承繼了斷絕的後代的義名。小國的英傑，都將國家的事囑託給你，的確是由於喜歡你的正義行為，仰慕你的廉潔啊。現在你到楚國接受了象牙床，那些你還沒有去的國家，將會怎麼樣對待你？我公孫戌希望你不要接受。」孟嘗君說：「好。」

公孫戌趨而去，未出，至中閨❶，君召而返之，曰：「子教文無受象床，甚善。今何舉足之高，志之揚也？」公孫戌曰：「臣有大喜三，重❷之寶劍一。」孟嘗君曰：「何謂也？」公孫戌曰：「門下百數，莫敢入諫，臣獨入諫，臣一喜；諫而得聽，臣二喜；諫而止君之過，臣三喜。輸❸象床，郢之登徒不欲行，許戌以先人之寶劍。」孟嘗君曰：「善。受之乎？」公孫戌曰：「未敢。」曰：「急受之。」因書門版曰：「有能揚文之名，止文之過，私得寶於外者，疾入諫。」

【章　旨】孟嘗君讚揚公孫戌的進諫。

【注　釋】❶中閨　宮中小門，上圓下方。❷重　再加上。❸輸　送。

【語　譯】公孫戌急步離開，還沒有走出去，剛到宮中小門，孟嘗君叫他回來，說：「你叫我不要接受象牙床，很好。可是你現在為什麼趾高氣揚呀？」公孫戌說：「我有三大喜，再加上一把寶劍。」孟嘗君說：「怎麼說呢？」公孫戌說：「你的門下食客上百，沒有誰敢進諫，我卻單獨進諫，這是我的一喜；進諫而被採納，這是我的二喜；進諫而能制止你的過錯，這是我的三喜。要送象牙床，郢都的登徒子不想去，答應將他的祖先的寶劍給我。」孟嘗君說：「講得好。你接受了他的寶劍嗎？」公孫戍說：「不敢。」孟嘗君說：「趕快接受它。」孟嘗君因而在門牌上寫上：「有能頌揚田文的名聲、制止田文的過錯、私自在外面得到了寶器的人，趕快進諫。」

## 淳于髡一日而見七人於宣王

【題解】淳于髡一天向齊宣王引見了七個士，齊宣王認為引見太多了。淳于髡卻說物以類聚，人以群分，我是賢者，大王向我求士，我引見的又豈只是七個人！

淳于髡❶一日而見❷七人❸於宣王❹。王曰：「子來，寡人聞之，千里而一士，是比肩而立❺；百世而一聖，若隨踵而至也。今子一朝而見七士，則士不亦眾乎？」淳于髡曰：「不然。夫鳥同翼者而聚居，獸同足者而俱行。今求柴葫❻、桔梗❼於沮澤❽，則累世❾不得一焉；及之睾黍❿、梁父⓫之陰⓬，則郄車⓭而載耳。夫物各有疇⓮，今髡賢者之疇也。王求士於髡，譬若挹⓯水於河，而取火於燧⓰也。髡將復見之，豈特⓱七士也！」

【注釋】❶淳于髡　齊國的滑稽之士。詳見《史記・滑稽列傳》。❷見　引見；使之見。❸人　士人。一作「士」。❹宣王　指齊宣王，名辟彊，齊威王的兒子。❺比肩而立　肩挨著肩站著。形容人多。❻柴葫　也作「柴胡」。中藥名，生在山上。❼桔梗　中藥名，生在山上。❽沮澤　水草叢生的低濕地。❾累世　幾代。稱時間長。❿睾黍　山名，其地不詳。⓫梁父　泰山下面的一座小山。⓬陰　山的北面。⓭郄車　空車。郄，空的意思。⓮疇　類。⓯抯　舀。⓰燧　取火的器具。用木取火的叫木燧，用銅鏡取火的叫金燧或陽燧。⓱特　只。

【語譯】淳于髡一天之內便向齊宣王引見了七個士。齊宣王說：「你過來！我聽說千里之內有一個士，就可說士是肩膀挨著肩膀站著一樣多了；一百世有一個聖人，就可以說聖人是後腳跟著前腳而來一樣了。現在你一天引見七個士，那士不也是太多了嗎？」淳于髡說：「不是這樣。鳥類是翅膀相同的聚集在一起，獸類是腳相同的走在一起。現在如果到低濕的地方去找柴胡、桔梗，那幾代也不能找到一株；到了睪黍山、梁父山的北面，就要用空車來裝了。萬物各有類別，現在我淳于髡是和賢者同類，大王向我求士，就好像從河裡舀水、從燧器裡取火一樣啊。我將再次向你引見士，哪裡只是引見七個士而已！」

## 齊欲伐魏

【題解】淳于髡用良犬逐狡兔、田父擅功的寓言，勸齊王不要進攻魏國。與鷸蚌相爭，漁翁得利的故事如出一轍。

齊欲伐魏。淳于髡謂齊王曰：「韓子盧❶者，天下之疾犬也；東郭逡❷者，海內之狡兔❸也。韓子盧逐東郭逡，環山者三，騰山者五，兔極❹於前，犬廢❺於後，犬兔俱罷❻，各死其處。田父見之，無勞勌❼之苦，而擅❽其功。今齊、魏久相持，以頓❾其兵，弊❿其眾，臣恐強秦大楚承其後，有田父之功。」齊王懼，謝⓫將休士⓬也。

【注釋】❶盧 一良犬名。❷逡 一狡兔名。❸狡兔 狡猾的兔子。❹極 病困;疲困。❺廢 停止;走不動。❻罷 通「疲」。❼勌 同「倦」。❽擅 專有;獨得。❾頓 疲勞。❿弊 疲困。⓫謝 告。⓬休士 使士休息。即停止攻魏。

【語譯】齊國想進攻魏國。淳于髡對齊王說:「韓子那名叫盧的狗,是天下跑得最快的狗;東邊外城名叫逡的兔子,是海內最狡猾的兔子。韓子那名叫盧的狗追趕東邊外城名叫逡的兔子,繞著山追了三次,翻過山追了五次,兔子在前面精疲力竭,狗也在後面跑不動了,狗和兔子都疲困了,結果各自死在那裡。老農看見了,沒有費一點勞苦,而獨得其利。現在齊國、魏國長久相持不下,使士兵勞苦,民眾疲困,我擔心強大的秦國和楚國等在後面,能得到老農一樣的好處。」齊王聽了以後感到可怕,便告訴淳于髡將要停止攻魏。

# 國子曰秦破馬服君之師

【題解】這是齊國的大夫國子分析天下形勢的一次談話,要點為:一、回顧秦國圍攻邯鄲時,魏公子無忌使得齊、魏兩國改變了佐秦攻趙的錯誤策略,解邯鄲之圍,讓秦國未能兼併天下。二、揭示秦國奪取魏國的安邑、趙國的晉陽、楚國的鄢郢、兼併二周、消滅韓國,已經占有一半天下的嚴酷現實。三、指出現在秦國又圖謀消滅趙國、魏國,這對齊國不利。四、分析在秦國和趙、魏、楚三國的鬥爭中,齊國處於舉足輕重的地位,不能利用這有利的形勢,提高齊國的地位,這是當權者的過錯。

國子❶曰:「秦破馬服君❷之師,圍邯鄲❸。齊、魏亦佐秦伐邯鄲,齊取淄鼠❹,魏取伊是❺。公子無忌❻為天下循便計❼,殺晉鄙❽,率魏兵以救邯鄲之圍❾,使秦弗有而失天下。是齊入於魏❿而救邯鄲之功也。安邑⓫者,魏之柱國⓬也;晉陽⓭

者，趙之柱國也；鄢郢⑭者，楚之柱國也。故三國欲⑮與秦壤界⑯，秦伐魏取安邑⑰，伐趙取晉陽⑱，伐楚取鄢郢⑲矣。福⑳三國㉑之君，兼二周㉒之地，舉韓氏取其地㉓，且㉔天下之半。今又劫㉕趙、魏，疏中國㉖，封衛之東野㉗，兼魏之河南㉘，絕趙之東陽㉙，則趙、魏亦危矣。趙、魏危，則非齊之利也。韓、魏、趙、楚之志㉚，恐秦兼天下而臣其君，故專兵㉛一志以逆㉜秦。三國之與秦壤界而患急㉝，齊不與秦壤界而患緩。是以天下之勢，不得不事齊也。故秦得齊，則權重於中國；趙、魏、楚得齊，則足以敵秦。故秦、趙、魏㉞得齊者重，失齊者輕。齊有此勢，不能以重於天下者何也？其用者㉟過也。」

【注　釋】❶國子　齊國的大夫。❷馬服君　指趙括。秦昭王四十七年（西元前二六〇年）秦將白起在長平大敗趙軍，趙將趙括被射死，白起坑殺趙卒四十多萬。❸圍邯鄲　秦昭王五十年（西元前二五七年）秦將王齕、鄭安平圍攻趙都邯鄲。❹淄鼠　趙邑，其地不詳。❺伊是　即伊氏，趙邑。❻公子無忌　魏國公子，即信陵君，是魏安釐王的弟弟，他的姊姊是趙國平原君的夫人。❼循便計　行便宜之計。指行竊符奪兵權救趙之計。❽晉鄙　魏國的將軍。魏安釐王應趙平原君夫人的請求，當時派晉鄙率領十萬軍隊救趙。❾救邯鄲之圍　晉鄙軍到鄴，止步不前，魏公子無忌用侯生計，派如姬從安釐王臥室內竊得兵符，派屠者朱亥持符前往鄴，殺死晉鄙，奪得兵權，前往救趙，解邯鄲之圍，秦軍撤退。詳見《史記・魏公子列傳》。❿齊入於魏　指齊國加入魏國救趙行列。⓫安邑　本是魏國的都城，在今山西夏縣西北。⓬柱國　國都。國都對於國家來說，就像房子的柱子一樣，所以叫柱國。⓭晉陽　在今山西太原南晉源鎮。趙國初建時，都晉陽，到趙敬侯才移都邯鄲。⓮鄢郢　當是指楚國的郢都，在今湖北江陵郊區紀南城舊址。⓯欲　當從鮑彪說是衍文。⓰壤界　邊界壤土相接。⓱伐魏取安邑　秦昭王二十一年（西元前二八六年），秦國奪取了魏國的安邑（當時魏國早已遷都到大梁），再過四年（西元前二八三年），秦進兵到大梁。⑱伐趙取晉陽　秦王政元年（西元前二四六年），秦攻拔趙國的晉陽。⑲伐楚取鄢郢　秦昭王二十九年（西元前二七八年）攻下郢都，楚先王陵墓被焚，頃襄王被迫遷都到陳。⑳福　當據劉敞本一說作「逼」。㉑三國　指魏、趙、楚三國。㉒二周　指東、西周二國。秦昭王五十二年（西元前二五五年），秦滅西周；秦莊襄王元年（西元前二四九年），秦滅東周。㉓舉韓氏取其地　秦王政十七年（西元前二三〇年），秦滅韓，盡取其地。舉，攻下。韓氏，韓國。㉔且　幾乎；將近。㉕劫威脅；強迫。㉖疏中國　離間中原諸侯的關係。㉗封衛之東野　把衛國東面的土地作為疆界。封，疆界。作動詞用，是作為疆界的意思，和《左傳·僖公三十年》「既東封鄭」的「封」用法相同。衛，國名。東野，東地。㉘河南　黃河以南。㉙東陽古地區名，春秋時屬晉，戰國時屬衛，後來屬趙，相當於太行山以東地區。㉚志　內心的想法。㉛專兵　相當於「一兵」。即將軍隊聯合在一起。㉜逆　抗拒。㉝患急　禍患來得快。㉞魏　據上文，「魏」下當補「楚」字。㉟用者　用事者；當權人。

【語　譯】國子說：「秦國打敗趙括的軍隊，圍攻趙國的都城邯鄲。齊國、魏國也幫助秦國攻打邯鄲，齊國奪取了趙國的淄鼠，魏國奪取了趙國的伊是。魏國的公子無忌為天下諸侯行方便之計，殺死魏將晉鄙，率領魏國的軍隊去解邯鄲之圍，使秦國沒有占領邯鄲，兼併天下。這是齊國與魏國聯合援救邯鄲的功勞啊。安邑本是魏國的都城，晉陽本是趙國的都城，郢都本是楚國的都城。魏、趙、楚三國與秦國接壤，秦國進攻魏國奪取了安邑，進攻趙國奪取了晉陽，進攻楚國奪取了郢都。威逼魏、趙、楚三國的君主，兼併東、西周的土地，消滅韓國，奪取它的領土，將近占有了一半天下。現在又威迫趙國、魏國，離間中原諸侯，將衛國東面的土地作為秦國的疆界，兼併魏國黃河以南的地方，斷絕趙國東陽地區的交通，這樣一來，趙國、魏國也就危險了。趙國、魏國危險，就對齊國不利啊。韓、魏、趙、楚等國的想法，是擔心秦國兼併天下而迫使它們的君主做臣子，所以便聯合部隊，統一意志，以抗拒秦國。魏、趙、楚三國與秦國接壤，禍患就來得快；齊國不與秦國接壤，禍患就來得慢。因此天下的形勢使得各國不得不侍奉齊國。秦國得到了齊國的幫助，它的權勢就比中原各國大；趙、魏、楚三國得到了齊國的幫助，便能夠和秦國對抗。所以秦、趙、魏、楚四國，能得到齊國幫助的，就顯得重要，失去齊國幫助的，就微不足道。齊國有這種有利的形勢，卻不能藉此提高自己在天下的地位，是什麼原因呢？是因為當權者犯了錯誤啊。」

# 卷一一 齊策四

## 齊人有馮諼者

【題解】馮諼為孟嘗君門客，因不受重視，便彈劍長歎，使得孟嘗君終於滿足了他的所有要求。後來他便為孟嘗君「營三窟」：市義、遊梁、立先王宗廟於薛，以鞏固孟嘗君的政治地位。

齊人有馮諼❶者，貧乏不能自存，使人屬❷孟嘗君，願寄食門下。孟嘗君曰：「客何好？」曰：「客無好也。」曰：「客何能？」曰：「客無能也。」孟嘗君笑而受之曰：「諾。」左右以君賤之也，食以草具❸。

【章旨】馮諼寄食孟嘗君門下，受到非禮待遇。

【注釋】❶馮諼 《史記‧孟嘗君列傳》作「馮驩」，策士名。❷屬 通「囑」。告請。❸食以草具 用草製的器具給他進食。食，給吃。草具，草製的器具，用以盛粗劣的食品。

【語譯】齊國有個名叫馮諼的人，貧窮得不能自己養活自己，便託人告請孟嘗君，願意寄食在他的門下。孟嘗君說：「客人有什麼愛好？」回答說：「客人沒有什麼愛好。」孟嘗君又說：「客人有什麼能耐？」回答說：「客人沒有什麼能耐。」孟嘗君笑著接受了馮諼，說：「哦。」孟嘗君身邊的人因為孟嘗君瞧不起馮諼，便用草製的器具給他進食。

居有頃❶，倚柱彈其劍，歌曰：「長鋏❷歸來乎！食無魚。」左右以告，孟嘗君曰：「食❸之，比❹門下之客。」居有頃，復彈其鋏，歌曰：「長鋏歸來乎！出無車。」左右皆笑之，以告，孟嘗君曰：「為之駕，比門下之車客❺。」於是乘其車，揭❻其劍，過❼其友，曰：「孟嘗君客我❽。」後有頃，復彈其劍鋏，歌曰：「長鋏歸來乎！無以為家。」左右皆惡之，以為貪而不知足。孟嘗君問：「馮公有親乎？」對曰：「有老母。」孟嘗君使人給其食用，無使乏。於是馮諼不復歌。

【章　旨】馮諼為食無魚、出無車、無法養家而倚柱歎息，孟嘗君逐一滿足了他的要求。

【注　釋】❶居有頃　過了不久。居，停。有頃，一會；不久。❷鋏　劍把。❸食　給吃。❹比　等同。據《列士傳》記載，在孟嘗君門下，「上客食肉，中客食魚，下客食菜」。❺車客　乘車之客。❻揭　高舉。❼過　訪問。❽客我　以客禮待我。

【語　譯】過了不久，馮諼靠著柱子彈著他的劍，歌唱道：「長劍呀，回去吧！吃飯沒有魚。」左右把這話告訴孟嘗君，孟嘗君說：「給他魚吃，和門下食魚的客相等。」過了不久，又彈他的劍，歌唱道：「長劍呀，回去吧！出門沒有車。」左右都笑他，把這話告訴孟嘗君，孟嘗君說：「給他車子，和門下乘車的客相等。」

馮諼於是乘著他的車，舉著他的劍，訪問他的朋友，說：「孟嘗君用客禮待我。」後來不久，又彈他的劍，歌唱道：「長劍呀，回去吧！沒有辦法養家。」左右都討厭他，以為他貪心不知足。孟嘗君問道：「馮先生有親人嗎？」回答說：「有個老母。」孟嘗君便派人供給她食物用品，不讓她貧乏。於是馮諼不再歌唱了。

後孟嘗君出記❶，問門下諸客：「誰習計會❷，能為文收責❸於薛者乎？」馮諼署❹曰：「能。」孟嘗君怪之，曰：「此誰也？」左右曰：「乃歌夫長鋏歸來者也。」孟嘗君笑曰：「客果有能也，吾負之❺，未嘗見也。」請而見之，謝曰：「文倦於事❻，憒於憂❼，而性懧❽愚，沉❾於國家之事，開罪❿於先生。先生不羞，乃有意欲為收責於薛乎？」馮諼曰：「願之。」於是約車⓫治裝，載券契⓬而行，辭曰：「責畢收，以何市⓭而反⓮？」孟嘗君曰：「視吾家所寡有者。」

【章旨】馮諼去薛替孟嘗君收債，臨行前問收完債買什麼回來，孟嘗君說買家裡所缺少的東西回來。

【注釋】❶記 通「計」。帳簿。一說是文告。❷計會 相當於現在說的會計。❸責 同「債」。❹署 書寫，指馮諼署上自己的名字。❺負之 對不起他。❻倦於事 倦於國事。孟嘗君當時任齊相。❼憒於憂 由於憂慮而糊塗。憒，昏亂；糊塗。❽懧 怯弱。❾沉 沉溺；陷入。❿開罪 得罪。⓫約車 套車。⓬券契 債券；契約。⓭市 買。⓮反 同「返」。

【語譯】後來孟嘗君出示帳簿，問門下各位門客：「哪位懂得會計，能替我到薛地去收債呢？」馮諼寫上自己的名字，說：「能去收債。」孟嘗君感到奇怪，說：「這是誰呀？」左右說：「就是歌唱『長劍呀，回去吧』的那個人。」孟嘗君笑著說：「這個門客真的有能耐呀，我對不起他，不曾見過他。」便請馮諼來相見，向他道歉說：「我田文忙於事務，由於憂慮而糊塗，而且生性又懦弱愚蠢，陷於國家的事務之中，以致得罪了先生。先生不以為羞，竟有意到薛地去替我收債嗎？」馮諼說：「願意。」馮諼於是套好車，整理好行裝，載著契約前去，告別時說：「債收完了，用債款買什麼回來？」孟嘗君說：「看我家缺少什麼就買什麼。」

驅而之薛，使吏召諸民當償❶者，悉來合券❷。券徧合❸，起，矯命❹以責賜諸民，因燒其券，民稱「萬歲」。長驅到齊，晨而求見。孟嘗君怪其疾也，衣冠而見之，曰：「責畢收乎？來何疾也！」曰：「收畢矣。」「以何市而反❺？」馮諼曰：「君云『視吾家所寡有者』。臣竊計，君宮中積珍寶，狗馬實外廏❻，美人充下陳❼。君家所寡有者以義耳。竊以為君市義。」孟嘗君曰：「市義奈何？」曰：「今君有區區之薛，不拊愛❽子❾其民，因而賈利之❿。臣竊矯君命，以責賜諸民，因燒其券，民稱『萬歲』。乃臣所以為君市義也。」孟嘗君不說⓫，曰：「諾，先生休矣！」

【章　旨】馮諼到薛，燒掉所有債券，回來對孟嘗君說給你買了所缺少的「義」回來。

【注　釋】❶償　償還。❷合券　核對債券。❸徧合　全部核對完畢。❹矯命　假託孟嘗君之命。❺反　同「返」。❻廏　馬棚。❼下陳　後列。❽拊愛　撫愛。❾子　用作動詞，像對待兒子一樣對待。❿賈利之　像商人一樣向人民取利。賈，坐商。⓫說　同「悅」。高興。

【語　譯】馮諼驅車到薛地，叫官吏把應當還債的民眾找來核對債券。債券核對完了，他站起來假託孟嘗君的命令將債賜給民眾，於是把債券燒掉，民眾稱頌孟嘗君「萬歲」。馮諼便驅車直奔，到了齊國，當天早上就求見孟嘗君。孟嘗君對他回來得那麼快感到奇怪，便穿好衣服、戴好帽子接見他，說：「債收完了嗎？為什麼回來得那麼快呀！」馮諼說：「債收完了。」孟嘗君說：「將債款買了什麼東西回來？」馮諼說：「你說『看我家缺少什麼就買什麼』。我私下考慮了一下，你宮裡堆積著珍寶，狗和馬填滿了外面的馬棚，美女充塞著後列。你家裡所缺少的是義。我私自替你買了義。」孟嘗君說：「買義是怎麼一回事？」馮諼說：「現在你有個小小的薛地，你卻不撫愛那裡的民眾，不像對待自己的兒子那樣對待他們，而像商人一樣向他們謀利。我私自假託你的命令，把債賜給了民眾，而因燒掉了那些債券，民眾稱頌你『萬歲』。這就是我替你買義啊。」孟嘗君聽了不高興，說：「哦……先生，算了吧！」

後期年❶，齊王❷謂孟嘗君曰：「寡人不敢以先王之臣為臣❸。」孟嘗君就國❹於薛，未至百里，民扶老攜幼，迎君道中。孟嘗君顧謂馮諼：「先生所為文市義者，乃今日見之。」馮諼曰：「狡兔有三窟，僅得免其死耳。今君有一窟，未得高枕而臥也。請為君復鑿二窟。」孟嘗君予車五十乘，金五百斤，西遊於梁，謂惠王❺曰：「齊放其大臣孟嘗君於諸侯，諸侯先迎之者，富而兵強。」於是，梁王虛上位❻，以故相為上將軍❼，遣使者，黃金千斤，車百乘，往聘孟嘗君。馮諼先驅誡孟嘗君曰：「千金，重幣也；百乘，顯使也。齊其聞之矣。」梁使三反❽，孟嘗君固辭不往也。齊王聞之，君臣恐懼，遣太傅❾賫❿黃金千斤，文車⓫二駟⓬，服劍⓭一，封書⓮謝孟嘗君曰：「寡人不祥⓯，被⓰於宗廟之祟⓱，沉⓲於諂諛之臣，開罪於君。寡人不足為也，願君顧先王之宗廟，姑反⓳國統⓴萬人乎？」馮諼誡孟嘗君曰：「願請先王之祭器，立宗廟於薛㉑。」廟成，還報孟嘗君曰：「三窟已就，君姑高枕為樂矣。」孟嘗君為相數十年，無纖介㉒之禍者，馮諼之計也。

【章　旨】孟嘗君被齊湣王驅逐回薛，受到民眾歡迎。馮諼再為他出遊梁國、在薛建立齊先王宗廟，以鞏固孟嘗君的地位。

【注　釋】❶期年　一周年。❷齊王　指齊湣王。❸不敢以先王之臣為臣　不敢用先生的臣子做臣子。這是一句託辭，實際上是變相的驅逐令。《史記·孟嘗君列傳》說「齊王惑於秦、楚之毀，以為孟嘗君名高其主而擅齊國之權，遂廢孟嘗君」。先王之臣，指孟嘗君，他是齊湣王的父親齊宣王的臣子。❹就國　到自己的封地去。薛本是孟嘗君父親田嬰的封地，田嬰死後，孟嘗君襲封。❺惠王　梁惠王。《史記·孟嘗君列傳》作「秦王」。❻虛上位　空出上等的官位。上位，即相位。❼上將軍　官名。❽三反　來回三次。❾太傅　官名，古代三公之一，官位很高。❿賫　帶著東西去送人。⓫文車　紋車，繪有文彩的高級車。⓬二駟　指套有四匹馬的車二輛。駟，四匹馬。古代諸侯用四匹馬駕車。⓭服劍　佩劍，指齊王自己的佩劍。⓮封書　封好的信。⓯祥　善；吉祥。⓰被　遭受。⓱祟　鬼神帶來的災禍。⓲沉　沉溺；迷惑。⓳反　同「返」。回去。⓴統　統治；統管。㉑立宗廟於薛　在薛地建立齊先王宗廟，以使齊王重視薛，不能隨意對待。㉒纖介　纖芥；細微；一點。

【語　譯】事後一周年，齊湣王對孟嘗君說：「寡人不敢用先王的臣子做臣子。」孟嘗君聽後便回到薛去，到薛還有一百里，民眾就扶老攜幼，在道路上迎接他。孟嘗君回過頭來對馮諼說：「先生替我田文買義，竟在今天見到了效果。」馮諼說：「狡猾的兔子有三個窩，才能免於死亡。現在你有了一個窩，還不能高枕而臥啊。請讓我替你再挖兩個窩。」孟嘗君給馮諼車子五十輛，黃金五百斤，往西出遊到大梁，對梁惠王說：「齊國放逐它的大臣孟嘗君到諸侯那裡去，諸侯先迎接他的，便國富而兵強。」於是梁惠王便空出上等的官位，讓原來的相國改任上將軍，派遣使者，用黃金一千斤、車子一百輛，前去聘請孟嘗君。馮諼趕在梁惠王使者的前面告訴孟嘗君說：「千金是很重的禮物，一百輛車是顯赫的使者才有的。這樣齊國大概會知道了。」梁惠王的使者往返三次，孟嘗君堅決推辭不去大梁。齊王聽說此事，君臣害怕起來，便派遣太傅攜去黃金一千斤、四匹馬拉的有彩繪的車子兩輛、齊王自己佩帶的劍一把，還寫了一封信向孟嘗君道歉說：「寡人不吉祥，遭受宗廟鬼神帶來的災禍，被那些說別人壞話的阿諛奉承的臣子所迷惑，以致得罪了你。雖然寡人不值得你幫助，但是希望你顧念祖先的宗廟，姑且回到齊國統管萬民，行嗎？」馮諼告訴孟嘗君說：「希望你提出請求，用先王的祭器，在薛建立宗廟。」宗廟建成了，馮諼回來報告孟嘗君說：「三個窩已經挖好了，你暫且可以高枕無憂了。」孟嘗君做相國幾十年，沒有一點點災禍，那是馮諼計畫的結果。

## 孟嘗君為從

【題　解】孟嘗君想合縱，公孫弘建議他先派人去看看秦王是個怎樣的君主再說。於是孟嘗君便派公孫弘出使秦國。秦王本想藉此侮辱公孫弘，但公孫弘對答如流，慷慨陳辭，逼得秦王笑著道歉，並通過公孫弘向孟嘗君轉達了親善的願望。作者稱讚公孫弘是個夠格的使者。

孟嘗君為從❶。公孫弘❷謂孟嘗君曰：「君不以❸使人先觀秦王❹？意者❺秦王帝王之主也，君恐不得為臣，奚暇❻從❼以難之？意者秦王不肖之主也，君從以難之，未晚。」孟嘗君曰：「善，願因請公❽往矣。」公孫弘敬諾，以車十乘之秦。昭王聞之，而欲媿❾之以辭。公孫弘見，昭王曰：「薛公之地，大小幾何？」公孫弘對曰：「百里。」昭王笑而曰：「寡人地數千里，猶未敢以有難❿也。今孟嘗君之地方百里，而因欲⓫難寡人，猶可乎？」公孫弘對曰：「孟嘗君好人⓬，大王不好人。」昭王曰：「孟嘗君之好人也，奚如？」公孫弘曰：「義，不臣乎天子，不友乎諸侯，得志不慚為人主，不得志不肯為人臣，如此者三人；而治，可為管⓭、商⓮之師，說義⓯聽行⓰，能致其⓱，如此者五人；萬乘之嚴主也，辱其使者，退而自刎⓲，必以其血洿其衣，如臣者十人。」昭王笑而謝⓳之，曰：「客胡⓴為若此！寡人直㉑與客論耳！寡人善㉒孟嘗君，欲客之必諭㉓寡人之志也！」公孫弘曰：「敬㉔諾。」公孫可謂不侵㉕矣。昭王，大國也。孟嘗，千乘㉖也。立千乘之義㉗而不可陵㉘，可謂足㉙使矣。

【注釋】❶從　通「縱」。合縱，聯合山東諸侯共同抗秦。❷公孫弘　齊國人。❸以　鮑彪本作「如」。《呂氏春秋・不侵》作「若」。❹秦王　指秦昭王。❺意者　猜測之詞。❻奚暇　何暇；哪裡有空。❼從　通「縱」。指合縱，下同。❽公　你，指公孫弘。❾媿　依《呂氏春秋・不侵》當作「醜」，即出醜、侮辱的意思。❿有難　為難。⓫欲　鮑彪本及《呂氏春秋・不侵》「欲」字下有「以」字。⓬人　指賢人、賢士。《呂氏春秋・不侵》作「士」。下同。⓭管　管仲。⓮商　商鞅。⓯說義　所說有義。⓰聽行　聽而行之。⓱其　「其」字下當據《呂氏春秋・不侵》添「主霸王」三字。⓲自刎　自殺。刎，割脖子。⑲謝 道歉。⑳胡 何。㉑直 只。㉒善 親善。㉓諭 告知。㉔敬 表示敬意的副詞。㉕不侵 不可侵辱。㉖千乘 千乘之國，即能出一千輛兵車的中等國家。千乘之國比「大國」要小，《論語．先進》有所謂「千乘之國，攝乎大國之間」可證。這裡是說秦昭王代表「大國」，孟嘗君代表「千乘之國」。㉗義 承上文「義，不臣乎天子」的「義」。有釋「義」為「議」之說，非是。㉘陵 通「淩」。欺淩；欺侮。㉙足 夠。

【語譯】孟嘗君想推行合縱政策。公孫弘對孟嘗君說：「你不如派人先去看看秦王是怎樣的君主？假設秦王是個帝王式的君主，你只怕還做不了他的臣子，哪裡還有空合縱去為難他？假設秦王是個不像樣的君主，你再合縱去為難他，也不晚。」孟嘗君說：「好，那就想請你前去看看。」公孫弘恭敬地答應了，用了十輛車子前往秦國。秦昭王聽說此事，便想用言辭侮辱公孫弘。公孫弘進見，秦昭王說：「薛公的土地有多大多小？」公孫弘回答說：「一百里。」秦昭王笑著說：「寡人的土地有幾千里，尚且不敢為難別人。現在孟嘗君的土地方圓只百里，卻想為難寡人，這還可以行得通嗎？」公孫弘回答說：「孟嘗君喜歡士人，而大王卻不喜歡士人。」秦昭王說：「孟嘗君所喜歡的士人像些什麼樣的人？」公孫弘說：「論堅持正義，不做天子的臣子，不做諸侯的朋友，得志不愧為君主，不得志不肯做人家的臣子，像這樣的人有三個；論治理國家，可以成為管仲、商鞅的老師，說的話合乎道義，聽從他的去做，能使他的主人做霸王，像這樣的人有五個；能出萬輛兵車的威嚴君主，侮辱了他的使者，那使者便會後退自殺，可是必定會用他的血汙染那萬乘之主的衣服，就像我這樣的人，有十個。」秦昭王聽後笑著向公孫弘道歉，說：「客人為什麼這樣！寡人只不過和客人說說罷了。寡人想和孟嘗君親善，想請客人一定要把寡人的這一心願告訴孟嘗君啊！」公孫弘說：「好。」公孫弘可以說得上是不可侵辱的使者了。秦昭王是萬乘大國的代表，孟嘗君是千乘國的代表。公孫弘樹立了千乘國的正義，讓它不被欺淩，可以說是夠格的使者了。

# 魯仲連謂孟嘗

**【題　解】**齊國的義士魯仲連批評孟嘗君不是真正喜愛士人。

魯仲連謂孟嘗❶：「君好士也❷！雍門❸養椒亦❹，陽得子❺養❻，飲食、衣裘與之同之，皆得其死❼。今君之家富於二公❽，而士未有為君盡游❾者也。」君曰：「文不得是二人❿故也，使文得二人者，豈獨不得盡？」對曰：「君之廄馬百乘⓫，無不被⓬繡衣而食菽粟者，豈有騏麟、騄耳⓭哉？後宮十妃，皆衣⓮縞紵⓯，食梁肉⓰，豈有毛嬙、西施⓱哉？色⓲與馬取於今之世，士何必待古哉？故曰君之好士未也。」

**【注　釋】**❶孟嘗　即孟嘗君。❷也　同「耶」。❸雍門　鮑彪本作「雍門子」，當是指某一養士的人。事跡不詳。❹椒亦　雍門子所養的一個士。❺陽得子　指某一養士的人。事跡不詳。❻養　「養」字下缺所養士姓名。❼死　指士為知己者而死。❽二公　指雍門子和陽得子。❾盡游　盡交遊之道，即為知己者而死。❿二人　指椒亦和另一個被陽得子所養的士。⓫乘　古代一車四馬為乘。⓬被　通「披」。⓭騏麟騄耳　都是良馬名。⓮衣　穿，作動詞用。⓯縞紵　白色的苧麻細布。⓰梁肉　當作「粱肉」，指美食佳餚。⓱毛嬙西施　都是古代的美女名。⓲色　女色。

**【語　譯】**魯仲連對孟嘗君說：「你喜愛士嗎！雍門子養椒亦，陽得子養……，養士的人和被養的士，飲食、衣服都相同，養士的人都得到了被養的士賣力效死的回報。現在你的家比雍門子、陽得子的家更富有，卻沒有為你盡力效死的士。」孟嘗君說：「這是因為我田文沒有得到椒亦等兩個士的緣故，假使我田文得到了這樣兩個士，哪裡會獨對我不盡力效死呢？」魯仲連回答說：「你的馬棚裡的四百匹馬，沒有一匹不是披繡衣、吃糧食的，哪裡會有騏驎、騄耳等千里馬呢？你的後宮十個妃女，都穿白色的苧麻細布衣服，吃美食佳餚，哪裡會有毛嬙、西施等美女呢？女色和馬你能從當今的世上取來，士又何必要出自古代呢？所以我說你沒有真正喜愛士啊。」

## 孟嘗君逐於齊而復反

**【題解】** 孟嘗君被齊國驅逐以後又回到齊國，譚拾子勸他不要埋怨齊國的士大夫，因為富貴則來，貧賤則去，世態炎涼，情理本是如此。

孟嘗君逐於齊❶而復反❷。譚拾子❸迎之於境，謂孟嘗君曰：「君得無有所怨齊士大夫？」孟嘗君曰：「有。」「君滿意殺之乎？」孟嘗君曰：「然。」譚拾子曰：「事有必至，理有固然，君知之乎？」孟嘗君曰：「不知。」譚拾子曰：「事之必至者，死也；理之固然者，富貴則就之，貧賤則去之。此事之必至，理之固然者。請以市諭：市，朝則滿，夕則虛，非朝愛市而夕憎之也，求存❹故往，亡❺故去。願君勿怨。」孟嘗君乃取所怨五百牒❻削去之，不敢以為言。

【注釋】❶逐於齊　被齊湣王所逐。《史記・孟嘗君列傳》記載有人在齊湣王面前詆毀齊相孟嘗君「將為亂」，再加上秦國、楚國也毀謗孟嘗君，齊湣王「以為孟嘗君名高其主而擅齊國之權，遂廢孟嘗君。諸客見孟嘗君廢，皆去」。❷復反　即「復返」。《史記・孟嘗君列傳》記載自從齊湣王「毀廢孟嘗君，諸客皆去」。後來依靠馮驩的計謀，孟嘗君得以恢復相位。❸譚拾子　齊國人。《史記・孟嘗君列傳》記以下勸說孟嘗君的人是馮驩。❹求存　所求找的東西在那裡。❺亡　失；不在那裡。❻牒　木札。

【語譯】孟嘗君被齊國驅逐以後又回來了。譚拾子到邊境上去迎接他，對孟嘗君說：「你莫非是對齊國的士大夫有所怨恨？」孟嘗君說：「有。」譚拾子說：「殺掉他們你才滿意嗎？」孟嘗君說：「對。」譚拾子說：「事情有的必然會到來，情理有的本來就是這樣，你知道嗎？」孟嘗君說：「不知道。」譚拾子說：「事情必然會到來，指的是一個人的死亡；情理本來就是這樣，指的是你富貴別人就來了，貧賤別人就離開你。這就是我所說的事情必然會到來，情理本來是這樣啊。請讓我用市場作比喻：市場，早上擠滿了人，晚上便空蕩蕩的，不是人們早上就愛市場，晚上就恨市場，而是因為要找的東西在那裡就前往，不在那裡就離開。希望你不要怨恨那些士大夫。」孟嘗君聽了，於是就取出寫有他所怨恨的士大夫名單的木札五百片，將他們的名字削去，不敢再說怨恨他們的話。

## 齊宣王見顏斶

【題解】顏斶與齊國君臣辯論是「王貴」還是「士貴」問題，表現出他維護士的人格尊嚴、蔑視權貴、不慕榮利的品德，和蘇秦等「出其金玉錦繡，取卿相之尊」的名利之士大異其趣。

齊宣王見❶顏斶❷曰：「斶前！」斶亦曰：「王前！」宣王不悅。左右曰：

「王，人君也；斶，人臣也。王曰『斶前』，亦曰『王前』，可乎？」斶對曰：「夫斶前為慕勢，王前為趨士。與使斶為趨勢，不如使王為趨士。」王忿然作色❸曰：「王者貴乎？士貴乎？」對曰：「士貴耳，王者不貴。」王曰：「有說❹乎？」斶曰：「有。昔者秦攻齊，令曰：『有敢去柳下季壟五十步而樵采者，死不赦。』❺令曰：『有能得齊王頭者，封萬戶侯，賜金千鎰❻。』由是觀之，生王之頭，曾❼不若死士之壟也。」宣王默然不悅。

【章　旨】齊宣王與顏斶談論是「王貴」還是「士貴」問題。

【注　釋】❶見　召見。❷顏斶　士名。❸作色　變了臉色；生氣。❹說　解釋。❺令曰三句　秦國攻打齊國要經過魯國，所以秦王下達了這樣的命令。柳下季，春秋時魯國的大夫展禽，字季，封在柳下，故稱柳下季。死後諡「惠」，又稱柳下惠。為人正直，不願枉道事人，見《論語・微子》。壟，墳墓。❻鎰　二十四兩。一說是二十兩。❼曾　竟。

【語　譯】齊宣王召見顏斶，說：「顏斶，上前來！」顏斶也說：「齊王，上前來！」齊宣王不高興。左右的人說：「大王是君主，顏斶是臣子。大王說『顏斶，上前來！』你也說『齊王，上前來！』這行嗎？」顏斶回答說：「我顏斶上前來是趨炎附勢，齊王上前來是急於求士。與其讓我顏斶趨奔權勢，不如讓齊王急於求士。」齊宣王氣得變了臉色說：「是君王尊貴呢，還是士尊貴呢？」顏斶回答說：「士尊貴，君王不尊貴。」齊宣王說：「有解釋嗎？」顏斶說：「有。過去秦國進攻齊國，下令說：『有誰敢在距離柳下季墳墓五十步的地方打柴的，便判死罪，絕不寬恕。』又下令說：『有能得到齊王腦袋的，封萬戶侯，賞賜二萬兩黃金。』由此看來，活王的腦袋，竟不如死士的墳墓啊。」齊宣王聽了默不作聲，心中不高興。

左右皆曰：「斶來，斶來！大王據千乘之地，而建千石❶鐘，萬石簴❷。天下之士，仁義❸皆來役處❹；辯知❺並進❻，莫不來語❼；東西南北，莫敢不服。求萬物不❽備具，而百❾無不親附。今夫士之高者，乃稱匹夫，徒步而處農畝；下則鄙野❿、監門⓫、閭里⓬，士之賤也，亦甚矣！」斶對曰：「不然。斶聞古大禹之時，諸侯萬國。何則？德厚⓭之道，得貴士⓮之力也。故舜起農畝，出於野鄙，而為天子。及湯之時，諸侯三千。當今之世，南面稱寡者，乃二十四。由此觀之，非得失之策⓯與？稍稍⓰誅滅，滅亡無族之時，欲為監門、閭里，安可得而有乎哉？是故易傳⓱不云乎：『居上位，未得其實，以⓲喜其為名者，必以驕奢為行。据⓳慢⓴驕奢，則凶從㉑之。』是故無其實而喜其名者削㉒，無德而望其福者約㉓，無功而受其祿者辱，禍必握㉔。故曰：『矜功㉕不立，虛願㉖不至。』此皆幸樂其名，華而無其實德者也。是以堯有九佐㉗，舜有七友㉘，禹有五丞㉙，湯有三輔㉚。自古及今而能虛成名於天下者，無有。是以君王無羞亟問㉛，不愧㉜下學。是故成其道德而揚功名於後世者，堯、舜、禹、湯、周文王是也。故曰：『無形者，形之君也㉝。無端者，事之本也㉞。』夫上見其原㉟，下通其流，至聖人㊱明學㊲，何不吉之有哉！老子㊳曰：『雖貴，必以賤為本；雖高，必以下為基。

是以侯王稱孤、寡、不穀㊴，是其賤之本與？』非㊵夫孤寡者，人之困賤下位也，而侯王以自謂，豈非下人㊶而尊貴士與？夫堯傳舜，舜傳禹，周成王任周公旦，而世世稱曰明主，是以明乎士之貴也。」

【章旨】顏斶和齊宣王的左右大臣爭論是「王貴」還是「士貴」問題。

【注釋】❶石　重量單位。一石為一百二十斤。❷簴　古代懸掛鐘磬的架。上面的那根橫木叫簨，旁邊的兩根立柱叫簴。❸仁義　鮑彪本無此二字。吳師道《補正》疑「仁義」二字當在「之士」二字的上面。❹皆來役處　《史記・田敬仲完世家》記載齊宣王喜愛文學遊說之士，騶衍、淳于髡、田駢、接予、慎到、環淵等七十六人，都賜給各類等級的住宅，做上大夫，不擔任行政職務，專門議論朝政。稷下學派發展到幾百上千人。役處，役使、居住。❺知　通「智」。❻並進　同時進入齊國。❼語　議論。❽不　「不」字上面當有「無」字。❾百　當依鮑彪本作「百姓」。❿鄙野　泛指民間。鄙，古代五家叫鄰，五鄰叫里，五里叫酇，五酇叫鄙，一鄙等於五百家。郊外叫野。⓫監門　守門。⓬閭里　鄉里；民間。⓭德厚　使德厚。⓮貴士　重視士。⓯得失之策　指得士與失士之策不同。古代得士，所以諸侯多；現在失士，所以諸侯被誅滅而減少。⓰稍稍　逐漸。⓱易傳　解釋《周易》的文字。⓲以　而。⓳据　通「倨」。傲慢。⓴慢　傲慢。㉑從　隨。㉒削　削弱。㉓約　窮困；行不通。㉔握　當依《高士傳》作「渥」，厚；重。㉕矜功　自誇其功而不做實事。㉖虛願　空有願望而沒有實際行動。㉗九佐　九個輔佐的人。㉘七友　七個友人。㉙五丞　五個輔佐的官員。㉚三輔　三個助手。㉛亟問　屢次下問。㉜媿　同「愧」。慚愧。㉝無形者二句　「有形」來自「無形」，所以「無形」是「有形」的主宰。形，指有形。君，主。㉞無端者二句　「有事」來自「無事」，所以「無事」是「有事」的本源。無端，相當於「無事」。事，有事。本，本源。㉟原　本源。㊱人　是衍文，當刪去。㊲明學　通曉學術，指「上見其原，下通其流」而言。㊳老子　姓李，名耳，字聃，春秋晚期人，著有《道德經》。以下引文見《道德經》三十九章，原文為：「故貴以賤為本，高以下為基，是以侯王自謂孤、寡、不穀，此非以賤為本邪？」與這裡所引的文字稍有出入。㊴孤寡不穀　古代君王自稱為「孤」、「寡人」、「不穀」。不穀就是不善的意思。㊵非　據曾鞏本「非」字當刪去。㊶下人　甘為人下。下，作動詞用。

【語　譯】齊宣王身邊的大臣都說：「顏斶過來，顏斶過來！我們的大王占據著能出一千輛兵車的國土，建造了十二萬斤重的鐘，一百二十萬斤重的鐘鼓架。天下之士都來到齊國居住效勞；能言善辯的人都進入齊國，無不前來參加學術討論；東西南北，沒有誰敢不服從齊王。所要求的萬物沒有一樣不齊備，而老百姓沒有一人不親近歸附。現在高等的士，卻自稱為匹夫，徒步處在田野；下等的士便住在民間、守門人落腳的地方以及里巷之中，由此看來，士是很下賤了！」顏斶回答說：「不對。我顏斶聽說古代大禹的時候，有一萬個諸侯國。為什麼會有這麼多呢？因為走崇德的道路，得力於尊重士啊。所以虞舜從田野起來，出自民間，卻做了天子。到了商湯的時候，諸侯國就只有三千個了。可是現在世上，南面稱孤道寡的諸侯竟然少到只有二十四個了。由此看來，不正是由於得士和失士之策不同的緣故嗎？漸漸地一個接一個被消滅，到了亡國滅族的時候，那些君主就是想做守門的人或當一般的居民，又怎麼可能呢？因此《易傳》裡不是說嗎：『處於上等的地位，不圖其實而圖虛名的人，必定行為驕奢。傲慢驕奢，災禍就會跟著到來。』因此沒有其實而喜歡虛名的人，勢力必定削弱；缺德而希望有福的人，處境必定窮困；無功而受祿的人遭受恥辱，災禍必定深重。所以說：『矜誇功勞的，不能立功；空有願望的，不能如願。』這些說的都是希望愛好虛名，只求外表好看卻沒有實德的人啊。因此堯帝有九個助手，舜帝有七個朋友，夏禹有五個輔佐人員，商湯有三個幫手。從古到今，能夠憑空在天下成名的人，是沒有的！因此君王不因為多次請問別人而感到羞恥，不因為向下面的人學習而覺得慚愧。因此能養成道德而傳揚功名於後世的，是堯、舜、禹、湯、周文王啊。所以說：『無形是有形的主宰，無事是有事的本源。』往上能看見事的本源，往下能通曉事的趨向，最聖明的人能通曉學術，見上見下，哪裡會有不吉利的呢！老子說：『雖然顯貴，必定要把卑賤作為根本；雖然崇高，必定要將低下作為基礎。因此君王自稱為「孤」、「寡」、「不穀」，這不是把低賤作為根本嗎？』孤老、寡婦，在人當中是窮困、卑微、地位低下的人，而侯王把這些人作為自己的稱呼，難道不是為甘為人下而尊重士嗎？堯把天下傳給舜，舜把天下傳給禹，周成王任用周公旦，而世世代代被稱為英明的君主，因此曉得士是尊貴的啊。」

宣王曰：「嗟乎！君子焉可侮哉，寡人自取病耳！及今聞君子❶之言，乃今聞細人❷之行，願請受❸為弟子。且顏先生與寡人游❹，食必太牢❺，出必乘車，妻子衣服麗都❻。」顏斶辭去曰：「夫玉生於山，制❼則破焉，非弗寶貴矣，然夫❽璞不完。士生乎鄙野，推選則祿焉，非不得❾尊遂❿也，然而形神不全。斶願得歸，晚食⓫以當⓬肉，安步以當車，無罪以當貴，清靜貞正⓭以自虞⓮。制言⓯者王也，盡忠直言者斶也。言要道已備矣，願得賜歸，安行而反臣之邑屋。」則再拜而辭去也。「斶知足矣，歸反撲，則終身不辱也⓰。」

【章　旨】齊宣王聽後，請求做顏斶的弟子，和他交遊，被顏斶拒絕。

【注　釋】❶君子　指顏斶。❷細人　小人，指有名無實而不重士的人。❸受　據劉敞本「受」字當刪去。❹游　交遊。❺太牢　牛、羊、豬三牲具備叫太牢。牢，盛牲的器具。❻麗都　華麗；華貴。❼制　雕琢。❽夫　當依鮑彪本作「大」。❾得　據鮑彪本可刪去。❿遂　達；顯達。⓫晚食　遲食；飢而後食。後用於甘於淡泊之典。⓬當　抵得上。⓭貞正　堅定正直。⓮虞　通「娛」。樂。⓯言　令。⓰斶知足矣三句　是顏斶拒絕齊宣王請求後的自言自語。歸反撲，當依鮑彪本作「歸真反璞」。真，本真，與「偽」相對。反，同「返」。璞，沒有雕琢過的玉石。

【語　譯】齊宣王說：「唉！君子怎麼可以侮辱呢？寡人自討苦吃了！到現在我才聽到君子的話，到現在才知道不重士是小人的行為，願請求做你的弟子。再說顏先生和寡人交遊，吃的必然是牛、羊、豬肉具備的太牢，出去一定坐車，老婆孩子可穿上華麗的服裝。」顏斶辭謝離去，說：「玉石生在山上，經過雕琢就破了，雕琢過的玉不是不寶貴，然而大玉石卻不完全了。士生在民間，推選出來便享受俸祿，不是不尊貴顯達，然而形貌、精神卻不完全了。我顏斶希望能回去，餓了再吃可以抵得上吃肉，穩步可以抵得上坐車，無罪可以抵得上富貴，清靜、堅貞、正直可以自樂。制令的是大王，盡忠直言的是我顏斶。所講的重要道理已經全備了，希望能賜我回去，平安地回到我的家裡。」說完便拜了兩拜告辭走了。又自言自語說：「顏斶知足了，除去外飾，返回本真，就一輩子不蒙受恥辱啊。」

## 先生王斗造門而欲見齊宣王

【題解】齊宣王迎見王斗，王斗指責齊宣王好馬、好狗、好酒、好色，卻不好士。齊宣王聽後，用實際行動改正錯誤。

先生王斗❶造門❷而欲見齊宣王，宣王使謁者❸延❹入。王斗曰：「斗趨見王為好勢，王趨見斗為好士，於王何如？」使者復還報，王曰：「先生徐之，寡人請從❺。」宣王因趨而迎之於門，與入，曰：「寡人奉先君之宗廟，守社稷，聞先生直言正諫不諱。」王斗對曰：「王聞之過❻。斗生於亂世，事亂君，焉敢直言正諫？」宣王忿然作色，不說❼。有間，王斗曰：「昔先君桓公❽所好者，九合諸侯，一匡天下，天子受籍❾，立為大伯❿。今王有四⓫焉。」宣王說，曰：「寡人愚陋，守齊國，唯恐失抎⓬之，焉能有四焉？」王斗曰：「否。先君好馬，王亦好馬；先君好狗，王亦好狗；先君好酒，王亦好酒；先君好色，王亦好色。先君好士，是⑬王不好士。」宣王曰：「當今之世無士，寡人何好？」王斗曰：「世無騏驎、騄耳⑭，王駟已備矣；世無東郭俊⑮、盧氏之狗⑯，王之走狗已具矣；世無毛嬙、西施⑰，王宮已充矣。王亦⑱不好士也，何患無士？」王曰：「寡人憂國愛民，固願得士以治之。」王斗曰⑲：「王之憂國愛民，不若王愛尺縠⑳也。」王曰：「何謂也？」王斗曰：「王使人為冠，不使左右便辟㉑而使工者何也？為能之也。今王治齊，非左右便辟無使也，臣故曰不如愛尺縠也。」宣王謝曰：「寡人有罪國家。」於是舉士五人任官，齊國大治。

【注釋】❶王斗　齊人。《說苑・尊賢》「王斗」作「淳于髡」。❷造門　登門。❸謁者　通報迎接賓客的官員，相當於傳達員。❹延　引。❺從　聽從，指聽從王斗的話前去迎接王斗。❻過　錯。❼說　同「悅」。❽桓公　指春秋時的齊桓公小白，姓姜。田氏篡齊後，齊王姓田，所以春秋時的齊桓公不應當是齊宣王的祖先。有人據此對本文的真實性提出了疑問。❾受籍　當作「授籍」。受，通「授」。籍，登記土地人口等的簿冊。❿大伯　即「大霸」，諸侯之長；霸主。伯，同「霸」。⓫四　指下文所說的「四好」。⓬失抎　同義字連用，即「失」的意思。抎，丟失。⓭是　鮑彪本作「而」。⓮騏驎騄耳　都是良馬名。⓯東郭俊　此處當是良狗名。〈齊策三・齊欲伐魏〉作「東郭逡」，稱之為「海內之狡兔」。⓰盧氏之狗　盧氏家的良狗。〈齊策三・齊欲伐魏〉說：「韓子盧者，天下之疾犬也。」傳聞異辭，不必深究。⓱毛嬙西施　都是古代的美女。⓲亦　只是。⓳王斗曰　以下王斗所說的話，和〈趙策三・建信君貴於趙〉記載魏牟說趙王的話有相似之處。⓴縠　很細的有皺紋的紗。㉑便辟　身邊聽候使喚的人。

【語　譯】王斗先生登門想見齊宣王，齊宣王派人讓傳達官員引他進來。王斗說：「我王斗快步去見齊王是愛好權勢，齊王快步來見我王斗是愛好士人。齊王來見我怎麼樣？」派來的人回去報告齊宣王，齊宣王說：「先生慢點，請允許寡人前去迎接。」齊宣王於是快步前往門口迎接王斗，和他一道進來，說：「寡人供奉先君的宗廟，保全國家，聽說先生能正言直諫而不隱諱。」王斗回答說：「大王聽到的話錯了。我王斗活在亂世，侍奉亂世的君主，怎麼敢直言正諫？」齊宣王生了氣，變了臉色，心中不高興。過了一會，王斗說：「往日先君桓公，所愛好的是糾合諸侯，使天下的一切得到匡正，周天子授與他簿冊，成為霸主。現在大王卻有『四好』。」齊宣王說：「寡人愚蠢淺陋，保全齊國，唯恐丟失，怎麼能有『四好』？」王斗說：「不對。先君愛好馬，大王也愛好馬；先君愛好狗，大王也愛好狗；先君愛好酒，大王也愛好酒；先君愛好女色，大王也愛好女色。可是先君愛好士，大王卻不愛好士。」齊宣王說：「當今世上沒有士，寡人愛好誰？」王斗說：「世上沒有騏驎、騄耳，可是大王的駟馬已經具備了；世上沒有東郭俊、盧氏狗，可是大王的獵狗已經具備了；世上沒有毛嬙、西施，可是大王宮裡已經充滿了美女。大王只是不愛好士，哪裡用得著擔心沒有士？」齊宣王說：「寡人憂國愛民，本來就希望得到士來治理國家。」王斗說：「大王的憂國愛民，比不上大王愛一尺精細的縐紗啊。」齊宣王說：「這是怎麼說的呢？」王斗說：「大王使人做帽子，不使身邊聽你使喚的人去做，而使工人去做，是什麼原因呢？是因為工人會做啊。現在大王治理齊國，就非讓你身邊聽你使喚的人去治理不可，所以我說大王的憂國愛民，比不上大王愛一尺精細的縐紗啊。」齊宣王道歉說：「寡人有罪，愧對國家。」於是舉用了五個士做官，齊國因而治理得很好。

## 齊王使使者問趙威后

【題　解】齊王建派使者出使趙國，趙威后先「問歲」、「問民」、後「問王」，進一步問齊國為什麼不重視關心民眾疾苦的鍾離子、葉陽子、孝養父母的嬰兒子？為什麼不殺掉不和統治者合作的於陵子仲？表現了以民為本、以君為末、重視「仁」「孝」的儒家思想，在《戰國策》一書中是別具一格的。

齊王❶使使者問❷趙威后❸。書❹未發❺，威后問使者曰：「歲亦無恙❻耶？民亦無恙耶？王亦無恙耶？」使者不說，曰：「臣奉使使威后，今不問王，而先問歲與民，豈先賤而後尊貴者乎？」威后曰：「不然。苟無歲，何以有民？苟無民，何以有君？故有❼問舍本而問末者耶？」乃進而問之曰：「齊有處士❽曰鍾離子❾，無恙耶？是其為人也，有糧者亦食❿，無糧者亦食；有衣者亦衣⓫，無衣者亦衣。是助王養其民也，何以至今不業⓬也？葉陽子⓭無恙乎？是其為人，哀⓮鰥寡⓯，卹⓰孤獨⓱，振⓲困窮，補不足。是助王息⓳其民者也，何以至今不業也？北宮⓴之女嬰兒子㉑無恙耶？徹㉒其環瑱㉓，至老不嫁，以養父母。是皆率㉔民而出於孝情者也，胡為至今不朝㉕也？此二士㉖弗業，一女㉗不朝，何以王齊國㉘，子㉙萬民乎？於陵子仲㉚尚存乎？是其為人也，上不臣於王，下不治其家，中不索交㉛諸侯。此率民而出於無用者，何為至今不殺乎？」

【注釋】❶齊王　指齊王建，是齊襄王的兒子。❷問　聘問；問候，是當時諸侯國的一種禮節。❸趙威后　即趙太后，是趙惠文王的妻子。惠文王死後，兒子趙孝成王繼位，因為年幼，由母親趙太后執政。❹書　指齊王建致趙威后的信。❺發　啟封。❻恙　憂。❼故有　據姚宏本「一無『有』字」，可刪去。故，胡。❽處士　道德高尚而隱居不仕的士。❾鍾離子事跡不詳。「鍾離」是姓，「子」是尊稱。❿食　給人東西吃。⓫衣　給人衣服穿。⓬不業　不讓他做官，成就其事業。⓭葉陽子　齊國人，事跡不詳。⓮哀　哀憐；同情。⓯鰥寡　鰥是老而無妻的男子，寡是寡婦。⓰卹　撫恤；救濟。⓱孤獨　孤是孤兒，獨是老而無子的單身。⓲振　救濟。⓳息　生；養活。⓴北宮　複姓。㉑嬰兒子　齊國的一個孝女。㉒徹　通「撤」。除去；卸下。㉓環瑱　環飾和耳璫。環，耳環、腕環等裝飾品。瑱，古時戴在耳垂上的玉。㉔率　率領。㉕不朝　不能朝見君主。古時只有有封號的婦女（即命婦）才能朝見君主。「不朝」實際是說還沒有給她封號。㉖二士　指鍾離子和葉陽子。㉗一女　指嬰兒子。㉘王齊國　做齊國的王，統治齊國。㉙子　作動詞用，愛的意思，像愛兒子一樣地愛。㉚於陵子仲　就是《孟子·滕文公下》說的陳仲子，是齊國著名的廉士，不吃他的哥哥的不義之祿，不住他的哥哥的不義之室，避開哥哥，離開母親，住在於陵（在今山東鄒平東南）。㉛索交　結交。

【語譯】齊王建派使者來問候趙威后。齊王給趙威后的信還沒有啟封，趙武后就問使者說：「年成也還好嗎？民眾也還好嗎？齊王也還好嗎？」使者聽了不高興，說：「我奉命出使問候太后，現在太后不問齊王好不好，卻先問年成和民眾好不好，難道有先問卑賤然後問尊貴的嗎？」趙威后說：「不能這樣說。如果年成不好，怎麼能有民眾？如果沒有民眾，怎麼能有君主？為什麼問事能捨本問末呢？」於是進一步問使者說：「齊國有個處士叫鍾離子的，他好嗎？這個人的為人是這樣：有糧食的人，他也給他飯吃，沒有糧食的人，他也給他飯吃；有衣服的人，他也給他衣服穿，沒有衣服的人，他也給他衣服穿。這是幫助齊王撫養他的民眾啊，為什麼直到現在還沒有讓他做官，成就他的事業呢？葉陽子這個人好嗎？這個人的為人是這樣：同情鰥寡，撫恤孤獨，救濟窮困，補助不足。這是幫助齊王救活他的民眾啊，為什麼直到現在還沒有讓他做官，成就他的事業呢？還有北宮的女兒嬰兒子好嗎？她卸下她的環飾和耳璫，到老不出嫁，來奉養父母。這是引導民眾行孝啊，為什麼直到現在還不能朝見君主呢？這兩個士不能成就事業、一個女子不能朝見君主，齊王怎麼做齊國的王、愛護萬民呢？另外，於陵子仲還在嗎？這個人的為人是這樣：上不能做王的臣子，下不能治理好家庭，中不能結交諸侯。這是引導民眾去做無用的廢物啊，為什麼直到現在還不殺掉他呢？」

# 齊人見田駢

【題解】田駢號稱不做官，卻享盡富貴，齊人當面諷刺他像不出嫁而生七個孩子的女人，田駢聽後向他致謝。

齊人見田駢❶，曰：「聞先生高議❷，設❸為不宦❹，而願為役❺。」田駢曰：「臣何聞之？」對曰：「臣聞之鄰人之女。」田駢曰：「何謂也？」對曰：「臣鄰人之女，設為不嫁，行年三十而有七子，不嫁則不嫁，然嫁過畢❻矣。今先生設為不宦，訾❼養千鍾❽，徒❾百人，不宦則然矣，而富過畢也。」田子辭。

【注釋】❶田駢　齊國的士。據《史記・田敬仲完世家》記載，騶衍、淳于髡、田駢、接予、慎到、環淵等七十六人，齊宣王「皆賜列第（不同等級的住宅），為上大夫，不治而議論」。❷高議　高談闊論。議，即上注所說的「議論」。❸設　虛設，相當於現在所說的「號稱」，而其實不然。❹不宦　不做官，即上注所說的「不治」。❺為役　當差役。❻畢　已。❼訾　通「資」。俸祿。❽鍾　容量單位。春秋時齊國的公量，以四升為豆，四豆為區（甌），四區為釜，十釜為鍾。一說一鍾等於六斛四斗。❾徒　隨從人員。

【語譯】有個齊國人去見田駢，說：「聽說先生高談闊論，號稱不做官，而願替人當差。」田駢說：「你從哪裡聽到的？」齊人回答說：「我從鄰居的女人那裡聽到的。」田駢說：「怎麼說的呢？」齊人回答說：「我鄰居有個女人，號稱不出嫁，年滿三十就有了七個孩子，不嫁是不嫁，然而已經超過出嫁了。現在先生號稱不做官，卻有千鍾的俸祿，上百個隨從人員，不做官是不做官，然而富的程度卻已經超過了做官啊。」田駢聽了向他致謝。

## 管燕得罪齊王

【題解】管燕有罪的時候，埋怨士易得而難用。田需說是因你平時待士不好，不是士易得而難用，側面反映出「士為知己者死」的思想。

管燕❶得罪齊王，謂其左右曰：「子孰而❷與我赴諸侯乎？」左右嘿❸然莫對。管燕連然❹流涕曰：「悲夫！士何其易得而難用也！」田需❺對曰：「士三食不得饜❻，而君鵝鶩❼有餘食；下宮❽糅❾羅❿紈⓫，曳⓬綺⓭縠⓮，而士不得以為緣⓯。且財者君之所輕，死者士之所重，君不肯以所輕與士，而責士以所重事君，非士易得而難用也。」

【注釋】❶管燕　齊人，事跡不詳。《韓詩外傳．卷七．第十八章》作「宋燕」。《說苑．卷八》作「宗衛」。並都認為是齊國的相。傳聞異辭，似不必深究。❷而　能。❸嘿　通「默」。❹連然　不斷流淚的樣子。連，通「漣」。❺田需　據〈魏策二〉記載，田需在魏國，比魏王的地位還顯貴。回答管燕提問時，田需當在齊國。❻饜　飽。❼鶩　鴨。❽下宮　後宮。❾糅　雜。❿羅　輕軟而有細孔的絲織品。⓫紈　細絹。⓬曳　拖著。⓭綺　有花紋的絲織品。⓮縠　縐紗。⓯緣　衣邊。

【語譯】管燕得罪了齊王，對他左右的人說：「你們誰能和我一起到別的諸侯國去呢？」左右默不作聲，沒有人回答。管燕淚流不止地說：「可悲呀！士為什麼那麼容易得到而難以使用呀！」田需回答說：「士三餐不能吃飽，而你的鵝鴨卻有剩餘的食物；你後宮的宮女混穿綾羅、細絹，拖著紋綺、縐紗，而士的衣服卻不能縫上個邊。再說財物是你所輕視的，死亡是士所重視的，你不能將所輕視的財物給士，卻責備士不能用他所重視的死亡去侍奉你，這樣看來，不是士容易得到而難以使用啊。」

## 蘇秦自燕之齊

【題解】秦國派魏冉到齊國，要求齊王和秦王同時稱帝。齊王問蘇秦該怎麼辦？蘇秦說可用「聽而緩稱」的辦法去對付。秦稱了帝，天下諸侯不反對，齊然後稱帝，也無妨；秦稱了帝，天下諸侯反對，齊就不稱帝，而收服天下諸侯，這就成了大的資本。策士的權謀，於此可見一斑。

蘇秦❶自燕之齊，見於華章❷南門❸。齊王曰：「嘻！子之來也。秦使魏冉❹致帝❺，子以為何如？」對曰：「王之問臣也卒❻，而患之所從生❼者微❽。今不聽，是恨秦❾也；聽之，是恨天下❿也。不如聽之以卒秦⓫，勿庸⓬稱也以為天下。秦稱之，天下聽之，王亦稱之，先後之事，帝名為無傷⓭也；秦稱之，而天下不聽，王因勿稱，其於⓮以收天下，此大資也。」

【注釋】❶蘇秦　洛陽人，著名的縱橫家。《史記・田敬仲完世家》作「蘇代」，並說在齊湣王十三年（西元前二八八年）齊稱東帝，秦昭王為西帝。❷華章　據鮑彪本當作「章華」，臺名，齊景公所建。❸南門　《史記・田敬仲完世家》作「東門」。❹魏冉　秦昭王的舅父。❺致帝　送來帝號。❻卒　通「猝」。突然。❼所從生　所開始發生的地方。❽微　隱微；不明顯。❾

恨秦　使秦恨。❿恨天下　使天下諸侯恨。⓫卒秦　即「猝秦」，指促使秦國很快稱帝。⓬勿庸　不用；用不著；不急於。庸，用。⓭無傷　沒有損害。早稱帝晚稱帝，都是稱帝，對於帝名沒有影響。⓮其於　此二字當依《史記・田敬仲完世家》刪去。

【語譯】蘇秦從燕國來到齊國，在齊都章華臺的南門見到齊湣王。齊湣王說：「喲！你來了呀！秦國派魏冉送來帝號，你認為該怎麼樣？」蘇秦回答說：「大王問我問得太突然，由此要產生的禍患也還模糊不清。現在不聽從秦國，會使秦國怨恨；聽從，便使天下諸侯怨恨。不如聽從秦國以促使秦國趕快稱帝，但我們齊國卻不用著急於稱帝，以應付天下諸侯。如果秦國稱了帝，天下諸侯聽從它，大王也就稱帝，這是先後的事情，對帝的名稱不會有所損害；如果秦國稱了帝，而天下諸侯不聽從，大王因而就不要稱帝，藉此爭取天下諸侯之心，這是大的資本啊。」

## 蘇秦謂齊王

【題解】蘇秦勸齊湣王權衡利弊，背棄齊、秦之約，放棄稱帝，以爭取天下諸侯之心；不要和秦國聯合進攻趙國，而要趁機進攻宋國，對衛、楚、趙、魏等國構成威脅，使天下諸侯不敢不聽從齊國。

蘇秦謂齊王❶曰：「齊、秦立為兩帝，王以天下為尊秦乎？且❷尊齊乎？」王曰：「尊秦。」「釋帝則天下愛齊乎？且愛秦乎？」王曰：「愛齊而憎秦。」「兩帝立，約伐趙，孰與伐宋之利也？」對曰❸：「夫約❹，然與秦為帝，而天下獨尊秦而輕齊；齊釋帝，則天下愛齊而憎秦；伐趙不如伐宋之利。故臣願王明釋帝，以就天下；倍約❺儐❻秦，勿使爭重❼；而王以其間❽舉宋。夫有宋則衛之陽城❾危；有淮北❿則楚之東國⓫危；有濟西⓬則趙之河東⓭危；有陰⓮、平陸⓯則梁⓰門不啟⓱。故釋帝而貳⓲之以伐宋之事，則國重而名尊，燕、楚以形服⓳，天下不敢不聽，此湯、武之舉也。敬秦以為名⓴，而後使天下憎之，此所謂以卑易尊者也。願王之熟慮之也。」

【注　釋】❶齊王　指齊湣王。❷且　抑或。❸對曰　「對曰」上當據劉敞本補「王曰：『不如伐宋。』」譯文即作此處理。❹約　指秦、齊稱帝時，曾相約攻趙。《史記·田敬仲完世家》作「約鈞」，即「約均」，指相約同時稱帝，也可解得通。❺倍約　即「背約」。背棄齊、秦同時稱帝、聯合攻趙之約。倍，同「背」。❻儐　擯棄。❼爭重　爭地位的高低輕重。❽間　間隙；空檔。❾陽城　在今河南登封附近。吳師道《補正》認為陽城不是衛地。《史記·田敬仲完世家》作「陽地」，指濮陽之地。❿淮北　淮河以北的宋地。⓫楚之東國　指楚國的東部地區，在今江蘇西北角與安徽東北角一帶。齊國占有了淮河以北的宋地，便對楚國的東部地區構成威脅。⓬濟西　濟河以西的土地。⓭河東　黃河以東的地區。⓮陰　當據《史記·田敬仲完世家》作「陶」，在今山東定陶境內。⓯平陸　在今山東汶上北。⓰梁　大梁，魏國的都城。⓱啟　開。⓲貳　二心，指不和秦聯合。⓳形服　形勢使之歸服。⓴為名　圖個稱帝的名號。

【語　譯】蘇秦對齊湣王說：「齊國、秦國成立兩個稱帝的國家，大王認為天下諸侯是尊重秦國呢？還是尊重齊國呢？」齊湣王說：「尊重秦國。」蘇秦說：「放棄稱帝，那麼天下諸侯愛齊國呢？還是愛秦國呢？」齊湣王說：「愛齊國而恨秦國。」蘇秦說：「兩個稱帝的國家訂立條約，進攻趙國，和齊國單獨進攻宋國相比，哪種做法有利呢？」（齊湣王說：「比不上進攻宋國有利。」）蘇秦說：「齊、秦相約攻趙，卻又和秦國一起稱帝，天下諸侯便只尊重秦國而輕視齊國；齊國放棄稱帝，天下諸侯便愛齊國而恨秦國；而進攻趙國也比不上進攻宋國有利。所以我希望大王明確地放棄稱帝，以親近天下諸侯；背棄成約，拋棄秦國，不要和秦國爭地位的輕重；大王卻趁機攻下宋國。占有了宋國，那麼衛國的濮陽之地就危險；占有了淮河以北，那麼楚國的東部地區就危險；占有了濟水以西，那麼趙國的黃河以東地區就危險；占有了陶和平陸，那麼魏國的都城大梁的城門就不敢打開。所以放棄稱帝，不和秦國聯合以進攻宋國的事，便能使國家受到尊重，聲望得以提高，燕國、楚國依據形勢也會歸服，天下諸侯不敢不聽從，這是商湯、周武王的盛舉啊。先敬重秦國讓它圖個稱帝虛名，然後使天下諸侯恨秦國，這就是所謂的用卑下換尊貴啊。希望大王仔細考慮。」

# 卷一二　齊策五

## 蘇秦說齊閔王

【題解】這是蘇秦向齊閔王陳述有關軍事、政治、外交策略的長篇說辭，主旨是說要想成事的諸侯，便不要首先發動戰爭，不要成為天下的怨主，而要憑藉權力，順應時勢，善於通過外交、政治活動，達到目的。

蘇秦說齊閔王曰：「臣聞用兵而喜先天下者憂，約結❶而喜主怨❷者孤。夫後起❸者藉❹也，而遠怨❺者時❻也。是以聖人從事❼，必藉於權而務興於時。夫權藉者，萬物之率❽也；而時勢者，百事之長❾也。故無權藉，倍❿時勢，而能成事者寡矣。今雖干將、莫邪⓫，非得人力，則不能割劌⓬矣；堅箭利金⓭，不得弦機⓮之利，則不能遠殺矣。矢非不銛⓯，而劍非不利也，何則？權藉不在焉。何以知其然也？昔者趙氏襲衛⓰，車舍⓱，人不休，傅衛國⓲，城割平⓳，衛八門土⓴

而二門墮㉑矣，此亡國之形也。衛君跣行㉒，告遡㉓於魏。魏王㉔身被甲㉕底劍㉖，挑㉗趙索㉘戰。邯鄲㉙之中騖㉚，河㉛、山㉜之間亂。衛得是藉也，亦收餘甲而北面㉝，殘㉞剛平，墮㉟中牟㊱之郭。衛非強於趙也，譬之衛矢而魏弦機也，藉力㊲魏而有河東之地㊳。趙氏懼，楚人救趙而伐魏，戰於州西㊴，出梁門，軍舍㊵林中㊶，馬飲於大河。趙得是藉也，亦襲魏之河北，燒棘溝㊷，墜㊸黃城㊹。故剛平之殘也，中牟之墮也，黃城之墜也，棘溝之燒也，此皆非趙、魏之欲也，然二國勸行之者，何也？衛明於時權之藉也。今世之為國者不然矣，兵弱而好敵強，國罷㊺而好眾怨，事敗而好鞠㊻之，兵弱而憎下人㊼也，地狹而好敵大，事敗而好長㊽詐。行此六者而求伯㊾，則遠矣。

【章　旨】要想成事求霸，便不能先發動戰爭，而要憑藉權力，順應時勢，後發制人。

【注　釋】❶約結　締結盟約。在這裡指結盟去進攻他國。❷主怨　怨主，被怨恨的主要對象。結盟去進攻他國必遭人怨，而主盟者必定成為怨主。❸後起　後發制人。❹藉　憑藉，這裡指憑藉權力。❺遠怨　避開怨恨。遠，離開；避開。❻時勢　時勢。❼從事　辦事。❽率　將帥；首領。❾長　長官。❿倍　通「背」。⓫干將莫邪　古代兩寶劍名。⓬劌　割傷的意思。⓭金　矢鏃；箭頭。⓮弦機　弓弦和機弩。⓯銛　鋒利。⓰趙氏襲衛　據《史記・趙世家》，趙敬侯四年（西元前三八三年）「築剛平以侵衛」。趙氏，趙國。衛，衛國。⓱車舍　依金正煒《戰國策補釋》當作「車不舍」。舍，停止。⓲傳衛國　依王念孫《讀書雜志・戰國策第一》當作「附衛國」，即「兵附於衛國」之意。附，附著、貼近、包圍的意思。⓳城割平　依王念孫說當作「城剛平」。城，築城。剛平，衛地，在今河南清豐境內。趙敬侯築剛平以為城邑。〈秦策四・或為六國說秦王〉說趙「築剛平，衛無東野」。⑳土　作動詞用，用土堵塞。一說通「杜」。㉑墮　同「隳」。毀壞。㉒跣行　光著腳行走。事急，來不及穿鞋。㉓遡　告求；求急。㉔魏王　指魏武侯。㉕被甲　即「披甲」。被，通「披」。㉖底劍　磨劍。底，同「砥」。磨的意思。㉗挑　挑動。㉘索　求。㉙邯鄲　趙國的都城。㉚騖　亂跑。㉛河　黃河。㉜山　當是指牟山，在今河南湯陰西。㉝北面　向北，指向北攻趙。㉞殘　毀滅。據《史記・趙世家》趙敬侯五年（西元前三八二年）齊國、魏國進攻趙國，取得剛平。㉟墮　同「隳」。毀壞。㊱中牟　趙邑，在今河南鶴壁西。㊲力　權力。曾鞏本「力」下有「於」字。㊳河東之地　黃河以東的地方。㊴州西　州城之西。㊵舍　止息。㊶林中　林鄉之中。林鄉，在今河南新鄭東。㊷棘溝　當據《史記・趙世家》作「棘蒲」，魏邑，在今河北趙縣。下同。㊸墜　下；攻下。㊹黃城　在今河南內黃西。㊺罷　通「疲」。疲困。㊻鞠　窮盡；不知止。㊼下人　甘為人下。㊽長　增加；多餘。㊾伯　同「霸」。

【語　譯】蘇秦遊說齊閔王道：「我聽說喜歡在天下人之前發動戰爭的國家值得憂慮，喜歡結盟去進攻他國而使自己成為怨主的國家就會孤立。後發制人，要憑藉力量；避開怨恨，要順應時勢。因此聖人辦事，一定憑藉力量，力求在恰當的時勢下起來。憑藉權力，便可主宰萬事萬物；而順應時勢，則可以支配萬事萬物。所以沒有力量可憑藉，違背時勢，而能成事的就少了。現在即使有干將、莫邪那樣的寶劍，不得到人力，也不能自動刺傷別人；堅硬的箭身、鋒利的箭頭，不得到弓弦、機弩去發射，也不能射死遠處的敵人。箭不是不鋒利，劍也不是不鋒利，為什麼會是這樣呢？因為力量的憑藉不在那裡啊。怎麼知道它是這樣呢？過去趙國偷襲衛國，車不停止，人不休息，圍攻衛國，修築剛平城，衛國都城有八個城門用土堵起來，而兩個城門被毀壞了，這是亡國的形勢啊。衛國國君來不及穿上鞋就動身，趕到魏國告急求救。魏武侯披甲磨劍，向趙國挑戰。趙國的都城邯鄲一片混亂，黃河、牟山之間也一片混亂。衛國得到這憑藉，也收集殘餘部隊向北進攻趙國，毀壞剛平，毀壞中牟外城。衛國不比趙國強大，衛國就好像箭頭，魏國就好像弓弦、機弩一樣啊，衛國憑藉魏國的力量就有了黃河以東的地方。趙國害怕，楚國人便救援趙國，進攻魏國，在州城以西交戰，從大梁城門出來，駐軍在林鄉，到黃河飲馬。趙國得到這個憑藉，也就偷襲魏國黃河以北的地區，焚燒棘蒲，毀壞黃城。這樣毀壞剛平，毀壞中牟，毀壞黃城，焚燒棘蒲，都不是趙國、魏國（依文意當是衛國）原來的願望，然而兩國竟然鼓起勁來這樣做了，那是什麼原因呢？是因為衛國（依文意當加上趙國）懂得憑藉時勢和力量啊。現在治理國家的人都不是這樣，士兵羸弱，卻喜歡和強國為敵；國家疲困，卻喜歡和大伙結怨；事情失敗了，卻喜歡不停地幹下去；軍隊疲弱，卻不願居於人下；土地狹小，卻喜歡和大國對抗；事情失敗了，卻還詭計多端。實行這六種做法去求霸，那就離得太遠了。

「臣聞善為國者，順民之意，而料兵之能，然後從❶於天下。故約不為人主怨，伐不為人挫強。如此，則兵不費，權不輕，地可廣，欲可成也。昔者，齊之與韓、魏伐秦、楚❷也，戰非甚疾也，分地又非多韓、魏也，然而天下獨歸咎於齊者，何也？以其為韓、魏主怨也。且天下徧用兵矣，齊、燕戰❸，而趙氏兼中山❹，秦、楚戰韓、魏不休，而宋、越專用其兵。此十國者，皆以相敵為意，而獨舉心於齊者，何也？約而好主怨，伐而好挫強也。

【章　旨】說明治國者要順從民意，估量兵力，不要做怨主，不要挫強敵。

【注　釋】❶從　跟隨在後面。❷齊之與韓魏伐秦楚　齊湣王三年（西元前二九八年）齊國和韓、魏兩國共同進攻秦國，軍隊到達函谷關。❸齊燕戰　據《史記・燕召公世家》記載，燕易王初立時，齊宣王曾伐燕；後來燕王噲時，燕國發生內亂，齊湣王又聽孟軻的話，進攻燕國。❹中山　國名。趙惠文王三年（西元前二九六年）趙國和齊國、燕國一起滅中山國。

【語　譯】「我聽說善於治理國家的君主，會順從民意，而且估量兵力，然後跟隨在天下諸侯後面行動。所以締結盟約，他不替別人當怨主；進攻，他也不替別人挫強敵。這樣軍隊便不受損失，權力便不被削弱，土地便可以擴大，願望便可以實現。過去齊國與韓國、魏國一起進攻秦國、楚國，戰鬥不是很激烈，分得的土地也不比韓國、魏國多，然而天下諸侯獨獨歸罪於齊國，那是什麼原因呢？是因為齊國替韓國、魏國當了怨主啊。況且天下諸侯普遍用了兵，齊國和燕國交了戰，而趙國也兼併了中山國；秦國、楚國和韓國、魏國也戰得不可開交，而宋國、越國也擅自使用它們的軍隊作戰。這十個國家，都互相為敵，卻獨獨責備齊國，那是什麼原因呢？是因為齊國締約時喜歡當怨主，進攻時喜歡挫強敵啊。

「且夫強大之禍，常以王人❶為意也；夫弱小之殃，常以謀人❷為利也。是以大國危，小國滅也。大國之計，莫若後起而重伐不義。夫後起之藉與多❸而兵勁，則事❹以眾強適❺罷❻寡也，兵必立❼也。事不塞❽天下之心，則利必附❾矣。大國行此，則名號不攘❿而至，伯⓫王不為而立矣。小國之情，莫如僅⓬靜而寡信諸侯。僅靜，則四鄰不反；寡信諸侯，則天下不賣。外不賣，內不反，則檳禍⓭朽腐而不用，幣帛⓮矯⓯蠹⓰而不服⓱矣。小國道⓲此，則不祠⓳而福矣，不貸⓴而見㉑足矣。故曰：祖㉒仁者王，立義者伯，用兵窮者亡。何以知其然也？昔吳王夫差以強大為天下先，強襲郢㉓而棲越㉔，身從諸侯之君㉕，而卒身死國亡，為天下戮㉖者，何也？此夫差平居㉗而謀王，強大而喜先天下之禍也。昔者萊㉘、莒㉙好謀，陳、蔡好詐，莒恃越而滅㉚，蔡恃晉而亡㉛，此皆內長詐、外信諸侯之殃也。由此觀之，則強弱大小之禍，可見於前事矣。

【章旨】強大的國家要後發制人，不輕易進攻不義的國家；弱小的國家要謹慎鎮靜，少相信其他諸侯國，便可以免禍得福。

【注釋】❶王人　想做人王，統治別國。❷謀人　謀害別人。❸與多　盟國多。❹事　當依劉敞本作「是」。❺適　通「敵」。❻罷　通「疲」。❼兵必立　金正煒《戰國策補釋》據〈秦策〉中有「名立利附」的話，疑「兵」當作「名」。❽塞　堵死。❾附　附著。❿攘　取。⓫伯　同「霸」。下同。⓬僅　疑當作「謹」。下同。⓭檳禍　鮑彪本作「稸積」，即「蓄積」，指屯積起來的財物。⓮幣帛　古代的絲織品。⓯矯　依黃丕烈說當作「槁」。⓰蠹　生蟲。⓱服　用。⓲道　行。⓳祠　祭神。⓴貸　借貸。㉑見　是衍文。㉒祖　效法；崇尚。㉓襲郢　偷襲楚國的郢都。郢，在今湖北江陵郊區的紀南城舊址。吳王闔閭九年（西元前五〇六年）攻入郢，楚昭王出逃，伍子胥掘楚平王墓，鞭屍。這裡誤將此事記入夫差帳內。㉔棲越　讓越王句踐棲居在會稽山上。事情發生在吳王夫差二年（西元前四九四年）於夫椒大敗越王句踐以後。㉕身從諸侯之君　使各諸侯國的君主服從自己。身，自身，指吳王夫差。從，使之從。吳王夫差十四年（西元前四八二年）到北邊黃池（在今河南封丘西南）和諸侯會盟，想稱霸中原。㉖戮　辱；恥笑。㉗平居　平時。㉘萊　古國名，又稱萊子國，春秋時為齊靈公所滅。今山東黃縣有萊子城。㉙莒　古國名，在今山東莒縣。㉚莒恃越而滅　莒國在楚簡王仲元年（西元前四三一年）被楚所滅。㉛蔡恃晉而亡　楚惠王四十二年（西元前四四七年）為楚所滅。蔡，古國名，在今河南上蔡、新蔡等縣境內。

【語　譯】「再說強大的國家遭受災禍，常常是由於想做人王；弱小的國家遭受災殃，常常是因為暗害別人以謀利。因此大國便危險，小國就滅亡。大國的妙計，不如後發制人，而且不輕易進攻不義的國家。後發制人可作憑藉的盟國就多而且兵力也強勁，這樣就是用眾多和強大去對抗疲困和孤寡，威名必定能夠建立。辦事不堵死天下諸侯的心，那麼利益也就會跟著到來了。大國這麼做，那麼不爭取名號而名號也會到來，不去稱霸稱王也會成為霸王了。小國的情況，不如謹慎鎮靜而少相信別的諸侯。謹慎鎮靜，那就不會遭到四鄰的反對；少相信別的諸侯，那就不會被天下諸侯所出賣。外面不被出賣，裡面不遭反對，那麼積蓄起來的財物就會多得腐朽了還不使用，布帛就會枯槁生蟲了也還不使用。小國這麼做，那麼不必祭祀就會得到幸福，不必借貸就會富足了。所以說：崇尚仁德的人可以稱王，建立正義的人可以稱霸，不遺餘力發動戰爭的人就會滅亡。怎麼知道會是這樣的呢？過去吳王夫差因為強大，搶在天下的前面，強行偷襲郢都，而且讓越王句踐棲居在會稽山上，使各國君主服從自己，結果卻身死國亡，被天下人恥笑，那是什麼原因呢？這是因為夫差平時就想稱王，強大了喜歡在天下人之前發動戰爭所帶來的災禍啊。過去萊國、莒國愛好陰謀，陳國、蔡國喜歡行詐，莒國依靠越國而滅亡，蔡國依靠晉國而滅亡，這都是對內詭計多端、對外相信諸侯所帶來的災殃啊。從這裡看來，強大的國家和弱小的國家所以發生災禍的原因，就可從前面的事件中看出來了。

「語曰：『騏驥❶之衰也，駑馬❷先之；孟賁❸之倦也，女子勝之。』夫駑馬、女子，筋骨力勁，非賢於騏驥、孟賁也，何則？後起之藉也。今天下之相與❹也不並滅，有而❺案兵而後起，寄怨❻而誅不直❼，微❽用兵而寄於義❾，則亡天下可蹻足❿而須⓫也。明於諸侯之故，察於地形之理者，不約親，不相質⓬而固，不趨而疾，眾事⓭而不反⓮，交割⓯而不相憎，俱彊而加以親。何則？形⓰同憂而兵趨利也。何以知其然也？昔者齊、燕戰於桓⓱之曲⓲，燕不勝，十萬之眾盡。胡⓳人襲燕樓煩⓴數縣，取其牛馬。夫胡之與齊非素親也，而用兵又非約質而謀燕也，然而甚於相趨者，何也？何㉑則形同憂㉒而兵趨利也。由此觀之，約於同形則利長，後起則諸侯可趨役㉓也。

【章　旨】君主必須後發制人，讓別國去當怨主，用兵要假託仁義，同時要了解諸侯的事，考察地理，才能驅使諸侯。

【注　釋】❶騏驥　良馬。❷駑馬　劣馬。❸孟賁　古代的大力士。❹相與　互相結盟的國家。與，與國；盟國。❺而　能。❻寄怨　假怨於人；讓別人去當怨主。❼不直　理由，即不義。❽微　隱。❾寄於義　假託於義。❿跼足　彎腳，即坐著。⓫須　等待。⓬質　人質。⓭眾事　共同侍奉。⓮反　背叛。⓯交割　互相割地。⓰形　當指地形而言。⓱桓　不詳。鮑彪以為可能是指齊、魯之間的桓山，譯文暫用此說。⓲曲　山灣。⓳胡　古稱匈奴族為胡。⓴樓煩　古國名，在今山西寧武附近，當時當已屬燕。㉑何　當是衍文，宜刪去。㉒形同憂　指從地形上看，憂相同。胡人和齊國都和燕國為鄰，都可能受燕國的害，所以同憂。㉓趨役　相當於驅使。

【語　譯】「俗話說：『千里馬衰老了，劣馬也能跑在牠的前面；大力士孟賁疲倦了，女人也能戰勝他。』劣馬、女人的筋骨、力量、勁頭，不比千里馬、孟賁強，為什麼會是這樣呢？是因為劣馬、女人憑藉後發制人的優勢啊。現在天下互相締約的國家，並不是都將滅亡，有的國家如能按兵不動，後發制人，讓別國去當怨主，去討伐不義的國家，隱瞞用兵的真情而假裝主持正義，那麼滅亡天下各國的大業就可坐著等待它去完成。明瞭各諸侯國的事，考察清楚各國地理的國家，即使不締約相親，不相互交換人質，卻能讓國家鞏固，就像不急步走卻能跑得快一樣，各國共相侍奉而不背叛，互相割地而不互相憎恨，大家都強盛而能相親。為什麼能這樣呢？是因為從地形上看有共同憂慮，而士兵也共相求利啊。怎麼知道是這樣的呢？過去齊國和燕國在桓山灣裡作戰，燕國沒有戰勝，十萬軍隊全部被殲滅。匈奴趁機偷襲燕國的樓煩數縣，奪取了那裡的牛馬。匈奴和齊素來不相親，而它用兵又不是和齊國締結了盟約、交換了人質、共同商量好了去對付燕國，然而卻比相互商量好了一起去進攻燕國還來得快，那是什麼原因呢？是因為從地形上看，有共同憂慮，而士兵也共相求利啊。由此看來，從地形上看，有共同憂慮而形成的盟約，利益就能長久；後發制人，就可以驅使諸侯啊。

「故明主❶察相❷，誠欲以伯王也為志，則戰攻非所先。戰者，國之殘❸也，而都縣之費❹也。殘費已先，而能從❺諸侯者寡矣。彼戰者之為殘也，士聞戰則輸私財而富軍市❻，輸飲食而待死士，令折轅❼而炊之，殺牛而觴士❽，則是路君❾之道也。中❿人禱祝⓫，君翳釀⓬，通都小縣置社⓭，有市之邑莫不止事⓮而奉王，則此虛中⓯之計也。夫戰之明日，尸⓰死扶傷，雖若有功也，軍出費，中哭泣，則傷主心矣。死者破家而葬，夷傷⓱者空財而共藥⓲，完者內酺⓳而華樂⓴，故其費與死傷者鈞㉑。故民之所費也，十年之田而不償也。軍之所出，矛戟㉒折，鐶㉓弦㉔絕，傷弩，破車，罷馬，亡矢之大半。甲兵之具，官之所私㉕出也，士大夫之所匿，廝㉖養士之所竊㉗，十年之田而不償也。天下有此再費者，而能從諸侯寡矣。攻城之費，百姓理襜蔽㉘，舉衝㉙櫓㉚，家雜總㉛，身窟穴㉜，中罷於刀金㉝。而士困於土功㉞，將不釋甲，期㉟數㊱而能拔城者為亟㊲耳。上倦於教，士斷㊳於兵㊴，故三下城而能勝敵者寡矣。故曰：彼戰攻者，非所先也。何以知其然也？昔智伯瑤㊵攻范、中行氏㊶，殺其君，滅其國，又西圍晉陽㊷，吞兼二國㊸，而憂一主㊹，此用兵之盛也。然而智伯卒身死國亡㊺，為天下笑者，何謂也？兵先戰攻，而滅二子㊻患也。日㊼者，中山悉起而迎燕、趙，南戰於長子㊽，敗趙氏㊾；

北戰於中山，克㊿燕軍，殺其將。夫中山千乘之國也，而敵萬乘之國二51，再戰北勝52，此用兵之上節53也。然而國遂亡，君臣於齊54者，何也？不嗇55於戰攻之患也。由此觀之，則戰攻之敗，可見於前事56。

【章旨】真想立志做霸王，便不能首先發動戰爭，進攻別國，因為戰爭耗費極大，害處無窮，無法使諸侯服從。

【注釋】❶明主　英明的君主。❷察相　明察的相國。❸殘　害。❹費　耗費。❺從　使之從。❻軍市　軍中的交易場所。❼轅　車轅，即車前套牲畜的部分。❽觴士　讓士兵飲酒。觴，酒器。這裡作動詞用，下酒的意思。❾路君　據黃丕烈《札記》當作「路軍」。路，羸弱疲困。❿中　國中。⓫禱祝　為出征者祈禱。⓬翳釀　國君下令在國中造好酒以待軍中飲者。鮑彪注：「翳，華蓋也，故有隱義。言釀於中以待飲至。」⓭置社　據吳師道說「置社」是為了祈禱。社，土地神。⓮止事　停止營業。⓯虛中　使國中空虛。⓰尸　指掩埋屍體。⓱夷傷　受傷。夷，也是傷的意思。⓲共藥　供藥。⓳內酺　國內大飲。酺，相聚大飲。古代有大喜慶事，君主往往下令大酺。⓴華樂　奢侈歡樂。㉑鈞　同「均」。㉒矛戟　古代的兩種兵器。㉓鐶　刀環。㉔弦　弓弦。㉕私　依金正煒《戰國策補釋》「私」字當在「官」字下面。㉖廝　劈柴養馬的人。㉗竊　偷竊。㉘襜蔽　遮避矢石的襜衣。㉙衝　古代用來衝擊對方城牆的戰車。《墨子．備梯》中有「持衝十人」的話，可見衝也是一種手持的防禦武器。這裡說「舉衝」，當從後說。㉚櫓　大盾。㉛家雜總　全家一起。㉜窟穴　依黃丕烈說當讀為「掘穴」，即挖地道。㉝刀金　兵器。㉞土功　土工。㉟期　期望。㊱數　數月。㊲亟　急；快。㊳斷　斷殘。㊴兵　兵器。㊵智伯瑤　春秋時晉國的六卿之一，姓荀，名瑤。㊶范中行氏　范氏和中行氏。據《史記．晉世家》，晉出公十七年（西元前四五八年）智伯和韓、魏、趙三卿一起瓜分范氏、中行氏領地。㊷晉陽　舊城在今山西太原。據《史記．趙世家》，智伯分得范氏、中行氏地以後，又向韓、魏、趙索取土地，趙不給他，他便率領韓、魏攻趙，趙襄子害怕，便退守晉陽。智伯又和韓、魏圍攻晉陽，引汾水灌城。㊸二國　指韓、魏。當時智伯向韓、魏索取土地，韓、魏滿足了他的要求。㊹一主　指趙襄子。㊺身死國亡　智伯和韓、魏圍晉陽，趙襄子便派出張孟同夜訪韓康子、魏桓子，於是趙、韓、魏合謀，共滅智伯。「身死國亡」指此。㊻二

子 指范氏、中行氏。㊼日 當作「昔」。㊽長子 在今山西長子，屬趙。㊾趙氏 趙國。㊿克 戰勝。(51)萬乘之國二 指燕、趙二國。(52)北勝 當作「比勝」。比，皆。(53)節 等。(54)臣於齊 向齊國稱臣。據《史記・田敬仲完世家》，齊湣王五年（西元前二九六年）齊國幫助趙國消滅中山國。(55)嗇 吝惜；愛惜。(56)事 依前例，「事」下當補「矣」字。

【語 譯】「英明的君主、明察的相國，如果真的想立志做霸王，就不要先發動戰爭進攻別國。戰爭是國家的禍害，而且耗費都市縣城的財物。事先就造成了禍害，耗費了財物，卻還能使諸侯服從，這樣的事是少見的。那戰爭所造成的禍害，比如戰士聽說要打仗便把私人的財物輸送到軍市中去出售、運送飲食去招待決心效死的戰士，折毀車轅去燒飯、殺牛給士兵下酒，這些都是使軍隊疲困羸弱的做法啊。國中為出征的人祈禱，國君下令釀好酒以等待軍人飲用，大的都市和小的縣城設置土地神，有市場的城邑沒有哪處不停止交易來供奉王事，這些都是使國中空虛的計策啊。交戰的第二天，掩埋死屍，救護傷員，即使好像有了戰功，軍隊出征造成的浪費，國中的人哭泣，也就傷了君主的心了。有人戰死的，傾家蕩產安葬他們；有人受傷的，耗盡家財去買藥；沒有死傷的，便在國內相聚痛飲，奢侈享樂，所以他們的耗費也和戰死的、受傷的一樣多。老百姓所耗費的財物，十年的耕作收穫也不能抵償啊。軍隊出戰，矛、戟被折斷，刀環、弓弦被弄斷，損壞機弩，撞破車輛，軍馬戰疲，箭丟失一大半。軍隊使用的武器，出自官家或私家，士大夫所藏匿的，劈柴養馬的人所偷去的，十年的耕作收穫也不能抵償啊。天下有這樣大的兩種浪費，而能使諸侯服從，這樣的事是少有的。攻城的耗費，老百姓製作遮蔽矢石的襜衣，舉起衝和大盾，全家一起，去挖地道，國中為籌備刀一類金屬兵器弄得疲於奔命。而士兵被土木工事折磨得疲困不堪，將軍不能解下鎧甲，指望幾個月內能攻下一座城就算是快了。上面倦於教化，士兵截斷兵器，所以三次能攻下一座城而戰勝敵人的就少有了。所以說：發動戰爭，進攻別國，不要搶先。怎麼知道是這樣的呢？過去智伯荀瑤進攻范氏、中行氏，殺死他們的君主，滅亡他們的國家，又到西邊去圍攻晉陽，兼併了韓、魏，使趙襄子發愁，這是智伯用兵的鼎盛時期。然而智伯終於身死國亡，被天下人所笑，那是什麼原因呢？是因為他首先發動戰爭，進攻別國，滅了范氏、中行氏而造成了禍患啊。過去中山國出動全部軍隊，迎戰燕國、趙國，在南邊的長子打敗了趙國，在北邊的中山戰勝了燕國軍隊，殺死了它的將領。中山國是個只能出一千輛兵車的國家，和兩個能出一萬輛兵車的國家為敵，卻兩次都打了勝仗，這是上等的用兵。然而中山國終於滅亡了，君主做了齊國的臣子，那是什麼原因呢？是因為不惜發動戰爭而造成了禍患啊。由此看來，發動戰爭，進攻別國而導致敗亡，是可以從前面的事例中看出來的。

「今世之所謂善用兵者，終戰❶比❷勝，而守不可拔❸，天下稱為善，一國得而保❹之，則非國之利也。臣聞戰大勝者，其士多死而兵益弱；守而不可拔者，其百姓罷而城郭露❺。夫士死於外，民殘❻於內，而城郭露於境，則非王之樂也。今夫鵠的❼非咎罪❽於人也，便弓❾引弩而射之，中者則善❿，不中則愧，少長貴賤，則同心於貫⓫之者，何也？惡其示人以難⓬也。今窮戰⓭比勝，而守必不拔，則是非徒示人以難也，又且害人者也，然則天下仇之必矣。夫罷士露國，而多與天下為仇，則明君不居⓮也；素用強兵而弱之⓯，則察相⓰不事⓱。彼明君察相者，則五兵⓲不動而諸侯從，辭讓⓳而重賂⓴至矣。故明君之攻戰也，甲兵不出於軍而敵國勝，衝櫓不施㉑而邊城㉒降，士民不知而王業至矣。彼明君之從事也，用財少，曠日遠㉓而為利長㉔者。故曰：兵後起則諸侯可趨役也。」

【章旨】善用兵的人必定成為眾矢之的。英明的君主、明察的相國，應當能夠不用兵而成霸業。

【注釋】❶終戰　等於說「每戰」。❷比　皆。❸拔　攻下。❹保　保全。❺露　敗；損壞。❻殘　害。❼鵠的　箭靶的中心。❽咎罪　得罪。❾便弓　巧弓。❿善　劉敞本作「喜」。⓫貫　穿。⓬示人以難　向人們顯示難以被射中。⓭窮戰　即上文所說的「終戰」。⓮不居　不處，指不願處於與天下為仇的地位。⓯弱之　使兵弱。「弱」承接上文「而兵益弱」的「弱」。⓰察相　明察的相國。⓱不事　不從事。⓲五兵　五種兵器。具體所指，說法不一。有說是指戈、殳、戟、酋矛、夷矛，也有說是指矛、戟、弓、劍、戈。⓳辭讓　指明君、察相的辭讓。⓴重賂　相當於重禮。割地也包括在賂之內。㉑施　用。㉒邊城　指別國的邊城。㉓曠日遠　時間長遠。曠日，空廢的時間。㉔利長　好處無窮。長，長久；無窮。

**【語譯】**「現在世上所說的善於用兵的人，是說每次戰爭都打勝仗，守城便不會被攻下，天下都稱讚他會打仗，一國得以保全，但這對國家而言是不利的。我聽說打仗大勝的，他的士兵多數戰死，而軍隊更加衰弱；守城不會被攻下的，他的老百姓疲困，而城牆則遭到破壞。士兵在外面戰死，老百姓在城內受害，邊境上的城牆遭到破壞，這就不是國王所樂於見到的。箭靶的中心不是得罪了人，人們有了巧弓便拉起機弩去射它，射中了就高興，射不中就覺得慚愧，不論是年少、年長、尊貴、低賤的人，就是一心想去射穿它，那是什麼原因呢？是因為討厭它向人們顯示難以被射中啊。現在每次戰爭都打勝仗、守城就一定不會被攻下的人，這就不只是向人們顯示難以被打敗而已，並且又害人啊，這樣就必定使天下的人都仇恨他了。使士兵疲困，國家遭到破壞，又多與天下人為敵，凡是英明的君主是不想處於這樣的地位的；平時使用的強兵反而使它變得衰弱，凡是明察的相國是不會做這樣的事的。那些英明的君主、明察的相國，就能不使用五種兵器而使天下諸侯服從，對別國辭讓而貴重的禮物卻已來到了。所以英明的君主的攻戰，堅甲利兵不從軍隊中出去，就戰勝了敵國，不使用攻城的戰車和大盾，而對方的邊境城邑就投降了，士兵和民眾還不知道是怎麼一回事而霸王之業就已經完成了。那些英明的君主辦事，費時雖長而好處卻無窮。所以說軍隊後發制人，就可以驅使諸侯。

「臣之所聞，攻戰之道非師❶者，雖有百萬之軍，比❷之堂上；雖有闔閭❸、吳起[4]之將，禽[5]之戶內；千丈之城，拔之尊俎[6]之間；百尺之衝[7]，折之衽席[8]之上。故鍾鼓[9]竽[10]瑟[11]之音不絕，地可廣而欲可成；和樂倡優[12]侏儒[13]之笑不之[14]，諸侯可同日而致[15]也。故名配[16]天地不為尊，利制海內不為厚。故夫善為王業者，在勞天下而自佚[17]，亂天下而自安，諸侯無成謀，則其國無宿憂也。何以知其然[18]？佚治[19]在我，勞亂在天下，則王之道也。銳兵來則[20]拒之，患至則趨[21]之，使諸侯無成謀[22]，則其國無宿憂[23]矣。何以知其然矣[24]？昔者魏王[25]擁土千里，帶甲三十六萬，其[26]強而拔邯鄲[27]，西圍定陽[28]，又從十二諸侯朝天子，以西謀秦。秦王[29]恐之，寢不安席，食不甘味，令於境內，盡堞[30]中為戰具，竟[31]為守備，為死士置將，以待魏氏。衛鞅[32]謀於秦王曰：『夫魏氏其功大，而令行於天下，有[33]十二諸侯而朝天子，其與[34]必眾。故以一秦而敵大魏，恐不如。王何不使臣見魏王，則臣請必北[35]魏矣。』秦王許諾。衛鞅見魏王曰：『大王之功大矣，令行於天下矣。今大王之所從十二諸侯，非宋、衛也，則鄒、魯、陳、蔡，此固大王之所以鞭箠[36]使也，不足以王天下。大王不若北取燕，東伐齊，則趙必從矣；西取秦，南伐楚，則韓必從矣。大王有伐齊、楚心，而從天下之志[37]，則王業見矣。大王不如先行王服[38]，然後圖齊、楚。』魏王說於衛鞅之言也，故身廣公宮[39]，制丹衣㊵，柱建九斿㊶，從七星之旟㊷。此天子之位也，而魏王處之。於是齊、楚怒，諸侯奔齊，齊人伐魏㊸，殺其太子，覆其十萬之軍。魏王大恐，跣行按兵㊹於國，而東次於齊㊺，然後天下乃舍㊻之。當是時，秦王垂拱㊼受西河之外㊽，而不以德㊾魏王。故曰㊿衛鞅之始與秦王計也，謀約不下席，言於尊俎之間，謀成於堂上，而魏將(51)以(52)禽於齊矣；衝櫓未施，而西河之外入於秦矣。此臣之所謂比之堂上、禽將戶內、拔城於尊俎之間、折衝席上者也。」

【章旨】用商鞅制服魏惠王為例，說明攻戰之道在於不戰，而是通過外交遊說以達到目的。

【注釋】❶師　軍隊。❷比　依吳師道《補正》當作「北」，敗。❸闔閭　春秋時的吳王闔閭，曾率兵攻進郢都，大敗楚國。❹吳起　衛國人，曾經擔任魯國的將、魏國的西河守、楚國的相，善用兵，能與士卒同甘苦，李克曾誇獎他「用兵司馬穰苴不能過也」。《史記》有他的傳。❺禽　通「擒」。捉取。❻尊俎　酒肉宴席。尊，古代酒器。俎，放置肉的器具。❼衝　用來攻城的戰車。❽衽席　宴會上所設的席位。❾鍾鼓　即鐘鼓。鍾，通「鐘」。鼓，即「鼓」。❿竽　古樂器，似笙。⓫瑟　古絃樂器，有二十五根絃。⓬倡優　樂工和戲子。⓭侏儒　供人戲弄的矮人。⓮之　當依鮑彪本作「乏」。⓯致　使到來。⓰配　匹配；媲美。⓱佚　通「逸」。安樂。⓲諸侯無成謀三句　據王念孫《讀書雜志・卷一》，這三句十七個字都是衍文，當刪去。譯文也省去。⓳佚治　安樂太平。⓴則　一作「而」。㉑趨　快，指快去應付。㉒無成謀　無法實現其圖謀。㉓宿憂　長久的憂患。㉔矣　依前例當作「也」。㉕魏王　指魏惠王，即梁惠王。㉖其　據鮑彪本「其」上當補「恃」字。㉗拔邯鄲　攻下趙國的都城邯鄲。據《史記・魏世家》，魏惠王十六年（西元前三五四年）圍邯鄲，次年攻拔邯鄲。㉘定陽　舊城在今陝西洛川北。㉙秦王　指秦孝公。當時沒有稱王，這是後人的追記。㉚堞　城上矮牆。㉛竟　依吳師道《補正》當作「境」。㉜衛鞅　即商鞅。姓公孫氏，名鞅，因為他是衛國人，稱衛鞅；封在商，稱商鞅。㉝有　依王念孫《讀書雜志》「有」通「又」；

「有」下還當補「從」字。㉞與　與國；盟國。㉟北　敗。㊱鞭箠　馬鞭。《管子・樞言》：「天下不可改也，而可以鞭箠使也。」尹知章注：「若乃不改，而以鞭箠威之。」這裡是說宋、衛、鄒、魯、陳、蔡等小國，用馬鞭就可以威服。㊲從天下之志　使天下服從的志向。㊳王服　王者之服；天子的服裝。㊴公宮　諸侯的宮室。㊵丹衣　紅色的衣服，當是天子之服。㊶柱建九斿　依王念孫說，「柱」字是「旌」字之誤，而且要移到「建」字下面，全句應是「建旌九斿」。斿，古代旌旗的下垂裝飾品。㊷旟　上面畫有鳥隼圖案的旗。㊸齊人伐魏　齊威王十六年（西元前三四一年），派田忌、田嬰為將，孫臏為軍師，救趙擊魏，在馬陵大敗魏軍，殺死魏將龐涓，俘虜了魏太子申。㊹按兵　止兵；停戰。㊺次於齊　住在齊國，指魏惠王前往齊國投降。次，住宿時間超過兩晚叫次。據〈魏策二・齊魏戰於馬陵〉，魏國被齊國打敗後，惠施建議魏惠王「變服（不穿君主的衣服）折節而朝齊」，以激起楚國的憤怒，使齊、楚兩國發生戰爭。㊻舍　通「捨」。㊼垂拱　垂衣拱手，不費力氣。㊽西河之外　魏國黃河以西那塊地方。㊾德　感激。㊿曰　鮑彪本無「曰」字。(51)魏將　指龐涓。(52)以　通「已」。

【語　譯】「我聽說，攻戰的方法不在使用軍隊，對方即使有一百萬軍隊，可以在廟堂之上打敗它；即使有闔閭、吳起那樣的將帥，可以在門戶之內擒住他；一千丈高的城邑，可以在酒肉宴席之中攻下它；百尺高的攻城戰車，可以在座席之上損壞它。所以鐘鼓竽瑟的聲音不斷，土地便可以擴大，欲望便可以達到；和和氣氣，快快活活，在戲子、矮人的笑聲不絕中，可以使諸侯在同一天前來朝拜。所以名聲和天地媲美，卻不算是尊貴；功利能控制海內，卻不算是豐厚。善於建立王業的人，在於使天下勞苦而自己安樂，使天下動亂而自己太平，安樂太平在我，勞苦動亂在天下，這就是稱王的途徑啊。精兵來了就抵抗，禍患到了就迅速作出反應，使諸侯的圖謀不能成功，那麼他的國家就不會有長久的憂患了。怎麼知道會是這樣的呢？過去魏惠王擁有土地一千里，軍隊三十六萬，仗恃他的國家強大，攻下趙國的都城邯鄲，再向西圍攻定陽，又和十二個諸侯一起朝見周天子，以向西圖謀秦國。秦孝公害怕，睡得不安，吃得無味，命令在境內加強防禦，全城的人製造武器，邊境上修築防禦工事，招募死士，設置將軍，等待魏國來進攻。商鞅和秦孝公商量道：『魏惠王的功業大，號令通行於天下，又和十二個諸侯一起朝見周天子，他的盟國一定很多。所以用一個秦國和強大的魏國對抗，恐怕打不贏它。大王為什麼不讓我去見魏惠王，那我就一定能打敗魏國了。』秦孝公答應了。於是商鞅就去見魏惠王，說：『大王的功業夠偉大了，號令通行於天下了。現在隨從大王的十二個諸侯，不是宋國、衛國那樣的小國，就是鄒國、魯國、陳國、蔡國這樣的小國，這本來就是大王可以用馬鞭威服的國家，不足以使大王稱王於天下。大王不如北面聯合燕國，東面進攻齊國，那趙國就必定服從您了；西面聯合秦國，南面進攻楚國，那韓國就必然服從您了。大王有了進攻齊國、楚國的決心，使天下歸服的志向，那王業就可以實現了。大王不如先穿上帝王的服裝，然後再圖謀進攻齊國、楚國。』魏惠王聽了商鞅的話感到高興，所以親自擴大宮室，製作紅色的王服，樹起下面垂掛九條飾物的旌旗，配上畫有七星隼鳥的旗幟。這是天子位分的儀制，而魏惠王卻享有它。於是齊國、楚國憤怒，諸侯都投奔齊國，齊國便進攻魏國，殺死魏國的太子申，消滅魏國的十萬軍隊。魏惠王非常害怕，來不及穿上鞋就起程，在國內停止軍事行動，前往東邊，住在齊國，向齊國稱臣，然後天下諸侯才放過他。當這個時候，秦孝公垂衣拱手不費力氣地接受了魏國黃河以西那塊地方，卻不感謝魏惠王。所以商鞅開始和秦王商量的時候，出謀劃策沒有離開座席，在宴席之中進言，在廟堂之上完成了計謀，而魏國的將軍就已經被齊國俘虜了；攻城的戰車和大盾還沒有使用，魏國黃河以西那塊地方就已經併入秦國了。這就是我所說的在廟堂之上打敗敵人、在門戶之內俘虜將軍、在宴席之中攻下城市、在座席之上毀損攻城戰車的方法啊。」

# 卷一三　齊策六

## 齊負郭之民有孤狐咺者

【題解】本篇記敘齊閔王濫殺無辜，以致眾叛親離，天怒人怨，被燕軍所敗、為楚將淖齒所殺，以及田單復齊事。

齊負郭❶之民有孤狐咺❷者，正議❸閔王，斮❹之檀衢❺，百姓不附。齊孫室子❻陳舉直言，殺之東閭❼，宗族離心。司馬穰苴❽為政者也，殺之，大臣不親。以故燕舉兵，使昌國君❾將而擊之。齊使向子❿將而應之。齊軍破，向子以輿一乘亡⓫。達子⓬收餘卒，復振，與燕戰，求所以償⓭者，閔王不肯與，軍破走。

【章旨】齊閔王濫殺無辜，引起百姓、宗族、大臣的不滿，以致被燕將樂毅所敗。

【注釋】❶負郭　背靠外城而居。❷孤狐咺　當作「狐咺」。孤，是衍文，當刪去。《呂氏春秋・貴直》作「狐援」。❸正議　相當於「直諫」。狐咺的正諫內容，可參見《呂氏春秋・貴直》。❹斮　斬的意思。❺檀衢　齊市名。四通八達的地方叫衢。相當於現在說的十字街頭。❻孫室子　宗室的兒子，即田氏宗族的兒子。「田」和「陳」音相近，齊的祖先敬仲改陳氏為田氏。❼東閭　齊東門。❽司馬穰苴　是齊國田完的後裔。《史記・司馬穰苴列傳》說他是春秋齊景公（西元前五四七～前四九〇年在位）時的人，這裡說他是戰國齊閔王（西元前三〇〇～前二八四年）時的人，時間相差二百多年。❾昌國君　指燕將樂毅。樂毅大敗齊閔王以後，燕昭王封他為昌國君。❿向子　《呂氏春秋・貴直》作「觸子」。⓫亡　逃走。⓬達子　人名。據《呂氏春秋・貴直》高誘注，觸子逃走以後，由達子接替他為將，被燕軍戰敗而死。⓭償　通「賞」。獎賞。

【語　譯】齊國有背靠外城而居的百姓叫狐咺的，直諫齊閔王，在檀衢被斬首，老百姓因而不擁護齊閔王。齊國的宗室子孫陳舉說直話，在東閭被殺，齊國的宗族因而離心離德。司馬穰苴是執政者，他被殺了，大臣因而不親附齊閔王。由於這個緣故，燕國出兵，派樂毅做將軍，率領部隊攻擊齊國。齊國派觸子做將軍，率領部隊應戰。齊國的軍隊被打敗，觸子便乘一輛車逃跑。達子收集殘餘部隊，重新奮起，和燕軍作戰，要求得到用來獎賞將士的物品，齊閔王不肯給他，達子的部隊因而敗走。

王奔莒❶，淖齒❷數❸之曰：「夫千乘❹、博昌❺之間，方數百里，雨血沾衣，王知之乎？」王曰：「不知。」「嬴❻、博❼之間，地坼至泉，王知之乎？」王曰：「不知。」「人有當闕❽而哭者，求之則不得，去之則聞其聲，王知之乎？」王曰：「不知。」淖齒曰：「天雨血沾衣者，天以告也；地坼至泉者，地以告也；人有當闕而哭者，人以告也。天地人皆以告矣，而王不知戒焉，何得無誅乎？」於是殺閔王於鼓里❾。

【章　旨】淖齒認為齊閔王不聽天、地、人的警告，便殺了他。

【注　釋】❶莒　古國名，在今山東莒縣。❷淖齒　楚國的將軍。齊國被樂毅打敗，齊都臨淄失守，齊閔王出逃，楚國派淖齒領兵救齊，淖齒因而做了齊閔王的相。❸數　責備。❹千乘　齊邑，舊城在今山東博興西北，因齊景公曾經用千乘兵車在這裡打獵而得名。❺博昌　齊邑，在今山東博興南。❻嬴　齊邑，在今山東萊蕪西北。❼博　齊邑，在今山東泰安東南。❽當闕　向著闕。闕，宮門前兩邊的樓觀。❾鼓里　即鼓里，是莒中地名。據《史記・田敬仲完世家》，齊閔王於西元前二八四年被淖齒所殺。

【語　譯】齊閔王逃到了莒，淖齒責備他說：「千乘、博昌之間，方圓幾百里，下的是血，沾到人的衣服上，大王知道這件事嗎？」齊閔王說：「不知道。」「嬴、博之間，土地裂縫，深及黃泉，大王知道這件事嗎？」齊閔王說：「不知道。」「有人向著宮闕哭叫，找他找不到，離開以後又聽到他的哭聲，大王知道這件事嗎？」齊閔王說：「不知道。」淖齒說：「老天爺下血沾到人的衣服上，是天發出警告；土地裂縫深到黃泉，是地發出警告；有人向著宮闕哭叫，是人發出警告。天、地、人都發出警告了，大王卻不知道警戒，怎麼能不殺掉你呢？」於是在鼓里殺了齊閔王。

太子❶乃解衣免服，逃太史❷之家為溉園❸。君王后，太史氏女，知其貴人，善事之。田單❹以即墨❺之城，破亡餘卒，破燕兵，紿騎劫❻，遂以復齊❼，遽迎太子於莒，立之以為王。襄王即位，君王后以為后，生齊王建。

【章　旨】田單打敗燕國軍隊，恢復了齊國政權。

【注　釋】❶太子　齊閔王的兒子，名法章。❷太史　史官。《史記・田敬仲完世家》說他名叫敫。❸溉園　即灌園。❹田

單 齊將，就是用火牛陣打敗燕軍的那個人。《史記》有傳。❺即墨 齊邑，因靠近墨水而得名，在今山東平度東南。❻紿騎劫 欺騙騎劫。田單先是用反間計挑撥燕惠王與燕將樂毅的關係，讓燕昭王用騎劫接替樂毅，再假裝齊軍得到了神的幫助，又用計使燕軍割掉所俘虜到的齊卒的鼻子，挖掉齊人的墳墓，以激怒齊軍。所謂「紿騎劫」，指的就是這些事。紿，欺騙。騎劫，燕將。❼復齊 恢復齊國。事在西元前二八三年。

【語　譯】太子便脫去做太子時穿的衣服，逃到太史的家裡做園丁。後來的齊襄王的王后，是太史的女兒，知道太子是貴人，便很好地侍候他。田單憑藉即墨城，和被打敗了逃出來的殘餘士卒，戰敗了燕國軍隊，欺騙了燕將騎劫，於是恢復了齊國，並且馬上到莒去迎接太子，立他做齊王。齊襄王登上了國王寶座，便立太史的女兒做王后，生了齊王建。

## 王孫賈年十五事閔王

【題　解】王孫賈在母親的激勵下，刺死了楚將淖齒。

王孫賈年十五，事閔王。王出走❶，失王之處。其母曰：「女❷朝出而晚來，則吾倚門而望；女暮出而不還，則吾倚閭❸而望。女今事王，王出走，女不知其處，女尚何歸？」王孫賈乃入市中，曰：「淖齒❹亂齊國，殺閔王，欲與我誅者，袒右❺！」市人從者四百人，與之誅淖齒，刺而殺之。

【注　釋】❶王出走 指齊國被燕將樂毅所敗後，臨淄淪陷，齊閔王出逃到莒。❷女 通「汝」。你。下同。❸閭 里門；

巷口的門。❹淖齒　楚將，後為齊相，殺齊閔王。詳見上篇原文及注。❺袒右　露出右臂。

【語　譯】王孫賈十五歲，侍奉齊閔王。齊閔王出逃，王孫賈和他失去了聯繫，不知道他的去處。王孫賈的母親說：「你早上出去晚了回來，我便靠著門盼望你；你晚上出去不回來，我便靠著里門盼望你。現在你侍奉齊王，齊王出逃，你不知道他的去處，你還回來幹什麼？」王孫賈聽後便進入街市中，說：「淖齒擾亂齊國，殺死閔王，願意和我一起去誅殺淖齒的人，露出右臂！」街上的人聽從他的有四百人，和他一起去誅殺淖齒，結果將淖齒刺死。

# 燕攻齊取七十餘城

【題　解】這裡所記載的魯仲連遺燕將書，又見《史記・魯仲連列傳》。前後的敘述文字，是介紹魯仲連寫這封書的背景及效果。書中分析天下形勢、利害得失，勸說困守聊城的燕將放棄守城，這樣，無論是回到燕國，還是投降齊國，都對自己有利。勸他不要意氣用事，以免小不忍而亂大謀。書中反映出來的秦、齊連橫的思想和魯仲連的反秦思想很不一致，有關事實也有自相矛盾的地方，鮑彪懷疑它是「好事者」「擬為之」。

燕攻齊❶，取七十餘城，唯莒❷、即墨❸不下。齊田單❹以即墨破燕❺，殺騎劫❻。初，燕將❼攻下聊城❽，人或讒之❾。燕將懼誅，遂保守聊城，不敢歸❿。田單攻之歲餘，士卒多死，而聊城不下。魯連⓫乃書，約之矢⓬以射城中，遺⓭燕將曰：

【章　旨】介紹魯仲連寫這封書的背景。

【注　釋】❶燕攻齊　燕昭王二十八年（西元前二八四年），用樂毅為上將軍，和秦、楚、韓、趙、魏等國進攻齊國。❷莒　古國名，在今山東莒縣。❸即墨　齊邑，在今山東省平度東南。❹田單　齊將。❺以即墨破燕　指燕惠王時田單憑藉即墨用火牛陣打敗燕軍。❻騎劫　燕將。田單使用反間計，使燕惠王撤換了樂毅，用騎劫接替樂毅。後來田單用火牛陣大敗燕軍，殺死騎劫。❼燕將　姓名不詳。❽聊城　齊邑，在今山東聊城。❾之　指代燕將。❿不敢歸　指不敢歸燕。⓫魯連　魯仲連，齊國義士。《史記》有傳。⓬約之矢　將書捆在箭上。⓭遺　送給。

【語　譯】燕國進攻齊國，奪取了七十多座城市，只有莒和即墨沒有攻下來。齊將田單憑藉即墨打敗了燕軍，殺死燕將騎劫。當初燕將攻下聊城，有人說他的壞話。燕將害怕燕王要殺掉他，便守住聊城，不敢回國。田單圍攻聊城一年多，士卒多數戰死，卻攻不下。魯仲連便寫了一封信，將它捆在箭上射進城去，送給燕將，信中說：

「吾聞之，智者不倍❶時而棄利，勇士不怯死而滅名，忠臣不先身而後君。今公行一朝之忿，不顧燕王之無臣❷，非忠也；殺身亡聊城，而威不信於齊，非勇也；功廢名滅，後世無稱，非知也。故知者不再計，勇士不怯死。今死生榮辱，尊卑貴賤，此其一時也。願公之詳計而無與俗同也。

【章　旨】說明困守聊城是不忠、不勇、不智之舉，勸燕將抓住時機，作出抉擇。

【注　釋】❶倍　通「背」。違背。❷燕王之無臣　燕將死守聊城，不回燕國，就等於燕王失去了一個臣子。燕王，指燕惠王。無臣，失去臣子。

【語　譯】「我聽說，聰明的人就不會違背時勢而拋棄利益，勇敢的士就不會怕死而損壞名聲，忠誠的臣子就不會先顧自己然後才想到國君。現在你賭一時的氣，不顧燕王失去臣子，這不是忠誠；自身死在聊城，聲威在齊國得不到伸張，這不是勇敢；毀壞功業，損壞名聲，後世沒有人稱頌你，這不是聰明。所以聰明的人不會顧慮重重，優柔寡斷，勇敢的士不會貪生怕死。現在是死、是生？是榮、是辱？是尊、是卑？是貴、是賤？這是一次關鍵的時機啊。希望你仔細考慮，不要和一般的俗人相同啊。

「且楚攻南陽❶，魏攻平陸❷，齊無南面之心❸，以為亡❹南陽之害，不若得濟北❺之利，故定計而堅守之❻。今秦人下兵❼，魏不敢東面❽。橫秦之勢合❾，則楚國之形危。且❿棄南陽，斷右壤⓫，存濟北計，必為之。今楚、魏交退，燕救⓬不至，齊無天下之規⓭，與聊城共據⓮朞年之弊，即臣見公之不能得⓯也。齊必決之於聊城，公無再計⓰。彼燕國大亂，君臣過計⓱，上下迷惑，栗腹⓲以百萬⓳之眾，五折於外⓴，萬乘之國，被圍於趙㉑，壤削主困，為天下戮㉒，公聞之乎？今燕王㉓方寒心獨立，大臣不足恃，國弊旤㉔多，民心無所歸。今公又以弊聊之民，距㉕全齊之兵，朞年不解，是墨翟之守㉖也；食人炊骨，士無反北㉗之心，是孫臏㉘、吳起㉙之兵也。能以㉚見於天下矣！故為公計者，不如罷兵休士，全車甲，歸報燕王，燕王必喜。士民見公，如見父母，交游攘臂㉛而議於世，功業可明矣。

上輔孤主，以制群臣；下養百姓，以資㉜說士㉝，矯國㉞革俗於天下，功名可立也。意者㉟，亦捐㊱燕棄世㊲，東游於齊乎？請裂地定封，富比陶、衛㊳，世世稱孤寡，與齊久存，此亦一計也。二者顯名厚實也，願公熟計而審處㊴一也。

【章旨】說明天下形勢，有利於齊，不利於燕，守聊城的燕將，如能放棄守城，無論是回到燕國，或來到齊國，都可顯揚名聲，獲得豐厚的實惠。

【注釋】❶南陽　齊地，在今山東岱山南面，即今之鄒縣。❷平陸　齊邑，在今山東汶上北。❸南面之心　即向南和楚國、魏國對抗之心。❹亡　丟失。❺濟北　濟水以北地區。聊城在濟水以北。❻之　指代濟北。❼秦人下兵　這時齊國與秦國關係和好，所以秦國出兵救齊。❽東面　即面東，向東。❾橫秦之勢合　秦國和齊國連橫的形勢形成。❿且　「且」字下面有的版本加了一個「齊」字。⓫斷右壤　放棄平陸。斷，棄。右壤，指平陸。⓬燕救　指燕國派來救聊城的部隊。⓭規　謀，指謀害、謀算。⓮據　相持。⓯得　據錢藻本、劉敞本當作「待」。⓰再計　考慮再三，意即猶豫不決。⓱過計　失計；失策。⓲栗腹　燕國的相。⓳百萬　當據《史記．魯仲連列傳》作「十萬」。⓴五折於外　指用五比一的軍隊進攻趙國，結果打了敗仗。據《史記．燕召公世家》，燕王喜四年（西元前二五一年）燕相栗腹對燕王說，趙國的壯年人都在長平之戰（西元前二六〇年）中死了，孤兒又沒有長大，可以進攻它。遭到樂閒的反對。燕王說可用五比一的軍隊進攻。結果被趙將廉頗所敗，栗腹被殺。此事比燕攻齊晚三十多年才發生，魯仲連寫這封信時不可能預見到三十多年以後的事，所以這封信的確令人生疑。㉑被圍於趙　廉頗打敗栗腹後，便圍攻燕國。㉒戮　辱；恥笑。㉓燕王　魯仲連寫信時的燕王是燕惠王，廉頗圍燕時的燕王是燕王喜。㉔旤　同「禍」。災禍。㉕距　通「拒」。抗拒。㉖墨翟之守　《墨子．公輸》記載公輸般製造雲梯，將要進攻宋國，墨翟向他演示守城的方法，公輸般多次使用巧妙的辦法攻城，墨翟多次變換方法守城，公輸般攻城的機械用完了，墨翟的守城辦法卻還有多餘的。㉗反北　反叛。㉘孫臏　戰國著名的軍事家，是孫武的後代，和齊將田忌一起，在馬陵道大敗魏軍，逼得魏將龐涓自殺。《史記》有〈孫子吳起列傳〉。㉙吳起　戰國時衛國人，著名的軍事家，能與士卒同甘苦，後佐楚悼王變法。㉚以　通「已」。已經。㉛攘臂　捲起衣袖，露出手臂，是種精神振奮的表示。㉜資　資助。㉝說士　遊說之士。㉞矯國　糾正錯誤的國事。㉟意者　猜測之辭。㊱捐　拋棄。㊲棄世　摒棄世人的非議。㊳陶衛　有人說是指陶朱公范蠡和衛公子荊；也有說是指魏冉和商鞅的，因為魏冉封在陶，商鞅姓衛。㊴審處　審慎選擇。處，安排；選擇。

【語譯】「再說楚國進攻齊國的南陽，魏國進攻齊國的平陸，齊國沒有向南面和楚國、魏國對抗的意思，認為丟失南陽的害處比不上得到濟北的好處，所以決定堅守濟北。現在秦國出了兵救齊，魏國不敢向東進犯。齊、秦連橫的形勢一形成，楚國的形勢就危險。況且齊國放棄南陽，拋棄平陸，為了保存濟北著想，必定會這樣做。現在楚國、魏國爭相退兵，燕國救援聊城的部隊又沒有到來，齊國又沒有天下諸侯的算計，再加上在聊城攻守相持一年帶來的疲困，即使我這樣的人也可看出你不能再堅持下去呀。齊國必定在聊城決一死，你不要再猶豫不決了。那燕國出了大亂子，君臣失策，上下糊塗，栗腹用十萬軍隊，以五比一的優勢卻在外面打了敗仗，燕國那樣能出一萬輛兵車的大國，竟被趙國圍困，土地被割，君主窘困，被天下人恥笑，你知道了嗎？現在燕王正提心弔膽，孤立無援，大臣不能依靠，國家疲困，災禍眾多，人心惶惶，無所依靠。現在你又用疲困的聊城民眾，抗拒整個齊國的軍隊，一整年不鬆懈，這真稱得上是像墨翟一樣善於守城啊；城裡被困得食用人肉，用骨頭燒飯，可是戰士沒有反叛之心，這真稱得上是孫臏、吳起的軍隊啊。將軍的能力，天下人都已經看見了。所以替你著想，不如停止作戰，讓士兵休息，保全軍車鎧甲，回去報告燕王，燕王必定高興。士子和庶民見得你，就好像見到了父母一樣，交往的朋友就將捲起衣袖，露出手臂，精神振奮地在社會上談論你，你的功業也就可以昭著於天下了。你上輔孤立的君主，控制群臣；下撫養百姓，資助遊說之士；在天下人的前面，矯正國政，革除敗俗，你的功名就可以建立啊。我還想，你是不是也可以考慮離開燕國，摒棄世人的非議，到東邊的齊國一遊呢？如果真是這樣，就請讓我們齊國分給你封地，確定個封號，使你比陶朱公、衛公子荊還更富有，世世代代稱孤道寡，和齊國永久並存，這也是一策啊。兩種計策都可以使你顯揚名聲，獲得豐厚的實惠，希望你仔細考慮而審慎地選擇其中的一種。

「且吾聞，倣❶小節者不能行大威，惡小恥者不能立榮名。昔管仲射桓公中鉤❷，篡❸也；遺公子糾而不能死❹，怯也；束縛桎梏❺，辱身也。此三行者，鄉里不通❻也，世主不臣也。使管仲終窮抑❼，幽囚而不出，慚恥而不見，窮年沒壽，不免為辱人賤行矣。然而管子并❽三行之過，據齊國之政，一匡天下，九合諸侯，為五伯首，名高天下，光照鄰國。曹沫❾為魯君❿將，三戰三北⓫，而喪地千里。使曹子之足不離陳⓬，計不顧後，出必死而不生，則不免為敗軍禽⓭將。曹子以敗軍禽將，非勇也；功廢名滅，後世無稱，非知也，故去三北之恥，退而與魯君計也，曹子以為遭⓮。齊桓公有天下，朝諸侯⓯。曹子以一劍之任，劫桓公於壇位⓰之上，顏色不變，而辭氣不悖⓱。三戰之所喪⓲，一朝而反之，天下震動驚駭，威信⓳吳、楚，傳名後世。若此二公者，非不能行小節，死小恥也，以為殺身絕世，功名不立，非知也。故去忿恚⓴之心，而成終身之名；除感忿㉑之恥，而立累世之功。故業與三王㉒爭流，名與天壤相敝㉓也。公其㉔圖之！」

【章旨】用管仲、曹沫的有關史實為例，勸燕將忍小忿而就大謀。

【注釋】❶倣　效法。❷管仲射桓公中鉤　管仲射中齊桓公的帶鉤。公子糾和公子小白都是齊襄公的兒子，由於齊襄公無道，公子糾投奔魯國，管仲、召忽做他的傅；公子小白投奔莒國，鮑叔牙做他的傅。後來公孫無知殺死齊襄公，做了齊國的君主，雍林人又殺掉公孫無知。這時公子糾和公子小白都想回國做君主，在公子小白回國途中，管仲帶兵射中小白的衣帶鉤，小白裝死，先回到齊國，做了君主，即齊桓公。管仲，字夷吾，春秋時潁上人，先侍奉齊公子糾，後來做了齊桓公的相。桓公，指齊桓公，即公子小白。中，射中。鉤，衣帶鉤。❸篡　篡奪君位。❹遺公子糾而不能死　拋棄公子糾而不能去死。小白做了齊國君主以後，因恨魯國要送公子糾回齊國做君主，和管仲射中了他，所以出兵攻魯，逼魯國殺死公子糾，送回管仲。結果公子糾自殺，管仲請求做囚犯。所謂「遺公子糾而不能死」指的就是這些事。遺，遺棄。❺束縛桎桔　魯國應齊國的要求將管仲戴上腳鐐手銬，送回齊國。齊桓公本想將管仲殺掉，經鮑叔牙諫止，反而讓管仲做了齊相。「桎桔」是「桎梏」之誤，是刑具，即腳鐐手銬。❻通　道；稱述。❼窮抑　窮困壓抑。❽并　兼有。❾曹沫　春秋時魯國人，用勇力事魯莊公，做了魯國的將領，和齊國交戰，三戰三敗。❿魯君　指魯莊公。⓫北　敗走。⓬足不離陳　腳不離開戰陣。陳，同「陣」。⓭禽　通「擒」。捉取。⓮遭　遭遇。即認為失敗是自己的遭遇。《史記．魯仲連列傳》沒有這一句，意思更為通暢明白。⓯朝諸侯　使諸侯來朝。據《春秋．魯莊公十三年》記載，西元前六八一年魯莊公和齊桓公在柯（在今山東陽穀）會盟。⓰壇位　古代會盟要在平地上用土築起壇，設壇位。⓱悖　亂。⓲喪　指喪失的土地。⓳信　通「伸」。伸張。⓴忿恚　怨恨；惱怒。㉑感忿　當是「感忽」之誤。《荀子．議兵》楊倞注引此話即作「棄感忽之恥，立累世之功」。參見王念孫《讀書雜志》。感忽是倏忽、瞬間的意思。㉒三王　指夏禹，商湯，周文、武王。㉓敝　敗。㉔其　表示祈求語氣的副詞。

【語　譯】「況且我聽說仿效小節的人不能逞大威，不願受小恥辱的人不能建立榮名。過去管仲射中齊桓公的帶鉤，是篡逆；拋棄公子糾而不能去死，是膽怯；接受腳鐐手銬的束縛，是侮辱自己的身體。這三種行為，鄉里都不稱道，國君也不要這樣的人做臣子。假使管仲終身窮困壓抑，關在牢裡而不出來，總是覺得慚愧恥辱而不見人，這樣耗盡自己的年華和壽命，那他就免不了成為恥辱的人，而所作所為也就成為卑賤的行為了。然而管仲兼有這三種行為上的過失，卻掌握了齊國的政權，使天下的一切得到匡正，糾集各國諸侯，使齊桓公成為五霸的首領，在天下享有崇高的名聲，光輝照耀鄰國。曹沫為魯莊公率領軍隊，三次交戰三次敗走，丟失魯國的土地一千里。假使作戰時曹沫的腳不離開陣地，不顧及後事，硬是出戰就一定要戰死而不想活著回來，那麼他也就免不了要成為戰敗被擒的將軍了。而曹沫卻認為當戰敗被擒的將軍，算不了勇敢；廢棄功名，後世無人稱頌，算不了聰明，所以忘記三次敗走的恥辱，退一步和魯莊公商量，認為是自己遭到失利。後來齊桓公擁有天下，使諸侯來朝拜他。曹沫用一把匕首，在會盟的壇位上劫持齊桓公，臉色不變，語氣不亂。就這樣三次交戰所丟失的土地，一朝歸還了魯國。使得天下震動，為之驚駭，聲威伸張到吳國、楚國，揚名後世。像這兩個人，不是不能行小節，不是不能為小恥去死，而是認為毀掉自己，離開人世，不建立功名，算不了是聰明啊。所以拋棄怨恨之心，而成就終身的名聲；忘記一時的恥辱，而建立萬代的功業。所以他的功業可和三王媲美，名聲可和天地相終始。你還是考慮吧。」

燕將曰：「敬聞命矣！」因罷兵到讀❶而去。故解齊國之圍，救百姓之死，仲連之說也。

【章旨】交代這封書的效果。

【注釋】❶到讀　倒櫝。表示不帶兵器，不再抵抗。到，通「倒」。讀，「櫝」的假借字。櫝，裝劍的套子。

【語譯】燕將說：「恭敬地領教了。」於是停止軍事行動，倒轉裝劍的套子，離開聊城走了。結果給齊國解了圍，挽救了百姓的死亡，這就是魯仲連勸說的效果。

## 燕攻齊齊破

【題解】齊襄王懷疑田單做好事是有政治野心，想篡權，因而想殺掉田單。貫珠卻勸齊襄王嘉獎、慰勞田單，以表明自己也在做好事。

燕攻齊❶，齊破。閔王奔莒，淖齒殺閔王。田單守即墨之城，破燕兵❷，復齊墟❸。襄王為太子徵❹。齊以❺破燕，田單之立❻疑，齊國之眾，皆以田單為自立也。襄王立，田單相之。

【章旨】齊將田單破燕立王有功，反而引起了人們對他的懷疑。

【注釋】❶燕攻齊　指燕昭王時樂毅攻齊。❷破燕兵　指齊將田單用火牛陣破燕兵，殺死燕將騎劫。❸復齊墟　收復齊都臨淄。據《史記・燕召公世家》燕兵攻入臨淄時，「盡取其寶，燒其宮室宗廟」，臨淄成為廢墟。❹徵　依孫詒讓說當作「微」，隱微，隱姓埋名，也就是〈齊策六・齊負郭之民有孤狐咺者〉記載的，淖齒殺齊閔王，「太子（即襄王）乃解衣免服，逃太史之家為溉園」。❺以　通「已」。已經。❻立　指立太子法章為齊襄王。

【語譯】燕國進攻齊國，齊國被打敗。齊閔王出奔到莒，淖齒殺了齊閔王。田單守住即墨城，打敗燕軍，收復齊國都城臨淄。當時齊襄王還是太子，隱姓埋名，逃亡在外。齊軍既已打敗燕軍，田單在立太子法章做君主這個問題上卻引起了疑問，齊國的民眾，都認為田單要自立為君主。可是結果立了齊襄王，而田單做了相國。

過菑水❶，有老人涉菑而寒，出不能行，坐於沙中。田單見其寒，欲使後車❷分衣❸，無可以分者，單解裘而衣之。襄王惡之，曰：「田單之施，將欲以取我國乎？不早圖，恐後之。」左右顧無人，巖下❹有貫珠者❺，襄王呼而問之曰：「女聞吾言乎？」對曰：「聞之。」王曰：「女以為何若？」對曰：「王不如因以為己善。王嘉單之善，下令曰：『寡人憂民之饑也，單收而食之；寡人憂民之寒也，單解裘而衣之；寡人憂勞百姓，而單亦憂之，稱❻寡人之意。』單有是善而王嘉之，善單之善，亦王之善已❼。」王曰：「善！」乃賜單牛酒，嘉其行。

【章　旨】田單因為脫下裘衣給老人禦寒，引起了齊襄王的懷疑而想殺掉他；貫珠勸齊襄王，不如嘉獎他。

【注　釋】❶菑水　即淄水，在今山東北部。❷後車　隨從車輛。❸分衣　分給老人衣服。❹巖下　殿巖之下。❺貫珠者　貫珠這個人。貫，姓。珠，名。❻稱　相稱；符合。❼已　句末語氣詞。

【語　譯】田單經過淄水，有個老人因為徒步過淄水以致身上發冷，上岸後不能行走，坐在沙中。田單見他寒冷，想使隨從車上的人分給他衣服穿，可是沒有人可以分出衣服，田單便脫下自己身上的皮衣披在老人身上。齊襄王知道了便憎恨他，說：「田單的施捨，用意是想準備奪取我的國家嗎？不早點處置他，恐怕他要先下手了。」齊襄王環顧左右，沒有發現人，可是後來發現殿巖下面有個叫貫珠的人，齊襄王將他叫來，問他說：「你聽到了我的話嗎？」貫珠回答說：「聽到了。」齊襄王說：「你以為怎麼樣？」貫珠回答說：「大王不如藉此為自己做好事。大王可以嘉獎田單做好事，發布命令說：『寡人為百姓的飢餓憂愁，田單就收養飢民給他們東西吃；寡人為百姓的寒冷憂愁，田單就脫下皮衣給他們穿；寡人為百姓的勞苦憂愁，田單也為他們憂愁，符合寡人的心意。』田單有這樣好的行為而大王嘉獎他，表揚田單做好事，也就是大王為自己做好事。」齊襄王說：「說得好。」便賜給田單牛和酒，嘉獎他的行為。

後數日，貫珠者復見王曰：「王至朝日，宜召田單而揖❶之於庭，口勞❷之。

乃布令求百姓之饑寒者，收穀❸之。」乃使人聽於閭里，聞丈夫之相與語，舉❹□□□□❺曰：「田單之愛人！嗟，乃王之教澤❻也！」

【章　旨】貫珠勸齊襄王慰勞田單，並且下令收養飢寒的人。這樣齊襄王便在人們的心目中留下了好的印象。

【注　釋】❶揖　作揖；拱手禮。❷口勞　親口慰勞。❸穀　養。❹舉　皆。❺□□□□　代表缺文。黃丕烈《札記》懷疑所缺文字是姚宏的校對語。❻教澤　教誨的恩澤。

【語　譯】幾天以後，貫珠再次去見齊襄王，說：「大王到臣子朝見的時候，應當召見田單而在庭前向他行拱手禮，並親口慰勞他。然後發布命令尋找飢寒的人，將他們收養起來。」齊襄王便派人去民間打聽反應，聽到男子漢互相在一起談論，都說：「田單愛護人民！唉，這是大王教誨的恩澤啊。」

## 貂勃常惡田單

【題　解】貂勃因為沒有得到任用而常常詆毀田單。田單便請求齊襄王任用了他，他反過來就說田單的好話，要求齊襄王殺掉誣陷田單的九個寵臣。這種士為知己者用的思想在戰國時期相當普遍。

貂勃❶常惡❷田單，曰：「安平君❸，小人也。」安平君聞之，故為酒而召貂勃，曰：「單何以得罪於先生，故常見譽❹於朝？」貂勃曰：「跖❺之狗吠堯❻，非貴跖而賤堯也，狗固吠非其主也。且今使公孫子賢，而徐子不肖，然而使公孫子與徐子鬥，徐子之狗，猶時❼攫❽公孫子之腓❾而噬❿之也。若乃得去⓫不肖者，而為賢者狗，豈特攫其腓而噬之耳哉？」安平君曰：「敬聞命。」明日，任之於王⓬。

【章　旨】貂勃常常詆毀田單，田單反而設酒款待他，問他是什麼原因，貂勃說是「狗吠非其主」。田單於是請求齊襄王任用他。

【注　釋】❶貂勃　齊人，事跡不詳。❷惡　詆毀。❸安平君　田單的封號。❹故常見譽　為何經常被你誇獎。田單特意說反話，實際上是被貂勃詆毀。故，通「胡」。何。見譽，被讚譽。❺跖　盜跖，相傳是古代的大盜。❻堯　古代賢明的帝王。❼時　鮑彪本作「將」。❽攫　用爪子抓。❾腓　脛骨後的肉，俗稱小腿肚子。❿噬　咬。⓫去　離開。⓬任之於王　向齊襄王請求任用貂勃。任，任用。之，指代貂勃。於王，向王請求。王，指齊襄王。

【語　譯】貂勃常常詆毀田單，說：「安平君，是個小人啊。」安平君聽到了，特意設置酒宴召來貂勃，說：「我田單怎麼得罪了先生，為什麼常常在朝廷上被你誇獎？」貂勃說：「盜跖的狗向堯吠叫，不是因為盜跖尊貴而堯低賤的緣故，狗本來就是向不是牠的主人的人吠叫啊。況且現在假使公孫子賢能，徐子不像樣，可是讓公孫子和徐子吵架，徐子的狗還將抓住公孫子的小腿而咬他。如果讓狗離開不像樣的主人，去做賢能人家的狗，哪裡只是抓住那個不像樣的人的小腿而咬他就算了呢？」安平君說：「恭敬地領教了。」第二天，他就向齊襄王請求任用貂勃。

王有所幸臣❶九人之屬❷，欲傷安平君，相與語於王曰：「燕之伐齊之時，楚王❸使將軍❹將萬人而佐齊。今國已定，而社稷已安矣，何不使使者謝於楚王？」王曰：「左右孰可？」九人之屬曰：「貂勃可。」貂勃使楚。楚王受而觴之❺，數日不反❻。九人之屬相與語於王曰：「夫一人身，而牽留萬乘❼者，豈不以據勢❽也哉？且安平君之與王也，君臣無禮，而上下無別。且其志欲為不善。內牧❾百姓，循撫❿其心，振⓫窮補不足，布德於民；外懷戎翟⓬、天下之賢士，陰結諸侯之雄俊豪英。其志欲有為也。願王之察之。」異日⓭，而王曰：「召相⓮單來。」田單免冠、徒跣⓯、肉袒而進，退而請死罪。五日，而王曰：「子無罪於寡人，子為子之臣禮，吾為吾之王禮而已矣。」

【章旨】齊襄王的九個寵臣，故意用貂勃出使楚國一事，誣陷田單有政治野心。

【注釋】❶幸臣　寵幸的臣子。❷屬　類。❸楚王　指楚頃襄王。❹將軍　指淖齒。❺觴之　用酒席款待他。觴，酒器，這裡作動詞用，使他喝酒的意思。❻反　同「返」。❼牽留萬乘　被萬乘之君所挽留。萬乘，萬乘之君，指楚王。❽據勢　依靠權勢。勢，指田單在齊國的權勢。❾牧　鮑彪本作「收」，收養。❿循撫　安撫。⓫振　救濟。⓬戎翟　即戎狄，中國古代西北部少數民族名。⓭異日　他日。⓮相　據下文「而王曰『單，單』」，疑「相」字是衍文。又《史記·田單列傳》只說田單敗燕復齊以後「襄王封田單，號曰安平君」，沒有說田單做過相。⓯徒跣　徒步赤腳行走。

【語譯】齊襄王所寵幸的九個臣子，想中傷安平君，互相一起對齊襄王說：「燕國進攻齊國的時候，楚王派將軍淖齒率領一萬人來幫助齊國。現在國家已安定，社稷已安定，為什麼不派使者去感謝楚王？」齊襄王說：「左右近臣哪個可以去？」九個寵臣說：「貂勃可以去。」於是貂勃便出使楚國。楚王接見並用酒席款待貂勃，一連好幾天都沒回來。九個寵臣互相一起告訴齊襄王說：「貂勃一個人，而受到楚王之挽留，難道不是因為貂勃有田單的權勢作依靠嗎？況且安平君和大王之間，沒有君臣禮節，沒有上下的分別。再說他的心裡想幹壞事。在國內收養百姓，安撫民心，救濟窮困，補助不足，向百姓布施恩德；對外安撫戎狄和天下的賢士，暗中結交諸侯的英雄豪傑。他的心裡是想圖謀不軌啊。希望大王明察。」改日，齊襄王說：「叫田單來！」田單便脫下帽子、赤腳徒步，光著上身進到宮裡，請求死罪。過了五天，齊襄王說：「你對寡人沒有罪，只不過是你行你做臣子的禮，我行我做王的禮罷了。」

貂勃從楚來，王賜諸前❶，酒酣❷，王曰：「召相❸田單而來。」貂勃避席❹稽首❺曰：「王惡❻得此亡國之言乎？王上者孰與周文王？」王曰：「吾不若也。」貂勃曰：「然，臣固知王不若也。下者孰與齊桓公？」王曰：「吾不若也。」貂勃曰：「然，臣固知王不若也。然則周文王得呂尚❼以為太公❽，齊桓公得管夷吾❾以為仲父❿，今王得安平君而獨曰『單』。且自天地之闢，民人之治⓫，為人臣之功者，誰有厚於安平君者哉？而王曰『單，單』。惡得此亡國之言乎？且王不能守先王之社稷，燕人興師而襲齊墟，王⓬走而之城陽⓭之山中。安平君以惴惴⓮之即墨，三里之城，五里之郭，敝⓯卒七千，禽⓰其司馬⓱，而反⓲千里之齊，安平君之功也。當是時也，闔城陽而王⓳，城陽⓴天下莫之能止。然而計之於道，歸之於義，以為不可，故為棧道木閣㉑，而迎王與后於城陽山中，王乃得反㉒，子臨㉓百姓。今國已定，民已安矣，王乃曰『單』。且嬰兒之計不為此。王不亟殺此九子者以謝安平君，不然，國危矣！」王乃殺九子而逐其家，益封安平君以夜㉔邑萬戶。

【章旨】貂勃從楚國回來，直言指責齊襄王輕視田單，出亡國之言。齊襄王因而殺掉了那九個誣陷田單的寵臣。

【注釋】❶賜諸前　當從吳師道《補正》作「觴諸前」。觴，酒器。這裡是賜酒的意思。❷酣　飲酒飲得正歡暢的時候。❸相　據下文「獨曰『單』」疑是衍文。❹避席　離開座席。❺稽首　叩頭至地，並作停留才起來。古代的一種最恭敬的拜禮。❻惡　何。❼呂尚　姜子牙。❽太公　本來是對父親或別人父親的稱呼。周文王遇見姜子牙後，說：「吾太公望子久矣。」因而尊稱姜子牙為太公望，立為師。❾管夷吾　管仲。❿仲父　本是對叔父的稱呼，但這裡的「仲」是稱管仲，「父」是事之如父（見《荀子・仲尼》楊倞注）。⓫治　當依曾鞏本作「始」。⓬王　依上下文語氣，當是指齊襄王。事實上被燕國打敗而出奔的是齊閔王。⓭城陽　齊地。在今山東沂水、莒縣一帶。⓮惴惴　恐懼的樣子。⓯敝　疲敗。⓰禽　通「擒」。捉取。⓱司馬　官名。主管軍事。在這裡是指騎劫。⓲反　同「返」。⓳王　稱王的意思。⓴城陽　依吳師道《補正》說是衍文，當刪。㉑棧道木閣　合稱棧閣。棧道，古代在險崖峭壁上鑿孔用木架成的道路。木閣，即棧道。㉒反　同「返」。㉓子臨　撫愛；治理。㉔夜　依鮑彪說疑為「掖」字之誤。即今山東掖縣。

【語譯】貂勃從楚國回來，齊襄王賜酒給他喝，正喝得歡暢的時候，齊襄王說：「叫田單來！」貂勃便離開座席叩頭至地說：「大王怎麼能說出這亡國的話呢？大王往上比周文王怎麼樣？」齊襄王說：「我比不上。」貂勃說：「對，我本來知道大王比不上。往下比齊桓公怎麼樣？」齊襄王說：「我比不上。」貂勃說：「對，我本來知道大王比不上。然而周文王得到呂尚，便拜他做太公；齊桓公得到管仲，便拜他做仲父，現在大王得到安平君卻只叫他做『單』。況且從開天闢地、自從有了人民以來，做人臣子的人的功勞，有誰比安平君更大的呢？而大王卻直呼其名說：『單，單！』怎麼能說出這亡國的話呢？再說大王不能守住先王的社稷，燕國人起兵偷襲齊都，大王出奔到城陽山中。安平君憑藉惶惶不安的即墨，三里的內城，五里的外城，七千疲敗的士卒，俘虜了燕國的司馬騎劫，收復了一千里的齊地，這就是安平君的功勞啊。當這個時候，如果田單圍攻城陽而稱王，天下也沒有人能制止他。可是他從道義上考慮，認為不能這樣，所以修建棧道，到城陽山中去迎接大王和王后，大王才能回到齊都，安撫百姓，治理萬民。現在國家已經穩定，人民已經安居，大王卻直呼其名說『單』。即使嬰兒做事也不會這樣。大王還不趕快殺了這九個寵臣以向安平君致歉，否則，國家就危險了！」齊襄王便殺了那九個寵臣，並且趕走了他們的家人，將夜地加封給安平君，食邑一萬戶。

## 田單將攻狄

【題解】田單進攻狄城，魯仲連預見到他攻不下來，後來果然是這樣。田單問魯仲連是什麼原因，魯仲連說今天和你打敗燕軍時不同，過去是「將軍有死之心，而士卒無生之氣」，今天你卻是「有生之樂，無死之心，所以不勝」。田單於是決心死戰，終於攻下了狄城。

田單將攻狄❶，往見魯仲子❷。仲子曰：「將軍攻狄，不能下也。」田單曰：「臣以五里之城，七里之郭，破亡餘卒，破萬乘之燕，復齊墟。攻狄而不下，何也？」上車弗謝❸而去。遂攻狄，三月而不克之也。齊嬰兒謠曰：「大冠❹若箕❺，脩❻劍拄頤❼，攻狄不能下❽，壘枯丘❾。」田單乃懼，問魯仲子曰：「先生謂單不能下狄，請聞其說。」魯仲子曰：「將軍之在即墨，坐而織蕢⑩，立則丈插⑪，為士卒倡⑫曰：『可⑬往矣！宗廟亡矣！云曰尚矣⑭！歸於何黨⑮矣！』當此之時，將軍有死之心，而士卒無生之氣，聞若言⑯，莫不揮泣奮臂而欲戰，此所以破燕也。當今將軍東有夜邑⑰之奉⑱，西有菑上⑲之虞⑳，黃金橫帶㉑，而馳乎淄、澠㉒之間，有生之樂，無死之心，所以不勝者也。」田單曰：「單有心，先生志之矣。」明日，乃厲氣㉓循城㉔，立於矢石之所乃㉕，援枹㉖鼓之，狄人乃下。

【注釋】❶狄　本為古代北方少數民族，在這裡是指狄城，在舊高苑縣西北，今屬山東高青。❷魯仲子　即魯仲連。❸謝　告別。❹大冠　武冠俗稱為大冠。❺箕　簸箕。❻脩　通「修」。長。❼拄頤　撐著面頰。❽下　據上文當在「下」字斷句。❾壘枯丘　堆起的枯骨像土山一樣。壘，堆積。枯丘，枯骨成丘。丘，土山。❿蕢　草編的筐子。⓫丈插　扶著鐵鍬。丈，當依鮑彪本及《說苑・指武》作「杖」。插，通「鍤」。掘土的工具，即鐵鍬。⓬倡　倡導；發動。⓭可　《資治通鑑・周紀四》作「無可」。⓮云曰尚矣　黃丕烈《札記》說即《資治通鑑》的「魂魄喪矣」。「云曰」當是「云白」，即「魂魄」二字的省寫。⓯黨　鄉；所。⓰若言　此言。⓱夜邑　在今山東掖縣。⓲奉　通「俸」。齊襄王將夜加封給田單，食邑一萬戶以作俸祿。⓳菑上　即淄上，淄水之上。⓴虞　通「娛」。指淄水上的遊觀之樂。㉑橫帶　當是指橫繫腰間的衣帶。㉒淄澠　淄水和澠水。㉓厲氣　奮厲志氣。㉔循城　巡視圍城。㉕乃　當依劉敞本作「及」。㉖枹　鼓槌。

【語譯】田單將要進攻狄城，前去見魯仲連。魯仲連說：「將軍進攻狄城，不能攻下。」田單說：「我用五里的內城、七里的外城和打了敗仗逃走的殘餘士卒，打敗了能出一萬輛兵車的燕國，恢復了齊都。進攻狄城卻攻不下來，那是什麼道理呢？」說罷便上車不辭而去。於是進攻狄城，結果攻了三個月攻不下來。齊國的小孩唱著兒歌說：「大帽子像簸箕，長劍把那腮幫子抵。進攻狄城攻不下，堆起枯骨不比土山低。」田單聽後害怕起來，便請問魯仲連，說：「先生說我不能攻下狄城，請允許我聽聽你的說明。」魯仲連說：「將軍在即墨的時候，坐著便編織草筐，站著便扶著鐵鍬，發動士卒說：『沒有地方可以前往了！宗廟已經滅亡了！魂魄已經失喪了！還能歸到何鄉了！』當這個時候，將軍有死的決心，士卒沒有活下來的意氣，聽到你的這些話，無不揮灑眼淚，舉起手臂而想戰鬥，這就是打敗燕國的原因。現在將軍東邊有夜邑的封土，西邊有淄水之上的歡樂，繫的是黃金的腰帶，在淄水、澠水之間馳騁田獵，有生的歡樂，沒有死的決心，這就是不能戰勝的原因。」田單說：「我田單有死的決心，先生記住了。」第二天便奮厲志氣，巡視圍城，站在箭能射到、石頭能砸到的地方，拿起鼓槌，擂響戰鼓，狄人於是被打敗了。

## 濮上之事

【題　解】齊國在濮水之上被魏國打敗，齊將田盼建議齊王將餘糧給宋國，使魏國不敢越過宋國進攻齊國。待齊國再富強起來，便向宋國討還糧食。

濮上之事❶，贅子❷死，章子❸走，盼子❹謂齊王❺曰：「不如易❻餘糧於宋❼，宋王❽必說，梁氏❾不敢過宋伐齊。齊固弱，是以餘糧收宋也。齊國復強，雖復責❿之宋，可；不償，因以為辭⓫而攻之，亦可。」

【注　釋】❶濮上之事　據《史記・六國年表》，魏襄王七年（西元前三一二年）「擊齊，虜聲子於濮」。所謂「濮上之事」指的就是這件事。濮上，濮水之上。濮水，一稱濮渠水，古水名，流經今河南黃河北岸的原陽、封丘、延津、長垣等縣，因黃河改道，已不復存在。❷贅子　齊將。❸章子　匡章，齊將。❹盼子　田盼，齊將。❺齊王　指齊閔王。濮上之事發生在齊宣王八年（西元前三一二年）。❻易　轉移給。❼宋　國名，在今河南東部及山東和江蘇、安徽接壤處，都城在河南商丘。❽宋王　指宋王偃。❾梁氏　魏氏，即魏國。❿責　要求，指要求宋國償還糧食。⓫辭　託辭；藉口。

【語　譯】濮上之戰，齊國的贅子戰死，章子逃走，盼子對齊閔王說：「不如將餘糧給宋國，宋王必定高興，魏國也就不敢越過宋國進攻齊國。齊國本來衰弱，因此用餘糧去收買宋國啊。等到齊國再富強起來，即使再要求宋國償還糧食，也行；如果不償還，便用這作為藉口，去進攻宋國，也行。」

## 齊閔王之遇殺

【題　解】本文主要記敘齊襄王的王后太史女的有關歷史傳說，突出了她的見識和才智。

齊閔王之遇殺，其子法章變姓名，為莒太史家庸夫❶。太史敫女，奇法章之狀貌，以為非常人，憐而常竊衣食之，與私焉。莒中及齊亡臣❷相聚，求閔王子，欲立之。法章乃自言於莒。共立法章為襄王。襄王立，以太史氏女為王后，生子建。太史敫曰：「女無謀❸而嫁者，非吾種也，汙吾世❹矣。」終身不覩❺。君王后賢，不以不覩之故，失人子❻之禮也。

【章　旨】齊閔王被殺，他的兒子法章逃到太史敫家當傭工，和太史的女兒私通。後來法章做了齊王，太史的女兒當上了王后。

【注　釋】❶庸夫　傭工；傭工。❷亡臣　逃亡出來的臣子。❸謀　當作「媒」。❹世　家世。❺覿　見。❻子　孩子；兒女。

【語　譯】齊閔王遭到殺害，他的兒子法章改姓換名，做了莒地太史家裡的傭人。太史敫的女兒見他的容貌不同於一般人，以為不是個平常人，便憐憫他，常常私自給他衣服穿，給他東西吃，並和他私通。莒地以及從齊國逃亡出來的臣子相聚一起，尋找齊閔王的兒子，想立為齊王。法章在莒地便自己說明是齊閔王的兒子。於是大家就共同立法章做襄王。齊襄王被立以後，便娶太史女做王后，生了個兒子名叫建。太史敫說：「女兒沒有媒人就出嫁，不是我的種，汙辱了我的家世。」直到死都不見他的女兒。襄王的王后很賢慧，不因為父親不見她，而不盡兒女的禮節。

襄王卒，子建立為齊王。君王后事秦謹，與諸侯信，以故建立四十有餘年不受兵。秦始皇❶嘗使使者遺君王后玉連環❷，曰：「齊多知❸，而❹解此環不❺？」君王后以示群臣，群臣不知解。君王后引椎❻椎破之，謝秦使曰：「謹❼以❽解矣。」

及君王后病且卒，誡建曰：「群臣之可用者某。」建曰：「請書之。」君王后曰：「善。」取筆牘❾受言❿。君王后曰：「老婦已亡⓫矣！」君王后死後，后勝⓬相齊，多受秦間⓭金玉，使賓客入秦，皆為變辭⓮，勸王朝秦，不脩攻戰之備。

【章　旨】通過謹慎侍奉秦國、解連環玉、臨終遺言等事例，說明王后的才智。

【注　釋】❶秦始皇　據《史記・田敬仲完世家》，君王后死於齊王建十六年（西元前二四九年），相當於秦莊襄王元年，距離秦王政即位還差四年。「秦始皇」當是「秦昭王」之誤。❷玉連環　即連環玉。❸知　通「智」。❹而　通「能」。❺不通「否」。❻椎　捶擊的器具，有木椎、鐵椎兩種。❼謹　表示尊敬的副詞。❽以　通「已」。❾牘　用以書寫的木簡。❿受言　接受遺言。⓫亡　當從鮑彪本作「忘」。這樣的機密事，只能心受，不能記錄下來，所以君王后託言忘記了。⓬后勝　人名。⓭間　間諜。⓮變辭　變詐的言辭，指齊客入秦後回到齊國進變詐之辭。《史記・田敬仲完世家》「變辭」作「反間」。

【語譯】齊襄王死了，兒子建被立為齊王。齊襄王王后謹慎地侍奉秦國，和諸侯交往講信用，因此齊王建在位四十多年沒有戰事。秦昭王曾經派使者送給齊襄王王后連環玉，說：「齊國人多智，能解開這連環玉嗎？」齊襄王王后出示給群臣看，群臣不知道怎樣解開，齊襄王王后便用椎敲破它，告訴秦國使者說：「已經解開來了。」到了齊襄王王后病重將要死的時候，告誡齊王建說：「群臣中可以信用的是某人。」齊王建說：「請讓我寫下來。」齊襄王王后說：「好。」齊王建取來筆和木簡，準備記錄遺言。齊襄王王后說：「老太婆已經忘記了。」齊襄王王后死了以後，后勝做齊國的相，多次接受秦國間諜給他的金玉，並派賓客到秦國去，賓客回來都進說一些變詐的言辭，勸齊王建去朝見秦王，不要整修備戰的設施。

## 齊王建入朝於秦

【題解】齊王建不聽雍門司馬和即墨大夫的諫阻，去朝拜秦王政，結果被秦王政安置在共地松柏之間，餓死在那裡。

齊王建入朝於秦，雍門❶司馬❷前曰：「所為立王者，為社稷耶？為王立王❸耶？」王曰：「為社稷。」司馬曰：「為社稷立王，王何以去社稷而入秦？」齊王還車而反。即墨❹大夫與❺雍門司馬諫而聽之，則以為可可❻為謀，即入見齊王曰：「齊地方數千里，帶甲數百萬。夫三晉大夫，皆不便秦，而在阿❼、鄄❽之間者百數，王收而與之百萬之眾，使收三晉之故地，即臨晉❾之關可以入矣；鄢❿、郢⓫大夫，不欲為⓬秦，而在城⓭南下者百數，王收而與之百萬之師，使收楚故地，即武關⓮可以入矣。如此，則齊威可立，秦國可亡。夫舍⓯南面之稱制⓰，乃⓱西面而事秦，為大王不取也。」齊王不聽。秦使陳馳⓲誘齊王內⓳之，約與五百里之地。齊王不聽即墨大夫而聽陳馳，遂入秦。處之共⓴松柏之間，餓而死。先是齊為之歌曰：「松邪！柏邪！住建共者，客㉑耶！」

【注釋】❶雍門　齊國城門。❷司馬　官名，主管軍事。❸立王　依王念孫說，「立王」二字是衍文，當刪去。❹即墨　齊地名，在今山東平度東南。❺與　據姚宏注「一作『聞』」，是。❻可　據姚宏注「一作『以』」，是。❼阿　齊地，在今山東陽穀東北。❽鄄　齊地，在今山東鄄城北。❾臨晉　在今山西臨晉。❿鄢　楚地名，在今湖南宜城。⓫郢　楚都，在今湖北江陵郊區紀南城舊址。⓬為　助。⓭城　指齊城。⓮武關　秦國的南關，在今陝西商縣東一百八十里。⓯舍　通「捨」。⓰稱制　稱王。制，帝王的命令。⓱乃　竟。⓲陳馳　事跡不詳，鮑彪說是進入秦國的齊客。⓳內　通「納」。⓴共　古國名，在今甘肅涇川北。一說在河南輝縣，非是。當時齊王建已入秦。㉑客　指齊客，因為齊王建是聽了齊客陳馳的話才入秦。

【語譯】齊王建到秦國去朝拜，雍門司馬上前說：「所以要立王，是為國家呢，還是為王呢？」齊王建說：「為國家。」司馬說：「既然是為國家立王，大王為何要離開國家而到秦國去呢？」齊王建聽後便掉轉車回去。即墨大夫聽說雍門司馬進諫，齊王建聽進去了，認為可以和齊王建商議，便進去見齊王建，說：「齊國的土地，方圓幾千里，軍隊幾百萬。韓、趙、魏三國的大夫，都對秦國不利，這樣的大夫在阿、鄄之中的就有上百，大王將他們收攏來，給他們一百萬軍隊，讓他們去收復韓、趙、魏的舊地，那麼臨晉的關口就可攻進去了；楚國鄢、郢等地的大夫，不想幫助秦國，而留在齊國南城的也有上百，大王將他們收攏來，給他們一百萬軍隊，讓他們去收復楚國的舊地，那麼武關就可以攻進去了。這樣，齊國的聲威就可以建立，秦國就會滅亡。放棄南面稱王的機會，竟向西侍奉秦國，我認為大王不該選擇這樣的道路啊。」齊王建不聽從他的話。秦國派陳馳誘騙齊王建西進秦國，約定給他五百里土地。齊王建不聽從即墨大夫的話而聽從陳馳的話，於是進入秦國。秦國將他安置在共地松柏之中，餓死在那裡。在這以前，齊國就有人替齊王建作歌，說：「松樹呀，柏樹呀！讓齊王建住在共地的，是齊客吧！」

## 齊以淖君之亂

【題解】淖齒亂齊之後，秦國想和齊國聯合起來共同對付楚國，便派出蘇涓和任固兩人，分別前往楚國和齊國。策士齊明看出了秦國的用意，勸楚王將蘇涓說的話告訴齊國，以破壞秦、齊聯合，提高楚王的地位，使楚王在三國鬥爭中掌握主動權。

齊以淖君之亂❶秦❷。其後秦欲取齊❸，故使蘇涓❹之❺楚，令任固❻之齊。齊明❼謂楚王❽曰：「秦王❾欲楚❿，不若其欲齊之甚也。其使涓來，以示齊⓫之有楚⓬，以資固於齊⓭。齊見楚⓮，必受固⓯。是王之聽涓也，適為固驅以合齊、秦也。齊、秦合，非楚之利也。且夫涓來之辭⓰，必非固之所以之齊之辭⓱也。王不如令人以涓來之辭謾固於齊⑱，齊、秦必不合。齊、秦不合，則王重矣。王欲收齊以攻秦，漢中⑲可得也；王即欲以秦攻齊，淮、泗⑳之間亦可得也。」

【注釋】❶淖君之亂　齊閔王時，燕將樂毅打敗齊國，攻下齊都臨淄，齊閔王出奔，楚國派淖齒出兵救齊，後來淖齒做了齊相，並且殺了齊閔王。淖君，指楚將淖齒。❷秦　「秦」上當有脫文。鮑彪本補一「事」字，作「事秦」，譯文暫從其說。❸取齊　鮑彪注：「與齊合。」❹蘇涓　秦國人，事跡不詳。❺之　往。❻任固　秦國人，事跡不詳。❼齊明　策士名。❽楚王　可能是指楚頃襄王。❾秦王　可能是指秦昭王。❿欲楚　指想與楚聯合。⓫示齊　向齊國顯示。⓬有楚　指秦國已有楚國，即秦國已和楚國友好。⓭資固於齊　幫助在齊國的任固。資，助。⓮見楚　指看到楚國已經接納蘇涓，而和秦國友好。⓯受固　接受任固，而和秦國友好。⓰辭　說辭。⓱非固之所以之齊之辭　蘇涓到楚國，必定說楚國的好話，說齊國的壞話；任固到齊國則相反。所以，所用來。⓲以涓來之辭謾固於齊　蘇涓在楚國說的話和任固在齊國說的話正相反，所以將蘇涓在楚國說的話告訴齊國，便能說明任固在欺騙齊國。謾，欺騙。⓳漢中　在今陝西南部和湖北西北隅及河南西南隅。本是楚地，楚懷王時被秦國奪去。⓴淮泗　淮河和泗河。淮河發源於河南南部桐柏山，向東流過安徽，到達江蘇入洪澤湖。泗河發源於山東泗水，南流經江蘇徐州，到洪澤湖旁入淮河。

【語譯】齊國因為淖齒之亂而侍奉秦國。在那以後，秦國想聯合齊國，特意派遣蘇涓前往楚國，讓任固前往齊國。齊明對楚王說：「秦王想和楚國聯合，比不上他想和齊國聯合來得迫切。它派蘇涓來，是向齊國顯示它已和楚國友好，以幫助前往齊國的任固。齊國看見楚國接納了蘇涓，已和秦國友好，就必定會接受任固的遊說，和秦國友好。這樣大王聽從了蘇涓的話，恰好替任固促成了齊、秦之聯合。齊、秦聯合，對楚國不利啊。再說蘇涓來楚國的說辭，必定和任固用來前往齊國的說辭不同。大王不如派人將蘇涓來楚國的說辭告訴齊國，以說明任固在欺騙齊國，這樣齊、秦就必定聯合不起來。齊、秦聯合不起來，那麼，大王就顯得重要了。這時大王想聯合齊國進攻秦國，漢中之地便可以得到；大王即使想用秦國進攻齊國，淮河、泗河之間的土地也可以得到。」

# 卷一四 楚策一

〈楚策〉記載了與楚國有關的事件。楚在西周時開始建國，都丹陽（在今湖北秭歸東南），周人稱之為荊蠻。春秋楚莊王時問鼎中原，成為霸主。以後楚又建都於郢，版圖逐漸擴大。到了戰國，擴展到湖南北部、河南南部以及江西、安徽、江蘇、浙江甚至陝西、山東的某些地區。後被秦國所迫，先後遷都到陳（今河南淮陽）、壽春（今安徽壽縣）等地。西元前二二三年被秦所滅。

## 齊楚構難

【題解】齊國與楚國結怨，宋國被齊國所迫，倒向齊國。楚人子象為了楚國勸說宋王，分析利害，指出這對宋國非常危險。

齊、楚構難，宋請中立。齊急❶宋，宋許之。子象❷為楚謂宋王❸曰：「楚以緩❹失宋，將法齊之急也。齊以急得宋，後將常急矣。是從齊而攻楚，未必利也。齊戰勝楚，勢必危宋❺；不勝，是以弱宋干❻強楚也。而今兩萬乘之國❼，常以急求所欲，國必危矣。」

【注釋】❶急　強迫。❷子象　楚人。❸宋王　宋王偃。❹緩　與「急」相對，指沒有強迫宋。❺危宋　危害宋國，即併吞宋國。❻干　冒犯。❼兩萬乘之國　指齊國和楚國。

【語譯】齊國與楚國結怨，造成禍亂，宋國請求中立。齊國強迫宋國，宋國答應站在齊國一邊。子象為了楚國對宋王偃說：「楚國因為沒有採取強迫手段便失去了宋國，它也將效法齊國強迫宋國啊。這次齊國用強迫手段得到了宋國的支持，以後就將常常強迫宋國了。這樣跟隨齊國進攻楚國，未必有好處啊。如果齊國戰勝了楚國，勢必危害宋國；如果不能戰勝楚國，這便是用弱小的宋國冒犯強大的楚國啊。使得兩個萬乘之國，常常用強迫的手段求得它們所想得到的東西，國家就必定危險了。」

## 五國約以伐齊

【題解】齊湣王十七年（西元前二八四年），燕國與秦、魏、韓、趙四國聯合進攻齊國，楚國的昭陽預料五國打敗齊國以後就會進攻楚國，便勸楚王利用韓國的弱點破壞五國攻齊。楚王因此派大公事去遊說韓相公仲。據《史記》等書記載，五國攻齊並未遭到破壞，和這裡記載的「五國之事困」的結果不同。

五國約以伐齊❶。昭陽❷謂楚王❸曰：「五國以❹破齊、秦❺，必南圖楚。」王曰：「然則奈何？」對曰：「韓氏❻，輔國❼也，好利而惡難❽。好利，可營❾也；惡難，可懼也。我厚賂❿之以利，其心必營；我悉兵以臨之，其心必懼我。彼懼吾兵而營我利，五國之事必可敗也。約絕⓫之後，雖勿與地可。」楚王曰：

「善。」乃命大公事⑫之韓，見公仲⑬曰：「夫牛闌之事⑭，馬陵之難⑮，親⑯王⑰之所見也。王苟無以⑱五國用兵，請効⑲列城⑳五，請悉楚國之眾也㉑，以廧㉒於齊。」齊㉓之㉔反趙、魏之後，而楚果弗與地，則五國之事困也。

【注釋】❶五國約以伐齊　《史記・魏世家》記載魏昭王十二年（西元前二八四年）「與秦、趙、韓、燕共伐齊，敗之濟西，湣王出亡」。又〈燕召公世家〉記載燕昭王二十八年（西元前二八四年）「以樂毅為上將軍，與秦、楚、三晉（韓、趙、魏）合謀以伐齊，齊兵敗，湣王出亡於外」。鮑彪認為這次戰爭是指發生在秦惠王更元七年（西元前三一八年）的韓、趙、魏、燕、齊伐秦事，這裡沒有採用他的說法。五國，指燕、秦、趙、韓、魏五國。❷昭陽　楚國的令尹。❸楚王　指楚頃襄王。❹以　通「已」。❺秦　「秦」字是衍文，當刪去。❻韓氏　韓國。❼輔國　不是主謀國。伐齊的主謀國是燕國。❽惡難　討厭危難。❾營　迷惑。❿賂　用財物收買。這裡是指用土地收買。⓫約絕　斷絕交往；毀約。⓬大公事　楚國人，事跡難考。一說是「大工尹」之誤。⓭公仲　韓國的相。⓮牛闌之事　當是指某一事件，難以查考。⓯馬陵之難　指齊威王十六年（西元前三四一年）齊將田忌、田嬰和軍師孫臏救韓、趙擊魏，在馬陵道大敗魏軍，殺死龐涓，俘虜魏太子申的事。⓰親　依吳師道說疑應移到「見」字上。⓱王　依鮑彪本當作「主」，下同，指公仲。⓲以　通「與」。⓳効　同「效」。獻。⓴列城　相連的城邑。㉑也　「也」字是衍文，當刪去。㉒廧　依鮑彪及吳師道說當作「圖」。㉓齊　依上下文及金正煒《戰國策補釋》疑當作「韓」。㉔之　依鮑彪本當作「人」。

【語譯】燕、韓、趙、魏、秦五國相約進攻齊國。楚國的令尹昭陽對楚頃襄王說：「五國打敗齊國之後，必定向南進攻楚國。」頃襄王說：「這該怎麼辦？」昭陽回答說：「韓國，不是主謀的國家，愛好貪利而討厭危難。愛好貪利，就可以迷惑它；討厭危難，就可以恐嚇它。我們用厚利去賄賂它，韓王的心必定迷惑；我們出動全部軍隊到韓國，韓王的心必定害怕我們。他怕我們的軍隊而又被我們的厚利所迷惑，五國攻齊的事必定可以破壞。等到它們絕交毀約以後，即使不給韓國土地也可以。」頃襄王說：「好。」便命令大公事前往韓國，進見韓相公仲說：「牛闌的事件，馬陵道的災難，相公是親自見到過的。相公如果不和五國一起用兵，就請允許我們楚國獻上相連的城邑五座，還請允許派出楚國的全部軍隊，去進攻齊國。」韓國人背棄趙國、魏國之後，楚國真的不給韓國土地，五國攻齊的事也就陷入了困境。

## 荊宣王問群臣

【題解】江乙用狐假虎威的寓言，說明北方害怕昭奚恤的真正原因是害怕楚國的軍事力量。

荊宣王❶問群臣曰：「吾聞北方之畏昭奚恤❷也，果誠何如？」群臣莫對。江一❸對曰：「虎求百獸而食之，得狐。狐曰：『子無敢食我也。天帝使我長百獸，今子食我，是逆天帝命也。子以我為不信，吾為子先行，子隨我後，觀百獸之見我而敢不走乎？』虎以為然，故遂與之行。獸見之皆走，虎不知獸畏己而走也，以為畏狐也。今王之地方五千里，帶甲百萬，而專❹屬之昭奚恤；故北方之畏奚恤也，其實畏王之甲兵也，猶百獸之畏虎也。」

【注釋】❶荊宣王　即楚宣王，名良夫，是楚懷王的祖父。❷昭奚恤　楚宣王的相。❸江一　即江乙，又作「江尹」，魏國人，仕於楚，是昭奚恤的政敵。❹專　單獨掌握。

【語譯】楚宣王問群臣說：「我聽說北方的諸侯害怕昭奚恤，真相到底怎樣？」群臣沒有人回答。江乙回答說：「老虎尋找各種野獸吃，得到一隻狐狸。狐狸說：『你不敢吃我啊。天帝讓我做各種野獸的首領，現在你吃我，是違背天帝的命令。你如果認為我說的不是真的，我替你開路，你跟在我後面，看看各種野獸見到我敢不跑嗎？』老虎認為對，所以便和狐狸一起走。野獸看見老虎便都跑了，老虎不知道野獸是因為害怕自己而逃跑，還以為是害怕狐狸。現在大王的土地方圓五千里，軍隊一百萬，而單獨歸昭奚恤掌管，所以北方諸侯害怕昭奚恤，其實是害怕你的軍隊，就好像各種野獸害怕老虎一樣。」

## 昭奚恤與彭城君議於王前

【題解】江乙對於昭奚恤與彭城君的爭議，不置可否。

昭奚恤與彭城君❶議於王前，王召江乙而問焉。江乙曰：「二人之言皆善也，臣不敢言其後。此謂慮❷賢也。」

【注釋】❶彭城君　楚人，當是受封於彭城，故稱彭城君。彭城屬楚，在今江蘇銅山。❷慮　議。參見《廣雅・釋詁四》。

【語譯】昭奚恤和彭城君在楚王面前爭議，楚王召見江乙，問他的看法。江乙說：「兩人的話都說得好，我不敢在他們的後面再說話。這就是所謂評議賢者啊。」

## 邯鄲之難

【題解】魏國圍攻趙國的都城邯鄲，昭奚恤勸楚王不要救趙，以便魏、趙相鬥，兩敗俱傷；景舍認為一點也不救，便達不到這個目的，而要「少出兵以為趙援」方能如願以償。結果楚王採用了景舍的計謀而得到了魏地。

邯鄲之難❶，昭奚恤謂楚王❷曰：「王不如無救趙，而以強魏。魏強，其割趙必深❸矣。趙不能聽，則必堅守，是兩弊❹也。」景舍❺曰：「不然。昭奚恤不知也。夫魏之攻趙也，恐楚之攻其後。今不救趙，趙有亡形，而魏無楚憂，是楚、魏共趙❻也，害❼必深矣！何以兩弊也？且魏令兵以深割趙，趙見亡形，而有❽楚之不救己也，必與魏合而以謀楚。故王不如少出兵，以為趙援。趙恃楚勁，必與魏戰。魏怒於趙之勁，而見楚救之不足畏也，必不釋趙。趙、魏相弊，而齊、秦應楚❾，則魏可破也。」楚因使景舍起兵救趙。邯鄲拔❿，楚取睢、濊之間⓫。

【注　釋】❶邯鄲之難　邯鄲之戰。難，兵難。據《史記・六國年表》、〈魏世家〉，魏惠王十六年（西元前三五四年）圍攻邯鄲。❷楚王　指楚宣王。❸深　指深入割地。❹弊　敗。❺景舍　楚人，屬於楚王族。❻共趙　共同對付趙國。❼害　據上文當作「割」。❽有　據劉敞本當作「知」。❾應楚　響應楚國而救趙。❿拔　攻下。據《史記・六國年表》魏惠王十七年（西元前三五三年）攻下邯鄲。⓫睢濊之間　屬於魏地。睢，古水名，即睢水，由開封流經河南東部，入安徽，至宿遷縣南入古泗水。濊，舊永城縣南有澮水，又名濊水，今已不存。

【語　譯】魏、趙兩國進行邯鄲之戰，昭奚恤對楚宣王說：「大王不如不要救趙國，而使魏國強大起來。魏國強大了，它要求割地必定深入到趙國內部。趙國不能聽從魏國的要求，就必定會堅守，這樣魏國和趙國就兩敗俱傷啊。」景舍說：「不會這樣。昭奚恤不明智啊。魏國進攻趙國，擔心楚國會攻擊它的後方。現在楚國不救援趙國，趙國就有滅亡之勢，而魏國就不必擔心楚國，這就等於楚國、魏國共同對付趙國，割地必定深入到趙國內部了！怎麼還能兩敗俱傷啊？再說魏國讓軍隊深入趙國，要求割地，趙國看見行將滅亡的形勢，而且知道楚國不救援自己，必定和魏國聯合來進攻楚國。所以大王不如出少量的兵，救援趙國。趙國依靠楚國的救援而強勁起來，必定和魏國戰鬥。魏國對趙國的強勁感到惱火，而又看到楚國的那點救援不值得害怕，必定不會放過趙國。這樣趙國和魏國兩敗俱傷，齊國、秦國又響應楚國而救趙國，那麼魏國就可以打敗。」楚國於是派景舍出兵救援趙國。後來邯鄲被魏國攻下，楚國奪取了睢水和濊水之間的魏國土地。

## 江尹欲惡昭奚恤於楚王

【題　解】江乙通過替山陽君請封的辦法，拉攏山陽君，共同詆毀昭奚恤。

江尹❶欲惡❷昭奚恤於楚王❸，而力不能，故為梁❹山陽君❺請封於楚。楚王曰：「諾。」昭奚恤曰：「山陽君無功於楚國，不當封。」江尹因得山陽君，與之共惡昭奚恤。

【注　釋】❶江尹　即江乙。❷惡　詆毀。❸楚王　指楚宣王。❹梁　即「魏」。❺山陽君　受封在山陽的封君。山陽，魏邑，因在太行山南面而得名，舊城在今河南修武北。

【語　譯】江乙想在楚宣王面前詆毀昭奚恤，而又覺得無能為力，所以就替魏國的山陽君向楚國請求封賞。楚宣王說：「好。」昭奚恤說：「山陽君對楚國沒有功勞，不應當封賞。」江乙因而拉攏了山陽君，和他一起共同詆毀昭奚恤。

## 魏氏惡昭奚恤於楚王

【題解】魏人在楚王面前詆毀昭奚恤，昭奚恤為自己辯白，並提醒楚王在國內還將有人要誣陷自己。

魏氏❶惡昭奚恤於楚王❷，楚王告昭子❸。昭子曰：「臣朝夕以事❹聽命，而魏入吾君臣之間❺，臣大懼。臣非畏魏也！夫泄❻吾君臣之交，而天下❼信之，是其❽為人也近苦❾矣。夫苟不難為之外❿，豈忘為之內⓫乎？臣之得罪無日⓬矣。」

王曰：「寡人知之，大夫⓭何患？」

【注釋】❶魏氏　魏國，這裡是指魏國派來的人，吳師道認為就是上篇所說的山陽君。❷楚王　指楚宣王。❸昭子　即昭奚恤。❹以事　用事；辦事。❺入吾君臣之間　進入我們君臣之間，即離間我們的君臣關係。❻泄　洩漏；透露。❼天下　指天下諸侯，包括魏國在內。❽其　指代那個人，實際上是指江乙。❾苦　粗劣；惡劣。❿為之外　向外洩漏。外，指魏國。⓫為之內　在內進行誣陷。⓬無日　沒有多久；沒有幾天。⓭大夫　指昭奚恤。

【語譯】魏國有人在楚宣王面前詆毀昭奚恤，楚宣王告訴了昭奚恤。昭奚恤說：「我早晚辦事，聽從王命，而魏國人卻要離間我們君臣之間的關係，我很害怕。我不是害怕魏國，而是擔心內部有人將我們君臣之間的謠言洩漏出去，天下諸侯竟然相信他，這樣看來，那個人為人也就近於惡劣了。他輕易向外國洩漏謠言，難道還會忘記在國內進行誣陷嗎？看來不要幾天我就要獲罪了。」楚宣王說：「寡人知道了，大夫何必憂慮？」

## 江乙惡昭奚恤

【題　解】江乙誣陷昭奚恤私自取了魏國的寶器。

江乙惡昭奚恤，謂楚王曰：「人有以其狗為有執❶而愛之。其狗嘗溺❷井。其鄰人見狗之溺井也，欲入言之。狗惡❸之，當門❹而噬❺之。鄰人憚之，遂不得入言。邯鄲之難❻，楚進兵大梁❼，取❽矣。昭奚恤取魏之寶器，以❾居魏知之，故昭奚恤常惡❿臣之見王。」

【注　釋】❶執　善守。❷溺　通「尿」。❸惡　憎恨。❹當門　即擋門。❺噬　咬。❻邯鄲之難　指魏國圍攻趙國都城邯鄲的戰役。❼大梁　魏國都城，在今河南開封。❽取　曾鞏本作「拔」。據本策〈邯鄲之難〉，當時楚國曾經派出少量部隊救援趙國，邯鄲被攻下以後，楚國乘機取得睢、濊之間的魏地，但楚國沒有攻下魏都大梁。❾以　當依曾鞏本作「以臣」。❿惡　憎恨。

【語　譯】江乙詆毀昭奚恤，對楚宣王說：「有個人因為他的狗善於守門，因而喜愛那條狗。那條狗曾經向井裡撒尿。他的鄰居看見了狗向井裡撒尿，便想進去告訴主人。那條狗恨他，便擋住門咬他。鄰居害怕，於是不能進去告訴主人。魏國圍攻邯鄲的時候，楚國進軍大梁，取得了大梁。昭奚恤取了魏國的寶器，因為我在魏國知道這件事，所以昭奚恤常常恨我進見大王。」

## 江乙欲惡昭奚恤於楚

【題解】江乙為了詆毀昭奚恤，先製造輿論，勸楚宣王不要只喜歡講別人好話的人而不喜歡講別人壞話的人。

江乙欲惡昭奚恤於楚，謂楚王曰：「下比周❶，則上危；下分爭，則上安。王亦知之乎？願王勿忘也。且人有好揚人之善者，於王何如？」王曰：「此君子也，近之。」江乙曰：「有人好揚人之惡者，於王何如？」王曰：「此小人也，遠之。」江乙曰：「然則且❷有子殺其父，臣弒其主者，而王終已❸不知者，何也？以王好聞人之美而惡聞人之惡也。」王曰：「善。寡人願兩聞之。」

【注釋】❶比周　結黨營私。❷且　將。❸終已　直到結束。

【語譯】江乙想在楚國詆毀昭奚恤，便對楚宣王說：「下面結黨營私，上面就危險；下面不團結互相爭鬥，上面就平安。大王也知道這個道理嗎？希望大王不要忘記啊。有的人喜歡表揚別人的善行，大王認為怎麼樣？」楚宣王說：「這樣的人是君子，應該接近他。」江乙說：「有的人喜歡宣揚別人的壞事，大王認為怎麼樣？」楚宣王說：「這樣的人是小人，應該離開他。」江乙說：「既然這樣，那麼有個兒子要殺他的父親，有個臣子要殺他的君主，大王自始至終都不知道，那是什麼原因呢？是因為大王喜歡知道別人的好事而不喜歡知道別人的壞事啊。」楚宣王說：「說得好。寡人願意把好事、壞事都聽進耳裡。」

# 江乙說於安陵君

【題　解】江乙勸安陵君用表示自願殉葬的辦法討好楚王，以鞏固自己的地位。

江乙說於安陵君❶曰：「君無咫尺❷之地，骨肉之親，處尊位，受厚祿，一國之眾，見君莫不斂衽❸而拜，撫委❹而服❺，何以也？」曰：「王過舉❻而已。」「不然，無以至此。」江乙曰：「以財交者，財盡而交絕；以色交者，華落而愛渝❼。是以嬖女❽不敝席❾，寵臣不避軒❿。今君擅楚國之勢，而無以深自結於王，竊為君危之。」安陵君曰：「然則奈何⓫？」「願君必請從死，以身為殉，如是必長得重於楚國。」曰：「謹受令。」三年而弗言。江乙復見曰：「臣所為君道，至今未效⓬。君不用臣之計，臣請不敢復見矣。」安陵君曰：「不敢忘先生之言，未得間⓭也。」

【章　旨】安陵君採納江乙的建議，願意隨楚王殉葬，但是過了三年還沒有找到機會向楚王表達這一意願。

【注　釋】❶安陵君　楚國寵臣，後來才封在安陵。這裡稱安陵君是作者追敘的話。安陵，地名，在今河南鄢城東南。《說苑‧權謀》作「安陵纏」。❷咫尺　形容面積很小。古時八寸叫咫。❸斂衽　提起衣襟準備下拜。❹撫委　摸著帽子。撫，撫摸。委，古代的一種冠。摸冠是為了表示敬意。❺服　通「匐」。臉向下，身體前屈。❻過舉　錯誤提拔。❼渝　變。❽嬖女　受寵的女人。❾不敝席　席子還沒有破。❿不避軒　依姚宏說當作「不敝軒」，指軒車還沒有破。軒，古代的一種有圍棚的車。⓫奈何　曾鞏本「奈何」下有「江乙曰」三字。⓬效　呈獻。⓭間　空隙；機會。

**【語譯】**江乙勸安陵君道：「你沒有尺寸之地，骨肉之親，卻處在尊貴的位置上，享受優厚的俸祿，一國的民眾，沒有人見到你不提起衣襟下拜，摸著帽子伏在地上，那是什麼原因呢？」安陵君說：「不過是大王錯用我罷了。不是這樣，便無法到這個地位。」江乙說：「用金錢相交，金錢用完，交情也就斷絕；用美色相交，年華消逝，愛情就要發生變化。因此受寵的女子等不到睡席破爛就受冷落，受寵的臣子等不到軒車破爛就遭棄逐。現在你獨占楚國的權勢，卻沒有辦法和楚王結下深交，我私自替你感到危險。」安陵君說：「那該怎麼辦呢？」江乙說：「希望你一定要請求跟楚王一道死，用自己的身體為楚王殉葬，這樣就必定在楚國長久得到重用。」安陵君說：「恭敬地領教了。」過了三年，安陵君卻沒有說願意殉葬的事。江乙便再次去見他說：「我為你所說的事，你到現在還沒有對楚王說。你不採用我的計謀，請恕我無禮，我再也不敢見你了。」安陵君說：「不敢忘記先生的話，只是沒有得到機會啊。」

於是，楚王❶游於雲夢❷，結駟千乘❸，旌旗蔽日，野火之起也若雲蜺❹，兕❺虎嗥之聲若雷霆。有狂兕牂車❻依輪❼而至，王親引弓而射，壹發而殪❽。王抽旃❾而抑兕首，仰天而笑曰：「樂矣，今日之游也。寡人萬歲千秋之後，誰與樂此矣？」安陵君泣數行而進曰：「臣入則編席❿，出則陪乘⓫。大王萬歲千秋之後⓬，願得以身試黃泉，蓐螻蟻⓭，又何如得此樂而樂之？」王大說，乃封壇⓮為安陵君。君子聞之曰：「江乙可謂善謀，安陵君可謂知時⑮矣。」

【章旨】安陵君選擇恰當的時機向楚王表示願意殉葬，因而受封為安陵君。

【注釋】❶楚王　指楚宣王。《說苑・權謀》作「楚共王」，非是。本策〈荊宣王問群臣〉可以證明江乙與楚宣王同時。楚共王是春秋時人。❷雲夢　春秋戰國時楚王的遊獵區，泛指江漢平原及東西北部分丘陵山巒。❸結駟千乘　有千輛四匹馬駕的車集結在一起。結，集結。駟，四匹馬。古代一般是一輛車用四匹馬拉。乘，輛的意思。❹蜺　虹。❺兕　雌的犀牛。❻牂車　鮑彪本作「𨁈車」，急步向車走來。𨁈，急步行走。❼依輪　緊靠著車輪。❽殪　死。❾旃旄　用旄牛尾做裝飾的曲柄旗。旃，赤色的曲柄旗。旄，用旄牛尾裝飾旗桿頭的一種旗。❿編席　相當於接席。⓫陪乘　同車。⓬萬歲千秋之後　即死後。怕犯忌諱，所以才這樣說。和現在說的「百年之後」意思相同。⓭蓐螻蟻　指用自己的身體作為楚王的草墊以防螻蟻。蓐，草墊子。螻蟻，螻蛄和螞蟻。⓮壇　當是安陵君的名。《漢書・古今人表》有「安陵纏」，疑即此人。⓯時　時機。

【語譯】楚王在雲夢遊獵，有千輛四匹馬駕的車集結在一起，旌旗遮天蔽日，燃起的野火，像彩雲霓虹一樣，犀牛老虎嗥叫的聲音，好似雷霆一般。忽然有條瘋狂的犀牛朝著車子、緊靠車輪快步奔來，楚王親自拉弓射箭，一箭就將犀牛射死了。楚王抽出用旄牛尾做裝飾的曲柄旗按著那條犀牛的腦袋，臉朝著天大笑說：「今天的遊獵多麼快樂呀，寡人死後，和誰享受這種快樂呀？」安陵君流下幾行眼淚，哭泣著上前說：「我在宮內便和大王挨著席子坐，出去便和大王同車。大王萬歲千秋以後，我願意用身體試黃泉，做大王的草墊子，以防螻蟻，又有什麼歡樂比得到這種歡樂更好呢？」楚王聽了以後非常高興，便封壇做安陵君。君子聽說這件事，說：「江乙可說得上是善謀，安陵君可說得上知道選擇說話的時機了。」

## 江乙為魏使於楚

【題解】江乙勸楚王，不要不願聽人說別人的壞話。

江乙為魏使於楚，謂楚王曰：「臣入竟❶，聞楚之俗，不蔽人之善，不言人之惡，誠有之乎？」王曰：「誠有之。」江乙曰：「然則白公之亂❷，得無❸遂❹乎？誠如是，臣等之罪免❺矣。」楚王曰：「何也？」江乙曰：「州侯❻相楚，貴甚矣而主斷，左右俱曰『無有』，如出一口❼矣。」

【注釋】❶竟 通「境」。❷白公之亂 指白公勝所造成的禍亂。楚平王的太子建遭費無忌讒言，逃到鄭國，被鄭國所殺，他的兒子白公勝被迫出奔到吳國。楚平王的孫子楚惠王將勝從吳國召回來。勝為了報仇，要求楚國的令尹子西出兵打鄭國，子西不肯出兵，勝後來便殺死子西，劫持楚惠王，自立為王。一個多月以後，勝被殺，楚惠王復位。白公，指春秋時期楚國的王孫勝，是楚平王太子建的兒子，封於白，世稱白公勝。❸得無 莫非是；怕不是。❹遂 成功。❺臣等之罪免 臣下的罪可以獲得赦免。因為楚俗只講別人的好事，不講別人的壞事，而犯罪是壞事，所以可以免罪。❻州侯 楚臣。❼如出一口 眾口一聲；無異辭。

【語譯】江乙替魏國出使到楚國，對楚宣王說：「我進入楚國境內，聽說楚國的風俗是不掩蓋別人的好事，不談論別人的壞事，真的有這回事嗎？」楚宣王說：「真有這回事。」江乙說：「既然這樣，那麼白公勝作亂，怕不是要成功了嗎？真的像這樣，臣下的罪也就可以赦免了。」楚王說：「怎麼說的呀？」江乙說：「州侯做楚國的相，地位很尊貴了，卻主觀武斷，左右都說『不主觀武斷』。好像從一個嘴巴裡說出來的一樣。」

## 郢人有獄三年不決

【題解】郢都某人的疑案三年不能判決，昭奚恤下令誰能證明郢都某人有罪，就將郢都某人的住宅賜給他。結果昭奚恤從請宅人的表情中斷定郢都某人無罪。

郢❶人有獄❷三年不決❸者，故令請其宅❹，以卜其罪。客因為之❺謂昭奚恤曰：「郢人某氏之宅，臣願之。」昭奚恤曰：「郢人某氏，不當服罪❻，故其宅不得❼。」客辭而去。昭奚恤已而悔之❽，因謂客曰：「奚恤得事公，公何為以故❾與❿奚恤？」客曰：「非用故也。」曰：「謂而不得，有說色，非故如何也⓫？」

【注　釋】❶郢　楚國都城，在今湖北江陵郊區。❷獄　罪案。❸決　判決。❹請其宅　請求得到他的房子。即如果有人能證明他有罪，請求得到他的房子，官家便沒收他的房子，賜給請求的人。這是昭奚恤斷此疑案所使用的手段。❺為之　依錢藻本「為之」二字當刪去。❻服罪　受罪。❼不得　當依高誘注「一作『不可得』」。昭奚恤為了斷案故意說這話以便觀察對方的反應。❽已而悔之　這是昭奚恤有意裝成懊悔的樣子，以便再和請宅人對話。已，指說完這話以後。悔之，懊悔自己不該那樣說。❾故　詐。見《淮南子．主術》「上多故而下多詐」高誘注。❿與　對待。⓫謂而不得三句　請求得到郢都某人的住宅，按理說應該得到了才高興，現在請宅的人的表情恰好相反，所以昭奚恤斷定他用巧詐，因而也可看出郢都某人真的是無罪。謂，當據曾鞏本、劉敞本作「請」。

【語　譯】郢都某人有個罪案，三年不能判決，所以下令如果有人能證明他有罪，就可以請求得到他的住宅，以預測他有罪還是無罪。有個外客因而對昭奚恤說：「郢都某人的住宅，我願得到。」昭奚恤說：「郢都某人，不應當有罪，所以他的住宅你得不到。」那個外客便告辭走了。昭奚恤事後顯得懊悔，因而對外客說：「我昭奚恤能給你辦事，你為什麼用巧詐來對待我昭奚恤？」外客說：「我不是用巧詐。」昭奚恤說：「你請求得到他的住宅而沒有得到，臉上卻有喜色，你不是巧詐又是什麼呢？」

# 城渾出周

【題解】城渾等三人從周國出來，結伴南往楚國。途中城渾遊說楚國新城縣令，以分析楚國邊境防禦形勢為由，說要勸楚王將新城由縣升為主郡。新城縣令非常高興，便為城渾等準備車馬金錢，使他們得以南遊楚國。

城渾❶出周❷，三人偶行❸，南游於楚，至於新城❹。城渾說其令❺曰：「鄭、魏者，楚之耎國❻；而秦，楚之強敵也。鄭、魏之弱，而楚以上梁❼應之；宜陽❽之大也，楚以弱新城圍❾之。蒲反❿、平陽⓫相去百里⓬，秦人一夜而襲之，安邑⓭不知；新城、上梁相去五百里，秦人一夜而襲之，上梁亦不知也。今邊邑之所恃者，非江南⓮泗上⓯也。故楚王何不以新城為主郡⓰也？邊邑甚利之。」新城公⓱大說，乃為具駟馬乘車五百金之楚。城渾得之，遂南交於楚，楚王果以新城為主郡。

【注釋】❶城渾 周國人。❷出周 從周國出來。❸偶行 同行。❹新城 古代有多處新城，這裡的新城是城渾南遊楚國所經過的地方，當是〈秦策一・司馬錯與張儀爭論於秦惠王前〉「秦攻新城、宜陽，以臨二周之郊」的「新城」，屬楚，在今河南伊川西南。❺令 縣令。當時不止是秦國實行郡縣制。❻耎國 弱國。❼上梁 即南梁，在今河南臨汝西南。❽宜陽 本為韓邑，在今河南宜陽境內。秦武王四年（西元前三〇七年）攻下宜陽，為秦所有。❾圍 依金正煒《戰國策補釋》當作

「圉」，抵禦。❿蒲反　魏邑名，即「蒲坂」，在今山西永濟。⓫平陽　魏邑名，在今山西臨汾西南。⓬百里　蒲坂、平陽相距不止百里，「百里」二字疑有誤。⓭安邑　魏國都城，在今山西運城東。⓮江南　長江以南，是楚國南部。⓯泗上　泗水之濱，在今山東西南及江蘇北部，靠近楚國東部。楚國的強敵是北邊的秦國，所以鞏固邊防只能靠北方的邊邑，不能靠江南和泗上的邊邑。⓰主郡　郡比縣大，是縣的主，所以叫主郡。將新城縣升格為郡，「則士馬盛，可以備秦」(鮑彪注)，是鞏固北方邊防的措施。⓱新城公　即新城令。

【語　譯】城渾從周國出來，三人結伴而行，南遊楚國，到了楚國的新城縣。城渾遊說新城縣令道：「鄭國、魏國，對楚國來說是弱國，秦國才是楚國的強敵。鄭國、魏國弱小，楚國用上梁就可以應付它們；秦國的宜陽強大，楚國卻用弱小的新城抵禦它。蒲坂、平陽相隔百里，秦國人乘一個夜晚偷襲它們，安邑將不知道；新城、上梁相隔五百里，秦國人乘一個夜晚偷襲它們，上梁也會不知道。現在邊邑所依靠的，不是長江以南、泗水之濱，而是北邊的新城縣，所以楚王為什麼不將新城縣升為主郡呢？這樣對邊邑是很有利的。」新城縣令聽了非常高興，便替城渾等人準備一輛四匹馬拉的車和五百金路費讓他們前往楚國。城渾得到這些資助，便到南邊結交楚國，楚王果然將新城縣升為主郡。

## 韓公叔有齊魏

【題　解】有齊國、魏國做靠山的韓公叔與有秦國、楚國做靠山的韓太子幾瑟爭權。鄭申為了楚國的利益，假借王命將新城、陽人兩地給了太子幾瑟，楚王因此要處分他。他說明了自己這樣做的用意，才免於處分。

韓公叔❶有齊、魏，而太子❷有楚、秦以爭國❸。鄭申❹為楚使於韓，矯以新城❺、陽人❻予太子。楚王怒，將罪之。對曰：「臣矯予之，以為國也。臣為太子得新城、陽人，以與公叔爭國，而得之，齊、魏必伐韓。韓氏急，必懸命❼於楚，又何新城、陽人之敢求？太子不勝，然❽而不死，今將倒冠❾而至，又安敢言地？」楚王曰：「善。」乃不罪也。

【注　釋】❶韓公叔　韓公族，權臣。❷太子　指韓太子幾瑟，是韓襄王的兒子。〈韓策二・韓公叔與幾瑟爭國鄭強為楚王使於韓〉稱為「世子」。❸爭國　鮑彪注：「爭立為相。」一說是爭做太子。〈韓策二・韓公叔與幾瑟爭國鄭強為楚王使於韓〉也記有此事，但文字上有出入。❹鄭申　〈韓策〉作「鄭強」。❺新城　楚地，在今河南伊川西南。❻陽人　楚地，在今河南葉縣西。❼懸命　疑為掌握命運。❽然　鮑彪本作「幸」。❾倒冠　形容匆忙的情態。

【語　譯】韓國的公叔有齊國、魏國做靠山，而太子幾瑟有秦國、楚國做靠山，來爭奪國家權力。鄭申為楚國出使到韓國，假借王命將楚國的新城、陽人兩地給了韓太子幾瑟。楚王很惱火，將要處分鄭申。鄭申回答說：「我假借王命給他地，是為了楚國。我讓韓太子幾瑟得到新城、陽人，是因為他和公叔爭奪國家權力，如果他得到韓國，齊國、魏國就必定進攻韓國。韓國著急，必定將國家的命運交給楚國，又哪裡敢要求得到新城、陽人？太子幾瑟如果和公叔爭權沒有取勝，僥倖活著，便將匆忙來到楚國，又怎麼敢說要地的事？」楚王說：「講得好。」便不處分鄭申。

## 楚杜赫說楚王以取趙

【題　解】杜赫以取趙遊說楚王，楚王因此將封他為五大夫。陳軫說先讓他取趙，然後才封賞。氣得杜赫不去取趙。

楚杜赫❶說楚王以取趙。王且❷予之五大夫❸，而令私行。陳軫❹謂楚王曰：「赫不能得趙，五大夫不可收也，得❺賞無功也。得趙而王無加焉，是無善❻也。王不如以十乘❼行之，事成，予之五大夫。」王曰：「善。」乃以十乘行之。杜赫怒而不行。陳軫謂王曰：「是不能得趙也。」

【注　釋】❶杜赫　楚人，一說是周人。❷且　將。❸五大夫　大夫中尊貴的爵位名。❹陳軫　策士。曾事秦惠王，與秦相張儀爭寵，投奔楚國，後又回到秦國。詳見《史記・張儀列傳》附〈陳軫傳〉。❺得　當據高誘注作「是」。❻無善　不賞善，即有功不賞。❼十乘　十輛車。

【語　譯】楚國的杜赫用可以爭取趙國來遊說楚王。楚王將封給他五大夫爵位，而讓他私自前往趙國。陳軫告訴楚王說：「如果杜赫爭取不了趙國，五大夫的爵位也不能收回來，這便是獎賞了無功的人。如果杜赫爭取了趙國，而大王卻不能給他加爵，這便是有功不賞。大王不如只用十輛車讓他前去，事情辦成了，才給他五大夫爵位。」楚王說：「好。」便用十輛車讓他前去。杜赫惱了火，一氣之下就不去了。陳軫便對楚王說：「這是因為他不能爭取趙國啊。」

## 楚王問於范環

【題　解】據《史記・樗里子甘茂列傳》記載，甘茂事秦惠王、武王、昭王，官至左丞相。因遭向壽讒言，出逃到齊國。齊國任命他做上卿，派他出使楚國。這時秦昭王要求楚懷王將甘茂送回秦國，可能是要重用甘茂。於是楚懷王便問范蜎能不能讓甘茂回秦國去做丞相，范蜎認為甘茂是個賢者，「秦之有賢相，非楚之利」，反對讓甘茂回秦國。《韓非子・內儲說下》稱范蝸這種計謀為「敵國廢置」，即敵國總是要廢置對方的賢良，君主不得不覺察。

楚王❶問於范環❷曰：「寡人欲置相❸於秦，孰可？」對曰：「臣不足以知之。」王曰：「吾相甘茂可乎？」范環對曰：「不可。」王曰：「何也？」曰：「夫史舉❹，上蔡❺之監門❻也。大不如❼事君，小不如處室，以苛廉❽聞於世，甘茂事之順焉。故惠王❾之明，武王❿之察，張儀之好譖⓫，甘茂事之，取十官而無罪。茂誠賢者也，然而不可相秦。秦之有賢相也，非楚國之利也。且王嘗用滑⓬於越而納句章⓭，昧之難⓮，越亂，故楚南察瀨胡⓯而野江東⓰。計王之功所以能如此者，越亂而楚治也。今王以⓱用之於越矣，而忘之於秦，臣以為王鉅⓲速忘矣。王若欲置相於秦乎？若公孫郝⓳者可。夫公孫郝之於秦王⓴，親也。少與之同衣，長與之同車，被㉑王衣以聽事㉒，真大王之相已㉓。王相之，楚國之大利也。」

【注釋】❶楚王　指楚懷王。❷范環　當是「范蠉」之誤。「蠉」通「蜎」。《史記・樗里子甘茂列傳》即作「范蜎」。❸置相　設置丞相。戰國時可以為別國設立丞相。《管子・任法》：「鄰國諸侯能以其權置子（太子）立相。」❹史舉　是甘茂的老師。甘茂向他學習百家之術。❺上蔡　在今河南上蔡西。《史記》作「下蔡」。❻監門　守門的人。❼如　當依姚宏本注作「知」，下同。❽苛廉　《韓非子・內儲說下》作「苛刻」。❾惠王　指秦惠王。❿武王　指秦武王。⓫譖　誣陷。⓬滑　召滑，楚國人。⓭納句章　將句章併入楚國。納，入。句章，故越地，舊屬會稽郡，在今浙江境內。⓮昧之難　楚懷王二十八年（西元前三〇一年）齊、秦、韓、魏等國攻打楚國，殺唐昧。昧，依鮑彪注，是楚將唐昧。⑮察瀨胡　統治瀨胡。察，治。瀨胡，當是地名，不詳。⑯野江東　以江東為野，即把江東之地作為楚國的郊野。⑰以　通「已」。⑱鉅　大。⑲公孫郝　當依《史記・樗里子甘茂列傳》作「向壽」。因為向壽是秦昭王的母親宣太后外族，從小和秦昭王一起長大，受到信用，而且是甘茂的政敵。用他為相，秦國必亂，甘茂也就不可能再回秦國，對楚國有利。⑳秦王　指秦昭王。㉑被　通「披」。㉒聽事　治事。㉓已　句末語氣詞。

【語　譯】楚懷王問范蜎說：「寡人想給秦國設置丞相，誰可勝任？」范蜎回答說：「我沒有足夠的能力知道這樣的人。」楚懷王說：「我讓甘茂做秦國的丞相，行嗎？」范蜎回答說：「不行。」楚懷王說：「為什麼呢？」范蜎說：「史舉這個人，是上蔡的守門人，從大的方面說，他不知道侍奉好君主；從小的方面說，他不知道處理家庭事務，因為苛刻而聞名於世，甘茂侍奉他侍奉得卻順順當當。秦惠文王聰明，秦武王明察，張儀喜歡說別人的壞話，那是很有名的，甘茂侍奉他們，卻取得十種官職而沒有罪過。甘茂真的是個賢者，可是不能讓他做秦國的丞相。因為秦國有個賢能的丞相，對楚國是不利的。再說大王曾經用召滑到越國去，將句章併入楚國，雖然唐昧被殺，但是越國發生內亂，所以楚國能向南統治瀨胡，而把江東作為楚國的郊野。思量起來，大王的功業所以能夠如此，是因為越國混亂而楚國太平啊。現在大王已經將這套計謀向越國使用了，卻忘記向秦國使用，我認為大王也忘記得太快了。大王想給秦國設置丞相嗎？像向壽那樣的人就可以。向壽和秦王是親屬關係，年輕時和秦王同穿一件衣服，長大了和秦王同乘一輛車，披著秦王的衣服辦事，真是大王要設置的丞相啊。大王讓他做秦國的丞相，那就是楚國的大利啊。」

## 蘇秦為趙合從說楚威王

【題　解】蘇秦遊說楚威王，縱論天下形勢，分析楚國的利害得失，勸楚威王「從親以孤秦」，不聽連橫者的話，及時做出決定，以免後悔。楚威王聽後，同意參加合縱的行列。

蘇秦為趙合從，說楚威王❶曰：「楚，天下之強國也。大王，天下之賢王也。楚地西有黔中❷、巫郡❸，東有夏州❹、海陽❺，南有洞庭❻、蒼梧❼，北有汾陘之塞❽、郇陽❾。地方五千里，帶甲百萬，車千乘，騎萬匹，粟支十年，此霸王之資也。夫以楚之強與大王之賢，天下莫能當也。今乃欲西面而事秦，則諸侯莫不南❿面而朝於章臺⓫之下矣。秦之所害，於天下莫如楚，楚強則秦弱，楚弱則秦強，此其勢不兩立。故為王至⓬計，莫如從親以孤秦。大王不從親，秦必起兩軍：一軍出武關⓭，一軍下黔中。若此，則鄢⓮、郢⓯動矣。臣聞治之其未亂，為之其未有也，患至而後憂之，則無及已⓰。願大王早計之。大王誠能聽臣，臣請令山東之國⓱，奉四時之獻⓲，以承大王之明制⓳，委社稷宗廟⓴，練士厲兵㉑，在大王之所用之。大王誠能聽臣之愚計，則韓、魏、齊、燕、趙、衛之妙音美人，必充後宮㉒矣。趙、代㉓良馬橐他㉔，必實於外廄。故從合則楚王，橫成則秦帝。今釋霸王之業，而有事人之名，臣竊為大王不取也。夫秦，虎狼之國也，有吞天下之心。秦，天下之仇讎也，橫人㉕皆欲割諸侯之地以事秦，此所謂養仇而奉讎者也。夫為人臣而割其主之地，以外交強虎狼之秦，以侵天下，卒有秦患，不顧其禍。夫外挾強秦之威，以內劫其主，以求割地，大逆不忠，無過此者。故從親，則諸侯割地以事楚；橫合，則楚割地以事秦。此兩策者，相去遠矣，有億兆之數。兩者大王何居焉？故弊邑㉖趙王㉗，使臣効㉘愚計，奉明約，在大王命之。」

【章旨】蘇秦說楚有霸王之資，不可西面事秦。秦、楚勢不兩立，合縱以孤立秦國，才對楚國有利。

【注釋】❶楚威王　楚懷王的父親，西元前三三九至前三二九年在位。❷黔中　地名，舊城在今湖南沅陵西。❸巫郡　楚地，舊城在今四川巫山東。❹夏州　楚地，春秋時楚莊王平定陳國的夏徵舒之亂，從陳國每鄉取一個人聚居在這裡，叫做夏州。在今湖北漢陽北。❺海陽　地名，在今江蘇泰州。❻洞庭　即洞庭湖，在今湖南岳陽西南。❼蒼梧　山名，又叫九疑山，在今湖南寧遠境內。❽汾陘之塞　當依《史記・蘇秦列傳》作「陘塞」，即陘山之塞。陘山，在今河南新鄭西南。塞，要塞。❾郇陽　疑即洵陽，在今陝西南部。❿南　當據《史記・蘇秦列傳》作「西」。⓫章臺　秦宮內供秦王玩樂的臺觀。⓬王至　《史記・蘇秦列傳》「王至」作「大王」。至，是衍文，當刪。⓭武關　秦國的南關，在今陝西商縣東。⓮鄢　楚地，在今湖北宜城。⓯郢　楚都，在今湖北江陵郊區。⓰已　句末語氣詞。⓱山東之國　指函谷關、殽山以東的國家。⓲四時之獻　四季的獻禮。四時，四季。獻，貢獻品。⓳制　帝王的命令。⓴委社稷宗廟　意思是把國家交給楚國。委，委託。社稷宗廟，是國家的象徵。㉑厲兵　磨礪兵器。厲，同「礪」。磨。兵，兵器。㉒充後宮　填滿楚國後宮。充，填塞。後宮，宮女所住的地方。㉓代　古國名，在今河北蔚縣一帶，戰國時被趙國所滅。㉔橐他　又作「橐駝」、「橐它」，獸名，即駱駝。㉕橫人　主張連橫的人。㉖弊邑　即敝邑，敝國。㉗趙王　指趙肅侯。㉘効　同「效」。獻。

【語譯】蘇秦為趙國推行合縱政策，遊說楚威王道：「楚國是天下的強國，大王是天下的賢王。楚國的領土，西邊有黔中、巫郡，東邊有夏州、海陽，南邊有洞庭、蒼梧，北邊有陘山要塞、郇陽。土地方圓五千里，軍隊上百萬，戰車千輛，坐騎萬匹，糧食可以支用十年，這是霸王的資本啊。憑藉楚國的強大和大王的賢能，天下沒有誰能夠抵擋。現在竟然想向西侍奉秦國，那麼天下諸侯就沒有一個不向西朝拜在秦國的章臺之下了。對秦國造成的危害，在天下沒哪國能比得上楚國，楚國強大，秦國就衰弱；楚國衰弱，秦國就強大，這是勢不兩立的局面。所以為大王著想，不如參加合縱的行列和山東諸侯親善來孤立秦國。大王如果不參加合縱的行列和山東諸侯親善，秦國必定會派出兩支部隊：一支從武關出來，一支從黔中下來。如果這樣，那麼楚國的鄢城、郢都就會動搖守不住了。我聽說亂子還沒有出現就要防治，事情還沒有發生就要採取措施，禍患臨頭然後才發愁，就來不及了。希望大王趁早考慮這件事。大王如果真的能聽我的計謀，就請允許我讓山東各國，奉上四季的獻禮，接受大王的命令，把國家交給大王，隨時操練士兵，磨礪兵器，任大王使用。大王如果真的能聽我愚蠢的計謀，那麼韓、魏、齊、燕、趙、衛等國美妙的音樂、漂亮的女子，必定填滿楚國的後宮。趙國、代國的好馬和駱駝，必定充實外面的馬棚。所以合縱實現了，楚國就稱王；連橫成功了，秦國就稱帝。現在放棄霸王的功業，而有侍奉別人的壞名聲，我私自認為大王不應該這樣啊。秦國是個如虎似狼的國家，有併吞天下的野心。秦國是天下的仇敵，主張連橫的人都想割取諸侯的土地來侍奉秦國，這就是所謂的奉養仇敵啊。做臣子的分割自己君主的土地，以求向外結交強似虎狼的秦國，來侵略天下，結果釀成秦患，卻不顧君主的禍害。外面倚仗強秦的威勢，以便在國內劫持他的君主，要求割地，沒有比這更大逆不忠的了。所以合縱親善，諸侯就割地侍奉楚國；連橫成功，楚國就割地侍奉秦國。這兩種政策，相差很遠，簡直遠到要用億兆的數字來計算。這兩種政策，大王選擇哪一種呢？所以我們國家的趙王，派我獻出愚蠢的計策，奉上盟約，結果如何，就在大王的決定了。」

楚王曰：「寡人之國，西與秦接境，秦有舉❶巴蜀❷、并漢中❸之心。秦，虎狼之國，不可親也。而韓、魏迫於秦患，不可與深謀，恐反人以入於秦，故謀未發而國已危矣。寡人自料，以楚當秦，未見勝焉。內與群臣謀，不足恃也。寡人臥不安席，食不甘味，心搖搖如懸旌❹，而無所終薄❺。今君❻欲一天下，安諸侯，存危國，寡人謹奉社稷以從。」

【章　旨】楚威王聽後，坦露了自己內外交困的心情，表示願意參加合縱行列。

【注　釋】❶舉　攻拔。❷巴蜀　在今四川一帶。以後秦惠王真的滅了巴、蜀，建立巴郡和蜀郡。❸漢中　在今陝西南部和湖北西北部及河南西南隅。後來秦惠王真的奪取了楚國的漢中，建立漢中郡。❹懸旌　比喻心神不定。旌，旌旗。❺薄　止。❻君　指蘇秦。

【語　譯】楚威王說：「寡人的國家，西邊與秦國接壤，秦國有攻下巴、蜀和併吞漢中的野心。秦國是如虎似狼的國家，不能親近。而韓國、魏國遭到秦國的迫害，又不可以和它們深謀，恐怕反對這樣做的人把計謀告訴秦國，以致計謀還沒有實行而國家已經危險了。寡人自己料想，以楚國去抵擋秦國，看不到勝利的希望。在國內和群臣商量，又不可靠。寡人睡得不安，吃得無味，心中搖擺不定，就像懸掛著的旌旗一樣，而不知道終將飄到何方。現在你想將天下連在一起，安定諸侯，保存瀕於危亡的國家，寡人恭敬地奉上楚國來跟隨你。」

## 張儀為秦破從連橫

【題　解】張儀遊說楚王，從各方面說明合縱對楚國不利，要楚國和秦國友好。楚王聽從了張儀的遊說。

張儀為秦破從連橫，說楚王❶曰：「秦地半天下，兵敵四國❷，被山帶河❸，四塞❹以為固。虎賁❺之士百餘萬，車千乘，騎萬疋，粟如丘山。法令既明，士卒安難樂死❻。主嚴以明，將知❼以武。雖無出兵甲，席卷常山❽之險，折天下之脊，天下後服者先亡。且夫為從者，無以異於驅群羊而攻猛虎也。夫虎之與羊，不格❾明矣。今大王不與❿猛虎而與群羊，竊以為大王之計過矣。

【章　旨】秦國強大無比，合縱反秦等於是驅羊群攻猛虎。

【注　釋】❶楚王　指楚懷王。❷四國　四方之國，指各諸侯國。❸被山帶河　以殽山當被子，以黃河作衣帶。比喻秦國處於有利的地形。❹四塞　四方險要。❺虎賁　古代勇士。❻安難樂死　安於危難，樂於戰死。❼知　通「智」。機智。❽常山　即恆山，因避漢文帝劉恆諱改為常山，在今河北曲陽西北，和太行山相連。❾格　抗拒。❿與　助。下同。

【語　譯】張儀為秦國破壞合縱、推行連橫的政策，遊說楚王道：「秦國的土地占了天下的一半，兵力可以抗拒四方的國家，用殽山當被子，用黃河作衣帶，四面險要，邊防牢固。像虎賁那樣的勇士有一百多萬，戰車千輛，坐騎萬匹，糧食堆積如山。法令已經嚴明，士卒不怕危難和死亡。君主威嚴而且明智，將軍機智而且勇武。即使不出兵像捲席子一樣剷除常山險塞，折斷天下的脊梁，那天下諸侯後歸服它的也要先被滅亡。再說合縱，那和驅趕羊群去進攻猛虎沒有什麼區別。老虎對羊來說，是不能對抗的，那是最明顯不過了。現在大王不幫助猛虎，卻去幫助羊群，我私自認為大王的計謀是錯了。

「凡❶天下強國，非秦而楚，非楚而秦。兩國敵侔❷交爭，其勢不兩立。而大王不與秦，秦下甲兵，據宜陽❸，韓之上地不通；下河東❹，取成皋❺，韓必入臣於秦。韓入臣，魏則從風而動。秦攻楚之西，韓、魏攻其北，社稷豈得無危哉？

且夫約從者，聚群弱而攻至強也。夫以弱攻強，不料敵而輕戰，國貧而驟舉兵，此危亡之術也。臣聞之，兵不如者，勿與挑戰；粟不如者，勿與持久。夫從人者，飾辯虛辭❻，高❼主之節行，言其利而不言其害，卒有楚❽禍，無及為已，是故願大王之熟計之也。

【章　旨】楚國參與合縱，必將引起秦禍危及國家，後悔莫及。

【注　釋】❶凡　表示總括的意思。❷侔　相等。❸宜陽　韓邑，在今河南西部。❹河東　黃河以東，在今山西西南部。❺成皋　韓地名，在今河南滎陽汜水鎮西。❻虛辭　據《文選・報任少卿書》李善注當作「曼辭」，即美辭。❼高　作動詞用，抬高的意思。❽楚　依曾鞏本及《史記・張儀列傳》當作「秦」。

【語　譯】「總之，天下的強國，不是秦國便是楚國，不是楚國便是秦國。兩國勢均力敵，互相爭鬥，勢不兩立。大王不幫助秦國，秦國便要出兵，占據宜陽，那麼韓國上方的土地便交通斷絕；出兵黃河以東，奪取成皋，韓國就必定會到秦國去稱臣。韓國向秦國稱臣，魏國便會聞風而動，也倒向秦國。這樣秦國進攻楚國的西邊，韓國、魏國進攻楚國的北邊，國家怎麼能夠不危險呢？再說合縱，是聚集一夥弱小國家去進攻最強國家。用弱小的國家去進攻強大的國家，不估量敵人的力量就輕易作戰，國家貧弱而突然發動戰爭，這是使國家危亡的做法啊。我聽說，兵力比不上別國，就不要向別國挑戰；糧食沒有別國多，就不要和別國打持久戰。那些主張合縱的人，花言巧語，美辭動聽，故意抬高君主的氣節和德行，說合縱的好處而不說合縱的害處，結果釀成秦禍，來不及挽救，因此希望大王仔細考慮啊。

「秦西有巴蜀，方船❶積粟，起於汶山❷，循江而下，至郢三千餘里。舫船❸

載卒，一舫載五十人，與三月之糧，下水而浮，一日行三百餘里；里數雖多，不費馬汗❹之勞，不至十日而距❺扞關❻；扞關驚，則從竟陵❼已❽東，盡城守矣，黔中❾、巫郡❿非王之有已。秦舉甲出之武關⓫，南面而攻，則北地⓬絕。秦兵之攻楚也，危難在三月之內；而楚恃諸侯之救，在半歲之外，此其勢不相及也。夫恃弱國之救，而忘強秦之禍，此臣之所以為大王之患也。且大王嘗與吳人五戰⓭三勝而亡之，陳⓮卒盡矣；有⓯偏守新城⓰而居民苦矣。臣聞之，攻大者易危，而民弊者怨於上。夫守易危之功，而逆強秦之心，臣竊為大王危之。

【章　旨】秦國易於向楚國發動進攻，諸侯來不及救楚，楚國難以防守。

【注　釋】❶方船　並船。❷汶山　即岷山，在今四川北部松潘北。❸舫船　兩船並在一起。❹馬汗　當依鮑本作「汗馬」。❺距　至。❻扞關　亦作「捍關」，古關名，在今湖北長陽西。❼竟陵　楚地名，在今湖北天門西北。❽已　通「以」。❾黔中　楚地，在今湖南沅陵西。❿巫郡　楚地，在今四川巫山東。⓫武關　秦國的南關，在今陝西商縣東。⓬北地　指楚國的北地。⓭嘗與吳人五戰　吳國早已被越王句踐所滅，楚懷王與吳人五戰，史書沒有記載。⓮陳　即「陣」。⓯有　通「又」。⓰新城　當是指在吳、楚之間的新城。

【語　譯】「秦國在西邊占有巴、蜀，並連船隻，積聚糧食，從岷山出發，沿江而下，到郢都有三千多里。並連的船隻載上士卒，一船能載五十人和三個月的糧食，浮水而下，一天行走三百多里。里數雖多，卻可以不費汗馬之勞，不到十天便可到達扞關。扞關驚動，那麼從竟陵以東，所有的地方都要據城防守了，黔中、巫郡也就不歸大王所有啊。秦國再從武關發兵出來，向南進攻，那麼楚國北邊的地方便與南方隔絕。秦國的軍隊進攻楚國，三個月之內就可造成危難；而楚國依靠諸侯救援，時間得在半年之外，這從形勢上看就來不及啊。依靠弱國的救援，卻忘記強大秦國的禍害，這是我之所以為大王操心的原因。再說大王曾經和吳國人交戰五次，打了三次勝仗而將吳國滅掉，戰士幾乎死光了，又偏守新城，而居民也夠苦了。我聽說進攻強大的國家就會造成危險，而民眾疲勞就會埋怨主上。守著容易造成危險的功績，而違背強秦的心願，我私自替大王感到危險。

「且夫秦之所以不出甲於函谷關十五年以攻諸侯❶者，陰謀有吞天下之心也。楚嘗與秦構難，戰於漢中❷。楚人不勝，通侯❸、執珪❹死者七十餘人，遂亡漢中。楚王❺大怒，興師襲秦，戰於藍田❻，又卻❼。此所謂兩虎相搏者也。夫秦、楚相弊❽，而韓、魏以全❾制其後，計無過❿於此者矣，是故願大王熟計之也。

【章旨】歷史證明，秦、楚兩虎相鬥，韓、魏得利。

【注釋】❶不出甲於函谷關句　秦國十五年不出函谷關是策士的誇大之詞，不是事實。❷戰於漢中　楚懷王十七年（西元前三一二年），因受張儀割六百里地之騙，在丹陽與秦國大戰，秦大敗楚，斬楚軍八萬，俘虜楚大將軍屈匄、裨將軍逢侯丑等七十餘人，奪取了楚國的漢中郡。❸通侯　即「徹侯」，因避漢武帝劉徹諱改。徹侯是最高級的爵位。❹執珪　楚國的高級爵位名。將圭賜給功臣，使執圭朝見，故名執圭。❺楚王　張儀不應當面稱懷王為「楚王」，當是後人的追敘語。❻藍田　秦地名，在今陝西藍田西。❼卻　後退。❽弊　敗；受到損害。❾全　完全無損。❿過　錯。

【語譯】「再說秦國所以十五年不從函谷關出兵進攻諸侯，是因為它在暗中謀劃，有兼併天下的野心啊。楚國曾經與秦國結怨，在漢中交戰。楚國沒有戰勝，有通侯、執圭等爵位的人就死了七十多個，於是丟失了漢中。大王大怒，起兵襲擊秦國，在藍田大戰，又被秦國打敗，退了回來。這就是所謂的兩虎相鬥啊。秦國與楚國互相損害，而讓韓國、魏國憑著它們沒有受到損害的有利條件而在事後來制服楚國，沒有比這更錯誤的了，因此希望大王仔細考慮。

「秦下兵攻衛❶陽晉❷，必開扃❸天下之匈❹。大王悉起兵以攻宋，不至數月而宋可舉。舉宋而東指，則泗上❺十二諸侯，盡王之有已。

【章旨】楚國如果和秦國配合，便可取得宋國和泗上十二諸侯國。

【注釋】❶衛　衛國。❷陽晉　在今山東鄆城西，衛地。司馬貞說這裡說的衛、陽晉是天下之胸。❸開扃　打開的意思。扃，從外面關閉門戶的門栓。❹匈　同「胸」。❺泗上　泗水之濱。泗水流經山東西南及江蘇北部，入淮河。

【語譯】「秦國出兵進攻衛國的陽晉，必定像是打開了天下的胸部。大王便派出全部軍隊去進攻宋國，不到幾個月宋國便可攻下來。攻下宋國再向東進軍，那麼泗水邊上的十二個小諸侯國，便全部歸大王所有了。

「凡天下所信約從親堅者蘇秦，封為武安君而相燕，即陰與燕王謀破齊共分其地。乃佯有罪，出走入齊❶，齊王❷因受而相之。居二年而覺，齊王大怒，車裂蘇秦於市❸。夫以一詐偽反覆之蘇秦，而欲經營天下、混一諸侯，其不可成也亦明矣。

【章　旨】主張合縱的蘇秦已被車裂，合縱不可能成功是明顯的。

【注　釋】❶出走入齊　據《史記・蘇秦列傳》，蘇秦做燕相時，有人說他是「左右賣國反覆之臣也，將作亂」，而他又與燕易王的母親私通，害怕被誅，便假裝得罪了燕國逃到了齊國，做了客卿。❷齊王　指齊閔王。❸車裂蘇秦於市　據《史記・蘇秦列傳》，蘇秦到齊後，為了燕國便勸說齊閔王厚葬，修建高的宮室，擴大苑囿，以使齊國浪費財力。齊國大夫與蘇秦爭寵，便派人刺殺蘇秦，蘇秦受了重傷，但沒有當場死去。凶手跑掉了。蘇秦死前對齊閔王說：我快要死了，請將我車裂，並說我替燕國在齊國作亂，這樣就可抓到凶手。結果齊閔王便車裂了蘇秦，真的抓到了刺殺蘇秦的凶手。和這裡的記載有出入。

【語　譯】「大凡天下主張信守盟約、合縱親善的人中，最堅決的是蘇秦，他被趙國封為武安君，而做了燕國的相，便暗中與燕王商量打敗齊國，共分它的土地。於是便假裝有罪，從燕國逃走，進入齊國，齊閔王因而接受了他，還讓他做了相國。過了兩年，發覺了蘇秦的陰謀，齊閔王很惱火，便在市場上車裂了蘇秦。靠一個詐騙虛偽、反覆無常的蘇秦，而想經營天下、統一諸侯，那不可能成功也就明顯了。

「今秦之與楚也，接境壤界，固形親之國也。大王誠能聽臣，臣請秦太子入質於楚，楚太子入質於秦，請以秦女為大王箕箒之妾❶，効❷萬家之都，以為湯沐之邑❸，長為昆弟之國，終身無相攻擊。臣以為計無便於此者。故敝邑秦王❹，使使臣獻書❺大王之從車下風❻，須❼以決事。」

【章　旨】以交換人質為條件，娶秦女、得秦地為誘餌，勸說楚王與秦國連橫。

【注　釋】❶箕箒之妾　即妻妾。箕箒是掃除用的工具，妻妾管灑掃之事，故稱箕箒之妾。❷効　同「效」。獻。❸湯沐之邑　古代設有湯沐邑，用該邑賦稅供方伯沐浴之用。❹秦王　指秦惠王。❺書　指國書。❻從車下風　這是表示客氣的話，和「執事」、「左右」、「足下」一類詞用法相同。從車，隨從車輛。下風，風向的下方。❼須　待。

【語　譯】「現在秦國與楚國邊界相連，從地形上看，本來就是親近的國家啊。大王如果能聽從我的建議，就請允許我讓秦國的太子到楚國做人質，楚國的太子到秦國做人質，還請允許我用秦國的女子做大王的箕箒之妾，並且獻上有一萬戶人口的都邑作為大王的湯沐邑，長久結為兄弟之國，一輩子不互相攻擊。我認為沒有什麼計策比這更為有利。所以敝國的秦王派遣我做使者獻上國書給大王的隨從人員，等待大王決定這件事。」

楚王曰：「楚國僻陋，託東海之上。寡人年幼❶，不習❷國家之長計。今上客幸教以明制❸，寡人聞之，敬以國從。」乃遣使車百乘，獻雞駭之犀❹、夜光之璧❺於秦王。

【章　旨】楚王聽後，同意和秦國友好。

【注　釋】❶年幼　據《史記．楚世家》張儀說楚時，懷王已在位十八年，不應當是年幼，當是後人追記有誤。❷習　通曉；熟悉。❸制　帝王的命令。❹雞駭之犀　當作「駭雞之犀」。據《抱朴子．內篇．登涉》，有種名叫通天犀的犀牛，用牠的角盛米放在雞群中，雞想啄其中的米吃，走到離這隻犀牛角幾寸遠的地方，便驚恐後退，所以南方人稱牠為駭雞犀。❺夜光之璧　寶玉名，相傳出於古時西域大秦國。

【語　譯】楚王說：「我們楚國偏僻粗陋，託身在東海之濱。寡人年幼，不通曉國家的長久之計。現在幸虧尊貴的客人用秦王的命令教導我，寡人聽了以後，願意恭敬地用整個國家來跟隨你。」於是派遣使者，用車一百輛，將駭雞犀和夜光璧獻給秦王。

# 張儀相秦

【題　解】楚國的昭雎出使秦國，張儀聲稱以楚國驅逐昭雎、陳軫為條件，秦國便將它侵占的楚地歸還楚國。有人向昭雎揭穿了張儀這一陰謀。

張儀相秦，謂昭雎❶曰：「楚無鄢❷、郢❸、漢中❹，有所更得乎？」曰：「無有。」曰：「無昭雎、陳軫❺，有所更得乎？」曰：「無所更得。」張儀曰：「為儀謂楚王逐昭雎、陳軫，請復鄢、郢、漢中。」昭雎歸報楚王，楚王說之。

【章　旨】昭雎出使秦國，秦相張儀要昭雎轉告楚王，楚國驅逐昭雎、陳軫兩人，秦國就將鄢、郢、漢中歸還給楚國。楚王聽了感到高興。

【注　釋】❶昭雎　楚臣，主張聯齊抗秦。❷鄢　楚地，在今湖北宜城。❸郢　楚都，在今湖北江陵郊區。秦攻下鄢、郢，事在楚頃襄王二十一年（西元前二七八年）。❹漢中　本為楚地，楚懷王十七年（西元前三一二年）被秦國侵占。❺陳軫　遊說之士，事秦惠王，因遭張儀排斥，投奔楚國。

【語　譯】張儀做秦國的丞相，對楚臣昭雎說：「楚國沒有了鄢、郢和漢中，有辦法再得到它們嗎？」昭雎說：「沒有。」張儀說：「楚國沒有了昭雎、陳軫，有辦法再得到他們嗎？」昭雎說：「沒有辦法再得到。」張儀說：「替我張儀告訴楚王：驅逐昭雎、陳軫，就歸還鄢、郢和漢中。」昭雎回到楚國報告楚王，楚王感到高興。

有人謂昭睢曰：「甚矣，楚王不察於爭名者也。韓求相工陳籍❶而周不聽；魏求相綦母恢❷而周不聽，何以也？周是❸列縣❹畜我❺也。今楚，萬乘之強國也；大王，天下之賢主也。今儀曰逐君與陳軫而王聽之，是楚自行不如周，而儀重於韓、魏之王也。且儀之所行，有功名者秦也❻，所欲貴富者魏也❼。欲為攻❽於魏，必南伐楚。故攻有道❾，外絕其交❿，內逐其謀臣。陳軫，夏⓫人也，習於三晉⓬之事，故逐之，則楚無謀臣矣。今君能用楚之眾，故亦逐之，則楚眾不用矣。此所謂內攻之者也，而王不知察。今君何不見臣⓭於王，請為王使齊交不絕。齊交不絕，儀聞之，其效⓮鄢、郢、漢中必緩矣。是昭睢之言⓯不信也，王必薄之⓰。」

【章旨】有人向昭睢揭穿張儀上述行為的陰謀所在，並要求見楚王以使齊、楚保持友好關係。

【注釋】❶工陳籍 〈東周策〉作「工師藉」，周臣。❷綦母恢 周臣。❸周是 當從姚宏本注「一作『周曰：是』」。❹列縣 各縣；一般的縣。❺畜我 對待我。鮑彪注：「待我如縣吏。」❻有功名者秦也 指張儀想在秦建立功名。❼所欲貴富者魏也 指張儀想在魏取得富貴。張儀曾任魏相。❽攻 通「功」。功勞。❾道 辦法。❿交 盟國；友好的國家。⓫夏 華夏。舊稱中國為夏。中國指中原地區。⓬三晉 韓、趙、魏三國。⓭見臣 使我進見。見，使見。⓮效 獻，在這裡是歸還的意思，即上文所說的「復」。⓯昭睢之言 疑是指張儀通過昭睢告訴楚王的話。即上文「為儀謂逐昭睢、陳軫，請復鄢、郢、漢中」等語。⓰之 指代張儀。

【語譯】有人對昭睢說：「楚王不懂得爭名，竟然到了這樣厲害的程度呀！韓國要求周國用工師籍做相，周國不聽；魏國要求周國用綦母恢做相，周國不聽，什麼原因呢？周國說這是把我們周國當成它們一般的縣啊。

現在楚國是能出一萬輛兵車的強國，楚王是天下的賢明君主。現在張儀說要楚國驅逐你和陳軫，而楚王卻聽從他，這是楚國自己認為自己比不上周國，而張儀比韓國、魏國的君王還顯得貴重啊。再說張儀這樣做，是想在秦國取得功名，在魏國取得富貴。他想有功於魏國，必定要向南進攻楚國。要進攻別國，那是有辦法的，就是外面要使它和盟國絕交，裡面要使它驅逐謀臣。陳軫是華夏人，熟悉韓、趙、魏三國的事，所以驅逐他，楚國就沒有謀臣了。現在你能指揮楚國的民眾，所以也把你驅逐，那麼楚國民眾就無人指揮了。這就是所謂的從內部進攻啊！而楚王卻不知道。現在你為何不讓我去見楚王，請允許我為了楚王使齊國不和楚國絕交。齊國不和楚國絕交，張儀知道了，必定會延期歸還鄢、郢和漢中。這樣張儀託你昭睢轉告楚王的話就不能兌現，楚王必定會看不起張儀。」

## 威王問於莫敖子華

【題解】莫敖子華告訴楚威王，楚國有優良的愛國傳統，出現過五類不同的憂國者，即使在現在也不例外。

威王❶問於莫敖❷子華曰：「自從先君文王❸以至不穀❹之身，亦有不為爵勸，不為祿勉，以憂社稷者乎？」莫敖子華對曰：「如華不足知之矣。」王曰：「不於❺大夫❻，無所聞之。」莫敖子華對曰：「君王將何問者也？彼有廉❼其爵，貧其身，以憂社稷者；有崇❽其爵，豐其祿，以憂社稷者；有斷脰❾決腹❿，壹瞑而萬世⓫不視，不知所益⓬，以憂社稷者；有勞其身，愁其志，以憂社稷者；亦有不為爵勸，不為祿勉，以憂社稷者。」王曰：「大夫此言，將何謂也？」

【章　旨】莫敖子華說，楚國歷史上有五種不同類型的憂國者。

【注　釋】❶威王　指楚威王熊商，是楚懷王的父親。❷莫敖　楚官名，地位次於令尹。❸文王　指楚文王熊貲，春秋時人，從他開始，楚國在郢建都。❹不穀　諸侯對自己的謙稱，這裡是楚威王的自稱。❺於　在這裡有「從」的意思。❻大夫　指莫敖子華。❼廉　不苟取。❽崇　高。❾斷脰　割斷脖子。脰，頸項。❿決腹　剖腹。⓫萬世　永世。⓬益　利益，對自己而言。

【語　譯】楚威王問莫敖子華說：「從先代君主文王一直到寡人，在這段時間內，也有不是為了爵位的鼓勵，不是為了俸祿的勸勉，來為國家擔憂的人嗎？」莫敖子華回答說：「像我子華這樣的人不能夠知道這樣的事。」楚威王說：「不從大夫那裡，我是無從知道的。」莫敖子華回答說：「君王將要問哪類憂國者啊？他們有不苟取爵位，終身貧窮，來為國擔憂的；有爵位崇高，俸祿豐厚，來為國擔憂的；有斷頭剖腹，一閉眼就永世不睜開來一望，不知道對自己有什麼利益，來為國擔憂的；有勞其身體，愁其心志，來為國擔憂的；也有不是為了爵位的鼓勵，不是為了俸祿的勸勉，來為國擔憂的。」楚威王說：「大夫這話，說的是哪些人呢？」

莫敖子華對曰：「昔令尹❶子文❷，緇帛❸之衣以朝，鹿裘❹以處；未明而立於朝，日晦而歸食；朝不謀夕，無一月❺之積。故彼廉其爵，貧其身，以憂社稷者，令尹子文是也。

【章　旨】莫敖子華說，令尹子文是第一類憂國者。

【注　釋】❶令尹　楚官名，相當於別國的相。❷子文　即鬬穀於菟，春秋時人，楚成王八年（西元前六六四年）開始做楚國的令尹。❸緇帛　黑色的帛。❹鹿裘　鹿皮衣。❺一月　當作「一日」。《國語・楚語下》記載「鬬子文三舍（去）令尹，無一日之積」。楚成王聽說子文「朝不及夕」，便派人每天早上給他送去一束乾肉和一筐子冷粥。

【語　譯】莫敖子華回答說：「過去令尹子文穿黑色的衣服上朝，在家用鹿皮裹身；不到天亮就站在朝廷上，天黑了才回去吃飯；早上吃了不知道晚上吃什麼，沒有夠上一天吃的食品。所以那不苟取爵位，終身貧窮，來為國擔憂的，就是令尹子文這個人啊。

「昔者葉公子高❶，身獲於表薄❷，而財於柱國❸；定白公之禍❹，寧❺楚國之事；恢❻先君以揜❼方城❽之外，四封❾不侵，名不挫於諸侯。當此之時也，天下莫敢以兵南鄉❿。葉公子高，食田⓫六百畛⓬。故彼崇其爵，豐其祿，以憂社稷者，葉公子高是也。

【章　旨】葉公子高是第二類憂國者。

【注　釋】❶葉公子高　是楚國的左司馬沈尹戌的兒子，名諸梁，字子高，食邑於葉，所以叫葉公。葉，楚邑，在今河南葉縣。❷表薄　野外林薄之中。據《左傳》哀公十六年記載，白公勝作亂時，葉公子高不在楚都，而在蔡地。「表薄」可能就是指此而言。表，野外。薄，林薄，草木叢生的地方。❸財於柱國　《淮南子・道應》記載，葉公子高進入楚都以後，先是散發國庫的財貨給民眾，然後才擒住白公勝。財，作動詞用，散發財貨。柱國，國都。〈齊策三〉：「鄢郢者，楚之柱國也。」❹定白公之禍　白公是指春秋晚期楚國的白公勝，是楚平王的太子建的兒子。太子建因遭費無忌讒言出逃鄭國，被鄭國所殺，勝被迫出奔到吳國。楚平王的孫子楚惠王將勝從吳國召回來，在邊境上做了白公。白公勝為了報仇要求楚國的令尹子西出兵打鄭國，子西不肯出兵，白公勝便起來作亂，殺死子西，劫持楚惠王，自立為王。葉公子高在蔡起兵，進入郢都，平定白公勝之亂，白公勝逃到山上自縊而死。❺寧　安定。❻恢　恢弘；弘揚。❼掩　覆取；奪取。❽方城　春秋時楚國所築的長城，在楚國的北邊，從現在的河南方城北起到泌陽東北。❾四封　四方的疆界。❿南鄉　即南向。鄉，同「向」。⓫食田　俸祿之田，以所封之田的賦稅作為俸祿。⓬六百畛　六千戶人家所耕種的土地。畛，本是田間道路，在這裡是指田地的數量單位。據《周禮・地官・遂人》：「十夫有溝，溝上有畛。」鄭玄說：「十夫，二鄰之田。」一鄰有五家，一畛就等於十家所耕種的田。

【語　譯】「過去葉公子高從外面林薄之中起兵進入郢都，散發財貨給民眾，平定白公勝的叛亂，安定楚國，弘揚先代君主的功業，取得方城以外的地方，使得四方疆界沒遭到侵犯，楚國的名望沒敗給諸侯。當這個時候，天下沒有誰敢向南進軍。葉公子高用作俸祿的田地達到了六百畛。所以那爵位崇高，俸祿豐厚，來為國家擔憂的，就是葉公子高這個人啊。

「昔者吳與楚戰於柏舉❶，兩御❷之間夫卒交❸。莫敖大心❹撫其御之手，顧而大息❺曰：『嗟乎子乎，楚國亡之月❻至矣！吾將深入吳軍，若❼扑❽一人，若捽❾一人，以與❿大心者也，社稷其為庶幾⓫乎？』故斷脰決腹，壹瞑而萬世不視，不知所益，以憂社稷者，莫敖大心是也。

【章　旨】莫敖大心是第三類憂國者。

【注　釋】❶柏舉　楚地名，在今湖北麻城境內。楚昭王十年（西元前五〇六年），吳國在柏舉大敗楚軍。❷兩御　鮑彪本作「兩軍」。❸夫卒交　士卒交戰。❹大心　身世不詳。《左傳》昭公二十年記載楚國有一監馬尹大心，未知是否一人。❺大息　歎息。❻月　當從姚宏本注作「日」。❼若　你。❽扑　打擊。❾捽　揪住頭髮。❿與　助。⓫庶幾　大概；或許。表示推測的語氣。

【語　譯】「過去吳國與楚國在柏舉作戰，兩軍之間，士卒交鋒。莫敖大心撫摸著他車夫的手，望著他歎息說：『唉呀，你呀！楚國滅亡的日子到了！我將要深入到吳軍中去，你打倒一人，你揪住一人，幫助幫助我大心啊，國家或許還有點希望吧？』所以斷頭剖腹，一閉眼就永世不睜開來一望，不知道對自己有什麼利益，來為國家擔憂的，就是莫敖大心這個人啊。

「昔吳與楚戰於柏舉，三戰入郢。寡君❶身出，大夫悉屬❷，百姓離散。棼冒勃蘇❸曰：『吾被堅執銳，赴強敵而死，此猶一卒也，不若奔諸侯。』於是贏糧❹潛行，上崢山❺，踰深谿，蹠穿❻膝暴❼，七日而薄❽秦王❾之朝。雀立❿不轉⓫，晝吟宵哭。七日不得告。水漿無入口，瘨⓬而殫⓭悶⓮，旄⓯不知人。秦王聞而走⓰之，冠帶不相及，左奉其首，右濡⓱其口，勃蘇乃蘇⓲。秦王身問之：『子孰誰也？』棼冒勃蘇對曰：『臣非異⓳，楚使新造盩⓴棼冒勃蘇。吳與楚人戰於柏舉，三戰入郢。寡君身出，大夫悉屬，百姓離散。使下臣來告亡，且求救。』秦王顧令不㉑起：『寡人聞之，萬乘之君，得罪一士，社稷其危，今此之謂也。』遂出革車㉒千乘，卒萬人，屬㉓之子滿㉔與子虎，下塞以東，與吳人戰於濁水㉕而大敗之，亦聞於遂浦㉖。故勞其身，愁其思，以憂社稷者，棼冒勃蘇是也。

【章　旨】棼冒勃蘇（申包胥）是第四類憂國者。

【注　釋】❶寡君　依王念孫說當作「君王」（見《讀書雜志・戰國策・第二》），指楚昭王。❷屬　隨從。❸棼冒勃蘇　即申包胥。❹贏糧　背著糧食。❺崢山　高山。❻蹠穿　腳掌磨破了。❼暴　露。❽薄　至。❾秦王　指秦哀公。❿雀立　依王引之說當作「隺立」。即「鶴立」，竦身而立（見《讀書雜志・戰國策・第二》）。⓫轉　動。⓬瞑　暈倒。⓭殫　通「癉」。因勞致病。⓮悶　沒有知覺的樣子。⓯旄　通「眊」。視覺不明；昏迷。⓰走　快步前往。⓱濡　潤溼。⓲蘇　甦醒。⓳異　別人。⓴盩　當作「盭」，罪（用吳師道說）。㉑不　當從鮑彪本作「之」。㉒革車　兵車。㉓屬　通「囑」。託付。㉔子滿　《左傳》定公五年作「子蒲」。㉕濁水　據《水經注・卷三十一》「濁水東流注于淯，淯水又南逕鄧塞東」，可知濁水當在今河南鄧縣境內。㉖遂浦　楚地名。

【語　譯】「過去吳國與楚國在柏舉作戰，經過多次戰鬥，吳軍進入郢都。昭王出奔，大夫全都跟著他逃亡，百姓妻離子散，四處避難。棼冒勃蘇說：『我披上堅甲，拿著銳利的兵器，奔赴強敵，戰死沙場，這就和一個小卒一樣啊，不如奔向諸侯那裡求救。』於是背上口糧，暗中出發，上高山，越深溝，腳掌磨破皮，膝蓋暴露在外，走了七天，到了秦哀公的朝廷上。像隻白鶴那樣竦立在那裡，一動也不動，白天苦吟，晚上痛哭。經過七天還不能上告。一滴水漿也沒有入口，餓得暈倒在地，沒有知覺，雙眼發白，不省人事。秦哀公知道了，來不及戴上禮帽，繫上腰帶，便快步走來，左手扶著棼冒勃蘇的頭，右手將水灌進他的口裡，棼冒勃蘇才甦醒過來。秦哀公親自問他：『你是誰呀？』棼冒勃蘇回答說：『我不是別人，是楚國的使者，剛到這裡的罪臣棼冒勃蘇。吳國和楚國在柏舉作戰，經過多次戰鬥，吳軍進入了郢都。我國的君主出奔，大夫全都跟著他逃亡，百姓妻離子散，四處避難。派我來這裡告訴大王楚國將要滅亡了，同時請求救援。』秦哀公便讓他起來，並且說：『寡人聽說，能派出一萬輛兵車的君主，得罪了一個士，國家就危險，說的就是今天這種情況啊。』於是便派出兵車一千輛，士卒一萬人，全歸子滿和子虎指揮，出邊塞向東進軍，和吳軍在濁水交戰，大敗吳軍。又聽說是在遂浦打敗吳軍。所以勞其身體，愁其心志，來為國家擔憂的，就是棼冒勃蘇這個人啊。

「吳與楚戰於柏舉，三戰入郢。君王身出，大夫悉屬，百姓離散。蒙穀❶給鬪❷於宮唐❸之上，舍鬪奔郢曰：『若有孤❹，楚國社稷其庶幾乎？』遂入大❺宮，負雞次之典❻以浮於江，逃於雲夢之中。昭王反❼郢，五官❽失法，百姓昏亂。蒙穀獻典，五官得法，而百姓大治。此蒙穀之功，多與存國相若，封之執圭❾，田百六畛。蒙穀怒曰：『穀非人臣，社稷之臣，苟社稷血食❿，餘豈悉⓫無君乎？』遂自棄於磨山⓬之中，至今無冒⓭。故不為爵勸，不為祿勉，以憂社稷者，蒙穀是也。」

【章旨】蒙穀是第五類憂國者。

【注釋】❶蒙穀　楚將。❷給鬪　當依鮑彪本作「結鬪」。互相戰鬥。結，交。鬪，俗「鬥」字。❸宮唐　宮庭。《後漢書·班固傳》注引《音義》：「唐，庭也。」即堂外地。❹孤　孤子。當時人們不知昭王死活，認為如能留有他的孤子，楚國即可不亡。❺大　曾鞏本無「大」字。❻雞次之典　當依姚宏注作「離次之典」，離散失其編次的法典。❼反　同「返」。❽五官　周代的五官為司徒、宗伯、司馬、司寇、司空。❾執圭　爵位名，君主將圭賜給功臣，使執圭朝見，故稱執圭。❿血食　祭祀不絕。古代祭祀要殺牲口做祭品，所以稱受祭祀為血食。社稷本是土地神和穀神，是國家政權的象徵。社稷受到祭祀，就表示國家沒有滅亡。⓫餘豈悉　當依姚宏注作「余豈患」。⓬磨山　鮑彪注說伍子胥建有磨城，大概是因磨山而得名。磨城在今湖北當陽境內。又今湖北武漢東湖旁有磨山，但沒有聽說和蒙穀事有聯繫。⓭無冒　依王引之說當作「無胄」，即沒有後代。

【語譯】「吳國與楚國在柏舉作戰，經過多次戰鬥，吳軍進入了郢都。昭王出奔，大夫全都跟著他逃亡，百姓妻離子散，四處避難。蒙穀在宮外路上和吳軍戰鬥。他決定放棄戰鬥，跑進郢都。他說：『如果昭王留下有孤兒，楚國或許還不會滅亡吧？』於是便進入宮裡，背上散亂的法典，浮舟在長江上，逃到雲夢澤裡。後來昭王回到郢都，司徒、宗伯、司馬、司寇、司空等五官失去了法典，無從執法，百姓糊裡糊塗，動亂不安。這時蒙穀獻出法典，五官得到了，將百姓治理得很好。這個蒙穀的功勞，多得和保存了國家的人不相上下，昭王便封給他執圭爵位，和六千戶人家所耕種的土地。蒙穀發怒道：『我蒙穀不是某個人的臣子，而是國家的臣子，只要國家不滅亡，我難道還操心沒有君主嗎？』於是自己逃到磨山中，到現在也沒有見到他有後代。所以不是為了爵位的鼓勵，不是為了俸祿的勸勉，來為國家擔憂的，就是蒙穀這個人啊。」

王乃大息曰：「此古之人也。今之人，焉能有之耶？」莫敖子華對曰：「昔者先君靈王❶好小要❷，楚士約食，馮❸而能立，式❹而能起。食之可欲，忍而不入；死之可惡，然而不避。章❺聞之，其君好發❻者，其臣抉拾❼。君王直❽不好，若君王誠好賢，此五臣者，皆可得而致之。」

【章旨】如果君主提倡愛國，現在也可以得到這五類憂國者。

【注釋】❶靈王　指春秋時的楚靈王，名圍，是楚共王的兒子。❷要　即「腰」字。❸馮　靠。❹式　通「軾」。車前橫木。憑靠車軾，表示敬意，所以「式」也是依靠的意思。❺章　是子華的名。❻發　射箭。❼抉拾　古代射箭用的器具。抉用骨頭製成，戴在右手大拇指上，用來鉤弦。拾是用皮製成的護臂。❽直　只。

【語譯】楚威王於是歎息說：「這是古代的人啊。現在的人，怎麼能有這樣的呢？」莫敖子華回答說：「過去先代君主靈王喜愛小腰，楚國的士便節食，以致要憑藉別的東西才能站立，依靠車軾才能起來。飲食是人的本能欲望，可是卻忍著不吃；死亡是可怕的，可是卻不避免。我聽說君主喜愛射箭，他的臣子就喜愛射箭的用具。只是大王不喜愛罷了，如果大王真的喜愛賢臣，這五種不同類型的臣子，都可以得到。」

# 卷一五　楚策二

## 魏相翟強死

【題解】魏國的相翟強死了，有人勸楚王約齊國一起請求魏國用甘茂做相。如果魏國不聽從，就會和齊國弄壞關係；聽從了，也會和秦國弄壞關係。這都對楚國有利。

魏相翟強❶死。為甘茂❷謂楚王❸曰：「魏之幾❹相者，公子勁❺也。勁也相魏，魏、秦之交必善。秦、魏之交完，則楚輕矣。故王不如與齊約，相甘茂於魏。齊王❻好高人以名，今為其行人❼請魏之相，齊必喜。魏氏不聽，交惡於齊；齊、魏之交惡，必爭事楚。魏氏聽，甘茂與樗里疾❽，貿首之讎❾也；而魏、秦之交必惡，又交重楚也。」

【注釋】❶翟強　魏國貴臣，親楚。❷甘茂　下蔡人，曾任秦武王左丞相。秦昭王時，因受向壽、公孫奭讒言，逃到齊國。齊國曾派甘茂出使楚國。❸楚王　指楚懷王。❹幾　幾乎；差一點。❺公子勁　秦人。❻齊王　指齊閔王。❼行人　使者，指甘茂。當時齊閔王派甘茂出使到楚國。❽樗里疾　秦惠王的異母弟。秦武王時，甘茂為左丞相，樗里疾為右丞相。武王死後，昭王時樗里疾越來越受尊重。❾貿首之讎　用腦袋做交易的仇人。

【語譯】魏國的相翟強死了。有人為了甘茂對楚王說：「魏國幾乎就要用公子勁做相。公子勁做了魏國的相，魏國和秦國必定友好。秦國和魏國的關係良好，那麼楚國就要受到輕視了。所以大王不如和齊國約好，送甘茂到魏國去做相。齊王喜歡自己的名望高人一等，現在我們為他派來的使者甘茂請求魏國用他做相，齊國必定高興。魏國不聽，就必定與齊國弄壞關係；齊國和魏國的關係弄壞了，必定爭著侍奉楚國。魏國聽從了，甘茂與樗里疾又是用腦袋做交易的仇人，魏國和秦國的關係就必定弄壞，這樣它們又會互相重視楚國啊。」

## 齊秦約攻楚

【題解】秦國和齊國相約進攻楚國，楚國便派景翠去用土地賄賂齊國。昭雎告訴景翠，秦國由於害怕楚國和齊國聯合，將通過景鯉、蘇厲獻地給楚國，你的事必定會失敗。不如讓楚王派景鯉、蘇厲去秦國，齊國由於害怕楚國和秦國聯合，便會和楚國友好，你的事反而辦成功了。

齊、秦約攻楚，楚令景翠❶以六城賂齊，太子為質。昭雎❷謂景翠曰：「秦恐❸，且因❹景鯉❺、蘇厲❻而效❼地於楚。公出地以取❽齊，鯉與厲且以收地取秦，公事必敗。公不如令王重賂景鯉、蘇厲，使入秦。秦恐❾，必不求地而合於楚。若齊不求，是公與約❿也。」

【注釋】❶景翠　楚將。❷昭睢　楚臣。❸恐　恐楚、齊聯合。❹且因　將通過。❺景鯉　楚懷王的相。據〈秦策四・楚王使景鯉如秦〉，景鯉曾經被秦王扣留，後來又將他放回楚國。❻蘇厲　蘇秦的弟弟。據〈楚策二・術視伐楚〉，他當時在楚國，和秦國的權貴華陽君羋戎暗中有交往。❼效　獻。❽取　爭取；取悅。❾秦恐　據吳師道注當作「齊恐」，恐楚、秦聯合。❿與約　和好相約。

【語譯】齊國與秦國相約進攻楚國，楚國便派景翠用六個城邑賄賂齊國，並且將太子送去作人質。昭睢告訴景翠說：「秦國害怕楚、齊聯盟，將通過景鯉和蘇厲向楚國獻地。你拿出楚國的土地去取悅齊國，景鯉和蘇厲將收進土地來爭取秦國，你的事必定失敗。你不如讓楚王多給景鯉、蘇厲財寶，派他們到秦國去。齊國害怕楚、秦聯盟，一定不會要求得到土地，並且會和楚國聯合。如果齊國不要求得到土地，這樣就是你和齊國訂立和約了。」

## 術視伐楚

【題解】秦國的術視進攻楚國，蘇厲為楚國的昭鼠設謀，要他不要分散兵力去支援昭睢。

術視❶伐楚，楚令昭鼠以十萬軍漢中❷。昭睢勝秦於重丘❸。蘇厲謂宛公❹昭鼠曰：「王❺欲昭睢之乘❻秦也，必分公之兵以益之。秦知公兵之分也，必出漢中。請為公令辛戎❼謂王❽曰：『秦兵且出漢中。』則公之兵全矣。」

【注釋】❶術視　秦人。❷漢中　楚地，在今陝西南部和湖北西北隅及河南西南隅。❸重丘　楚地名，在今河南泌陽東北。❹宛公　楚國的宛縣尹。宛縣在今河南南陽。❺王　指楚懷王。❻乘　戰勝；壓服。❼辛戎　當是「羋戎」之誤，是秦昭王的母親宣太后的弟弟，封為華陽君。❽王　指楚懷王。

【語　譯】秦國的術視進攻楚國，楚國讓昭鼠用十萬軍隊駐紮在漢中。昭雎在重丘戰勝了秦軍。蘇厲對宛縣縣尹昭鼠說：「楚王想讓昭雎壓服秦國，一定要你分一部分兵去增強昭雎的兵力。秦國知道你的兵分了一部分出去，必定出兵漢中。請允許我為你讓芈戎告訴楚王說：『秦兵將出擊漢中。』那麼你的部隊就可以不分出去了。」

## 四國伐楚

【題　解】秦、燕、趙、魏四國聯合進攻楚國，楚國便派昭雎去抵抗秦國，昭雎不想和秦國交戰。桓臧為了昭雎而向楚王建議：秦、楚相攻，有利於燕、趙、魏三國；不如少割地而與秦講和，那就可以平定三國。

四國❶伐楚，楚令昭雎將以距❷秦。楚王欲擊秦，昭侯❸不欲。桓臧❹為昭雎謂楚王曰：「雎戰勝，三國惡楚之強也，恐秦之變而聽楚也，必深攻楚以勁秦❺。秦王❻怒於戰不勝，必悉起而擊楚，是王與秦相罷❼，而以利三國也。戰不勝秦，秦進兵而攻。不如益昭雎之兵，令之示秦必戰。秦王惡與楚相弊而令❽天下，秦可以少割而收害❾也。秦、楚之合，而燕、趙、魏不敢不聽，三國可定也。」

【注　釋】❶四國　指秦、燕、趙、魏四國。❷距　通「拒」。❸昭侯　鮑彪本作「昭雎」。❹桓臧　人名。❺勁秦　指增強秦國攻楚的決心。勁，強。❻秦王　指秦昭王。❼罷　通「疲」。❽令　依黃丕烈《札記》當是「全」字之誤。❾害　依吳師道、黃丕烈說是衍文，當刪去。

【語譯】秦、燕、趙、魏四國進攻楚國，楚國派昭雎領兵去抵抗秦國。楚懷王想攻擊秦國，昭雎不願意。桓臧為了昭雎對楚懷王說：「如果昭雎戰勝了秦國，燕、趙、魏三國討厭楚國的強大，害怕秦國改變立場聽從楚國，一定會深入進攻楚國以增強秦國攻楚的決心。秦昭王因打不贏楚國而惱火，一定調動全部軍隊攻擊楚國，這樣大王和秦國便兩敗俱傷，而有利於燕、趙、魏三國啊。如果昭雎戰不勝秦國，秦國便會進兵攻擊楚國。大王不如增強昭雎的兵力，讓他向秦國暗示必定要大戰一場。秦王討厭和楚國兩敗俱傷，而讓天下諸侯安全無事，這樣就可以通過割讓少量土地以爭取秦國。秦、楚聯合，那麼燕、趙、魏就不敢不聽從，三國也就可以平定啊。」

## 楚懷王拘張儀

【題解】據《史記》記載，張儀為了破壞齊、楚聯盟，答應將商於之地六百里獻給楚國，後來目的達到了，卻自食其言，以致引起秦、楚大戰。過了一年，秦國又想與楚國講和，張儀便再次來到楚國。楚懷王因為受過他的騙而餘怒未消，便拘捕了他，準備將他殺掉。張儀卻買通楚臣靳尚，向懷王的寵姬鄭袖進說花言巧語，再通過鄭袖去勸說懷王，使懷王再次受騙，他又平安地回到了秦國。本篇就是記載張儀被捕後如何設法脫身的經過。

楚懷王拘張儀❶，將欲殺之。靳尚❷為儀謂楚王曰：「拘張儀，秦王必怒。天下見楚之無秦也，楚必輕矣。」又謂王之幸夫人鄭袖❸曰：「子亦自知且賤於王乎？」鄭袖曰：「何也？」尚曰：「張儀者，秦王❹之忠信有功臣也。今楚拘之，秦王欲出之。秦王有愛女而美，又簡❺擇宮中佳翫❻麗好翫習音者，以懽從之❼；資❽之金玉寶器，奉以上庸❾六縣為湯沐邑❿，欲因張儀內⓫之楚王，楚王必愛。秦女依強秦以為重，挾寶地以為資，勢為王妻以臨⓬于楚。王惑於虞⓭樂，必厚尊敬、親愛之而忘子，子益賤而日疏矣。」鄭袖曰：「願委之於公，為之奈何？」曰：「子何不急言王，出張子。張子得出，德⓮子無已時，秦女必不來，而秦必重子。子內擅楚之貴，外結秦之交，畜張子以為用，子之子孫必為楚太子矣，此非布衣⓯之利也。」鄭袖遽⓰說楚王出張子。

【注釋】❶楚懷王拘張儀　據《史記・楚世家》拘捕張儀在楚懷王十八年（西元前三一一年）。❷靳尚　楚國的當權大臣。❸鄭袖　楚懷王的寵姬。❹秦王　指秦惠王。❺簡　選。❻翫　是衍文，當刪去。❼懽從之　跟隨愛女以使她歡喜。懽，同「歡」。從，隨從；陪嫁。之，指代愛女。❽資　供給。❾上庸　地名，在今湖北竹山境內。❿湯沐邑　封邑，以其賦稅作湯沐之用。⓫內　通「納」。貢獻。⓬臨　居高臨下。⓭虞　通「娛」。樂。⓮德　感激。⓯布衣　平民。⓰遽　馬上。

【語譯】楚懷王拘捕了張儀，想要殺掉他。靳尚為了張儀，對楚懷王說：「拘捕了張儀，秦王必定惱火。天下看到楚國失去了秦國的支持，楚國就必定受輕視了。」又對楚懷王寵幸的夫人鄭袖說：「你也自己知道將被大王看作賤東西嗎？」鄭袖說：「怎麼啦？」靳尚說：「張儀是忠於秦王的有功之臣，現在楚國拘捕了他，秦王想救他出來。秦王有個愛女，長得很漂亮，又挑選了宮裡長得美麗、喜歡玩樂又懂得音樂的宮女來陪嫁；供給愛女金玉寶器，用上庸六個縣給愛女作湯沐邑，想通過張儀將愛女送給楚王，楚王一定喜愛她。那位秦女依靠強大的秦國以為高人一等，挾持寶器、土地以為有了資本，勢必做楚王的妻子，而高居楚人之上。楚王被娛樂所迷惑，必定加倍尊敬她、親愛她而把你忘掉，你就越來越被賤視而一天一天地被疏遠了。」鄭袖說：「願意把這事委託給你，該怎麼辦啊？」靳尚說：「你為什麼不趕快對楚王說：放掉張儀。張儀得到釋放，便會沒完沒了地感激你，秦國那位女子就必定來不了，同時秦國一定會重視你。你在國內獨占楚國的尊貴地位，在國外又結交了秦國，養著張儀供你使用，你的子孫必定做楚國的太子了，這就不是一般的平民之利了。」於是鄭袖便馬上勸楚王放出張儀。

## 楚王將出張子

【題　解】楚懷王釋放了張儀，靳尚送他出去。魏臣張旄殺死了靳尚。

楚王將出張子，恐其敗❶己也，靳尚謂楚王曰：「臣請隨之。儀事王不善，臣請殺之。」楚小臣，靳尚之仇也，謂張旄❷曰：「以張儀之知，而有秦、楚之用，君必窮矣。君不如使人微要❸靳尚而刺之，楚王必大怒儀❹也。彼儀窮，則子重矣。楚、秦相難，則魏無患矣。」張旄果令人要靳尚刺之。楚王大怒，秦構兵❺而戰。秦、楚爭事魏，張旄果大重。

【注　釋】❶敗　當從姚宏注「一作『欺』」。❷張旄　魏國的一個當權者。❸微要　暗中劫持。❹楚王必大怒儀　因為靳尚是去送張儀，暗中被殺，楚王必定懷疑是張儀殺死的。❺秦構兵　當依鮑彪本作「秦、楚構兵」。構兵，交戰。

【語譯】楚懷王將要釋放張儀，擔心張儀欺騙自己，靳尚對楚懷王說：「請讓我跟著他。如果張儀對你不好，就請允許我殺掉他。」楚國有個小臣，是靳尚的仇人，他對魏國的張旄說：「憑藉張儀的智慧，再加上秦國、楚國都信用他，你就必定窮困了。你不如派人暗中劫持靳尚，並將他殺掉，楚懷王一定會因此很惱怒張儀。那個張儀陷入困境，你就顯得貴重了。楚國和秦國互相為敵，那麼魏國就沒有什麼憂慮了。」張旄真的派人劫持靳尚，並將他殺掉。楚懷王很惱火，秦國和楚國便打起仗來。秦國和楚國便爭相侍奉魏國，而張旄果然大受重視。

## 秦敗楚漢中

【題解】游騰勸秦昭王，扣留楚懷王對秦國不利，不如和他簽訂盟約，放他回去的好。

秦敗楚漢中❶。楚王❷入秦❸，秦王❹留之。游騰❺為楚謂秦王曰：「王挾楚王，而與天下攻楚，則傷行❻矣；不與天下共攻之，則失利矣。王不如與之盟而歸之。楚王畏，必不敢倍❼盟。王❽因與三國❾攻之，義也。」

【注釋】❶秦敗楚漢中　楚懷王十七年（西元前三一二年）秦國奪取楚國的漢中之地。❷楚王　指楚懷王。❸入秦　楚懷王三十年（西元前二九九年），秦昭王約楚懷王到武關會盟，一入關，秦國就閉關切斷懷王歸路。❹秦王　指秦昭王。❺游騰　遊說之士，曾是周國的臣子。❻傷行　傷害德行。本是邀對方來會盟，卻扣留對方，而且動武，道義上說不過去，所以有傷德行。❼倍　通「背」。違背。❽王　當據鮑彪本「王」字上再補「背盟」二字。❾三國　當是指齊、韓、魏三國。

【語譯】秦國在漢中打敗楚國。楚懷王到秦國去，秦昭王扣留了他。游騰為了楚國對秦昭王說：「大王挾持楚王，而和天下諸侯進攻楚國，那就傷害到德行了；不和天下諸侯一起進攻楚國，那就失利了。大王不如和楚王結盟，將他送回去。楚王害怕秦國，一定不敢背盟。如果背盟了，大王因而和三國去進攻楚國，那就是正義的行為啊。」

## 楚襄王為太子之時

【題　解】楚太子在齊國做人質，懷王死，太子要回楚國，齊國便藉機向太子勒索土地。楚國君臣同時採用了三種對策，使齊國未能如願以償。

楚襄王❶為太子之時，質於齊❷。懷王薨❸，太子辭於齊王❹而歸。齊王隘❺之：「予我東地五百里，乃歸子；子不予我，不得歸。」太子曰：「臣有傅❻，請追❼而問傅。」傅慎子曰：「獻之地，所以為身也。愛地不送死父，不義。臣故曰，獻之便。」太子入，致命❽齊王曰：「敬獻地五百里。」齊王歸楚太子。

【章　旨】楚懷王死，在齊國做人質的太子要求回國，齊國便強求太子割地。太子徵詢了慎子的意見後，被迫應允。

【注　釋】❶楚襄王　即頃襄王橫，是懷王的兒子。❷質於齊　據《史記・楚世家》，楚懷王二十九年（西元前三〇〇年），因秦國進攻楚國，楚國便派太子去齊國做人質，與齊國講和。❸薨　諸侯死叫薨。按，《史記・楚世家》記載在懷王未死時，太子便回到了楚國。同這裡的記載有出入。❹齊王　指齊閔王。❺隘　阻止。❻傅　古代輔導、保育太子的官。❼追　鮑彪本作「退」。❽致命　相當於「反命」、「覆命」。

【語譯】楚襄王做太子的時候，在齊國做人質。懷王死了，太子向齊閔王辭別回國。齊閔王阻止他，說：「將楚國東邊的五百里土地給我，才放你回去；你不給我，就不能回去。」太子說：「我有少傅，請讓我回去問問他。」少傅慎子說：「獻給他土地，是為了我們自身。為了愛惜土地而不能回去給父親送葬，是不義的行為。所以我說，獻給他好。」太子進去，回齊閔王的話說：「恭敬地獻給你五百里土地。」齊閔王便讓楚太子回去。

太子歸，即位為王。齊使者五十乘，來取東地於楚。楚王❶告慎子曰：「齊使來求東地，為之奈何？」慎子曰：「王明日朝群臣，皆令獻其計。」上柱國❷子良入見。王曰：「寡人之得求反❸，王墳墓❹、復群臣❺、歸社稷❻也，以東地五百里許齊。齊今使來求地，為之奈何？」子良曰：「王不可不與也。王身出玉聲❼，許強❽萬乘之齊而❾不與，則不信，後不可以約結諸侯。請與而復攻之。與之信，攻之武。臣故曰與之。」子良出，昭常❿入見。王曰：「齊使來求東地五百里，為之奈何？」昭常曰：「不可與也。萬乘者，以地大為萬乘。今去東地五百里，是去戰⓫國之半也，有萬乘之號而無千乘之用也，不可。臣故曰勿與。常請守之。」昭常出，景鯉⓬入見。王曰：「齊使來求東地五百里，為之奈何？」

景鯉曰：「不可與也。雖然，楚不能獨守。王身出玉聲，許萬乘之強齊也而不與，負不義於天下。楚亦不能獨守。臣請西索⓭救於秦。」

【章　旨】太子回到楚國做了王，齊國派使者來取地，楚國的三位大臣提出了三種不同的對策。

【注　釋】❶楚王　即楚襄王。❷上柱國　楚官名，次於令尹。❸反　同「返」。❹王墳墓　為懷王修建墳墓，即安葬懷王。一說「王」作「主」。❺復群臣　復見群臣。❻歸社稷　使社稷復位，即再建立政權。❼玉聲　形容楚王高貴的聲音。❽強　據下文「強」字當在「齊」字上。❾而　卻。❿昭常　當是楚國大臣。⓫戰　疑是衍文。一說是「我」字之誤。⓬景鯉　楚懷王的相。⓭索　求。

【語　譯】太子回來，登上了王位。齊國派出一個具有五十輛車的使者團，來向楚國索取東邊的土地。楚襄王告訴慎子說：「齊國的使者來求東邊的土地，該怎麼辦？」慎子說：「大王明天在朝廷上召見群臣，讓他們都獻計。」上柱國子良進見。楚襄王說：「寡人為了求得返國，安葬先王、見到群臣、使社稷復位，答應將東邊的五百里土地給了齊國。齊國派使者來索取土地，該怎麼辦？」子良說：「大王不可不給啊。大王自己口出尊言，答應將土地給能出萬輛兵車的強大齊國，卻又不給它，那就不守信，以後就不可以和諸侯締約了。請您先將東邊的土地給他，再攻取它。給他是為了守信，攻取它是為了顯示武力。所以我說給它。」子良出去了，昭常進見。楚襄王說：「齊國的使者來索取東邊的五百里土地，該怎麼辦？」昭常說：「不能給啊。萬乘之國是因為土地廣大才能算是萬乘。現在割去東邊的土地五百里，是去掉了國家的一半呀，有萬乘之國的稱號卻沒有千乘之國的作用，不行。所以我說不能給。我請求去守住東邊那五百里地。」昭常出去了，景鯉進見。楚襄王說：「齊國的使者來索取東邊的土地五百里，該怎麼辦？」景鯉說：「不能給啊。雖說如此，可是楚國也不能單獨守住。大王親自口出尊言，答應將土地給能出萬輛兵車的強大的齊國，卻又不給它，在天下背上一個不義的名聲。何況楚國也不能單獨守住那塊土地。我請求到西邊去向秦國求救。」

景鯉出，慎子入，王以三大夫計告慎子曰：「子良見寡人曰：『不可不與也，與而復攻之。』常見寡人曰：『不可與也，常請守之。』鯉見寡人曰：『不可與也，雖然楚不能獨守也，臣請索救於秦。』寡人誰用於三子之計？」慎子對曰：「王皆用之。」王怫然❶作色❷曰：「何謂也？」慎子曰：「臣請效❸其說，而王且見其誠然也。王發上柱國子良車五十乘，而北獻地五百里於齊。發子良之明日，遣昭常為大司馬❹，令往守東地。遣昭常之明日，遣景鯉車五十乘，西索救於秦。」王曰：「善。」乃遣子良北獻地於齊。遣子良之明日，立昭常為大司馬，使守東地。又遣景鯉西索救於秦。

【章旨】楚襄王聽後，不知道採用哪種對策好，慎子說三種對策可一起採用。

【注釋】❶怫然　發怒的樣子。❷作色　變了臉色。❸效　獻。❹大司馬　官名。

【語譯】景鯉出去了，慎子進來，楚襄王將三個大夫的計策告訴慎子說：「子良見到我說：『不能不給啊，給了以後再去攻取它。』昭常見到寡人說：『不能給啊。昭常請求去守住它。』景鯉見到寡人說：『不能給啊。雖然如此，可是楚國也不能單獨守住它，我請求到秦國去求救。』寡人在這三個人的計策中用哪個的好？」慎子說：「大王，都可使用。」楚襄王勃然變了臉色說：「說的什麼呀？」慎子說：「我請求把話說完，而且大王將看出真的是這樣啊。大王可打發上柱國子良用五十輛車，到北邊向齊國獻地五百里。打發子良出去的第二天，派遣昭常做大司馬，命令他前往守住東邊那片土地。派遣昭常的第二天，派遣景鯉用車五十輛前往西邊向秦國求救。」楚襄王說：「好。」便派遣子良前往北邊向齊國獻地。派遣子良的第二天，立昭常做大司馬，讓他去防守東邊那大片土地。又派遣景鯉前往西邊向秦國求救。

子良至齊，齊使人以甲❶受東地。昭常應齊使曰：「我典❷主❸東地，且與死生。悉五尺❹至六十，三十餘萬弊甲鈍兵，願承下塵❺。」齊王謂子良曰：「大夫來獻地，今常守之何如？」子良曰：「臣身受命弊邑❻之王，是常矯❼也。王攻之。」齊王大興兵，攻東地，伐昭常。未涉疆，秦以五十萬臨齊右壤，曰：「夫隘楚太子弗出，不仁；又欲奪東地五百里，不義。其縮甲❽則可，不然，則願待戰。」齊王恐焉。乃請子良南道楚，西使秦，解齊患。士卒不用，東地復全。

【章　旨】楚王同時用三種對策，使齊國沒有得到楚地。

【注　釋】❶以甲　率領軍隊。❷典　職。❸主　守。❹五尺　五尺之童，即小孩。古代的尺比現在的小。❺承下塵　準備應戰的謙詞，和「下風」的用法相同。❻弊邑　即敝邑，敝國的意思。❼矯　假託；詐稱。❽縮甲　退兵。

【語　譯】子良到了齊國，齊國派人率領軍隊來接受楚國東邊的土地。昭常回答齊國的使者說：「我的職責是守住東邊的土地，將和這片土地同生死。從小孩到六十歲的老人全部都發動起來了，有三十多萬件破的鎧甲、不鋒利的兵器，願意應戰。」齊閔王對子良說：「大夫前來獻地，現在昭常又守住那片土地，是怎麼一回事？」子良說：「我是親自受敝國君王之命來獻地的，這是昭常假託王命啊。大王可以進攻他。」齊閔王便大規模調動部隊，進攻楚國東邊的土地，討伐昭常。還沒有越過邊境，秦國五十萬部隊便到了齊國的右邊，說：「阻止楚太子回國，不放他出來，這是不仁；又想奪取楚國東邊的土地五百里，這是不義。齊國退兵就算了，否則，就願意等待戰鬥。」齊閔王害怕了，便請子良往南邊取道楚國，向西出使秦國，解除齊國的禍患。不動士卒，楚國東邊的土地竟得以保全。

## 女阿謂蘇子

【題解】女阿為蘇子設謀，以調和蘇子和楚太子之間的矛盾。

女阿❶謂蘇子❷曰：「秦栖楚王❸，危太子❹者，公也。今楚王歸❺，太子南❻，公必危。公不如令人謂太子曰：『蘇子知太子之怨己也，必且務不利太子。太子不如善蘇子，蘇子必且為太子入❼矣。』」蘇子乃令人謂太子。太子復請善於蘇子。

【注釋】❶女阿　太子之阿，即太子的褓姆。❷蘇子　當是指蘇秦或他的弟弟。❸秦栖楚王　指秦昭王將懷王扣留在秦國。楚王，指楚懷王。栖，一作「西」，本義是鳥停在巢上，這裡用作扣留的意思。❹太子　指楚懷王在齊國做人質的太子橫。❺楚王歸　指楚懷王從秦國回來。按，《史記》說懷王客死在秦國，和這裡的記載不同。❻太子南　指楚太子橫從齊國南歸。❼入　入楚。

【語譯】女阿對蘇子說：「秦國扣留楚懷王，危害太子橫的是你。現在楚懷王回到楚國，太子南歸，你必定危險。你不如派人去對太子說：『蘇子知道太子怨恨自己，必將盡力使太子不利。太子不如和蘇子相友善，蘇子必將為你回到楚國盡力了。』」蘇子便派人去告訴太子。太子再次請求和蘇子相友善。

# 卷一六 楚策三

## 蘇子謂楚王

【題解】蘇子這篇說辭是談忠臣的標準在於「無妬而進賢」。他說楚國的大臣父兄做不到這一點，希望楚王不要聽他們的話。同時他還分析了大臣們不能做到「無妬而進賢」的原因。這看似儒者之言，其實正如吳師道所指出的那樣，蘇子的進賢之說「不過欲時君用己而發」罷了。

蘇子謂楚王曰：「仁人之於民也，愛之以心，事之以善言；孝子之於親也，愛之以心，事之以財；忠臣之於君也，必進賢人以輔之。今王之大臣父兄，好傷賢以為資❶，厚賦斂諸臣百姓，使王見疾❷於民，非忠臣也。大臣播王之過於百姓，多賂諸侯以王之地，是故退王之所愛❸，亦非忠臣也，是以國危。臣願無聽群臣之相惡❹也，慎大臣父兄❺，用民之所善，節身之嗜欲，以❻百姓。人臣莫難於無妬而進賢。為主死易，垂沙之事❼，死者以千數；為主辱易，自令尹以下，事王者以千數。至於無妒而進賢，未見一人也。故明主之察其臣也，必知其無妒而進賢也；賢❽之事其主也，亦必無妒而進賢。夫進賢之難者，賢者用且使己廢，貴且使己賤，故人難之。」

【注釋】❶資　資藉。❷見疾　被痛恨。見，被。疾，憎恨。❸所愛　指所愛的賢臣。❹惡　詆毀。❺慎大臣父兄　對大臣父兄之言要謹慎，不能輕信。❻以　「以」下當缺一字，今據上文「仁人之於民也，愛之以心」，擬補一「愛」字。一說當補「安」字。❼垂沙之事　當是指楚懷王二十八年（西元前三〇一年）秦、韓、魏、齊四國，「共攻楚，殺楚將唐眛，取我重丘而去」事。因為《荀子．議兵》說到楚人「兵殆於垂沙，唐蔑死」。《淮南子．兵略》也說到楚懷王時「兵殆於垂沙」。唐眛即唐蔑。❽賢　鮑彪本「賢」下有「臣」字。

【語譯】蘇子對楚王說：「仁人對於民眾，是用心去愛他們，用好話去對待他們；孝子對於父母親，是用心去愛他們，用財物去侍奉他們；忠臣對於君主，必定是進用賢人以輔助他們。現在大王的大臣父兄，喜愛用傷害賢人作為自己進身的憑藉，加重徵收一般臣子和百姓的賦稅，使得大王被民眾所痛恨，這不是忠臣啊。大臣向百姓散播大王的過錯，多用大王的土地去賄賂諸侯，因此便黜退大王所愛的賢臣，這也不是忠臣啊，所以國家就危險。我希望大王不要聽群臣相互詆毀的話，慎重地對待大臣和父兄的言論，任用民眾所認為好的人，節制自己的嗜欲，以愛百姓。做人臣，沒有什麼比做到不妒嫉別人而進用賢能更困難的了。為主上去死容易，例如垂沙之戰，死的人就上千；為主上忍受恥辱也容易，例如自令尹以下的官員，侍奉大王的也有上千人。至於不妒嫉別人而進用賢能，卻沒有見到一個人能做到。所以英明的君主考察他的臣子，必定要知道他不妒嫉別人而能進用賢能；賢臣侍奉他的君主，也必定要不妒嫉別人而能進用賢能。進用賢能之所以困難，就是因為進用賢者就將使自己下臺，尊貴賢者就將使自己卑賤，所以人們難以做到啊。」

# 蘇秦之楚三日

【題解】蘇秦批評楚國物價昂貴，難以見到楚王。

蘇秦之楚，三日❶乃得見乎王。談卒，辭而行。楚王曰：「寡人聞先生，若聞古人。今先生乃不遠千里而臨寡人，曾❷不肯留，願聞其說。」對曰：「楚國之食貴於玉，薪貴於桂，謁者❸難得見如鬼，王難得見如天帝。今令臣食玉炊桂，因鬼見帝。」王曰：「先生就舍❹，寡人聞命矣。」

【注釋】❶三日　依王念孫說當作「三月」。❷曾　竟。❸謁者　主管通報、傳達的官員。❹就舍　到賓館去住下來。舍，賓館。

【語譯】蘇秦到了楚國，三個月才見到楚王。談完以後，就辭別要走。楚王說：「寡人聽到你的大名，就像聽到古人的大名一樣。今天先生不以千里為遠來到寡人這裡，竟不肯停留，寡人願意聽聽你的高見。」蘇秦回答說：「楚國的食品比玉還貴，柴火的價錢比桂樹的價錢還高，傳達官員難以見到就像難見到鬼一樣，大王難以見到就像難見到天帝一樣。現在就是讓我吃美玉、燒桂樹，通過鬼去見天帝啊。」楚王說：「先生到賓館去住下來，寡人領教了。」

# 楚王逐張儀於魏

【題解】楚王讓魏國驅逐張儀，陳軫提出異議。

楚王逐張儀於魏❶。陳軫❷曰：「王何逐張子？」曰：「為臣不忠不信。」曰：「不忠，王無以為臣；不信，王勿與為約。且魏臣不忠不信，於王何傷？忠且信，於王何益？逐而聽則可，若不聽，是王令困❸也。且使萬乘之國免其相，是城下之事❹也。」

【注釋】❶楚王逐張儀於魏　張儀在魏時，楚王要魏國驅逐他。張儀，魏國人，是蘇秦的同學，主張連橫，曾任魏國、秦國的相。❷陳軫　遊說之士，和張儀同事秦惠王，因受張儀之讒，投奔楚國，不被楚王重用。❸困　陷入困境。魏國不聽楚國的話，便陷入困境。❹城下之事　即城下之盟。春秋魯桓公十二年（西元前七〇〇年）楚國進攻絞國（在今湖北鄖縣西北），逼得絞國訂立城下之盟。春秋時都認為城下之盟是奇恥大辱。

【語譯】楚王要魏國驅逐張儀。陳軫說：「大王為什麼要驅逐張儀？」楚王說：「他作為臣子既不忠又不信。」陳軫說：「不忠，大王就不要他做臣子；不信，大王就不要和他結約。再說魏國的臣子不忠不信，對大王有什麼妨害？如果他又忠又信，對大王又有什麼好處？大王要魏國驅逐張儀，魏國聽從就好，要是魏國不聽從，這就是大王使魏國陷入困境啊。況且使能出一萬兵車的大國罷免它的相國，這是屬於城下之盟一類的事啊。」

## 張儀之楚貧

【題解】張儀到楚國，謊稱要在魏國為楚王物色美人，因而騙得楚王和鄭袖的財寶。後來又承認自己在行騙。

張儀之楚，貧。舍人❶怒而歸❷。張儀曰：「子必以衣冠之敝❸，故欲歸。子待我為子見楚王。」

【章旨】張儀到楚國，因為貧窮，舍人想離開他回去。

【注釋】❶舍人　左右親近的通稱。❷歸　據下文當從鮑彪本作「欲歸」。❸敝　破。

【語譯】張儀到楚國，生活貧困。他的舍人因此發怒而想回去。張儀說：「你一定因為衣服帽子破了，所以想回去。你等著，我為了你去進見楚王。」

當是之時，南后❶、鄭褏❷貴於楚。張子見楚王，楚王不說。張子曰：「王無所用臣，臣請北見晉君❸。」楚王曰：「諾。」張子曰：「王無求於晉國乎？」王曰：「黃金、珠璣❹、犀、象出於楚，寡人無求於晉國。」張子曰：「王徒不好色耳！」王曰：「何也？」張子曰：「彼鄭❺、周❻之女，粉白❼墨黑❽，立於衢閭⑨，非知而見之者，以為神。」楚王曰：「楚，僻陋之國也，未嘗見中國⑩之女如此其美也。寡人之獨何為不好色也？」乃資之以珠玉。南后、鄭褏聞之大恐，令⑪人謂張子曰：「妾聞將軍之晉國，偶有金千斤，進之左右，以供芻秣⑫。」鄭褏亦以金五百斤。

【章旨】張儀去見楚王，謊稱要回魏國去為他物色美人，因而騙得楚王的珠玉和南后、鄭袖的金一千五百斤。

【注釋】❶南后　楚懷王的王后。❷鄭褏　即「鄭袖」，楚懷王的寵姬。❸晉君　即魏君。當時晉國已不復存在，習慣將魏稱為晉。❹璣　不圓的珠子。❺鄭　在今河南新鄭一帶。❻周　在今河南洛陽一帶。❼粉白　搽粉後臉白如玉。❽墨黑　一作「黛黑」，是說用黛畫眉，眉呈黑色。黛，一種青黑色用來畫眉毛的顏料。❾衢閭　閭里的十字路口。❿中國　中原國家。⓫令　依上下文「令」的主語是南后和鄭袖。⓬芻秣　馬料。

【語譯】當時，南后、鄭袖在楚國地位顯貴。張儀去見楚懷王，楚懷王不高興。張儀說：「大王不用我，我請求到北邊去見魏國的君主。」楚懷王說：「好。」張儀說：「大王對魏國的君主沒有什麼要求嗎？」楚懷王說：「黃金、珠玉、犀牛角、象牙是楚國出產的，寡人對魏國沒有什麼要求。」張儀說：「大王偏偏不好色啊！」楚懷王說：「什麼呀？」張儀說：「那些鄭國、周國的女子，粉白的臉蛋，青黑色的眉毛，站在閭里的十字路口，不知情的見了她們，還以為是神。」楚懷王說：「楚國是個偏僻孤陋的國家，不曾見過中原國家的女子是這樣的漂亮。為什麼寡人偏偏就不好色呢？」於是用珍珠寶玉資助張儀。南后、鄭袖知道了，很害怕，便派人對張儀說：「我聽說將軍要去魏國，碰巧有金一千斤，送給你的左右親信，以供馬料之用。」鄭袖也送了金五百斤。

張子辭楚王曰：「天下關閉不通，未知見日也，願王賜之觴❶。」王曰：「諾。」乃觴之。張子中飲❷，再拜而請曰：「非有他人於此也，願王召所便習❸而觴之。」王曰：「諾。」乃召南后、鄭褏而觴之。張子再拜而請曰：「儀有死罪於大王。」王曰：「何也？」曰：「儀行天下徧矣，未嘗見人如此其美也。而儀言得美人，是欺王也。」王曰：「子釋❹之。吾固以為天下莫若是兩人也。」

【章　旨】張儀向楚懷王承認欺騙了他，並說天下最美的人是南后和鄭袖。

【注　釋】❶觴　酒杯，這裡指代酒。❷中飲　飲酒飲到一半，和「中飯」的用法同。❸便習　親近的人。❹釋　置之度外。

【語　譯】張儀辭別楚懷王說：「天下諸侯互相關閉，不通往來，不知道何日相見，願大王賜我酒喝。」楚懷王說：「好。」便給他酒喝。張儀喝酒喝到一半，再次下拜請求說：「沒有別人在這裡，願大王叫所親近的人來共飲。」楚懷王說：「好。」便叫南后、鄭袖來飲酒。張儀再次下拜請罪說：「我張儀對大王犯有死罪。」楚懷王說：「什麼呀？」張儀說：「我張儀走遍天下，不曾見過有這樣漂亮的人呀。我剛才說能得到美人，這是欺騙大王啊。」楚懷王說：「你別把這事放在心裡。我本來就認為天下沒有誰像這兩個人漂亮啊。」

## 楚王令昭雎之秦重張儀

【題　解】楚懷王派昭雎去遊說秦惠王重用張儀，還沒有到秦國，秦惠王便死了。於是秦武王驅逐了張儀，而楚懷王為了討好齊國也拘捕了昭雎。桓臧勸楚懷王，為了防止秦國的公孫郝、甘茂聯合韓國、魏國進攻楚國，不如放出昭睢，說服韓國、魏國重用張儀，那樣秦國便無法和韓國、魏國聯合，也就不可能進攻楚國了。

楚王❶今昭睢❷之秦重張儀❸。未至，惠王❹死。武王❺逐張儀。楚王因收❻昭睢以取齊❼。桓臧❽為睢謂楚王曰：「橫親之不合也❾，儀貴惠王而善睢也。今惠王死，武王立，儀走❿，公孫郝⓫、甘茂⓬貴。甘茂善魏，公孫郝善韓。二人⓭固不善睢⓮也，必以秦合韓、魏。韓、魏之重儀⓯，儀有秦而睢以楚重之⓰。今儀困秦而睢收楚，韓、魏欲得秦，必善二人⓱者。將⓲收韓、魏輕儀而伐楚，方城⓳必危。王不如復睢⓴，而重儀於韓、魏。儀據楚勢，挾魏重，以與秦爭。魏不合秦，韓亦不從，則方城無患。」

【注釋】❶楚王　指楚懷王。❷昭睢　楚國的宗族大臣。❸重張儀　使秦國重用張儀。❹惠王　指秦惠王，死於西元前三一一年。❺武王　指秦武王，是秦惠王的兒子。他在做太子時就不喜歡張儀。❻收　拘捕。❼取齊　取悅於齊。齊國恨張儀，而張儀和昭睢的關係不壞，所以要拘捕昭睢才能討好齊國。❽桓臧　楚臣，和昭睢關係好。❾橫親之不合也　楚國當時參加合縱，懷王為縱長，而楚國的昭睢又和秦國的關係好，所以秦國不能和韓、魏連橫。橫親，連橫親善。在這裡是指秦和韓、魏兩國連橫親善。❿儀走　據《史記・張儀列傳》，秦武王時張儀從秦國來到魏都大梁（今河南開封）。⓫公孫郝　秦臣，即公孫赫。⓬甘茂　下蔡人，秦武王時張儀到魏國去了，甘茂做了秦國的左丞相。⓭二人　指公孫郝、甘茂。⓮不善睢　和昭睢關係不好。⓯重儀　指過去重視張儀。⓰儀有秦而睢以楚重之　張儀在秦國有權而昭睢又憑藉著楚國對他的重視。這句是解釋魏國重視張儀的原因。⓱二人　指公孫郝、甘茂。⓲將　「將」字前面當依姚宏所見的另一版本加「二人」二字。⓳方城　楚國北邊的長城。⓴復睢　恢復昭睢的職位。

【語　譯】楚懷王派昭睢前往秦國遊說，使秦國重用張儀。昭睢還沒有到秦國，秦惠王就死了。秦武王驅逐了張儀，楚懷王因而拘捕了昭睢以取悅齊國。桓臧為了昭睢對楚懷王說：「秦國不能和韓國、魏國連橫親善，是由於張儀受到秦惠王重用而且和昭睢友好的緣故。現在秦惠王死了，秦武王做了君主，張儀出走，公孫郝、甘茂受到重用。甘茂和魏國關係好，公孫郝和韓國關係好。這兩個人本來就和昭睢關係不好，一定會使秦國與韓國、魏國聯合起來。過去韓國、魏國之所以重視張儀，是因為張儀在秦國有權而昭睢又憑藉楚國重視他的緣故。現在張儀在秦國陷入困境而被驅逐，而昭睢又被楚國拘捕，韓國、魏國想得到秦國的支持，一定會好好地對待公孫郝、甘茂兩人。公孫郝、甘茂兩人將會拉攏韓國、魏國；使它們輕視張儀而進攻楚國，那麼楚國的北方方城沿線就一定危險。大王不如恢復昭睢的職位，而使韓國、魏國重用張儀。張儀依靠楚國的勢力，仗持魏國對他的重用，來與秦國爭鬥。魏國不和秦國聯合，韓國也就不會跟隨秦國，那麼方城沿線就沒有憂患了。」

## 張儀逐惠施於魏

【題　解】惠施在魏國被張儀驅逐，來到楚國。馮郝告訴楚懷王，留下惠施使得罪了張儀，不如將惠施送到宋國去，這樣張儀和惠施都會感激您。楚懷王聽從了馮郝的建議。

張儀逐惠施❶於魏❷。惠子之楚，楚王受之。馮郝❸謂楚王曰：「逐惠子者，張儀也。而王親與約❹，是欺儀也，臣為王弗取也。惠子為儀者來，而❺惡❻王之交於張儀，惠子必弗行❼也。且宋王❽之賢惠子也，天下莫不聞也；今之不善張儀❾也，天下莫不知也。今為事❿之故，棄所貴⓫於讎人⓬，臣以為大王輕矣。且為事⓭耶，王不如舉⓮惠子而納之於宋，而謂張儀曰：『請為子勿納也。』儀必德王。而惠子窮人，而王奉⓯之，又必德王。此不失為儀之實，而可以德惠子。」楚王曰：「善。」乃奉惠子而納之宋。

【注釋】❶惠施　宋國人，曾任魏國的相，勸魏王聯合齊、楚以抗秦，破張儀的連橫政策。❷於魏　張儀曾任魏相。❸馮郝　楚人。❹與約　指和惠施結交。❺而　通「如」。如果；假使。❻惡　憎恨。❼弗行　不行，指不離開魏國到楚國來。❽宋王　指宋王偃。❾不善張儀　指惠施和張儀關係不好。❿事　指楚國的國事。⓫所貴　所重視的人，指張儀。⓬讎人　即仇人，指張儀的仇人，就是惠施。⓭事　也是指楚國的國事。⓮舉　依下文當作「奉」。⓯奉　送。

【語譯】張儀在魏國驅逐了惠施。惠施前往楚國，楚懷王接納了他。馮郝對楚懷王說：「驅逐惠施的是張儀。而大王親自和惠施結交，這是欺負張儀，我認為大王不該這樣做。惠施因為張儀的緣故才來到楚國，如果憎恨大王和張儀的交往，惠施就必定不會來到楚國。況且宋王尊重惠施，天下沒有人不知道；現在惠施和張儀關係不好，天下也沒有人不知道。現在為了國事的緣故，在他的仇人面前拋棄大王所尊重的人，我認為大王是輕率了。況且為了國事嘛，大王不如送惠施去宋國，而告訴張儀說：『請允許我為了你而不接納惠施。』張儀必定會感激大王。而惠施是個走投無路的人，大王送他去宋國，也必定會感激大王。這樣既不會改變支持張儀的事實，又可以使惠施感激你。」楚懷王說：「好。」於是送惠施去宋國。

## 五國伐秦

【題解】魏、韓、趙、燕、楚五國聯合進攻秦國，魏國想與秦國講和，便派相國惠施到楚國商議此事。楚國因而將送惠施前往秦國議和。杜赫卻告訴楚相昭陽，讓惠施去講和，便證明主張攻秦的是楚國，要講和的是魏國，因此不能讓惠施去，而要由楚國派人去與秦國講和，以免楚國孤立。

五國伐秦❶。魏欲和，使惠施❷之楚。楚將入之❸秦而使行和。杜赫❹謂昭陽❺曰：「凡❻為❼伐秦者楚也。今施以❽魏來，而公入之秦，是明楚之伐而信魏之和也。公不如無聽惠施，而陰使人以請聽秦❾。」昭子曰：「善。」因謂惠施曰：「凡為攻秦者魏也，今子從楚為和，楚得其利，魏受其怨。子歸，吾將使人因❿魏而和。」惠子反，魏王⓫不說。杜赫謂昭陽曰：「魏為子先戰，折⓬兵之半，謁病⓭不聽，請和不得，魏折⓮而入齊、秦，子何以救之⓯？東有越纍⓰，北無晉⓱，而交未定於齊、秦，是楚孤也。不如速和⓲。」昭子曰：「善。」因令人謁和⓳於魏。

【注釋】❶五國伐秦　據《史記·六國年表》，魏、韓、趙、楚、燕五國在魏襄王元年（西元前三一八年）共擊秦，不勝。❷惠施　魏相。❸之　指代惠施。❹杜赫　楚臣。❺昭陽　楚懷王相。❻凡　總括之詞。❼為　動詞，在這裡有「主張」、「發起」等意思。據《史記·楚世家》，這次攻秦是楚懷王為從長。❽以　從。❾聽秦　依劉敞本當作「德秦」。❿因　憑藉。⓫魏王　指魏襄王。⓬折　損失。⓭謁病　告病，指告訴楚國，魏國苦於戰爭，難以再戰。⓮折　轉變立場。即脫離五國攻秦的聯盟。⓯之　指代魏國和秦國或齊國聯盟的局面。⓰纍　同「累」。連累；拖累。⓱晉　指代魏國。⓲速和　趕快與秦國講和。⓳謁和　告和，指告訴魏國，楚國已與秦國講和。

【語 譯】五國進攻秦國。魏國想與秦國講和，便派惠施前往楚國。楚國準備把惠施送到秦國去執行和談的使命。這時杜赫對昭陽說：「總之，主張攻秦的是楚國。現在惠施從魏國來，而你將他送到秦國去，這就讓秦國明白是楚國要進攻它，而又使它相信魏國要與它講和啊。你不如不要聽惠施的話，而暗中派人去請求秦國講和，從而讓秦國感激你。」昭陽說：「好。」因而對惠施說：「總之，主張進攻秦國的是魏國，現在你跟隨楚國去與秦國講和，得利的是楚國，而魏國便會受到秦國的怨恨。你還是回去，我將派人憑藉魏國的力量去與秦國講和。」惠施回到魏國，魏王不高興。杜赫對昭陽說：「魏國替你先和秦國作戰，損失了一半的兵力，將困難告訴你，你又不聽，請和又不能，魏國如果轉變立場，和齊國、秦國聯合，你用什麼辦法來挽救這種局面？楚國東邊有越人的拖累，北邊又失去了魏國，而且和齊國、秦國的結交也沒有定下來，這樣楚國就孤立了啊。不如趕快與秦國講和。」昭陽說：「好。」於是派人將與秦國講和的事告訴魏國。

## 陳軫告楚之魏

【題 解】本篇與〈魏策一・張儀惡陳軫於魏王〉內容相同，記載陳軫離開楚國來到魏國，遭到張儀的詆毀，左爽建議他利用張儀的讒言作資本，回到楚國去。

陳軫❶告楚❷之魏。張儀惡❸之於魏王❹曰：「軫猶善楚，為求地甚力。」左爽❺謂陳軫曰：「儀善於魏王，魏王甚信之，公雖百說之，猶不聽也。公不如以儀之言為資，而得復楚❻。」陳軫曰：「善。」因使人以儀之言聞於楚。楚王喜，欲復之。

【注　釋】❶陳軫　遊說之士，和張儀共事秦惠王，受張儀之讒，投奔楚國，不受重用。後來楚國派陳軫出使秦國，經過魏都大梁。❷告楚　告別楚國。❸惡　詆毀。❹魏王　指魏惠王，即梁惠王。❺左爽　當是魏臣。〈魏策一〉作「左華」。❻復楚　回到楚國。

【語　譯】陳軫告別楚國前往魏國。張儀在魏王面前詆毀陳軫道：「陳軫還對楚國好，為楚國得到土地很賣力氣。」左爽對陳軫說：「張儀和魏王關係好，魏王很相信他，你即使勸說他一百次，還是不會聽你的啊。你不如用張儀的話作為資本，從而得以返回楚國。」陳軫說：「好。」因而派人將張儀的話傳到楚國。楚懷王聽了感到高興，想讓陳軫回來。

## 秦伐宜陽

【題　解】秦武王三年（西元前三〇八年），秦將甘茂進攻韓邑宜陽。楚懷王認為韓侈將能守住宜陽而想依靠他，陳軫卻預見到韓侈守不住宜陽，勸懷王不要依靠他。

秦伐宜陽。楚王❶謂陳軫曰：「寡人聞韓侈❷巧士也，習諸侯事，殆能自免❸也。為其必免，吾欲先據❹之以加德❺焉。」陳軫對曰：「舍❻之，王勿據也。以韓侈之知，於此困矣。今山澤之獸，無黠❼於麋❽。麋知獵者張罔❾前而驅己也，因還走而冒人❿，至數⓫。獵者知其詐，偽舉罔而進之⓬，麋因得矣。今諸侯明知此多詐，偽舉罔而進者必眾矣。舍之，王勿據也。韓侈之知，於此困矣。」楚王聽之，宜陽果拔⓭。陳軫先知之也。

【注釋】❶楚王　指楚懷王。❷韓侈　韓國的相。❸自免　自免於難，即能守住宜陽。❹據　依靠。❺加德　加倍給予恩德，和「加禮」的用法相同。❻舍　通「捨」。❼黠　狡黠。❽麋　麋鹿，也叫「四不像」。❾罔　同「網」。❿冒人　冒犯人；衝撞人。⓫數　多次。⓬偽舉罔而進之　指假裝舉網趕麋鹿前進。之，指代麋鹿。⓭宜陽果拔　據《史記・六國年表》，秦武王四年（西元前三〇七年）拔宜陽，斬首六萬。

【語譯】秦國進攻宜陽。楚懷王告訴陳軫說：「寡人聽說韓侈是個智巧之士，熟悉諸侯國的事，大概能夠自免於難，守住宜陽。因為他一定能自免於難，我想示意先依靠他，給予加倍的恩德。」陳軫回答說：「拋棄他，大王不要依靠他啊。憑著韓侈的有限智慧，這次他會陷入困境了。現在山林草澤裡的野獸，沒有比麋鹿更狡黠的。麋鹿知道獵人在前面設下羅網才來驅趕自己，於是便回頭跑而衝撞獵人，這樣達數次之多。獵人知道麋鹿的狡詐，便舉著網偽裝趕牠前進，因而捕得麋鹿。現在諸侯明知韓侈這樣多詐，舉著網偽裝趕他前進的人一定很多了。拋棄他，大王不要依靠他啊。韓侈的智慧有限，這次要陷入困境了。」楚懷王聽從陳軫的話，宜陽果真被攻了下來。陳軫事先就知道會這樣啊。

## 唐且見春申君

【題解】唐且勸楚相春申君，領導群臣，團結眾士，以成大業。

唐且❶見春申君❷曰：「齊人飾身修行得為益❸，然臣羞而不學也。不避絕❹江河，行千餘里來，竊慕大君❺之義，而善君之業。臣聞之，賁❻、諸❼懷錐刃❽

而天下為勇，西施衣褐而天下稱美。今君相萬乘之楚，禦中國之難，所欲者不成，所求者不得，臣等少也。夫梟棊❾之所以能為❿者，以散棊⓫佐之也。夫一梟之不如⓬不勝五散，亦明矣。今君何不為天下梟，而令臣等為散乎？」

【注　釋】❶唐且　一說即唐雎。魏國人，曾出使秦國。❷春申君　姓黃，名歇，是楚國的令尹（相當於相國）。❸益　好處，指有祿位。❹絕　橫渡。❺大君　對春申君的尊稱。❻賁　即孟賁，古代勇士。❼諸　即專諸，春秋時刺殺吳王僚的勇士。❽錐刀　相當於錐刀，即小刀。❾梟棊　博弈中刻有梟（一種凶猛的鳥）形的棋子。《韓非子．外儲說左下》記載匡倩談博時說：「博者貴梟，勝者必殺梟。」可見只有殺掉對方的梟形棋子才算贏棋。棊，同「棋」。❿能為　鮑彪本作「為能」。⓫散棊　其他棋子。博弈雙方各六子，除梟棋外，其餘的叫「五散」，又叫「五白」。⓬不如　依劉敞本「不如」當是衍文，應刪去。

【語　譯】唐且去見春申君說：「齊國人修飾自己的行為是為了得到好處，但是我為這感到羞恥而不願去學。我不避艱難，橫渡江河，行走一千多里來到這裡，是因為我私下仰慕你的高義，而且喜愛你的事業。我聽說孟賁、專諸懷裡藏著小刀，天下人卻認為他們勇敢；西施穿著粗布衣服，天下人卻稱讚她美麗。現在你做了能出一萬輛兵車的楚國的相國，要消弭中原國家的兵難，所想做的事不能成功，所求的東西得不到，那是因為像我們這樣的人少了的緣故啊。博弈中刻有梟形的棋子所以逞能的原因，是由於有其他的棋子在幫助它啊。一個梟形棋子贏不了五個散子，這道理是很明白的了。現在你為什麼不做天下的梟形棋子，而讓我們去做散子呢？」

# 卷一七　楚策四

## 或謂楚王

【題解】有人勸楚王參加合縱，不要保持中立，安於無事，更不要聽信連橫者的話。

或謂楚王曰：「臣聞從者❶欲合天下以朝大王，臣願大王聽之也。夫因詘❷為信❸，舊患有成❹，勇者義之❺。攝禍為福❻，裁少為多❼，知者官❽之。夫報報之反❾，墨墨之化❿，唯大君⓫能之。禍與福相貫⓬，生與亡為鄰，不偏於死，不偏於生，不足以載⓭大名。無所寇艾⓮，不足以橫世⓯。夫秦捐德⓰，絕命⓱之日久矣，而天下不知。今夫橫人⓲嚂口利機，上干⓳主心，下牟⓴百姓，公舉㉑而私取利，是以國權輕於鴻毛，而積禍重於丘山。」

【注釋】❶從者　即合縱者。❷因詘　即「以屈」。經由彎曲。詘，彎曲。❸信　通「伸」。伸張。❹舊患有成　舊，鮑彪本作「奮」。「奮患有成」是說在患難中能夠奮起，可以有成功的希望。❺義之　認為這樣是適宜的。義，宜。❻攝禍為福　是說化禍為福。攝，收。❼裁少為多　是說取少成多。❽官　取法。❾報報之反　是說得到的回報是相反的，指事物向相反的方向轉化。報報，報復。❿墨墨之化　是說無聲無形當中的變化。墨墨，同「默默」。⓫大君　對君主的尊稱。⓬貫　通。⓭載　承受。⓮寇艾　侵犯斬殺。寇，侵犯。艾，通「刈」。斬殺。⓯橫世　在世上無敵。⓰捐德　拋棄道德。⓱絕命　死亡。⓲橫人　主張連橫者。⓳干　干擾。⓴牟　通「蛑」。一種食根苗的害蟲，引申為侵取、牟取。㉑公舉　公家的舉措。這裡是說舉辦公事。

【語　譯】有人對楚王說：「我聽說主張合縱的人想聯合天下諸侯來朝拜大王，我希望大王聽從他們的建議。經由彎曲求得伸張，在患難中奮起而懷有成功的希望，勇敢的人認為這是適宜的。將災禍化為幸福，取少積成多，聰明的人認為這是可以取法的。使事物向相反的方向轉化，在無聲無形之中改變，只有偉大的君主才能辦到。災禍和幸福是相通的，生存和死亡是接近的，不願偏向死亡，也不願偏向生存，不死不活的人，是不能夠承受大名的。沒有侵犯斬殺，是不能夠無敵於世的。秦國拋棄道德，早就該滅亡了，天下的人卻不知道。現在那些主張連橫的人搖唇鼓舌，向上干擾君主的心思，向下牟取百姓的利益，假公濟私，因此國家的權力比鴻毛還輕，而積下的災禍卻比山丘還重。」

## 魏王遺楚王美人

【題　解】本文記載了鄭袖陷害魏美人的經過，她兩面三刀、陰險毒辣的面貌躍然紙上。

魏王❶遺楚王美人，楚王說之。夫人鄭褎❷知王之說新人也，甚愛新人。衣服玩好，擇其所喜而為之；宮室臥具，擇其所善而為之。愛之甚於王。王曰：「婦人所以事夫者，色也；而妒者，其情也。今鄭褏知寡人之說新人也，其愛之甚於寡人，此孝子之所以事親，忠臣之所以事君也。」鄭褏知王以己為不妒也，因謂新人曰：「王愛子美矣。雖然，惡子之鼻。子為❸見王，則必掩子鼻。」新人見王，因掩其鼻。王謂鄭褏曰：「夫新人見寡人，則掩其鼻，何也？」鄭褏曰：「妾知也。」王曰：「雖惡必言之。」鄭褏曰：「其似惡聞君王之臭也。」王曰：「悍❹哉！」令劓❺之，無使逆命。

【注　釋】❶魏王　指魏襄王或魏哀王。❷鄭褏　即鄭袖，楚懷王寵姬。❸為　如果。❹悍　潑悍無禮。❺劓　割鼻子。古代的一種刑罰。

【語　譯】魏王送給楚王一個美人，楚王喜愛她。夫人鄭袖知道楚王喜愛新人，自己也就很喜愛新人。衣服玩物，選擇美人所喜歡的而給她準備好；宮室臥具，選擇美人認為好的而給她準備好。鄭袖喜愛那個美人超過了楚王。楚王說：「女人用來侍奉丈夫的是姿色；而妒嫉是女人的本性。現在鄭袖知道寡人喜愛新人，她喜愛新人也就超過了寡人，這是孝子用來侍奉父母、忠臣用來侍奉君主的做法啊。」鄭袖知道楚王認為自己不妒嫉以後，便對新人說：「大王喜歡你美麗呀。雖然這樣，可是討厭你的鼻子。你如果見到大王，就一定捂住你的鼻子。」新人見了楚王，於是便捂住了鼻子。楚王對鄭袖說：「新人見到寡人，就捂住她的鼻子，是什麼原因？」鄭袖說：「我知道。」楚王說：「即使難聽，你也一定要說出來。」鄭袖說：「她好像是討厭聞到大王身上的氣味。」楚王說：「潑悍無禮呀！」便下令割掉美人的鼻子，並且不准有人違抗命令替她求情。

## 楚王后死

【題解】楚王后死，有人告訴昭魚，可用獻珥的辦法探測到楚王想立誰做夫人。與〈齊策三・齊王夫人死〉的有關記載相似。

楚王后死，未立后也。謂昭魚❶曰：「公何以不請立后也？」昭魚曰：「王不聽，是知困而交絕於后❷也。」「然則不買❸五雙珥❹，令其一善而獻之王，明日視善珥所在，因請立之。」

【注釋】❶昭魚　楚王的同族大臣。❷后　指新立的后。❸不買　依吳師道說「不買」前當加一「何」字。❹珥　耳飾，用玉製成。

【語譯】楚王后死了，還沒有再立王后。有人對昭魚說：「你為何不請求立王后呢？」昭魚說：「如果楚王不聽從，便無計可施而且又和新立的王后弄壞了關係啊。」那個人又說：「這樣說來，為什麼不買五對耳飾，使其中有一對特別精美，把它們一起獻給楚王，第二天你就看那對精美的耳飾戴在誰的耳上，就請求立誰做王后。」

## 莊辛謂楚襄王

【題解】郢都破亡之後，莊辛再次向楚襄王進諫，告誡他不要寵愛佞臣，專事遊樂，不顧國事，否則將有殺身之禍。全篇說辭，由小及大，由物及人，層層設喻，跌宕起伏，引人入勝。

莊辛❶謂楚襄王❷曰：「君曰左州侯❸，右夏侯❹，輦❺從❻鄢陵君❼與壽陵君❽，專淫逸侈靡，不顧國政，郢都❾必危矣。」襄王曰：「先生老悖❿乎？將⓫以為楚國祆祥⓬乎？」莊辛曰：「臣誠見其必然者也，非敢以為國祆祥也。君王卒幸四子⓭者不衰，楚國必亡矣。臣請辟⓮於趙，淹留以觀之。」莊辛去，之趙，留五月，秦果舉鄢⓯、郢、巫⓰、上蔡⓱、陳⓲之地，襄王流揜⓳於城陽⓴。於是使人發騶㉑，徵㉒莊辛於趙。莊辛曰：「諾。」

【章旨】楚襄王不聽莊辛的諫誡，果然遭郢都破亡之禍。

【注釋】❶莊辛　楚臣。一說是楚莊王的後代。❷楚襄王　即楚頃襄王，是懷王的兒子。❸州侯　楚相。見〈楚策一・江乙為魏使於楚〉。❹夏侯　指某寵臣，事跡不詳。❺輦　古代用兩人拉著走的車。❻從　跟隨。❼鄢陵君　當是指封地在鄢陵的某寵臣。鄢陵，在今河南鄢陵境內。❽壽陵君　當是指某寵臣。據《史記・秦始皇本紀》，秦王政六年（西元前二四一年）韓、魏、趙、衛、楚五國，共擊秦，取壽陵，事在莊辛說楚王之後。❾郢都　楚國國都，在今湖北江陵郊區。❿悖　昏亂；糊塗。⓫將　抑；還是。⓬祆祥　同「妖祥」。偏義複詞，作「妖孽」解。⓭四子　指州侯、夏侯、鄢陵君、壽陵君。⓮辟　通「避」。避難。⓯鄢　楚地，在今湖北宜城。⓰巫　巫郡，楚地，在今四川巫山東。據《史記・楚世家》，頃襄王二十一年（西元前二七八年）秦將白起攻下郢都，焚燒楚先王陵墓，頃襄王向東逃難到陳城。第二年秦國又攻下楚國的巫郡、黔中郡。⓱上蔡　在今河南漯河南。⓲陳　春秋時國名，在今河南淮陽及安徽亳縣一帶，為楚所滅。這裡的記載可能有誤，頃襄王當時逃難到陳城，秦國並沒有攻下陳。⓳揜　隱藏。⓴城陽　當依鮑彪本作「成陽」，在今河南信陽東北。㉑騶　古代的騎士。㉒徵　徵召。

【語譯】莊辛對楚襄王說：「君王的左邊是州侯，右邊是夏侯，坐輦車出來，鄢陵君和壽陵君就跟隨在一起，專門淫逸享樂，奢侈腐化，不顧國家政事，這樣下去，郢都必定危險了。」楚襄王說：「先生是老糊塗了呢？還是成了楚國的妖孽呢？」莊辛說：「我確實是預見到必定會這樣的啊，不敢做楚國的妖孽啊。君王如果始終喜愛這四個人而不回心轉意，楚國就必定滅亡了。我請求到趙國去避難，留在那裡拭目以待。」莊辛離開楚國，到了趙國，停留了五個月，秦國果然攻下了鄢城、郢都、巫郡、上蔡、陳等地，楚襄王流亡躲藏在成陽。於是命人派遣騎士，到趙國去徵召莊辛回來，莊辛說：「好。」

莊辛至，襄王曰：「寡人不能用先生之言，今事至於此，為之奈何？」莊辛對曰：「臣聞鄙語曰：『見兔而顧犬，未為晚也；亡羊而補牢，未為遲也。』臣聞昔湯、武以百里昌，桀、紂以天下亡。今楚國雖小，絕長續短，猶以數千里，豈特❶百里哉？王獨不見乎蜻蛉❷乎？六足四翼，飛翔乎天地之間，俛❸啄蚉❹虻❺而食之，仰承甘露❻而飲之，自以為無患，與人無爭也。不知夫五尺童子❼，方將調鈆❽膠絲❾，加己乎四仞❿之上，而下為螻蟻食也。蜻蛉其小者也，黃雀因是以⓫。俯噣⓬白粒⓭，仰棲茂樹，鼓翅奮翼，自以為無患，與人無爭也。不知夫公子王孫，左挾彈⓮，右攝丸⓯，將加己乎十仞之上，以其類⓰為招⓱。晝游乎茂樹，夕調乎酸鹹⑱，倏忽之間，墜於公子之手⑲。夫雀⑳其小者也，黃鵠㉑因是以。游於江海，淹乎大沼㉒，俯噣鱔鯉㉓，仰嚙㉔蔆㉕衡㉖，奮其六翮㉗，而凌㉘清風，飄搖乎高翔，自以為無患，與人無爭也。不知夫射者，方將脩㉙其碆㉚盧㉛，治其繒繳㉜，將加己乎百仞之上。彼㉝礛磻㉞，引微繳㉟，折清風而抎㊱矣。故晝游乎江河，夕調乎鼎鼐㊲。夫黃鵠其小者也，蔡聖侯㊳之事因是以。南游乎高陂㊴，北陵㊵乎巫山㊶，飲茹谿㊷流㊸，食湘波㊹之魚，左抱幼妾，右擁嬖女㊺，與之馳騁乎高蔡㊻之中，而不以國家為事。不知夫子發㊼方受命乎宣王㊽，繫己以朱絲而見之也。蔡聖侯之事其小者也，君王之事因是以。左州侯，右夏侯，輦㊾從鄢陵君與壽陵君，飯㊿封祿(51)之粟，而戴(52)方府(53)之金，與之馳騁乎雲夢(54)之中，而不以天下國家為事。不知夫穰侯(55)方受命乎秦王(56)，填(57)黽塞(58)之內，而投己乎黽塞之外(59)。」襄王聞之，顏色變作，身體戰慄。於是乃以執珪(60)而授之為陽陵君(61)，與淮北之地(62)也。

【章旨】莊辛以蜻蛉、黃雀、黃鵠、蔡聖侯為喻，諷諫楚襄王。楚襄王聽後感到驚恐。

【注釋】❶特　只。❷蜻蛉　即蜻蜓。❸俛　同「俯」。❹蚉　即「蚊」。❺䖟　即「虻」，蟲名。❻甘露　甘甜的露水。❼五尺童子　過去的尺比現在的小，所以有「五尺童」的說法。❽鈆　依鮑彪本當作「飴」，即糖漿，舊稱糖稀。❾膠絲　黏在絲上。⑩仞　古代稱七尺或八尺為仞。⑪因是以　相當於「猶是矣」。以，語終詞，和「矣」同。參見王引之《經傳釋詞・卷一》。⑫啁　鳥用嘴啄東西。⑬白粒　指糧食等食物。⑭彈　彈弓。⑮丸　彈丸。⑯類　依王念孫說當作「頸」，見《讀書雜志・卷二》。⑰招　箭靶子。⑱酸醎　指醋鹽等一類食用佐料。醎，同「鹹」。⑲倏忽之間二句　王念孫認為這二句十字宜刪去。按，將這兩句移到「以其類為招」之後也可以，譯文即作此處理。⑳雀　依前文當作「黃雀」。㉑黃鵠　《新序・雜事二》作「鴻鵠」，即天鵝。㉒淹乎大沼　在大池沼裡居留。淹，留；居住。大沼，大池沼。㉓鰋鯉　依王念孫說當從《新序・雜事二》作「鰋鯉」，即鯰魚。㉔嚙　咬食。㉕陵　即菱角。㉖衡　香草名，疑為杜衡。㉗六翮　指鳥的翅膀。翮，鳥翎的莖，即翎管。㉘淩　乘。㉙脩　即「修」，修理。㉚莽　鮑彪本作「碆」，可作箭頭。㉛盧　同「旅」。黑弓。㉜繒繳　即「矰繳」，一種繫有絲繩獵取飛鳥的射具。繒，通「矰」。繳，繫在箭上的絲繩。㉝彼　當從鮑彪本作「被」。㉞礛磻　繳矢所用的鋒利石塊。㉟微繳　小絲繩。㊱抎　墜。㊲鼎鼐　盛菜肴的器具。鼐，大鼎。㊳蔡聖侯　鮑彪本作「蔡靈侯」，名般，弒君自立為王，魯昭公十一年（西元前五三一年），被楚靈王所誘殺。見《左傳》昭公十一年。㊴高陂　高坡。㊵陵　升；登。㊶巫山　山名，在今四川巫山東。㊷茹谿　巫山溪名。㊸流　「流」上當補一「之」字。㊹湘波　即湘水，在今湖南境內。㊺嬖女　寵愛的女人。㊻高蔡　鮑彪說即上蔡。㊼子發　當是楚臣。㊽宣王　鮑彪本作「靈王」，指楚靈王。㊾輩　依上文當作「輦」。㊿飯　作動詞用，吃。(51)封祿　指封邑中所得的俸祿。(52)戴　當依鮑彪本作「載」，裝載。(53)方府　楚國國庫。(54)雲夢　楚王的遊獵區。(55)穰侯　指魏冉，秦昭王的相，也是秦昭王的舅父。(56)秦王　指秦昭王。(57)塡　布滿軍隊。(58)黽塞　即黽阨，古隘道名，在今河南信陽西南，有大小石門，鑿山通道，地勢險要。(59)投己乎黽塞之外　楚襄王逃難到陳城，是在黽塞之外；秦軍在黽塞之內。己，指楚襄王而言。(60)執珪　爵位名，將圭賜給功臣，使執圭朝見，所以稱執珪。(61)陽陵君　莊辛的封號。(62)與淮北之地　照這裡記載是將淮北之地封給莊辛。《新序・雜事二》作「與舉淮北之地」，便是說和莊辛一起取得淮北之地。

【語　譯】莊辛到了，楚襄王說：「寡人不能採納先生的建議，現在事情已經到了這個地步，該怎麼辦？」莊辛回答說：「我聽到俗話說：『見到兔子以後再回頭叫獵狗去追，不能算晚；跑了羊兒以後再去修補羊圈，不能算遲。』我聽說過去的商湯、周武王憑藉一百里的地方興盛起來，夏桀、商紂王占有天下反而滅亡了。現在楚國雖然小，取長補短，還有幾千里，哪裡只是一百里呢？大王難道沒有看見蜻蜓嗎？六隻腳、四隻翅膀，在天地之間飛翔，往下啄蚊子、虻蟲吃，向上接飲甘甜的露水，自以為沒有災難，與人無爭。卻不知道那些小孩，正在調和糖稀黏在絲上，在幾丈高的空中黏取自己，弄下來給螞蟻吃。蜻蜓那是小的東西，大一點的黃雀也是這樣。往下啄白色的顆粒吃，往上歇在茂密的樹林裡，鼓起翅膀，起動羽翼，自以為沒有災難，與人無爭。卻不知道那班公子王孫，左手挾著彈弓，右手取出彈丸，將要在幾十丈的高空擊殺自己，把自己的脖子當作箭靶子射。頃刻之間，黃雀便掉在公子的手上。白天還在茂密的樹林裡遊戲，晚上就和醋鹽等佐料調配在一起被人吃掉。黃雀那是小的東西，大的天鵝也是這樣。在江海上遨遊，在大池沼裡居留，往下啄鰷魚，向上食菱角和杜衡，張開翅膀，乘著清風，在高空中飄搖翱翔，自以為沒有災難，與人無爭。卻不知道那射手，正在修理箭頭和黑弓，整治繫有絲繩的射具，將要在幾百丈的高空上射殺自己。終於那天鵝被鋒利的石塊製的箭頭所射中，拖著細小的絲繩，逆著清風往下墜落。所以天鵝白天在江河上遨遊，晚上卻和油鹽醬醋等一起烹調在大鼎裡。天鵝還是小的東西，蔡靈侯的事也是這樣。他南遊高坡，北登巫山，飲茹溪的流水，吃湘江裡的魚，左手抱著年輕的妻妾，右手摟著寵愛的女人，和她們一起在上蔡馳騁畋獵，不顧國家的政事。卻不知道那個子發正在接受楚靈王的命令，要用紅色的絲繩綑綁自己去見楚靈王。蔡靈侯的事那是小的，君王的事也是這樣。左邊是州侯，右邊是夏侯，坐輦車出來，鄢陵君和壽陵君就跟隨在一起，吃封邑內的糧食，裝載著國庫的黃金，和他們一起在雲夢澤馳騁畋獵，而不顧國家的政事。卻不知道那穰侯魏冉正接受秦昭王的命令，在黽隘塞裡面布滿了軍隊，而把自己拋棄在黽隘塞外面。」楚襄王聽了，臉色變了，渾身發抖。於是封給莊辛執珪爵位，授給他陽陵君封號，並將楚國淮北的那片土地給了他。

## 齊明說卓滑以伐秦

【題解】齊明假借樗里疾的名義，遊說楚臣卓滑進攻秦國。

齊明❶說卓滑❷以伐秦，滑不聽也。齊明謂卓滑曰：「明之來也，為樗里疾❸卜❹交也。明說楚大夫以伐秦，皆受明之說也，唯公弗受也，臣有辭以報樗里子矣。」卓滑因重之。

【注釋】❶齊明　策士名，東周國人，後仕秦、楚、韓等國。❷卓滑　即召滑，楚國的謀臣。❸樗里疾　秦惠王的弟弟，滑稽多智，秦人稱之為「智囊」，為左丞相。❹卜　選擇。

【語譯】齊明勸卓滑進攻秦國，卓滑不聽他的話。齊明便對卓滑說：「我齊明來這裡，是替樗里疾選擇朋友。我齊明勸楚國的大夫進攻秦國，他們都接受我的勸說，只有你不接受，我有話向樗里子報告了。」卓滑因而重視齊明。

## 或謂黃齊

【題解】有人用老萊子教孔子侍奉君主的辦法，勸說黃齊和富摯搞好關係。

或謂黃齊❶曰：「人皆以謂❷公不善於富摯❸。公不聞老萊子❹之教孔子事君乎？示之其齒❺，『之堅也，六十而盡相靡❻也。』今富摯能，而公重❼不相善也，是兩盡也。諺曰：『見君之乘❽，下之❾；見杖，起之。』今也，王愛富摯，而公不善也，是不臣也。」

【注　釋】❶黃齊　楚臣。❷謂　通「為」。❸富摯　楚懷王的寵臣。❹老萊子　據《史記．老子韓非列傳》、〈仲尼弟子列傳〉，老萊子是楚國人，著書宣傳道家思想，和孔子同時，孔子很尊敬他。❺齒　姚宏所見一版本「齒」下有「曰齒」二字。譯文採用此說。❻靡　通「摩」。摩擦；接觸。❼重　甚；很。❽乘　車輛。❾下之　從車上下來。

【語　譯】有人對黃齊說：「人們都認為你和富摯關係不好。你沒有聽說過老萊子教孔子侍奉君主的辦法嗎？老萊子將他的牙齒露出來給孔子看，說：『牙齒這麼堅硬，六十歲就全部遭到磨損啊。』現在富摯有才能，而你和他的關係卻很不好，這樣的結果是兩敗俱傷啊。俗話說：『看到君主的車，就從車上下來；看見君主的手杖，就站起來。』現在大王喜愛富摯，而你和他的關係卻不好，這是不像臣子的樣子啊。」

## 長沙之難

【題　解】楚懷王死後，齊國歸還楚太子，接著就聯合韓、魏進攻楚國的東部地區。楚臣昭蓋獻計，揚言將割地與齊國講和以驚動秦國，促使它來救援楚國。

長沙之難❶，楚太子橫❷為質於齊。楚王死，薛公❸歸太子橫，因與韓、魏之兵，隨而攻東國❹。太子懼。昭蓋❺曰：「不若令屈署❻以新❼東國為和於齊以動秦。秦恐齊之敗東國，而令行於天下也，必將救我。」太子曰：「善。」遽令屈署以東國為和於齊。秦王❽聞之懼，令辛戎❾告楚曰：「毋與齊東國，吾與子出兵矣。」

【注釋】❶長沙之難　史書缺少記載，不可詳考。《史記・楚世家》只說懷王二十九年（西元前三〇〇年），秦大敗楚，懷王恐，使太子去齊國做人質。長沙，秦設置的郡名，轄境比現在的長沙要大得多。長沙之難時，長沙當是楚地。❷太子橫　楚頃襄王，是懷王的兒子。❸薛公　即孟嘗君田文。❹東國　楚國東邊靠近齊國的那片土地。《史記・楚世家》稱之為「下東國」。據〈楚策二・楚襄王為太子之時〉，太子橫回楚時曾被迫答應將東地五百里給齊國，後來齊國曾派兵來索取東地。❺昭蓋　當是楚王同姓之臣，事跡不詳。❻屈署　楚王同姓之臣，事跡不詳。❼新　疑是衍文。❽秦王　指秦昭王。❾辛戎　當作「芈戎」，秦昭王的舅父。

【語譯】長沙之戰，楚國的太子橫到齊國去做人質。楚懷王死了，田文讓太子橫回到楚國，於是和韓國、魏國的軍隊聯合起來，立刻進攻楚國的東部地區。楚太子害怕。昭蓋說：「不如派屈署用東部地區去與齊國講和，來驚動秦國。秦國擔心齊國打敗楚國的東部地區，從而號令天下，必定將要救援我們。」楚太子說：「好。」便趕緊派屈署用東部地區去與齊國講和。秦昭王知道後，害怕了，便派芈戎去告訴楚王說：「不要將楚國的東部地區給齊國，我就和你一起出兵了。」

## 有獻不死之藥於荊王者

【題解】本篇用有人進獻不死之藥的寓言故事，說明有人在欺騙君主，君主應當醒悟。

有獻不死之藥於荊王❶者，謁者❷操以入。中射之士❸問曰：「可食乎？」曰：「可。」因奪而食之。王怒，使人殺中射之士。中射之士使人說王曰：「臣問謁者，謁者曰可食，臣故食之。是臣無罪，而罪在謁者也。且客獻不死之藥，臣食之而王殺臣，是死藥也。王殺無罪之臣，而明人之欺王。」王乃不殺。

【注釋】❶荊王　楚王。❷謁者　負責通報和迎接賓客的官員。❸中射之士　是侍奉君王的近臣。

【語譯】有人進獻吃了可以長生不死的藥給楚王，負責通報、迎接賓客的官員拿著這種藥進宮去。中射士問道：「可以吃嗎？」回答說：「可以吃。」於是他便奪過去吃掉了。楚王惱了火，便派人去殺那個中射士。中射士使人去勸說楚王道：「我問負責通報、迎接賓客的官員，他說可以吃，所以我便吃掉了。這樣說來，我是沒有罪，有罪的是那個負責通報、迎接賓客的官員啊。再說那個客人進獻的是吃了可以長生不死的藥，我吃了這種藥，大王卻殺死我，這就說明這是種吃了會死的藥啊。大王殺死沒有罪的臣子，卻證明了別人在欺騙大王。」楚王於是便不殺那個中射士。

## 客說春申君

【題解】春申君對於說客的說好說壞，毫無主見，荀子寫信給他，用「癘人憐王」的話表明對於說客說了自己的壞話可以諒解。同時作賦指責忠姦莫辨的黑暗現實，暗示春申君將有殺身之禍。

客說春申君❶曰：「湯❷以亳❸，武王❹以鄗❺，皆不過百里以有天下。今孫子❻，天下賢人也，君籍❼之以百里勢❽，臣竊以為不便❾於君。何如？」春申君曰：「善。」於是使人謝孫子。孫子去之趙，趙以為上卿❿。客又說春申君曰：「昔伊尹⓫去夏入殷⓬，殷王而夏亡。管仲⓭去魯入齊，魯弱而齊強。夫賢者之所在，其君未嘗不尊，國未嘗不榮⑭也。今孫子，天下賢人也，君何辭之？」春申君又曰：「善。」於是使人請孫子於趙。

【章旨】說客說荀子將不利於春申君，春申君就讓荀子離開楚國去趙國；說客又說荀子於君於國有利，春申君又派人去趙國請荀子回來。

【注釋】①春申君　楚人，姓黃，名歇，事頃襄王。楚考烈王時，為令尹，封為春申君。②湯　商湯，商朝的開國君主。③亳　商湯的國都，在今河南商丘。一說在今河南偃師。④武王　指周武王。⑤鄗　周武王國都，在今陝西西安西。⑥孫子　即荀子，因避漢宣帝劉詢諱改稱孫子，姓荀，名況。⑦籍　通「藉」。作借字解。⑧百里勢　指縣令、邑宰。因其轄地約百里而得名。勢，勢位。春申君為令尹時用荀子做蘭陵令。⑨便　利。⑩上卿　官名，卿分上下，上者為尊。⑪伊尹　名摯，一說名阿衡。他由夏入商，商湯將國政交給了他。⑫殷　商。商朝自從盤庚由奄（今山東曲阜）遷殷（今河南安陽西）後也叫殷。⑬管仲　春秋時人。名夷吾。齊國內亂，管仲先隨公子糾奔魯，後歸齊，為齊桓公相。⑭榮　繁盛；強盛。

【語譯】有個說客勸春申君說：「商湯依靠亳，武王依靠鄗，都沒有超過百里，從而占有了天下。現在荀子是天下的賢人，你借給了他百里之地的勢位，我私自認為對你不利。你覺得怎麼樣？」春申君說：「好。」於是派人去辭退荀子。荀子離開楚國到了趙國。趙國用他做了上卿。說客又勸春申君說：「過去伊尹離開夏國到了商國，商湯稱了王而夏桀卻滅亡了。管仲離開魯國到了齊國，魯國變得弱小而齊國卻變得強大。賢能的人所在的國家，它的君主沒有不受到尊重，國家沒有不強盛。現在荀子是天下的賢人，你為什麼辭退他？」春申君又說：「好。」於是派人去趙國請荀子回來。

孫子為書謝①曰：「癘人憐王②，此不恭之語也。雖然③，不可不審察④也。

此為劫弒死亡之主[5]言也。夫人主年少而矜材[6]，無法術以知奸，則大臣主斷國私[7]，以禁誅[8]於己[9]也，故弒賢長而立幼弱，廢正適[10]而立不義[11]。《春秋》[12]戒[13]之曰：『楚王子圍[14]聘[15]於鄭，未出竟[16]，聞王[17]病，反[18]問疾，遂以冠纓[19]絞王，殺之，因自立也。齊崔杼[20]之妻美，莊公[21]通[22]之。崔杼帥其君黨而攻。莊公請與分國[23]，崔杼不許；欲自刃於廟，崔杼不許。莊公走出，踰於外牆，射中其股，遂殺之，而立其弟景公[24]。』近代所見：李兌[25]用趙[26]，餓主父[27]於沙丘[28]，百日而殺之。淖齒用齊[29]，擢[30]閔王之筋，縣[31]於其廟梁，宿夕[32]而死。夫癘雖癰腫胞疾[33]，上比前世，未至絞纓射股；下比近代，未至擢筋而餓死也。夫劫弒死亡之主也，心之憂勞，形之困苦，必甚於癘矣。由此觀之，癘雖憐王可也。」因為賦[34]曰：「寶珍隋珠[35]，不知佩[36]兮。禕布[37]與絲，不知異兮。閭姝[38]子奢[39]，莫知媒[40]兮。嫫母[41]求之，又甚喜之兮。以瞽為明，以聾為聰，以是為非，以吉為凶。嗚呼上天，曷惟其同[42]！」《詩》[43]曰：「上天甚神，無自瘵也[44]。」

【章　旨】荀子謝絕了春申君要他回楚國的請求，寫信給春申君，說「癘人憐王」是可以理解的。並作賦譏責黑白不分、忠姦莫辨的現實以諷春申君。

【注　釋】❶謝　謝絕；拒絕。❷癘人憐王　痲瘋病人的痛苦比起被劫弒而死的君王的痛苦要輕，所以痲瘋病人可憐被劫弒而死亡的君王。癘，通「癩」。癩病；痲瘋病。王，在這裡是指被臣子劫弒而死亡的君王。❸雖然　即使如此。❹審察　仔細考察。❺劫弒死亡之主　被臣子劫弒而死亡的君主。❻矜材　恃材高傲。❼國私　依《韓詩外傳‧卷四‧第二十五章》當作「圖私」。❽禁誅　囚禁誅殺。❾已　指人主。❿正適　正妻所生的長子。⓫不義　不義之人。⓬春秋　書名，相傳為孔子所作。這裡實際上是指《春秋左氏傳》。⓭戒　依許維遹說當是「識」之誤。識，記。《韓非子‧姦劫弒臣》作「記」。⓮王子圍　楚康王的弟弟，楚國的令尹。西元前五四一年出使鄭國，途中聽說楚王郟敖有病，便回到楚國，絞殺郟敖，自立為王，即楚靈王。見《左傳》昭公元年及《史記‧楚世家》。⓯聘　諸侯國之間派使者訪問叫聘。⓰竟　通「境」。國境。⓱王　指楚王郟敖。⓲反　同「返」。⓳冠纓　繫帽子的帶子。⓴崔杼　齊大夫。㉑莊公　指齊莊公光，為崔杼所弒。㉒通　私通。㉓分國　將齊國分一部分給他。㉔景公　齊景公杵臼，是莊公的異母弟。崔杼殺莊公，事見《左傳》襄公二十五年及《史記‧齊太公世家》。㉕李兌　趙將，為司寇。㉖用趙　在趙國掌權。㉗主父　即趙武靈王，自號為主父。㉘沙丘　在今河北廣宗境內。李兌餓殺趙武靈王事，《史記‧趙世家》有較詳細的記載。㉙淖齒用齊　齊閔王十七年（西元前二八四年），燕將樂毅攻入齊都臨淄，閔王出奔到莒，楚國派淖齒救齊，淖齒因而做了齊閔王的相。所謂「用齊」即指此而言。淖齒，楚將。㉚擢　抽。㉛縣　同「懸」。㉜宿夕　一晚。㉝胞疾　有說是指胎中得的疾病。疑指長有胞衣般的水泡的疾病。㉞為賦　作賦。以下所賦又見《荀子‧賦篇》的〈佹詩〉中的「小歌」，文字稍有不同。㉟隋珠　即隋侯珠。相傳隋國的君主救了一條受傷的大蛇，後來那條大蛇在江中銜上一顆大寶珠以作回報，因此叫「隋珠」。㊱佩　佩戴。㊲褘布　當從《荀子‧賦篇》及《韓詩外傳‧卷四》作「雜布」。㊳閭姝　《荀子》及《韓詩外傳》作「閭娵」，古代美女。㊴子奢　即子都，鄭國的美人。㊵莫知媒　當從《荀子》、《韓詩外傳》作「莫之媒」。即無人替她們作媒。㊶嫫母　傳說是黃帝時的醜女。㊷曷惟其同　怎麼能混同。曷，何。惟，句中助詞。同，混同；沒有差別。㊸詩　指《詩經》。㊹上天甚神二句　見《詩經‧小雅‧菀柳》。今本作「上帝甚蹈，無自瘵焉」。自瘵，自病；自討苦吃。

【語　譯】荀子寫信謝絕春申君的請求說：「痲瘋病人可憐君王，這是一句不恭敬的話。即使是這樣，也不能不仔細考察啊。這是一句對被劫弒而死亡的君主而說的話。君主年少氣盛，恃材高傲，卻缺少法術來知道姦邪，那麼大臣就會專斷謀私，來囚禁、誅殺君主，所以便殺掉君主賢能的長子而立幼稚弱小的庶子，廢除君主正妻生的長子而立不義的兒子。《春秋左氏傳》上記載說：『楚國的公子圍訪問鄭國，還沒有出境，就聽說楚王郟敖病了，他便回來，藉口問候病情，就用繫帽子的帶子絞死楚王，自己做了君王。齊國崔杼的妻子長得漂亮，齊莊公和她私通。崔杼率領他的黨徒攻擊齊莊公，齊莊公請求將齊國分一半給他，崔杼不答應；齊莊公想在廟堂裡自殺，崔杼也不答應。齊莊公出逃，越過外牆，被射中大腿，而遭殺害。崔杼便立他的弟弟做君主，便是齊景公。』近代所看到的是：李兌在趙國掌權，讓趙武靈王在沙丘挨餓，經過一百天將他殺死。淖齒在齊國掌權，抽齊閔王的筋，將他懸掛在廟堂的橫樑上，一晚上就死掉了。得痲瘋病雖然渾身癰腫、長水泡，可是往上和前世的君主比起來，還沒有到用帶子絞脖子、用箭射大腿的程度；往下和近代的君主比起來，也還沒有到抽筋、餓死的地步。那些被劫弒而死的君主，精神上的難過、肉體上的痛苦，一定超過了得痲瘋病。由此看來，痲瘋病人即使可憐君主，也是可以理解的。」於是作賦說：「珍寶和隋珠，人們不曉得去佩戴；雜布與絲綢，有人分別不出來。閭姝和子都，沒人去說媒；找到個醜婆娘，卻又很歡喜。說瞎子是目明，說聾子是耳聰；把是當作非，把吉當作凶。唉呀老天爺，怎麼能混同！」《詩經》上說：「老天爺很神明，不要自討苦吃啊。」

## 天下合從

**【題解】**天下諸侯推行合縱政策。趙國的使者魏加用驚弓之鳥可以虛發而下為例，勸春申君不可用打了敗仗的臨武君為將。

天下合從。趙使魏加見楚春申君曰：「君有將乎？」曰：「有矣，僕欲將臨武君❶。」魏加曰：「臣少之時好射，臣願以射譬之，可乎？」春申君曰：「可。」

加曰：「異日者，更羸❷與魏王處京臺❸之下，仰見飛鳥。更羸謂魏王曰：『臣為王引弓虛發而下鳥。』魏王曰：『然則射可至此乎？』更羸曰：『可。』有間，雁從東方來，更羸以虛發而下之。魏王曰：『然則射可至此乎！』更羸曰：『此孽❹也。』王曰：『先生何以知之？』對曰：『其飛徐而鳴悲。飛徐者，故瘡痛也；鳴悲者，久失群也。故瘡未息，而驚心未至❺也，聞弦音引而高飛，故瘡隕也❻。』今臨武君，嘗為秦孽❼，不可為拒秦之將也。」

【注　釋】❶臨武君　楚將。❷更羸　人名，疑為魏臣。❸京臺　即高臺。一說是臺名。❹孽　病。❺至　鮑彪本作「去」。❻聞弦音引而高飛二句　據《荀子・議兵篇》楊倞注引這二句當作「聞弦音烈而高飛，故隕也」。❼嘗為秦孽　曾敗於秦。

【語　譯】天下諸侯推行合縱政策。魏國派魏加去見楚國的春申君說：「你有將軍嗎？」春申君說：「有了。我想讓臨武君做將軍。」魏加說：「我年輕時喜歡射箭，我願意用射箭作比喻，行嗎？」春申君說：「可以。」魏加說：「過去更羸和魏王在高臺下面，抬頭看見飛鳥。更羸對魏王說：『我為大王拉弓虛發一箭就可以把鳥射下來。』魏王說：『這麼說來，射箭的技術可以到這種程度嗎？』更羸說：『可以。』過了一會，有隻雁從東邊飛來，更羸便憑虛發一箭而將牠射了下來。魏王說：「這麼看來，射箭的技術是可以到這種程度啊！」更羸說：『這是因為雁受了傷啊。』魏王說：『先生怎麼知道？』魏加回答說：『牠飛得慢而且鳴叫的聲音悲哀。飛得慢，因為舊傷疼痛；鳴叫的聲音悲哀，是因為離開鳥群久了。舊傷沒有痊癒，而且驚恐的心情還沒有去掉，所以聽見弓弦的響聲猛烈，便向上高飛，卻反而掉了下來。』現在臨武君曾經被秦國打敗，不能做抗拒秦國的將軍啊。」

## 汗明見春申君

【題　解】汗明進見春申君，希望春申君能夠了解、任用自己。

汗明❶見春申君，候問❷三月，而後得見。談卒，春申君大說之。汗明欲復談，春申君曰：「僕已知先生，先生大息❸矣。」汗明憱焉❹曰：「明願有問君而恐固❺。不審❻君之聖孰與堯也？」春申君曰：「先生過矣，臣何足以當堯？」汗明曰：「然則君料臣孰與舜？」春申君曰：「先生即舜也。」汗明曰：「不然，臣請為君終言之。君之賢實不如堯，臣之能不及舜。夫以賢舜事聖堯，三年而後乃相知也。今君一時而知臣，是君聖於堯而臣賢於舜也。」春申君曰：「善。」召門吏為汗先生著客籍❼，五日一見。

【章　旨】汗明去見春申君，希望春申君能夠進一步了解自己。

【注　釋】❶汗明　人名，事跡不詳。❷候問　一作「候間」，意為等候。❸大息　休息。❹憱焉　即「蹴焉」，驚恐不安的樣子。❺固　鄙陋；淺陋。❻審　詳知。❼著客籍　在賓客簿上登記。

【語　譯】汗明求見春申君，等候了三個月，然後才見到他。談話結束，春申君很高興。汗明還想再談，春申君說：「我已經了解了先生，先生可以休息了。」汗明惶恐不安地說：「我汗明有問題向你請問而又擔心自已顯得淺陋無知。不知道你的聖明和堯帝比起來哪個強？」春申君說：「先生錯了，我怎麼能夠比得上堯帝？」汗明說：「這樣說來，那麼你料想我和舜帝比起來哪個強？」春申君說：「先生就是舜帝啊。」汗明說：「不對，請讓我為你把話說完。你的賢能實在比不上堯帝，我的材能也趕不上舜帝。用賢能的舜帝去侍奉聖明的堯帝，三年以後方才互相了解。現在你短時間內就說了解了我，這樣說來，便是你比堯帝還聖明而我比舜帝還賢能啊。」春申君說：「說得好。」便叫門衛為汗明先生在賓客簿上登記，約定五天見他一次。

汗明曰：「君亦聞驥乎？夫驥之齒至❶矣，服❷鹽車❸而上太行❹。蹄申❺膝折尾湛❻胕潰❼，漉汁❽灑地，白汗❾交流，中阪❿遷延⓫，負轅⓬不能上。伯樂⓭遭⓮之，下車攀而哭之，解紵衣⓯以冪⓰之。驥於是俛而噴，仰而鳴，聲達於天，若出金石聲者，何也？彼見伯樂之知己也。今僕之不肖，阨⓱於州部⓲，堀穴⓳窮巷，沉洿⓴鄙俗之日久矣，君獨無意湔拔㉑僕也，使得為君高鳴屈於梁㉒乎？」

【章旨】汗明用伯樂同情老驥駕鹽車而上太行山的艱難困苦，比喻自己希望能夠得到春申君的舉用。

【注釋】❶齒至　上了年歲。因為馬的牙齒是隨年齡而增長。❷服　駕車。❸鹽車　運鹽的車。❹太行　太行山，在今山西、河北、河南三省境內。❺蹄申　即「蹄伸」，蹄用力蹬地。❻湛　同「沉」。下垂。❼胕潰　皮膚潰爛。胕，當作「肤」，同「膚」。潰，腐爛。❽漉汁　汗水。❾白汗　白色的汗。❿中阪　半山坡上。⓫遷延　不能前進的樣子。⓬轅　轅木，車前駕牲畜的部分。⓭伯樂　古代善相馬的人。⓮遭　遇。⓯紵衣　苧麻製的衣服。⓰冪　覆蓋。⓱阨　困阻。⓲州部　地方低級小吏。⓳堀穴　洞穴。⓴沉洿　沉沒在汙泥之中。㉑湔拔　薦拔。㉒梁　山名。

【語譯】汗明說：「你也聽說過千里馬的遭遇嗎？千里馬上了年歲了，還拉著運鹽的車上太行山，蹄子用力蹬地，膝蓋幾乎要折裂，尾巴下垂，皮膚潰爛，汗水灑地，白色的汗水縱橫交流，停在半山坡上不能前進，背負著轅木不能上去。伯樂遇上了這千里馬，便下車攀扶著千里馬哭泣，解下自己的苧麻衣服覆蓋在馬身上。千里馬於是低下頭噴氣，仰起頭鳴叫，聲音上達雲天，像是發出金石相擊的聲音一樣，為什麼會這樣呢？那是因為牠看見伯樂了解了自己啊。現在我不中用，被地方低級小吏所困，住在洞穴陋巷裡，沉沒在鄙俗之中已有很長一段時間了，你難道就無意提拔我，使我得以為你在梁山上高聲鳴冤叫屈嗎？」

## 楚考烈王無子

【題解】本篇記述了趙國的李園，利用自己的妹妹，通過卑鄙的手段，殺死了春申君，篡奪了楚國的政權。

楚考烈王❶無子，春申君患之，求婦人宜子者進之，甚眾，卒無子。趙人李園，持其女弟，欲進之楚王，聞其不宜子，恐又無寵。李園求事春申君為舍人。已而謁歸❷，故失期。還❸謁❹，春申君問狀❺。對曰：「齊王遣使求臣女弟，與其使者飲，故失期。」春申君曰：「聘入乎？」對曰：「未也。」春申君曰：「可得見乎？」曰：「可。」於是園乃進其女弟，即幸於春申君。知其有身，園乃與其女弟謀。園女弟承間❻說春申君曰：「楚王之貴幸君，雖兄弟不如。今君相楚王二十餘年，而王無子，即❼百歲後❽將更立兄弟。即楚王更立，彼亦各貴其故所親，君又安得長有寵乎？非徒然也，君用事久，多失禮於王兄弟，兄弟誠立，禍且及身，奈何以保相印、江東之封❾乎？今妾自知有身矣，而人莫知。妾之幸君未久，誠以君之重而進妾於楚王，王必幸妾。妾賴天而有男，則是君之子為王也，楚國封❿盡可得，孰與其臨不測之罪乎？」春申君大然之。乃出園女弟謹舍⓫，而言之楚王。楚王召入，幸之。遂生子男，立為太子，以李園女弟立為王后。楚王貴李園，李園用事。李園既入其女弟為王后，子為太子，恐春申君語泄而益驕，陰養死士，欲殺春申君以滅口，而國人頗有知之者。

【章　旨】楚考烈王無子。趙國的李園先將妹妹給春申君，懷孕後再由春申君獻給楚考烈王，生下一個兒子，立為太子，李園的妹妹便做了王后。李園因此在楚國掌權，便陰謀殺死春申君以滅口。

【注　釋】❶考烈王　是頃襄王的兒子，頃襄王死後，由他繼位。❷謁歸　告假歸趙。❸還　從趙國回來。❹謁　謁見春申君。❺問狀　詢問情況。❻承間　趁機。❼即　假若。❽百歲後　諱言死，而說「百歲後」。❾封　封地。楚考烈王將吳地封給春申君。❿封　指楚國的封疆之內。⓫謹舍　防守謹嚴的房子。

【語　譯】楚國的考烈王沒有兒子，春申君為此憂慮，尋找會生孩子的婦女進獻給考烈王，人數很多，結果還是沒有孩子。趙國的李園，帶著他的妹妹，想將她進獻給楚王，聽說楚王沒有生育能力，害怕又不能得到他的寵愛。李園便請求侍奉春申君，做他的侍從賓客。不久，李園告假歸趙，故意超過期限回來。回來以後，李園便去謁見春申君，春申君詢問情況，李園回答說：「齊王派遣使者來求我的妹妹，我和他的使者喝酒，所以超過了期限。」春申君說：「已經送來了聘禮嗎？」李園回答說：「沒有。」春申君說：「可以見一見你妹妹嗎？」李園說：「可以。」於是李園就讓他的妹妹去見春申君，很快就得到了春申君的寵幸。等到知道她懷了孕，李園就和她商議下一步的行動。李園的妹妹趁機勸說春申君：「楚王重視與寵信你，即使是親兄弟也比不上。現在你做楚王的相二十多年，而楚王沒有孩子，假若楚王死後就將改立他的兄弟做王。如果楚王改立，他也要重用他過去所親近的人，你又怎麼能夠長期得到寵愛呢？不止是這樣，你當權的時間很久，有很多地方對不起楚王的兄弟，他的兄弟如果真的立為王，你就將災難臨頭，怎樣能保住相印和江東的封地呢？現在我自己知道懷孕了，而別人不知道。我得到你的寵幸時間不長，如果真的依靠你的尊貴的地位而將我進獻給楚王，楚王必定寵愛我。我依靠上天的保佑生下個男孩，那就是你的兒子做王啊，整個楚國的封疆可以得到，這樣和面臨不測之罪比起來究竟哪個好呢？」春申君很贊成她的話，於是讓李園的妹妹出來，住在防衛嚴密的房子裡，把要將她進獻一事告訴楚王。楚王便召李園的妹妹進宮，和她發生了關係。於是生下了一個男孩，立為太子，並將李園的妹妹立為王后。楚王從此便重視李園，使李園終於掌了權。李園已經讓他的妹妹進宮做了王后，妹妹的孩子又做了太子，害怕春申君把話泄漏出去而更加驕橫起來，便暗中收養敢死之士，想殺死春申君以滅口，國都裡有不少人知道這件事。

春申君相楚二十五年，考烈王病。朱英❶謂春申君曰：「世有無妄❷之福，又有無妄之禍。今君處無妄之世，以事無妄之主，安不有無妄之人乎？」春申君曰：「何謂無妄之福？」曰：「君相楚二十餘年矣，雖名為相國，實楚王也。五子皆相諸侯。今王疾甚，旦暮且崩，太子衰弱，疾而不起，而君相少主，因而代立❸當國，如伊尹❹、周公❺。王長而反❻政，不❼，即遂南面稱孤❽，因而有楚國。

此所謂無妄之福也。」春申君曰：「何謂無妄之禍？」曰：「李園不治國，王之舅也；不為兵將，而陰養死士之日久矣。楚王崩，李園必先入，據本議❾制斷❿君命⓫，秉權而殺君以滅口。此所謂無妄之禍也。」春申君曰：「何謂無妄之人？」曰：「君先仕臣為郎中⓬，君王崩，李園先入，臣請為君剸⓭其胸殺之。此所謂無妄之人也。」春申君曰：「先生置之，勿復言已⓮。李園，軟弱人也，僕又善之，又何至此？」朱英恐，乃亡⓯去。

【章旨】考烈王病了。朱英告訴春申君李園將要殺人滅口，不如先將他殺掉。春申君不聽。

【注釋】❶朱英 《史記·春申君列傳》說他是觀津人。觀津在今河北武邑東南。❷無妄 不能預期的；意外的。❸立攝；代行；代理。❹伊尹 商朝大臣，立太甲為王，太甲暴虐，伊尹便將他流放到桐宮，自己代理國政。後來太甲悔過自責，伊尹又將他接回來，將政權還給他。❺周公 周武王的弟弟姬旦。武王死，兒子姬誦繼位，即周成王。因成王年幼，由周公代行國政。七年之後，成王長大，周公將政權還給他。❻反 同「返」。歸還。❼不 通「否」。指不歸還政權。❽稱孤 即稱王。❾本議 原本的主意。❿制斷 假託。⓫君命 楚王之命。⓬郎中 官名。⓭剸 刺。⓮已 通「矣」。⓯亡 逃。

【語譯】春申君做楚國的相二十五年，考烈王病了。朱英對春申君說：「世上有不能預料到的幸福，又有不能預料到的災禍。現在你處在不能預料到的時代，侍奉不能預料到的君主，怎麼不會有不能預料到的人呢？」春申君說：「什麼叫做不能預料到的幸福？」朱英說：「你做楚國的相二十多年了，雖然名為相國，實際上等於是楚王啊。五個兒子都輔助諸侯。現在楚王的病很重，早晚將死，太子衰弱，臥病不起，而你做年小君主的相，因而代理國政，就像伊尹和周公一樣。楚王長大了就將政權歸還給他，否則就南面稱王，從而占有楚國。這就是所謂的不能預料到的幸福啊。」春申君說：「什麼叫做不能預料到的災禍？」朱英說：「李園雖不主國政，可是是楚王的舅父；不做士兵的將領，卻很久就在暗中收養敢死之士了。考烈王死了，李園一定先進宮去，堅持他原來的主意，假託楚王的命令，仗恃權勢，殺掉你以滅口。這就是所謂的不能預料到的災禍啊。」春申君說：「什麼叫做不能預料到的人？」朱英說：「你先讓我做郎中官，君王死了，李園先進去，我請求替你刺他的胸部，殺死他。這就是所謂的不能預料到的人啊。」春申君說：「先生把這話放在一邊，不要再說了。李園是個軟弱的人，我又和他關係很好，又怎麼會到這個地步呢？」朱英害怕，就逃走了。

後十七日，楚考烈王崩，李園果先入，置死士，止於棘門❶之內。春申君後入，止棘門。園死士夾刺春申君，斬其頭，投之棘門外。於是使吏盡滅春申君之家。而李園女弟，初幸春申君有身，而入之王所生子者，遂立，為楚幽王也。是歲秦始皇立九年❷矣。嫪毐❸亦為亂於秦❹。覺，夷❺三族❻，而呂不韋廢❼。

【章　旨】考烈王死後，李園果然殺了春申君。

【注　釋】❶棘門　古代宮門插戟，所以稱宮門為棘門。棘，通「戟」。❷秦始皇立九年　即西元前二三八年。❸嫪毐　秦朝的假宦官，實是秦太后的情夫，封為長信侯。❹為亂於秦　嫪毐與秦太后私通生下二子，又發兵作亂，被秦王政發覺，處以死刑。❺夷　滅。❻三族　指父、母、妻三族。❼呂不韋廢　嫪毐與秦太后私通是秦相呂不韋所促成。嫪毐事件發生後的第二年，秦王政免去呂不韋相國職務。後又將他流放到蜀，飲酖自殺而死。

【語　譯】十七天以後，考烈王死了，李園果然先進宮去，安排好敢死之士，讓他們停留在宮門裡面。春申君後進宮去，被阻止在宮門裡。李園安排的敢死之士兩邊夾刺春申君，砍下他的腦袋，丟到宮門外面。於是派官吏將春申君一家斬盡殺絕。李園的妹妹當初和春申君發生關係時懷的孕、進獻給考烈王以後才生下來的那個小孩，便被立為楚王，這便是楚幽王。這年秦王政做王已經九年了。嫪毐也在秦國作亂。被秦王發覺，夷滅他的三族。而呂不韋在後來也被免去相國職務，自殺而死。

## 虞卿謂春申君

【題解】趙國的虞卿為了使楚國去進攻燕國，以遠楚定封為由，勸春申君向北進兵，攻打燕國；又以削弱楚國為由，勸魏王借路給春申君去進攻燕國。真可說是用心良苦。

虞卿❶謂春申君曰：「臣聞之《春秋》❷，於安思危，危則慮安。今楚王❸之春秋高矣，而君之封地，不可不早定也。為主君❹慮封者，莫如遠楚。秦孝公封商君❺，孝公死，而後❻不免殺之❼。秦惠王封冉子❽，惠王死，而後王奪之❾。公孫鞅❿，功臣也；冉子，親姻⓫也。然而不免奪死者，封近故也。太公望⓬封於齊，邵公奭⓭封於燕，為其遠王室矣。今燕之罪大而趙怒深⓮，故君不如北兵⓯以德趙⓰，踐⓱亂燕，以定身封⓲，此百代之一時⓳也。」君曰：「所道攻燕，非齊則魏⓴。魏、齊新怨楚㉑，楚君㉒雖欲攻燕，將道何哉？」對曰：「請令魏王可㉓。」君曰：「何如？」對曰：「臣請到魏，而使所以信之㉔。」迺㉕謂魏王曰：「夫楚亦強大矣，天下無敵，乃㉖且攻燕！」魏王㉗曰：「鄉㉘也，子云天下無敵；今也，子云乃且攻燕者，何也？」對曰：「今為㉙馬多力則有矣，若曰勝千鈞㉚則不然者，何也？夫千鈞非馬之任㉛也。今謂楚強大則有矣，若越趙、魏而鬥兵於燕，則豈楚之任也我㉜？非楚之任而楚為之，是敝㉝楚也。敝楚見㉞強魏也，其與王孰便㉟也？」

【注釋】❶虞卿　遊說之士，為趙上卿，故號虞卿。虞，姓。著有《虞氏春秋》。❷春秋　《春秋左氏傳》襄公十一年有「《書》曰：『居安思危』」的話。❸楚王　頃襄王一死，楚考烈王將吳地封給了春申君。虞卿說春申君時，春申君尚未定封，所以這裡的「楚王」當是指頃襄王。❹主君　古代的國君、卿、大夫都可稱主君，這裡是指春申君。❺商君　即商鞅。衛國人，又稱衛鞅。受封於商，故號商君。❻後　當從鮑彪本作「後王」，指秦惠王。❼不免殺之　指遭車裂而死。❽冉子　指魏冉，是秦相，免去相位後，秦昭王封魏冉於穰，又加封陶，號稱穰侯。這裡說是「秦惠王封冉子」，當有誤。見《史記・穰侯列傳》。❾奪之　指奪去穰侯之印。據《史記・范雎蔡澤列傳》，范雎說秦昭王後，秦昭王將穰侯等逐出關外，「收穰侯之印，使歸陶」。可見封穰侯及奪穰侯之印的都是秦昭王，只是時間有先後。❿公孫鞅　即商鞅，因為他姓公孫氏，所以又稱公孫鞅。⓫親姻　魏冉是秦昭王的舅父，秦惠王的妻弟。⓬太公望　即呂尚，也就是姜子牙。⓭邵公奭　周武王的大臣，和姜子牙等共佐武王滅紂。⓮怒深　鮑彪本作「怨深」。⓯北兵　向北進兵。⓰以德趙　給趙國以恩德。⓱踐　通「翦」。翦滅。⓲定身封　確定自己的封地，即把燕國作為自己的封地。⓳百代之一時　這句和現在說的「千載難逢的時機」意思相同。時，時機。⓴所道攻燕二句　楚國當時已經東遷，要進攻北面的燕國，必須經過齊國或魏國。所道，所走的道路。㉑新怨楚　剛和楚國積下新怨。㉒楚君　鮑彪本作「楚軍」。馬王堆漢墓帛書《戰國從橫家書・虞卿謂春申君章》無「楚君」二字，當刪。㉓可　同意借道。㉔使所以信之　使魏王相信可以借道的原因。漢墓帛書作「便所以言之」，即順便談一下魏王可以借道的原因。㉕迺　同「乃」。㉖乃　竟。㉗魏王　可能是指魏安釐王。㉘鄉　從前。㉙為　通「謂」。㉚千鈞　等於三萬斤。鈞，三十斤。㉛任負擔。㉜我　當作「哉」。㉝敝　使疲困。㉞見　當依鮑彪本作「是」。㉟便　利。

【語　譯】虞卿告訴春申君說：「我聽到《春秋》有兩句話說：在平安的時候要想到危險，危險的時候要考慮到平安。現在楚王的年歲老了，你的封地不能不早定下來啊。替你考慮封地，不如遠離楚國為好。秦孝公封衛鞅為商君，孝公死了，惠王不免殺了他。秦惠王封魏冉為穰侯，惠王死了，後來的王奪了他的印。商鞅是功臣，魏冉是姻親，可是卻免不了遭到奪印、殺頭的命運，那是由於封地近的緣故啊。姜子牙封在齊國，邵公奭封在蒸國，就太平無事，那是因為他們離開王室遠了。現在蒸國的罪惡大，趙國對它的怨恨深，所以你不如向北進兵攻打蒸國來討好趙國，消滅動亂的蒸國，將它定為自己的封地，這是千載難逢的一個好時機啊。」春申君說：「進攻蒸國所經過的道路，不是齊國便是魏國。魏國、齊國剛和楚結下怨仇，即使想進攻蒸國，將走哪條路呢？」虞卿回答說：「請讓我使魏王同意借路。」春申君說：「怎麼能使他同意呢？」虞卿回答說：「我請求到魏國去，使他相信可以借路。」虞卿於是對魏王說：「楚國也夠強大了，天下無敵，竟然要進攻蒸國！」魏王說：「方才你說楚國天下無敵，現在你又說它竟然要進攻蒸國，這是怎麼說的呀？」虞卿回答說：「現在說馬力量大，那是有根據的；假若說馬可以負擔三萬斤就不對了，為什麼呢？因為三萬斤不是馬負擔得了的。現在說楚國強大是有根據的，如果越過趙國、魏國去和蒸國作戰，那難道是楚國所承擔得了的嗎？不是楚國所承擔得了的事而楚國卻去做，這是使楚國疲困衰弱的做法啊。使楚國疲困衰弱就是使魏國強大，哪種做法對大王有利呢？」

## ◎新譯漢書

吳榮曾、劉華祝／等注譯

班固所撰的《漢書》是二十四史中的第一部斷代史，全書包括十二帝紀、八表、十志、七十傳，載述從西漢開國迄王莽新朝止，二百二十九年間的歷史與人物。《漢書》是繼《史記》之後，中國史書中的不朽之作。它的體例雖仿自《史記》，但結構和內容要比《史記》完善和豐富，為後世斷代史的編撰奠定了基礎。《漢書》在文學上也有很高的成就，被譽為「文章雄跨百代」。本書全套共十冊，由北京大學著名歷史學者吳榮曾先生主持，三十餘位教授學者共同參與注譯，提供今人閱讀《漢書》最佳的幫助，並作為相關研究的參考。

## ◎新譯後漢書

魏連科／等注譯

今本《後漢書》共一百二十卷，包括范曄所撰的「本紀」十卷和「列傳」八十卷，以及後人補入司馬彪所撰的「志」三十卷，系統記述了東漢一百九十四年的歷史，是後人研究東漢史事的主要依據。它與《史記》、《漢書》、《三國志》合稱「前四史」。范曄參考諸多當時有關東漢歷史的著作，以敏銳的史鑑和深厚的修史功力，取長補短，去偽存真，並提出「正一代得失」的著史主張，而成其一家之書。本書全套共十冊，由十數位學識俱富的歷史學者共同參與，參考近人研究成果，詳為校勘注譯，提供今人閱讀與研究《後漢書》最佳之讀本。

## ◎新譯三國志

梁滿倉、吳樹平／等注譯

三國時代，群雄逐鹿，人才輩出，政治、軍事、外交上的風雲變幻，高潮迭起，陳壽以其優異的修史才能，善於掌握材料，剪裁有序，編次得體，精彩記錄此一風雲時代的真實面貌為《三國志》，被譽為是繼左丘明、司馬遷、班固之後的史學大家，《三國志》也成為中國史學發展史上的一部傑作，超越早出的魏、蜀、吳專史，更淘汰晚出的有關三國的史著，而流傳千古。本書由中國社科院等十數位歷史學者共同注譯，注釋汲取裴松之《三國志》注的菁華，輔以深入淺出的導讀、研析等，提供今人閱讀與研究《三國志》最佳之佐助。

## ◎新譯尚書讀本

郭建勳／注譯

《尚書》即「上古之書」之意，為中國最早的史書。書中涉及中國原始社會末期到春秋時期的歷史，記敘其間的歷史事件和政治、社會制度，甚至有天文地理介紹，內容豐富廣泛。其中與政治的關連最為密切，既是對古代帝王政治經驗的總結，也為後來的統治者提供借鑑和依據。它同時也是中國散文史上最早的文本之一。雖然它的內容古奧難懂，但透過本書準確、簡練而流暢的注譯解析，讓您閱讀《尚書》一點都不困難。

## ◎新譯逸周書

牛鴻恩／注譯

《逸周書》是上自殷周之際、下至秦漢的一部子史叢編，它最有價值的部分，在於可以彌補《尚書》記載的缺漏，豐富西周的歷史。例如：〈世俘〉、〈克殷〉詳述了武王伐殷出兵的全過程及出兵月日、戰爭時地、紂自殺、武王斬紂等具體情狀；〈商誓〉是武王克殷後流傳下來唯一可信的對殷人的訓誥；〈皇門〉記述周公攝政後會見「大門宗子」，訓誥貴族群門，可與《尚書‧周書》的周、召訓誥相印證。透過本書詳盡的校訂、注釋、語譯、研析，可以輕鬆帶領讀者看懂這部上古之書，明瞭西周史事。

## ◎新譯越絕書

劉建國／注譯　黃俊郎／校閱

《越絕書》雖屬野史，但其警世之語如暮鼓晨鐘，至今仍發人省思，提供我們「知古鑑今」的歷史教訓。書中對春秋時期吳地風土文物的詳實記載，開「方志」的先河，實為研究當時政治、經濟、社會的重要文獻參考資料。配合本書淺明注釋、白話翻譯，能引領讀者優游於古老的吳越風光。

## ◎新譯吳越春秋

黃仁生／注譯　李振興／校閱

《吳越春秋》為《越絕書》的後起作品，它也是以春秋時期吳國和越國的歷史為題材，一部介於史傳文學與歷史小說之間的古典名著。書中有系統地記述了吳越興亡的始末，以及吳越爭霸過程中的一些傳奇故事和人物，在文化史留下深刻影響。本書以元大德十年丙午刊本為底本，以明清諸刻本參校，在前賢時彥的整理研究成果上，深入注譯解析，能幫助讀者做全面且深度的閱讀。

## ◎新譯唐摭言

姜漢椿／注譯

科舉考試制度開啟了中國開科取士的新紀元，而《唐摭言》堪稱是獨一無二的專記科舉的筆記。《四庫全書總目提要》云：「是書述有唐一代貢舉之制特詳，多史志所未及。」《唐摭言》為我們提供了研究唐代科舉制度彌足珍貴的資料，它備載了唐代科舉制度、士風習俗、詩人墨客的遺聞軼事，乃至許多詩人的零章斷句，是研究中國科舉制度史所不可或缺者。此認識西漢政治、經濟、文化、民俗等多方面的狀況。本書注釋針對其中所提名物制度、掌故史實的來龍去脈詳為解釋；譯文部分則力求既忠於原文，又曉暢通達。

## ◎新譯列女傳

黃清泉／注譯　陳滿銘／校閱

劉向所編撰的《列女傳》目的在作為帝王后妃與外戚的借鑑，是一部介紹中國古代婦女行為的著作，也可視為是一部古代婦女史。所選婦女從遠古到西漢，歷史跨度長；有后妃、夫人和民女，人物眾多，具有哲學、史學、文學和文獻價值。在一則則的歷史故事中，往往包含有積極意義，既反映出民主色彩的婦女觀，也突顯出它在思想上的貢獻。本書「導讀」對其人其書有詳盡討論，各卷章旨說明簡要，注譯明白曉暢，是今人研讀《列女傳》的最佳選擇。